未名社科菁华·人类学

行旅悟道
Pondering on the Way

人类学的思路与表现实践
Anthropological Perspectives
and Representations

庄孔韶 著

北京大学出版社
PEKING UNIVERSITY PRESS

图书在版编目(CIP)数据

行旅悟道:人类学的思路与表现实践/庄孔韶著.—北京:北京大学出版社,2009.9

(未名社科菁华·人类学)

ISBN 978-7-301-15459-5

Ⅰ.行… Ⅱ.庄… Ⅲ.文化人类学 Ⅳ.C912.4

中国版本图书馆 CIP 数据核字(2009)第 116489 号

书　　　名:行旅悟道——人类学的思路与表现实践
著作责任者:庄孔韶　著
责　任　编　辑:倪宇洁　诸葛蔚东
标　准　书　号:ISBN 978-7-301-15459-5/C·0531
出　版　发　行:北京大学出版社
地　　　址:北京市海淀区成府路 205 号　100871
网　　　址:http://www.pup.cn
电　　　话:邮购部 62752015　发行部 62750672　编辑部 62753121
　　　　　　出版部 62754962
电　子　邮　箱:ss@pup.pku.edu.cn
印　　　刷　者:北京宏伟双华印刷有限公司
经　　　销　者:新华书店

　　　　　　650 毫米×980 毫米　16 开本　27.25 印张　450 千字
　　　　　　2009 年 9 月第 1 版　2009 年 9 月第 1 次印刷

定　　　价:56.00 元

未经许可,不得以任何方式复制或抄袭本书之部分或全部内容。
版权所有,侵权必究
举报电话:010-62752024　电子邮箱:fd@pup.pku.edu.cn

自　序

　　从熟悉那种以书卷研究为职志的传统中国文人生涯,到认识另一门以行旅和参与观察以悟道的学科之特征,的确是从那些知名的人类学先辈开始的。第一次和自己的导师深入云南西双版纳腹地,看到了基诺族干栏长屋,于是丈量绘图,彻夜访谈,兴奋不已。想起硕士班读书期间读过的老书、岭南大学戴裔煊写的《干栏——西南中国原始住宅的研究》,五六十年代印行的大量社会历史调查资料,还有一些英文和俄文的东南亚民族志,或多或少地都对干栏住房和家族组织的关系加以介绍。其中我对干栏长屋和家族制度的关系尤有兴趣。实习以后,我希望继续考察云南的干栏长屋,因为国外文献缺少这个地理区域的第一手记录。

　　一般说来,处于游耕状态的族群,较难建造大型长屋,也符合生存逻辑。实际上那里的确常见简陋竹木茅草房,便于拆迁和转移。但西双版纳所见基诺族何以擅长盖大房子?其他山地民族也是这样吗?在林耀华和黄淑娉教授的支持下,笔者多次分路线穿行云南各地做干栏长屋的专题寻访调查。那时年轻,憧憬老一辈人的学术献身精神,一直喜欢只身探访。行前仔细研读过费孝通先生和林耀华先生在大瑶山和凉山的惊险而悲情的田野记述,谁知笔者从1979年开始到1983年竟然为寻找干栏长屋,几乎走遍了云南游耕山地,涉及基诺族、拉祜族、哈尼族、德昂族(崩龙)、布朗族、景颇族、傈僳族、怒族、独龙族等十余个族群及其支系。

　　笔者最后的普查结果得出了"长屋"大家族干栏建筑在云南游耕山地有广泛分布的结论。其缘由在于螺旋游耕和前进游耕两种不同类别的差异所致。笔者如今留下的照片、手绘图,以及民族志见证了最近30年急剧消失的最后的干栏长屋的生活方式(那时使用了40年代产的折盒式奥林帕斯老相机),以及在中国螺旋游耕区有可能存在大家族和庞大的世系群的事实,也深刻了解了游耕作业过程和住房、世系群、仪式、祭祀和生存心理调适等的紧密关系。后来我得知那些山地游耕社区的族群在当今遇到了困境,幸好尚有地区获得了较好的适应性发展,是值得庆幸的。

后来,建筑和家族形态关系的研究兴趣,导致了和文献上的不同地理区域的民族志资料加以比较研究,对比的体验开启了我们对这个文化多样性世界的理解。人类学提高了人在田野实况中的悟性,物换星移,穿行时空,将心比心,我们不断改善人类彼此认识的视角和综观,获得了文化实践的意义,使旅途中一切相关的人受益终生。

硕士期间的生态人类学训练和比较观察扩充了学术性联想,而联想的思路引导求学的新人适时转入新的课题,林耀华先生的"金翼"之家回访研究就是笔者学术生涯的一次新的转换。我从林先生那里得到了《金翼》一书的英文原版和1977年的台湾宋和译本。当1983年三联决定重译金翼的时候,我和林先生的儿子林宗成商量我们两人前后各译一半。翻译的确和阅读不一样,需要字句推敲和反复回味上下文。从第一章《东林的青少年时代》开始,我就被闽东乡镇社会的日常生活画面吸引住了,一个普通农家子能够兼业成功的原因何在?一连串的故事——以文学的笔法却最终告诉读者社会学和人类学的解说。可以说无论是从体会学说学理,还是阅读其文笔文采,都使人耳目一新。因我的"近水楼台先得月"之便,可以随时向我的导师林先生讨教文中旧事,以及一个个和他的生命交流的乡村内外人等。他经常绘声绘色地为我讲解"金翼"群英,久而久之,我的心目中逐渐排列了一位又一位栩栩如生的人物,他们已经不是《金翼》字面上的人物,而是被著名人类学家描绘和重拟过的,由此衍生了无数相关的时空记忆,尤其那些健在仅存的书中人物(林先生还有不多的亲属后辈来往与联系,觉得要及时会晤和访问呀!),以及总有一些问也说不清楚的陈年旧事和人物下落。你想想,即使是索隐钩沉的好奇心也会成为我追寻旧日回访金翼山谷的缘由。

于是,回访故地和发现那里人民新的生命轨迹成了我的博士生田野心愿。我开始阅读相关文献,和林耀华先生核对《金翼》中所有地名和人名之真假(这是人类学为保护文中人物之隐私而变更地名人名之隐匿术),以便我能回访闽东"金翼"乡镇时,不至于一头雾水。关于金翼回访的研究,本书已经收录了几篇最为重要的相关论文,其结论在这里我不想再次罗列,但那些写论文没有机会提到的一些事应该还有意义吧。我怎么能首次乘车从福州到古田途中就热衷于拍摄乡间的干栏大房子,的确是先期云南山地干栏长屋研究兴趣之余绪吧。我同样绘制了金翼之家和东林姐夫家的木构和砖木大房子的平面配置。笔者想到世界各地有类同思想（例如建筑中的核心家庭平面配置格局）的族群，表面上相似，然而，人们的生态适应性总是被他们背负的不一定相同的文化哲学加以整合了，因此，我们在不同地域空间的考察，已经从生活展现的基点——每一个家庭居址出发，得到更多的内外关系理解。现在，我记录的云南山地干栏长屋在不到30年的时间里就消失了，我不知道他们今日的家族和世系群成员的关联状态，然而我在福建古田的研究却告诉读者那种西洋家庭结构切割式分类之不适宜性，那就是汉人社会有广泛分布的轮值的"准—组合式家族"的生活状态，一个动态的家族与亲属关系方式。

在我1983年翻译《金翼》的时候，我还不甚了解古田人的民间信仰，林先生写给外国人看的英文本也没有对地方女神具名，在笔者1986—1989年田野考察中，得知就是大名鼎鼎的临水陈太后——陈靖姑女神，所以今日三联《金翼》中译本笔者已经做了修订。最使我不能忘怀的是他（她）们头脑中的信仰与科学的不同思维总是能交叉整合，这促使我的研究从学理亦从地方哲学中寻找答案。2002年我带着我的研究生回到金翼之家的时候，祭拜陈靖姑神的香火比20年前更旺盛了，同时农家大面积的食用菌种植也稳固了阵营——达到区域产量世界第一的地位。

回访"金翼"乡镇社区，再次得到新一代金翼之家重新崛起的消息。显然，在我们再次回到旧日调查点的时候，需要重新思考多种解释性理论的有用性。笔者发现，农民社会变迁的动力除了人类学学科的解释力以外，本土易传的盛衰和察机解说可以重新拾回到区域人类学的解释系统中来，因为这是一种不得不接受地方知识的解释性力量。推广看来，是何种综合性的动力推动了地方人民的历史，仍需要一代代人不断认识。

关于田野研究的纵向与横向的理解属于方法论和方法的认识问题。笔者在《银翅》中特别提出文化的反观法（纵向）的意义。在汉人社会田野文化行为的背后，一方面，我们经常能找到缘自宇宙观、哲学、伦理和意识上的解释；一方面，关于上下文化过程的变异、协调、互补与关联性的认识——特别对人类学家而言，一个反向的观察与探索的研究途径——反观法是经常可以奏效的。至于历史人类学的当今看法，是说历史的陈述不会被垄断。人类学家参与观察中获得的知识都或多或少地导源于过去，我们的意图总是从那些书面或口传的陈述中寻求地方人民是如何组织起来的线索,以及观察社区怎样变迁和在什么方向上变迁。

至于同时存在的,也是难于把握的调查点和面的选择问题,属于横向范畴的认知性问题。这似乎也是民俗学的问题。代际学者在漫长时日的累积性调研,如何达到通向更为广博的和深度的人类学认知,即对区域族群文化之"一览无余"和对地方人民心物构成之深掘,都需要无尽的点与面的考察与良好整合。因此"博学之智者"和"穷理之大家"显然是我们期待的人类学家之楷模。

当我们较长时间参与观察之后,文化的直觉之发生是一种非常有趣的现象。既然直觉思维是众多中国哲人从古到今一代代所擅长的认知方式,那么上述直觉的哲学根基在民间大众的土壤里可以找到吗?恰恰是人类学家有机会率先走到田野,换一个考察的视角,于是我们肯定看到直觉思维及其伴随的行为同样是汉人社会民众生活方式的重要成分,也是汉文化的一大传统特征。现代直觉研究的情形大体是,中国哲学家关注那些直觉高度发达的中国先哲经典之分析,而较少涉及民众直觉思维与行为之考察,这就给关心区域文化的人类学家留下了空间,意思是说研究区域哲学的学者也不一定非要做人类学的田野工作,显然是苛求或者说学科壁垒的限制。然而,教育和教育哲学的族群意识研究,及其教学方法的应用设计却偏偏必须关注一个区域或族群文化的教学回应之可能的类同现象。寻求不同的族群子弟学校的教学设计(甚至对日人和美国人的课堂教学设计方案)就包括课堂教学群体反应的族群差异研究,以及包括不同族群的逻辑与直觉能力的比较研究;这里关心大体相似的族群类同反应,不只是教育,也包括商业贸易对不同地理区域族群、信仰与文化类同性和差异的研究。正是在上述关注的基础上,一个族群内部长久的文化濡化过程,例如 teaching intuition 的研究等,已经成了教育设计的重要研究依据,这当然也包括人类学家在田野工作中适应、发现、学习和体验文化的直觉,本书特别就人类学田野工作中的文化的直觉加以论述,也提醒人类学扩大跨学科合作研究的重要性。

在跨学科的合作研究中,中国人类学在最近十年间,尝试介入医学与公共卫生,以及文化遗产保护等领域。笔者在本文集特别提供了在戒毒工作中人类学在上述合作领域的不可替代的作用。到目前为止,笔者主要运用两方面的人类学理论推动戒毒与疾病防治的效果,属于明显以人类学的基本理论推动的应用性成果。个案之一,"虎日"民间戒毒盟誓仪式的考察与研究运用了人类学的整体论原则,在寻找地方族群毒品依赖性为的社会文化原因的同时,考虑建立不同于科学的方法论的另一种方法论,即在特定的地理区域,小凉山彝族运用强大的习惯法与仪式、家支组织、信仰与尊严、民俗道德、亲情教化等集合的文化力量,战胜人类因吸食毒品造成的生物性的成瘾性,呈现了中国戒毒成功率最高的个案之一。个案之二,是对流动人口中的性服务者组织特征的调研。从2005年以后,渐渐在参与众多疾病防治项目中,发现运用组织人类学理论的有效性。这是以多年对照汉人和少数民族民间组织方式的类同与差异性为出发点,将特定的族群的和区域的性服务者群体"作为一个文化的组织",针对性服务者的乡村—城市流出地串连特征、"红灯区"驻在组织特征和进一步移动的群体特征等,调研性服务者的行为方式背后的文化特征,从而在健康教育和疾病防治干预措施上为公共卫生专家提供可行的对策依据,已经成为卓有成效的公共卫生与人类学家成功合作的样本之一。

影视摄制和人类学的结合,特别是田野研究文本和照片或电影摄制的合璧作品越来越普遍,说明文字和影视载体不可或缺的状态。这并不单纯是数码技术普及的唯一结果,其本质在于文字撰写与影视表现之不可替代性,各自的独立性与互补性,以及由此建构对不同文化的更为深刻的理解。目前人类学界卷入人类学影视摄制的人越来越多,因此,我们已经在多样化的影视摄制实践中看到,如同文字的研究报告或专业论文那样,作为透过镜头的人类学的文化诠释,同时,开启同人类学的利用之努力相比拟的"应用的影视人类学"(applied visual anthropology)①事业。实际上,唯有人类学理论指导下的学术实践才是有前途的,文本的或影视的文化诠释与应用概莫能外,人们穿梭于学院派的学术研究与应用实践之间,将不断推动中国人类学未来的健康发展。

在这本文集的最后部分,属专题学术笔汇。最近几年多次参加学术专题座谈、笔会,收集起来的短稿也不下十余篇。这类发言拘束较少,兴趣所至,即时发挥,沙龙的好处便在于此。聚会之后,编辑们总希望把那些即兴的、不成文的发言整理一下发表(有的篇幅已经改作了序言或导言)。这类短稿的特点是保持了原初言论的直率,又不用过多的注释和引证,被认为是沙龙火塘上方的火花,需要保存起来,以便逢时扩大思考,并

---

① Sarah Pink, *The future of Visual Anthropology: Engaging the Senses.* New York: Routledge. 2006, p.81.

不单为论争。眼下笔者挑选了十个短篇,说东道西,放在这本集子的最后,以飨读者。

庄孔韶
2008 年 7 月 25 日
于北京景山老宅

目 录

第一编 乡土研究

回访和人类学再研究的意义 …………………………………… (3)
陈靖姑传奇及其信仰的田野研究 ……………………………… (36)
近四十年"金翼"黄村的家族与人口 …………………………… (56)
黄村轮养制和准一组合家族 …………………………………… (74)
"金翼"黄村山谷的风水实践 …………………………………… (79)
金翼家族百年过程的学术研究要义 …………………………… (86)
中国乡村人类学的研究进程 …………………………………… (141)

第二编 发现实践

"虎日"的人类学发现与实践
　　——兼论影视人类学片的应用新方向 …………………… (177)
中国性病艾滋病防治新态势和人类学理论原则之运用 ……… (206)
可以找到第三种生活方式吗？
　　——关于中国四种生计类型的自然保护与文化生存 …… (222)
中国西南游耕民族的大家族与干栏长屋
　　——1979—1982年的田野考察实录 ……………………… (233)
长江三峡民族民俗文物保护及其实践
　　——兼谈人类学、民族学之角色呈现 …………………… (262)

人类学与中国教育的进程

——文化连续性、文化比较和文人角色 ………………（278）

第三编 方法论说

文化的直觉论 …………………………………………（299）
历史人类学的原则 ……………………………………（320）
"蝗虫"法与"鼹鼠"法

——人类学及其相关学科的研究取向评论 ………（329）

现代人类学的理论寻觅

——由明代"公安派"的文论引起 …………………（358）

今日人类学的思路与表现实践 ………………………（365）
影视人类学的理念与实践 ……………………………（372）

第四编 学术笔汇

文化自主性的含义 ……………………………………（393）
试试阅读弗里曼 ………………………………………（398）
作为学术视角的传统 …………………………………（403）
文化生存、文化保护及其运用 ………………………（406）
重建族群生态系统 ……………………………………（410）
杨柳青乡治与商镇之复合研究 ………………………（416）
作为文化的组织 ………………………………………（420）
现代临终关怀的文化检视 ……………………………（424）

第一编

乡土研究

回访和人类学再研究的意义

一、回访和人类学的再研究

(一) 回访的非人类学视角

1. 诗人和诗的启发

诗人常常在经历了重大的人生或社会变故后,重访或回访某个在脑海里留有特别记忆的地方(间隔常常不是一个太短的时间),因感物感人而感慨见于诗文。杜甫50岁前,从甘肃经长安翻山越岭到成都。杜甫漂泊西南天地间,重游新津县东南五里的修觉寺,写有《后游》一首。"寺忆曾游处,桥怜再渡时。江山如有待,花柳更无私。野润烟光薄,沙暄日色迟。客愁全为减,舍此复何之?"诗中有准确的游踪记忆,对旧地重游感觉到的自然风物变化观察细腻。在笔者所阅读过的有限的中国古典诗词中,除了见到古代文人在植物分类知识上出错以外,常常感到他们对所见空间气象的变化刻画入微。杜甫的这首《后游》就是如此,诗人长久留恋于静静移动的美景。如同古代诗人诗作的经常的归宿那样,从自然的外在而流入内心,原来诗为了一解乡愁。诚然,杜甫的这首诗和人类学几乎毫无关系,但我们关心的是他的诗的意境是如何唤起读者的旧地重游的体验的。人类学看待诗的叙述类型就是引导读者"经历他人的体验和引起共鸣,并借助隐喻的效力,以达到更深层的认识人类自身的目的"[1]。笔者在1986年回访金翼黄村之前阅读过的五代南唐古田诗人徐仁椿的还乡诗[2],就是在故人和今人之间做类同场景的人文的与文化的比较的体验。

2. 历史学家追踪文学家

关于19世纪法国的农村研究,拉迪里(Emmanuel Le Roy Ladurie)有一篇是直接对应小说家巴尔扎克《乡村医生》的。由于深知历史学家和

---

[1] 庄孔韶主编:《人类学通论》,太原:山西教育出版社,2002年,第550页。
[2] 参见庄孔韶:《银翅——中国的地方社会与文化变迁(1920—1990)》,北京:三联书店,2000年,第6页。

人类学家的工作,他仔细对照和探访了巴尔扎克小说描述过的法国阿尔卑斯山一带的景观与农村风物细节,并加以评论。一结合小说细节,方知做农村研究的历史学家的确不同。他是以学术上的原则看待小说家的内容的。拉迪里发现了不少巴尔扎克常识上的错误,例如《乡村医生》中,阿尔卑斯山冬季不拾柴(应为秋季);拉迪里还发现巴尔扎克缺乏应有的谨慎,"毫不犹豫地把阿尔卑斯山区的木瓦、安茹省的石板瓦、普罗旺斯的砖瓦统统混合在一起,放在萨瓦和多菲内的屋顶上"①,这样的知识性错误还有多处。巴尔扎克过于简化了对那里乡村结构的介绍,看得比拉迪里脑中的俄国新民粹派经济学家恰亚诺夫定义的"小农经济"还简单。但拉迪里仍然赞扬巴尔扎克的才华:"他以极快的速度研究了一两个山区或农村地区。这时,他凭着强烈的直觉,已经意识到了这所有的一切。远在阿尔伯特·赫希曼赫、克利福德·格尔兹用学术性更强的术语表达出来的这个现在已经是不证自明的真理以前,巴尔扎克早就对此有了认识。"②这是指巴尔扎克当时就发现了现代学术大家关于"发展并不是通过习性的某些突然变化而实现的,而是通过传统文化中已经存在着的一些因素发挥作用,将其自身引向了经济增长"③。

作为研究农民社会的拉迪里在学术上这样评价巴尔扎克,他"是个不够严谨的人类学家,也是个很不准确的地理学家,但凭着他那一流记者的以及人类学综合的开拓者的犀利目光弥补了这一不足。当他匆匆经过阿尔卑斯山区的时候,眼光飞快地一扫,便抓住了真正要害的问题,为了让住在城市里的读者便于了解,将一些零星的观察集合为一个统一的整体"④。"《乡村医生》仅仅强调了源于农村需求和习俗的简单技术所具有的重要性。"⑤因此,"尽管巴尔扎克具备某些特别敏锐的洞察力,但他依然处在农村社会这个主题的边缘上","巴尔扎克所做的一切只不过是牵着我们的手,将我们带到神秘的农村的村口上,却没能让我们一览无余"⑥。

拉迪里追踪巴尔扎克小说是在告诉我们小说家和历史学家以及人类

---

① 拉迪里:《巴尔扎克的〈乡村医生〉:简单的技术和乡间传说》,见拉迪里:《历史学家的思想和方法》,上海:上海人民出版社,2002年,第166页。
② 同上书,第186页。
③ 同上书,第185—186页。
④ 同上书,第190—191页。
⑤ 同上书,第192页。
⑥ 同上书,第191页。

学家的不同之处,其决定性的差别在于历史学家和人类学家都是以该学科的理论方法与原则支配的,而我们多数情况下在小说家的作品里看不到明确的学术理论的提携。只要我们把视线移到人类学家写的小说,如林耀华的《金翼》上面,我们马上能从他对闽东农民家庭住房格局的细节描写,从他对民间节庆仪式过程的描述,从他对一些乡村事件的描述体会出人际关系的奥妙,看出人类学理论是如何从人类学家的小说笔法中呈现出的,巴尔扎克正是缺少这一点,尽管他是法国的大文豪。

(二) 回访的人类学传统

1. 弗里曼质疑米德

在世界急剧变化的20世纪,如果间隔数十年后回访旧地究竟会发生什么样的情况呢?实际上,真正比较难于评论的是米德1928年出版的《萨摩亚人的成年》①——一部民族志的经典之作。她把萨摩亚人的青春期同美国人做比较,发现那里不存在一个通常需要经过的"焦躁与不安的时期"。米德认为那是因为青春期的变化并非只受生物性控制,而且还受文化的制约。然而米德去世后,她的书受到澳大利亚人弗里曼的严厉批评。弗里曼对萨摩亚人同样有广泛的田野工作经验,写了一本书《米德与萨摩亚人》,认为米德年轻时在萨摩亚做的极小规模的田野工作是不足信赖的。米德当时发现萨摩亚人的性行为比起当时的美国人来说是纵欲的,然而,弗里曼看到20世纪40年代及其以后的萨摩亚人并非纵欲过度,尽管有私下的性行为,但还是要受到公共道德的约束,有时还有对这种性行为的处罚,并认为他们可能有比人类学所记录的任何一种文化都更偏激的贞操观。

弗里曼认为,米德的萨摩亚语只学过一个半月,不足以做田野沟通;还认为米德因年龄限制,无法参加一些重要仪式。她的访谈对象也半数未过青春期,不能当做从青春期向成年转变的样本。弗里曼认为,青春期发生的生物性变化不可避免地影响青少年的行为,而米德过分依赖她的老师博厄斯和本尼迪克特的文化决定模式考察萨摩亚人。②

显然,这一争论本身涉及的问题相当复杂。人们首先注意到,第二次

---

① Margaret Mead, *Coming of Age in Samoa*, New York: Morrow, 1928.
② Derek Freeman, *Margaret Mead and Samoa: The Making and Unmaking of an Anthropological myth*, Cambridge, Mass: Harvard University Press, 1983.

世界大战后萨摩亚人的居住地变化很大,几乎有一半人已不在岛上生活,因此弗里曼与米德的争论偏重过去而非现在。然而,如果是做前后对比性考察又如何评价呢?

美国出版的《文化人类学百科全书》这样评论:"从比较的方法看,萨摩亚人的性行为并非如米德或弗里曼描绘的那样偏激,在世界上众多文明中,萨摩亚人并不像米德认为的那样性放纵,也不像弗里曼所认为的那样受限制。当然,萨摩亚人对性行为所持的态度是处于性自由和性压抑的中间状态。弗里曼关于萨摩亚人比其他文化中的人更具保持童贞态度的偏激说法未能得到跨文化研究的支持。"①然而,"弗里曼的贡献在于他对这种公共道德制约的描述以及因羞涩和与性行为相联系的危险而导致了秘密性行为"的解释。弗里曼指责米德忽视生物性而强调文化的观点是一种误导,但实际上弗里曼关于生物性与文化相互作用的假设,米德本人也接受。②

这是人类学史上最激烈的一次学术争论(越出学术界而见诸美国各大报章),然而上述评论又是我们看到的最为中庸和缓的述评。这显然并不单纯,因为弗里曼和米德争论涉及的问题和方面太多,诸如田野工作的质量、立论的根据、撰写的可信度、时空关系、大学者的声誉、学术圈内外的多种认同。也不单纯如同澳大利亚选手和美国选手的网球公开赛,涉及国别外还有地域、族群和历史渊源等。弗里曼和米德的学术争论并没有结论,然而我们从中引申出的问题不在于谁是谁非,而是人类学者如何不断改善观察—撰写的整个认识流程,建立和把握田野民族志撰写的新方向。③

2. 韦娜回访特罗布里恩德岛

在世界人类学的回访研究中,又有哪些问题是和人类学家本身的着眼点有关系呢?在马林诺夫斯基在特罗布里恩德岛做完田野工作60年以后,人类学家韦娜(Annette B. Weiner)④从1971年后五次回访马氏去过的同一个岛。她发现,由于当地男性中心主义的影响,马林诺夫斯基虽说

---

① Paul Shankman, "Mead-freeman Controvesy", *Encyclopedia of Culture Anthropology*, edited-by David Levinson and Melvin Ember, New York: Henry Holt and Company, 1996 Vol.3, pp. 757—759.
② Ibid., pp. 757—759.
③ 参见庄孔韶主编:《人类学通论》,第520页。
④ Annette B. Weiner, *The Trobrianders of Papua New Guinea*, New York, Holt: Rinehart and Winston, 1983.

注意到妇女在岛上的较高社会地位,但他认为这是由于母系继嗣社会的谱系作用。实际上,在当地的经济交换中,妇女用香蕉叶和香蕉纤维制作裙子一事,表明妇女在当地的生产活动与经济交换中起着重要作用,从而马林诺夫斯基忽视了当地妇女在政治经济学与交换体系中的作用。从民族志的角度看,韦娜和马林诺夫斯基二人的调查资料没有什么不同,只是时空变化后的理论、视角与性别关注不同。在马氏的描述中,岛上妇女生活在男性的阴影下,而韦氏的调查认为岛上妇女也在其阴影以外起着重要的作用。这就告诉我们,在当今人类学的田野调查中,性别角色不应忽视(尤其在人类学家以男性偏多的情况下),于是韦娜回访研究的学术意义便在于重新发现女性的田野视角。

似乎上述回访两案均有再次检视以往人类学工作的问题的意义。对观察失误的质疑本来就是学术进步的要求,这和主观性的"真实"与否的观察有时不是一回事。如马海云、周传斌对杜磊调查过的回族社区纳家户村的再研究,证明纳家户村根本不是苏非教派社区,先期调查者"忽略了不同职业群体的生活习性和季节性差异,访谈的对象也仅限于个别老人。可见其对中国社会和文化还相当隔膜"①。但回访的前后对比的研究,则上述两种情形都有。前者用于对知识失误的订正,涉及加强学术的可信度;后者在于跨时空文化的观察与诠释,属于人类认识综观的递进。还有一种回访的经历是需要给予注意的,特别是数十年间的社会文化变迁中人类学须看到文化再造和知识再造的内容。博罗夫斯基(R. Borofsky)对萨摩亚岛普卡普坎人的研究②告诉人们,20世纪70年代那里新出现名为 Akatawa 的制度,普卡普坎人却说是本族固有的先祖遗制。博罗夫斯基正是需要对照先前人类学家的民族志才得以发现这个"再造的传统"。博罗夫斯基因"温故"才得以"知新"。③

---

① 潘守永:《"一个中国的村庄"的跨时空对话——"台头"重访》,载《广西民族学院学报》,2004年第1期。
② R. Borofsky, *Making History: Pukapukan and Anthropological Construction of Knowledge*, Cambridge: Cambridge University Press, 1987.
③ 同①。

二、回访和人类学再研究的专题述评

（一）接续性的汉人社会研究

笔者在《中国乡村人类学的研究进程》中主要是以中国的汉人农本社会为主要论题。这个领域之中，20世纪40年代中国学者的研究成果一度未能持续。50年代后期，以美国学者为主的一些博士研究生开始进入台湾地区做田野工作（当时内地终止了人类学和民族学）。后来若干年，涌现了一系列重要的、专于台湾地区汉人社会的人类学家，包括弗瑞德（M. Fried），葛伯纳（B. Gallin），孔迈隆（M. Cohen），巴伯德（B. Pasternak），武雅士（A. Wolf），葛希芝（H. Gates），沃尔夫（M. Wolf），郝瑞（S. Harrell）等。60年代，李亦园和王崧兴转入汉人社会文化的主题，在一个学术断层之后带领新人重新开启汉人社会研究项目。到李亦园、杨国枢和文崇一等编著的《现代化与中国化论集》出版时，台湾地区的学者已经开始对汉人社会研究的欧美方向明确提出质疑："所谓'中国化'问题可以说是从事社会科学研究者的一种自我反省的行动，他们觉得我国社会及行为科学研究者多年来一直在吸收西方研究的成果，模仿西方的研究方式，沿用西方学者所建立的理论，而忘却将自己的社会文化背景反映在研究活动之中，由于这样的趋势，不但使中国的社会及行为科学缺乏个性与特征，而且几乎沦为西方科学的附庸，其长期研究的结果所能反映中国社会文化历程的程度也成为可疑。"[①]他们联合总结的经验表明，他们已经比20世纪三四十年代引进功能主义时期的学者有更为明确的问题、理论和方法上的创新目标。他们开始制订和实施的系列接续性计划也表明，他们在"采用西方的研究成果与经验"的同时，也开始寻找自己"独特"的贡献。在积累许多年的研究之后，他们所经历过的创造性工作有：探讨如何对待有文献传统的汉人社会研究（结合史学传统）、科际整合（内地谓之跨学科合作）的实践、从"中国化"到"本土化"的探索、从台湾学术"实验室"到"闽台主题计划"等。

相比之下，内地的政治变故影响了人类学的田野工作，直至20世纪

---

① 李亦园、杨国枢、文崇一：《联合导言》，见李亦园、杨国枢、文崇一编著：《现代化与中国化论集》，台北：桂冠书局，1985年。

80年代初期和中期,人类学才随政治意识形态缓慢的松动而发展,而公开发表的学术著作要到90年代才陆续出现。据翁乃群的研究,80年代初,费孝通为准备赴英接受英国皇家人类学会授予赫胥黎奖章的讲演重访了江村,从而重新拉开了汉族人类学研究的序幕。只是当时他的研究仍更多地被冠以社会学研究的帽子。80年代后半期,费孝通的《江村经济》和林耀华的《金翼》中文译本先后出版,象征着中国人类学重新打破了传统研究的时空局限。此后,在费孝通的主持和倡导下,一些研究人员对长江三角洲地区的汉族村镇开展了一系列研究。与此同时,庄孔韶重访林耀华闽东的家乡,做了新的承继性研究。① 在随后的一些年间,一些研究者在通盘考虑中国百年文化遗产时,注意到人类学先辈多次回到自己数十年前的田野点重新考察,具有深刻的意义。于是中国内地的人类学同行互相启发、鼓励和身体力行,到至今的20余年间,已经将内地多数著名的田野点回访完毕,本文涉及的回访研究的先行者和接替者包括:

先行者	地点	回访者
杨懋春(Martin C. Yang)	山东台头	戴瑙玛(Norma Diamond)、潘守永
葛学溥(Daniel Harrison Kulp)	广东凤凰村	周大鸣
林耀华(Lin Yueh-Hwa)	福建义序	阮云星
林耀华	福建金翼黄村	庄孔韶
许烺光(Francis L. K. Hsu)	云南西镇	段伟菊
许烺光	云南西镇	张华志
杨庆堃(C. K. Yang)	广州南景村	孙庆忠
波特夫妇(S. H. Potter & J. M. Potter)	广东茶山	覃德清
杜赞奇(Prasenjit Duara)	华北诸村	兰林友

让我们回到一些具体的研究主题,其中包括从台湾实验室得到的西洋理论与本土理论,重新回到东南部和南部中国,以及进一步到北部中国检验,包括在前述《中国乡村人类学的研究进程》中已经讨论的汉人社会的宗族与乡村社区等问题,在回访的独立的研究中有何种收获呢?

最早在中国北方做回访研究的是戴瑙玛,她在"文化大革命"过后不久的1979年来到了杨懋春作品中的山东省台头村。人类学家中大概只有波特夫妇和她相似,在同一年进入南方的广东省东莞做调查。林耀华

---

① 参见翁乃群:《人类学的时空变迁和今日"全球化"问题》,见庄孔韶主编:《人类学通论》,第647页。

先生和戴瑙玛交情很好,她的第一篇调查报告(大概五六页的打印稿)寄给林先生,后转给我阅读。当时感觉这个大学者何以如此信息贫乏,文章像个座谈会纪要,甚至文章里还有官方提供的村阶级成分统计表。后来才得知一些细节,在当时的北方乡村政治气候下,戴瑙玛获准进去已经相当不错了,她必须面对精心准备好的一切,而这是人类学家最不愿意的了。当时的台头村还没有实行家庭联产承包责任制,村里的一切都被上级和村集体调动起来。戴瑙玛到达之前,公社给村里拨了款,平整了街道,家家大扫除,还专门为她修了一间厕所。给她安排访问的模范户基本是一天一检查,三天一总结。她每回先到大队办公室,然后提出要去哪一户,干部就马上通知,让户里配合好,摆上馒头、花生什么的。戴瑙玛第一次到村里,还传说她是杨懋春的儿媳妇,接待她的干部很害怕,因为杨懋春家也是"淘汰户"(意为"逃台户",台即台湾)。在紧张的政治气氛下,戴瑙玛天天在干部和群众有针对性的包围和应对下,当然难以按学科的要求完成研究计划。

潘守永到台头村已是在戴瑙玛访问的近20年以后。他起初并未介意戴瑙玛在台头村的经历。但他回京后讲述的村中轶事,戴瑙玛居然是主角。孤零零的人类学家在有意识的眼睛的关注下,反倒成了村民注视的焦点。20年后的今天,村民仍清楚地记得(或模仿)戴瑙玛夹烟卷的手的动作、胳膊上浓重的汗毛,学会了她如何耸肩。尤其人们注意到她面部表示同意、反对或者惊讶的表情,以及她把钢笔送给了谁和谁得到了她的半包茶叶。一位准备结婚的姑娘得到她送的戒指,珍藏至今。村民也十分佩服戴瑙玛工作勤奋、记录认真,说她了解问题总是刨根问底。村民说她守信用,答应参加婚礼,就真的提前来山东了,还带来了礼物。潘守永在他的论文中分出章节讨论人类学家书写被观察者,不寻常的、被动员起来的被观察者如何观察观察者,以及后来的回访者如何理解他所获悉的"螳螂在前,黄雀在后"的场景的本质。

现在让我们回到杨懋春的先驱性人类学作品之一:《一个中国的村庄:山东台头》。这本书被林顿誉为代表了社区研究的某种趋势:本土人类学时代的来临。林顿认为发展人类学的一条捷径就是培养本土人类学家。他们一旦掌握了这门学问,使用起来就远比学习一种完全陌生的"异文化"要容易得多。这种所谓土著人类学家作为"边缘人"将获得未来社会科学最有价值的成就。根据潘守永的研究,杨懋春认为中国的乡村研究有两个角度不容忽视,即家庭关系和村落关系。由于每个村庄不是孤立的,所以还要分析村际关系以及市镇对村庄的影响。这充分概括了中国乡村生活场景的基本特点。潘守永认为若用市场圈的理论勾画农民生活和交往的圈子,可说是误入歧途。所谓市场(就明清以来的集市而言)并非按自然地理而平均分布,通常是集合了包括政治因素在内的多种因素而形成的。台头村民参与的集市多达六七个,距离的远近也因陆路和海路的差别而不同。如果把一个农人的生命历程分为若干部分,那么在村内的份额无疑占据了绝大部分。而就村内的生活而言,家庭生活无疑又是中心内容。这是说从偏重"市场圈"的构架看待中国小农经济下的生命形态,可说是对中国乡村图景还没有一个实际的感觉。杨懋春考虑到村外关系(包括集市),但仍以村内和家庭生活为主,实在是抓住了中国乡村文化的本质。

杨懋春关于台头村的"叙述"当然具有理想主义的色彩,特别是关于村内关系的描写,认为"四大宗族"(潘、陈、杨、刘)内部的关系并不紧密,对个人和小家庭的控制非常无力,等等。与潘守永回访的结论就有不少的矛盾。潘守永认为,至少在三个层面上可以看出宗族的控制势力在20世纪60年代之前是多么强大,宗族间的矛盾有多深。一是在家庭生活层面,特别是在婚姻的缔结与完成上,如潘、杨二姓不婚,一直到60年代才被"革命性家庭"的鼓励所打破。二是在对村内公共权力与空间的控制、争夺层面,早在20世纪二三十年代,小姓宗族(陈、杨)借助外来的基督教与天主教扩张自己的势力,打击大的宗族(潘),如"西学堂"(信义会)与"东学堂"(博古堂),延续到后来东、西学校分立,表面上是信教家庭与不信教家庭的区别,而实质是对村内公共事务与公共权力的争夺;到50年代后的历次运动中,特别是土改时期,宗族间的紧张的影子也是无处不显。当然,宗族内部的分化、分裂以及再分化、再分裂与宗族内部的整合时常交织在一起,犹如一枚硬币的两面,且是一个不断变动的动态过程。三是精神以及信仰方面,从"续修家谱"到新交家庭的祭拜祖先,从姓氏认同到山川河谷"俗名"的种种争议,等等。"宗族"的彰显以多种形式和内容存在,是一张融入生活的大网。

潘守永认为,由于杨懋春所用都是实名,且以自己家庭的实际为中心,难免摆脱"局内人"的限制,对涉及自己家族前途和名誉的事情,都加以修饰;而且,杨懋春写作此书时是在大都会纽约的哥伦比亚大学,设定的读者也是不熟悉中国社会与文化的美国人,所以有不少的局限。笔者由此引出这样一个两难的写作问题的探讨:一是诚如林顿所说,"边缘人"具有颇多长处,其立场值得推崇,但同时,"边缘人"作者也要警惕比族群中心主义略小的宗族、家族中心主义对笔端的左右,这是说做到中肯的陈述是不容易的;二是潘守永在国外体验到,中国人的学术思想只要是用英文书写,那么实际是以展示给老外的思考定位动笔的。好像他还是喜欢"华语人类学"的定位,说他"确实是与这个学术圈交流和对话的"。中国文人要把握两难的"边缘人"立场是不容易的,一些学者并不喜欢对一个时期的流行理论及其代表人物做某些没有道理的依附性的回应,因为"自动不平等"的心态将使对中国文化的理解无所适从,那将是极其可悲的事情。

(二)制度性的宗族和后制度性的宗族

林耀华在《金翼》以前对福建义序的田野研究留下了两部中文作品,一部是发表在《社会学界》的《从人类学观点考察中国宗族乡村》(1936),实际上是他在燕京大学的长篇硕士论文《义序宗族的研究》的简写本,也许是杂志篇幅所限,大量的注释没有了,非常可惜。而《义序宗族的研究》由于是毛笔字手写本的早年的研究生论文,几乎淹没在图书馆里。20世纪80年代,西泽找到后送给林耀华一份复印件(三大本),我有机会得以先阅。在《银翅》中评论《义序宗族的研究》时提到,笔者发现上述两部作品的重要差异是《从人类学观点考察中国宗族乡村》略去了注释中大量的本土国学解释,故在当时的公开出版物范围,林耀华的义序社区完全呈现为百分之一百的功能主义的研究模式。① 尽管如此,林耀华带有参与观察的义序研究无疑是中国宗族研究的第一篇重要的人类学作品。

现在阮云星看到的义序"制度性的宗族"是怎样转换到"后制度性的'宗族'"呢?

这次阮云星以不多见的第三人称书写他回访的缘起和历程,并告诉读者他的学术切入点。中国宗族的研究由于学术观测点的多向度,以及中国各地宗族形态的多样性,使得学人一旦卷入其间,犹如涉入"泥塘"(阮云星导师语),需要"拖泥带水"之后,方可看出是否能悟出新意。受日本学界教育的阮云星尝试以"社会结构变迁的宗族论"来把握和阐释这种宗族变迁。他的解释框架主要包括"制度性的宗族"和"后制度性的

---

① 参见庄孔韶:《银翅——中国的地方社会与文化变迁(1920—1990年)》,第272—273页。

'宗族'"这样两个子框架。前者主要考察至清末为止的近世(绅士、庶民)宗族——"社会文化制度的宗族"。在研究的过程中,不仅考察"局限于对象化了的功能性的宗族组织",而且包括"结构性地孕育、支撑着这个功能性组织的社会文化之制度性因素"。而后者则主要考察民国尤其是20世纪50年代以后的"宗族",也可称为"文化的宗族"。无论它是否具有组织形态或某些显性功能,都是"后制度性的"、存在于传统文化中的"宗族"。他相信用这样的"社会结构变迁的宗族论"能较好地阐释当代"宗族"的现实图景和真实变迁。

阮云星在他的田野调查中深刻感到,昔日的义序宗族乡村再也不是宗族"自治"的乡村单位了,即使出现了90年代以来的"宗族复兴",也只能是非(准)制度性的"传统姓氏地域"上的家族主义"亚文化"。阮云星同时强调,义序乡村的传统文化因素还在相当程度上影响以致支配社区人们的思想和行为,今日义序的人们仍受交织在一起的"新"、"旧"诸因素影响,然而其并非一定会产生对应性的正面或负面影响,而是受那里"具体情景"的支配。

关于阮云星的所谓"后制度性'宗族'",段伟菊在云南西镇的回访研究中有如下的观察:20世纪80年代以来,有的祠堂为重修费尽心思,在政治意识形态和不确定的政策的影响下,最终是借文物保护之名促成的。"此举是为了一种必要的保护以防备政治的复杂性,带有文化创造和政治操作的印记。"[①]然而,这里宗族的重建是以家谱重修、祭祖等为主要内容。段伟菊看到族谱是保存记忆的一种方式,大姓家风仍在被推崇,只不过有的族谱现在容纳了儿媳的名字(张华志的西镇家族企业研究也发现了女性实际地位的差别以及对于男系轴心的偏离,尽管有的家族财产仍严格不让渡给女方)。她认为现在是"姓"代替了"族",而今日姓的认同更多的是起伦理教化的作用。和许烺光的时代相比,段伟菊还看到,半个世纪以来的西镇人无论环境与生活是好是坏,却始终如一地保持了祭祖传统,尽管仪式有繁简之分。以上田野调查证明,无论是"制度性的宗族",还是"后制度性的'宗族'"时期,"政治、经济的外力作用并没有能够真正改变祭祖仪式中内化了的理念,中国人祭祖和内心之慎终追远的缘

---

① Jun Jing, *The Temple of Memories: History, and Morality in a Chinese Village*, Stanford University Press, 1996, p. 67.

由本质上已是理念的、意识的和无意识的"①。这是对宗族成因的功能的与要素的外在观察结论的有力批判。

笔者所思考的问题是,所谓无经济力量的理念的宗族、发育饱满的宗族、政治压抑下的宗族以及前制度性的宗族(笔者冒昧增加一类,或可称阮氏意义上的"宗族");制度性的宗族和后制度性的"宗族";无组织的宗族、有组织的宗族和自组织的宗族等等的命名设定均说明人类学理论发展至今不会只有单一向度的理论可以获得中国宗族问题的全解。古今关联的理论和多学科思维的合作才能获得较好的综观,这其实也是弗里德曼早年关于扩大在中国版图的田野调查点以寻求更好的宗族解释的愿望所在。

(三)华北宗族的田野回应

1991年笔者在基本完成《银翅》第一稿时,开始考虑如何推进北方中国的宗族研究。我绘制了中国北方五省山东、山西、河北、河南和陕西的考察示意图给北京的同行,可惜由于难以得到有力的支持而使计划搁浅。后和张小军相约回访我们1983—1984年访问过的北京大兴县留民营村,笔者又初次调查河北香河县农村,都因种种原因没有留下新的作品。对中国北方的兴趣来自国内外人类学家在中国南方的宗族研究成果,相关的重要成果如黄宗智和杜赞奇的著作并不是纯粹人类学的,但当今跨学科的个人研究日盛,人类学的研究色彩已经在杜赞奇的作品中呈现,可见交叉不同的研究方法对各学科大有裨益。

笔者在《银翅》中关于民间保长的角色首次回应杜赞奇的判定②,也一直希望同行有机会对他的调查点做进一步的回访研究。现在,兰林友完成的回访专题博士论文不像其他人是一对一的接续性研究,而是从对印度裔美国学者杜赞奇华北村落调查点的考察扩大至包括对日本人早年的满铁调查、华裔美国学者黄宗智的相关研究一并做了综合的回应。

黄宗智在华北社会经济史研究中利用满铁资料考察华北村落与国家的关系。他主要是批评施坚雅(G. W. Skinner)的集市体系理论的缺失,重新回到实体主义的研究传统。但由于缺少田野工作,满铁资料的错误

---

① 庄孔韶:《银翅——中国的地方社会与文化变迁(1920—1990年)》,第253页。
② Prasenjit Duara, *Culture, Power, and the State, Rural North China* 1900—1942, Stanford: Stanford University Press, 1998.

得不到核实。杜赞奇同样使用满铁资料研究华北,但他参加了实地考察,人类学的方法被借用到中国社会史的研究中。他的著名的"权力的文化网络"(culture nexus of power)是由乡村社会中多种组织体系以及塑造权力运作的各种原则构成,包括亲属、市场等方面形成的层级组织或巢状组织类型。这些组织既有以地域为基础的具有强制义务的团体(如某些庙会),又有自愿组成的联合体(如水会和商会)。文化网络还包括非正式的人际关系网,如姻亲、庇护人和被庇护人、传教士与信徒等关系。杜赞奇在解说国家与地方关系时,提供了一种从下而上的理解视角,比较能够解释华北村落所显示的多元村际关系,扭转了因受施坚雅的集市体系理论和弗里德曼的宗族范式的影响而轻视社区研究的形式主义倾向。①

兰林友重视同一地域的满铁资料和惯行再调查资料是因为该研究传统的村落共同体基点调查和人类学的小型社区研究有相通之处,而且黄宗智和杜赞奇的研究都没有离开满铁资料。这些资料包括日本侵华期间对河北和山东的调查,其后编纂的《中国农村惯行调查》②显然是有价值的、带有殖民烙印的旧日田野志。半个世纪后,三谷孝和南开大学历史系合作的华北村落惯行再调查成果《中国农村变革中的家族、村落和国家》两卷则是中国农村变革的新田野志。兰林友认为满铁资料的特点是精于资料收集和描述,且注重村落本身的结构考察,只是对村落以外的各种社会关系考察不足。尽管资料本身疏于理论提炼,但的确是了解山东河北大半个世纪的社会文化变迁的宝贵的对比材料。③

兰林友试图将形式主义和实体主义的研究传统相结合,对照满铁资料并在人类学的田野工作中做历时与共时的对照研究。他考察了黄宗智和杜赞奇利用满铁资料做过研究的华北六个村落,并以后夏寨为主要田野调查点。他的考察结果认为,在后夏寨的村落政治场景中,不是如杜赞奇所说的以宗族竞争为主线,而是以场景性的政治结盟为主。村落派系竞争的实质是争夺村落领导权,其个人政治立场均不是以亲属关系决定的,而是现实的政治和经济利益。

兰林友认为,黄宗智既批判了却又过度利用了满铁资料。黄宗智和杜赞奇都是以外显姓氏符号建构宗族,忽略了华北历史上多次移民和战

---

① 参见兰林友:《庙无寻处》,博士论文,中央民族大学,2002年。
② 1952—1957年,中国农村惯行调查刊行会编的《中国农村惯行调查》由东京的岩波书店出版,全书共六卷。
③ 同①。

乱的巨大影响。一种经常看到的结果也被他们两人遇到了：即黄宗智所认为的后夏寨的大族①的王姓实际有四种来源，李姓则实为三种来源，所谓"同姓不同宗"（满铁也有记录）。因此黄宗智认为的后夏寨的"村落政治是亲属空间决定的"和杜赞奇认为的后夏寨"村落政治以宗族竞争为主线"②的见解因其前提失误也就站不住脚了。而且，依照杜赞奇所说，华北宗族是根据外显姓氏符号建构的，那么用这样的文化网络解释华北的村落政治，自然也是有问题的。至于说到处在国家和地方之间的保长呈现出不同的面孔，其实质是村落政治斗争的复杂性造成的，而不是杜赞奇的类型划分所能穷尽的③，这和笔者在闽东黄村所在乡镇的研究结果是一致的。保长"斡旋上下的捐客方式是最常见的两面人或几面人的变换方式，而在这个地位低微的阶层中并非存在着影响地方传统文化秩序的泾渭分明的社会捐客类别……我宁可将其看做是国家与地方社会之间过渡性人物职能的两面或多面反映，因为外在表现明显的两种角色类别既不可能长久单一地存在，也不为中国人际关系原则与文化哲学所接受"④。

兰林友进一步总结华北宗族明显缺乏宗族最主要的集体表征——祠堂，没有强化宗族凝聚力的最重要的经济手段——族田，缺少血缘与地缘重合的宗族基本特征，提出了华北宗族是一种不完备的、残缺的宗族的概念⑤，强烈显示了表达性的、文化性的和意识形态性的特征。

在肯定了黄宗智、杜赞奇将满铁材料回归村落后的整体理论提升能力，以及日本学者惯行追踪调查的新的成果，兰林友在回访中发现，他们未能核实运用满铁的调查资料，终简单地以姓氏符号统领实际不同宗的村落亲属系统。兰林友通过这件事反省中国本土某些学人做学问存在的问题：既不调查也不核实，大多不加批评地转引英文著作中的满铁资料和结论，这是国际学术圈边缘自我不平等的"习性"吗？这究竟是何种做学问的心态！我们现在正在等兰林友回访的论著出版，看看他是如何将英文的、宗族的、形式的和日文的、村落的、实体的研究风格结合起来，开

---

① 参见黄宗智：《华北的小农经济与社会变迁》，北京：中华书局，2000年，第269页。
② 参见上书，第244—272页；Prasenjit Duara, *Culture, Power, and the State, Rural North China 1900—1942*, p.14, p.213。
③ 参见兰林友：《庙无寻处》，第100—109页。
④ 庄孔韶：《银翅——中国的地方社会与文化变迁（1920—1990）》，第51页。
⑤ 参见兰林友：《庙无寻处》，第49页。

展他的人类学田野撰述的。

（四）家族"父子轴"及其延续

许烺光师从马林诺夫斯基在英国拿到博士学位（1937—1940年），1940年回国。他虽然并无燕京大学出身的背景，但其所学和吴文藻、费孝通、林耀华之国外所学一脉相承，以社区研究的惯常方式进行。1941—1943年许氏在云南喜洲完成了田野工作，并于1948年出版了《祖荫下：中国的文化和人格》，当时被誉为"令人称羡地记述了一个敬祖几乎统治着镇内社会生活各领域的集镇……对中国传统文化中基本的社会体制做了非常有价值的分析"①。从《祖荫下》的目录和内容看，功能主义的社区研究传统仍在，但增加了心理人类学的新视角。他开始用"基本人格结构"和"身份人格结构"来划分父子、夫妻等家庭和亲属关系，被认为"对于发展文化和人格范畴内的研究非常有益"②。许氏发表《祖荫下》的时候，中国剧烈变化在即，因此他关心社区传统延续的问题，也就是人类学关心的主题——社会文化的变迁将如何进行。他和杨庆堃在20世纪50年代初离开内地时有共同的专业思考，究竟"传统模式与新的要求之间怎样共处或是达到一个新的平衡状态还有待时日来说明"。

许烺光的西镇研究为我们留下了两个重要的人类学主题：一个是关于西镇人的族属和族群认同问题，段伟菊已经在她的回访研究中做了新的诠释；一个是汉人社会和"比汉人还汉人"的西镇人同一的"父子轴"问题的延续性讨论。半个多世纪以后，段伟菊带着同样的疑问和猜测回访西镇，特别集中于那里的家庭结构和祭祖仪式等。西镇大家庭的经济上的"分"与共同居住的"合"，体现了他们那既维持大家庭理念又缓和矛盾的实际居住策略，许烺光认为是"既满足了个人的自由和竞争意识，又在社会及祭祀仪式中保存了'大家庭'的荣誉"，"实现了一种大家庭的理想"。

笔者根据段伟菊回访看到的西镇人在祭祖、家庭形态、继承制等方面的变迁加以综合解说，旨在表明变化的考察及其参照系③之间的关系：

---

① 许烺光：《祖荫下》英文版，1967年版封底评论。
② 同上。
③ 参见庄孔韶：《中国乡村人类学的研究进程——农民社会的认识之一》第三节"农民社会的文化传统"，见《时空穿行——中国乡村人类学世纪回访》，北京：中国人民大学出版社，2004年。

一年一度的祭祖节和清明墓祭体现以家为本位,和许烺光时代有所不同。但外在因素的改变无损于祭祖拜祖"慎终追远"的观念,这一观念如今主要体现在强调家本位的团结合作与伦理教化的约束力上面。

许烺光时代大家庭的传统实践依然以"合模"或轮值的形态,和由分化再发展(新一辈的人强调"树大要分支才能发",竞争会带来兴旺)的形态存在着。因此,即使分的形态亦包含着合的传统理念,只不过社会传统在变化的过程中,各种"变通"的做法实在需要有传统理念、舆论、伦理等为其作铺垫。

社会经济和政策等方面的影响是暂时的还是长久的,要具体问题具体分析。例如由强力阻止传统的人民公社几乎没有留下什么影响,但劳动回归家庭单位后,平均的土地政策和继承制影响了西镇人的民俗——由过去老年父母随大儿子变成随小儿子,同时家内扶植的传统理念也在起作用。

宗族已退出社区的主导而成为一种"边缘"的意识存留下来,现在西镇人培植以"姓"为单位的"家风",小于昔日"族"的整体性的认同,"父子轴"的概念紧紧联系着伦理教化的古老原则。

仪式中妇女前所未有地参加了进来,并在祭祀的仪式上起着重要作用。儿媳和女儿以特定的书写方式进入家谱。张华志强调了西镇女人在家庭生活中早就起着"不外露"的作用,而在家族企业经营活动中,女人的重要作用已经从乡村男女角色风俗的定位中变通地转换,变得不得已而"外露"了。笔者认为张华志和段伟菊不同角度的回访观察有助于发现妇女地位变化的原因及其解释。然而,女人(太太、女儿和儿媳)的重要作用虽然支持了"父子轴"的家族及其企业,但还不足以改变父系继承制。因此许烺光划分西镇人父子、夫妻等家庭和亲属关系的"身份人格结构"至今仍在起作用,在张华志的家族企业活动中延续或变通地存在。

(五)传统家族关系原则以何种方式进入农民企业经营?

和段伟菊不同,张华志对许烺光的家族制度研究加以延伸,调查和研究了那里的家族企业问题,想看一看人类学擅长的家族文化研究在企业运转过程中的特征与地位。在今日西镇,许烺光的"同一个屋檐下的分家"的家庭伦理仍是其背后"合"的观念,这个合的观念、合的舆论,加上居住空间和经济实力的限制成为一种综合的力量。诚然,在代际传承中"分"是必然的、不得已的。但在理解这个问题上,西镇人的看法是"越分越旺",张华志和段伟菊同样发现了这一民俗要点。张华志认为西镇人的家族主义原理是"在合的后面,有条件应该分,'越分越旺',这种理念被用在西镇的家族企业中,导致企业较早表现出股份制的形态"。

家族企业的继承是被主要关注的问题之一。出于崇拜祖先心理和家庭伦理等复杂原因,财产的继承和传递是一个较长的时间过程。一个屋檐下的小家有独立的经济功能,分家实际进入了财产继承的过程。年轻夫妇自己开办企业,在从大家庭分离出来的过程中获得了财产所有权,被张华志称为"第一次的继承权"。而"第二次的继承权"——家产和职位等的继承权问题,因为时有"小心成功综合症"表现的家族矛盾外现乃至家族冲突的严重后果而被认为是令人棘手的瓶颈问题。但实际上家族制度在家族企业中的作用是中性的。例如西镇既有遵循传统的家产继承的习惯,同时结合办实体的成功经验的例子,也有相反的家族分裂的例子。传统诸子继承制是否会限制家族企业规模的扩张,要看具体情境,古德(W. J. Goode)所说的"中国家族企业难以扩大规模的原因是由于分家均产所致"①,其理由不是本质的。

不可否认的是,中国家文化的传统对家族企业行为有直接影响。作为一种基本规范适合于对以下诸项做出分析:自我层次与文明的品行;亲属和家族层次与家庭和亲属的合作;组织层次与世系制;社会层次与垂直结构。尤其是家文化的突出作用在于它是联系家内外各个层次的纽带。

例如,家族企业的信用机制的原则就大多不是商业原则,而是建立在血缘的基础上,以血缘的远近调整各种关系。一般情况下,虽然没有法律或明确的规章制度对亲缘关系之间的权利、责任和义务等作出规定,但各方的责、权、利却是相对清楚的,相互之间的信任也主要不是通过法律来保证,而是通过习惯和传统加以确定和保证的。张华志看到公事公办的银行社会作用滞后,需要货币资金的家族企业得不到,不积极需要资金的国有企业却总能得到支持。在这种情况下,西镇的家族企业的贷款才有可能来自非正规的民间金融交易机制,而他们之间凭借的就是地方和民间的信用机制和不成文的约束。

农人如今办起家族企业,他们的活动大大超出了昔日农耕生活的活动范畴,仅仅靠亲属关系维持是不够的。诚然,传统的血缘关系决定了家

---

① 古德:《家庭》,北京:社会科学文献出版社,1986年,第266页。

族企业很难把家庭和企业分开,家族企业中的家族伦理和家族关系有时会代替正常的经济管理关系。但今日西镇的收养、认干亲和拜老庚行为已经混入了功利成分,家族企业主、官员、大的合作伙伴之间都流行这种"民俗"关系,本来这一农本社会扩大家族关系的文化行动,如今成了保证家族企业利益的手段。这是利用传统延伸血缘关系的象征意义推动功利目的的新的社会行动。除了血缘关系不敷使用以外,仍旧族居的情境使得地缘也逐步转化为重要的人际认同坐标。因此血缘和地缘关系保证了企业的家族凝聚力。今日扩大的业缘关系则是跨血缘和跨地缘的,很明确,业缘关系能够带来直接的经济效益。

但张华志的研究策略没有局限于此。他批评了爱迪思关于家族企业"有利于创业,不利于发展"的"家族陷阱"说[①],认为他只看到一般性家庭生命周期的生物性规律,而没有把家族制度的文化意义考虑进去。他还进一步认为,即使考虑了这样的问题,如何看待文化传统呢?学界曾普遍认为从中国文化传统对经济发展所起积极或消极作用的视角出发来研究家族企业,其缺陷是把文化视为外部独立存在的变量,割裂了文化与经济的关系,无助于对家族企业的认识。具体而言,中国家族企业的许多文化行为是一种传统所能概括的吗?尤其是民间和大众文化领域,虽然它们也受到传统的深刻影响,但不是传统(儒学)本身所能囊括的。正因为大众文化是家族的重要基础,所以家族企业不是一种形式,而是多种形式,是文化多样性的表现。中国家族企业的经营方式并不完全是家族主义或"家庭生产方式"的文化因素导致的,"一种文化对于生活于其中的人之所以具有持久的影响,并不是通过形成人们所追求的(如开办家族企业)目的,而是通过为人们提供具有特色的可能,使之由此建立起行动的路线"[②]。

我们看到利用改革开放的机缘,福建黄村农人发展新的银耳副业,西镇人积极开办家族企业,他们以异曲同工的行动成功地冲出了传统农业系统政策的桎梏,因此,银耳副业和家族企业呈现的时空变迁正是制度和非正式制度对抗的过程。此外,我们回访的多个田野点都处在城乡接合部,他们在突破了旧体制的薄弱领域后,成了城乡关系重新整合的重要介质。这就是世纪回访学术工作的观察要义之一。

---

① 伊查克·爱迪思:《企业生命周期》,北京:中国社会科学出版社,1997年,第53—64页。
② Ann Swidler, "Culture in Action", *American Sociological Review* 1986, 51(2), p.264.

(六) 南部中国的乡村—都市过程

葛学溥去过的凤凰村,杨庆堃访问过的南景村和波特夫妇到过的茶山村镇都是华南的农村乡镇社会,分别由周大鸣、孙庆忠和覃德清完成了回访研究。其中葛学溥因研究早于马林诺夫斯基功能主义理论流行之前(1918—1923年),无疑是以实地调查中国潮州乡村社区写出早期社会学人类学著作的先驱者。周大鸣在回访凤凰村的过程中考证了葛氏的田野工作。如果说杨懋春、费孝通、林耀华和葛学溥对台头村、江村、金翼黄村、凤凰村的研究展示了晚期帝国直接延伸下来的从华东经福建到华南乡村社区生活的不同蓝本,那么杨庆堃著作的重要价值则在于提供了一个政权更迭前后、新意识形态切入之时的城郊社区的剧变图景。波特夫妇也不寻常,他们在"文化大革命"结束不久(20世纪70年代末,主要在80年代初)进入广东东莞多次调查,亦应是极为少见的情形。

1. 梯级移民和钟摆式人口流动

葛学溥和他的学生对凤凰村的早期调查使用了"直接观察和照相记录"的方法,这种较长时间的田野工作方法始于19世纪摩尔根一辈人开创的田野调查经验。社会学和人类学的早期阶段的调查在参与时间与方法上颇为接近。时任沪江大学社会学系主任的葛学溥在1918—1919年的暑假期间,让部分潮籍学生借家乡度假之便做先期调查,到1923年葛氏才亲自前往实地考察。因此1925年英文版《华南乡村的生活》应是葛学溥指导他的学生共同完成的作品。从书中调查表格和资料安排看显然是出自受过专业训练的早年学人,又经葛氏检验,应是可信的。这部书开了中国村落社区文化分析之先河。①

葛学溥时代的社区研究,是将社区看做一个"容易进行科学的控制和认识的一个有机的整体"。"这种有机的方法的应用比部分的特定的方法具有优势"②。那个时代的"科学的控制"和功能的分析影响了社区作为一个有机体的田野做法,后来也影响人类学使用功能和结构的概念。葛学溥似乎不赞成进化论和传播论的方法,在某种意义上说,他的著作更像是那个时代人类学功能主义大理论出世前的许多积累性作品之一,但

---

① 参见陈礼颂:《一九四九年前潮州宗族村落社区的研究》,上海:上海古籍出版社,1995年,第1—2、5—6页。

② Daniel Harrison Kulp, *Country Life in South China: the Sociology of Familism*. vol. 1, Phenix Village, Kwangtung, China, Bureau of Publication, Teachers College, Columbia University, 1925, p. 19.

由于他是中国研究的先驱者,故其作品的意义另当别论。

周大鸣也讨论了村落研究的方法论,认为从村落这种小社会可以透视大社会,社区研究正是这种方法论的基础。同时凤凰村作为一个村落除了其独特性外,也具有普遍意义:一是过密化农村的代表,二是反映了潮汕文化的基本特色,三是单姓为主的家族聚居村落,四是与全国其他村落社会经历了相同的发展过程。从凤凰村聚落的形成与姓氏的关联来看,有由一个姓发展成几个自然村落的,有由单姓村落发展成多姓村落的,也有从多姓村落发展成单姓村落的。每个行政村落通常都有一个姓占人口多数。

归湖村落的创建最早为宋代,以明代建立的聚落最多,到清代就形成了保存至今的聚落分布。从姓氏的来源看,归湖的开发是移民所为,最多的是本镇的迁移,即移民创建村落以后,随着人口的增长又不断地开拓新的聚落。随着宗族的不断分化,庙不断分香,形成村落之间的特定联系。从神明崇拜看,归湖各村落的信仰情况复杂。不同的神明与信仰状态应是和不同时期与不同地域的移民相关。从游神赛会的时间表可以看到乡村社会整合度是相当高的,而游神秩序的形成是村落之间长期互动的结果。从对凤凰村周边的几个村落的考察,可见庙宇与聚落和姓氏形成一定的关联,并构成了村落之间互动的基础。

凤凰村与许多人口过密的村落一样,一是讲究精耕细作,提高单位面积产量;二是种植市场价格高的经济作物;三是进行多种经营,包括农副业和非农业的经营;四是人口转移,移向海外或其他地方。这种传统从葛学溥调查的时代一直延续到今天。在讨论了文化教育对职业收入的影响和凤凰村过密化类型发展道路的问题后,周大鸣认为,提高文化教育水平可以推动经济的发展和收入的提高,而过密化的地区必须走多种经营和非农化的道路才能获得生活水平的提高。

周大鸣对凤凰村的未来做出了一些预期。他认为,在乡村都市化的过程中,一些地区已经初步实现了村落集镇化、集镇市镇化、县城(含小城市)都市化等巨大变迁,而凤凰村作为一种多元文化融合的现状,从乡村都市化的角度讲,正处在转型的关键时期。① 周大鸣看到,改革开放后一部分劳动力外出打工,一部分劳动力转移非农业,这样吸引了外来人口填补劳动力空缺。或者本地的非农产业吸引不了本地人,外来人成为这类

---

① 参见周大鸣、柯群英主编:《侨乡移民与地方社会》,北京:民族出版社,2003年。

企业的工人。如20世纪八九十年代初,凤凰村民主要有五个流向:到潮州、汕头、深圳等地打工、跑运输业、经商、办厂和从事家庭副业。进入90年代后,凤凰村办起了表带厂,由于工作条件差、工资低,只有江西人、湖南人和四川人愿意来。周大鸣所调查的凤凰村就卷入了这种所谓梯级迁移的社区状态。"侨胞因为限制加入外国国籍,就像现在外来工因为户口的限制永远都不能成为本地人一样,存在着钟摆式的流动。"①

为此,周大鸣从应用人类学的角度提醒,在这个转型时期,从农业到非农业的转变,心理准备和知识准备都需要一个适应的过程。同时应力求主导变迁的方向,对传统做创造性的转化。② 周大鸣注意到在葛学溥的《华南乡村的生活》中,对早年凤凰村教育的描述是相当精彩和详细的。他们调查的时代正是中国教育从传统的私塾、应试教育(为科举服务)向现代普及式教育发展的转型时期。周大鸣不仅详细地记述了学校的教学、课程设置、校舍、学校管理以及不同学校的比较,同时也给教育的发展进行了分期。最后,周大鸣还提出了中国乡村教育发展的建议,即要将实用的、本土的知识输入到乡村教育之中,要适应教育目标改变和明确新的教育目标。可以说这样的观点没有变化,新时期的作者周大鸣继续将教育作为凤凰村经济发展的重要动力。

2. 城市乡村——寻找一个学术的栖息地

孙庆忠说,当他在半个世纪后回访南景(广州附近)时,杨庆堃先生著作中"田、园、庐、墓"构成的南国田园诗般的景观早已面目全非。这倒是应了大学者的预见。当年杨庆堃带着他的学生们,在历时两年多的时间里,做了"安营扎寨式的研究"。1948年他决意在南景设立研究站,作为实地"社区研究"的基点。原因主要是南景村无论从人口与族姓特征上,或是农业生计(农副结合)上,都属华南大城市郊区农人生计的常见类型。杨氏的研究站实施的"社区研究"计划明显有其学术考量的理由:"随着城市经济、社会和政治的影响渐趋扩散,郊区村庄的一些特征必将延伸到边缘的乡村社区。"他们所预想的观察目的:如"村庄生活中的绅权和儒家观念,以及共产党统治下高比例的内部统一性",究竟在新社会的状态下做何种变迁及如何影响变迁,的确表现了杨氏预设的多重学术构想,其最终目的还在于"增加了这一特殊的社区研究对解释普遍性问题

---

① 参见周大鸣、柯群英主编:《侨乡移民与地方社会》,北京:民族出版社,2003年,第4页。
② 同上书,第6—7页。

的实用程度"①。

1959年,杨庆堃的《向共产主义转化前期的中国村落》一书出版,全面而细致地记录了这个城市边缘乡村社区的文化形貌,内容除了传统题目如人口结构、土地利用、生产消费、亲属制度、权力结构与阶级以外,诸如新政权建立、土地改革、乡村经济与文化生活的变迁、《婚姻法》引起的"家庭革命"等都是学术观察的新题目。

孙庆忠看到了杨庆堃预见到的变化,但何种变化则是难于预料的。在城市化的过程中,大城市边缘的乡村聚落已成为都市村庄的新景观。南景人如今走进工厂、经商或成了足不出户的土地或房屋的收租人。好在南景在被都市吞噬的过程中,基本上没有改变其聚族而居的原生形态。他们既没有意大利移民身处都市却无法进入社会主流的窘境②,也没有塔利街角的黑人团体濒临溃败边缘的落魄。③ 固有的生活空间,不曾改变的亲族网络,使他们的生产方式和生活方式实现了平稳的过渡。因此,生活在都市中的南景村民并没有产生像台湾都会区原住民那样的自卑感、精神的失落和内心交瘁④,没有造成文化弥合中的窘况,而是在不同的层次上划定着认同的边缘。在宗族的认同中,寻找着往日的亲情;在经济社和村庄的认同中,享受着既得的利益。在与都市文化的互动中,他们没有丧失固有的行为方式和交际范围,而是在维系初级关系的同时,又平添了许多次级的联系。因此,在渐进的都市化过程中,村民始终立足于以血缘、地缘为核心的互识社会。

尽管如此,南景人没有可能主动地写自己的文化,在适应都市生活和新文化传统的过程中,被动地改编着自己原有的文化设计,也因此生成了都市村庄这种异于都市又别于乡村的文化类型。我们还是看到了孟德拉斯曾预言的"传统农民的终结",这是无可奈何的、带着怀旧心情的愉快的终结。孙庆忠回访南景村调查的最终体会是,这个被学术先行者预测过的南国村落是使"我们得以展望人类学都市研究和回首传统人类学方法的一个栖息地"。

---

① C. K. Yang, *A Chinese Village in Early Communist Transition*, Cambridge, Mass: The M. I. T Press, 1959, p. vi.
② Gans, Herbert, *The Urban Villages: Groups and Class in the life of Italian-Americans*, New York: The Free Press, 1982.
③ Liebow, Elliot, *Tally's Corner*, Boston: Little, Brown & Co, 1967.
④ 参见林瑶棋:《台湾都会区原住民的郁卒》,21世纪人类的生存发展国际人类学学术会议论文,厦门,2000年。

3. 比较三重不同的文化意象

波特夫妇关于茶山村镇的学术成果《中国农民：革命的人类学》的叙事起点从1949年以前止于1985年，覃德清的回访研究是以对比波特夫妇关于茶山的作品——人类学文本以及茶山地方文人及领导人作品的不同角度，讨论其所呈现的不同的茶山文化意象。

波特夫妇自有其研究侧重，他们对1949年中国革命和茶山农民的关系、对毛泽东时代的基层社会运作、中国人的情感文化建设、城乡差别等犹有兴趣。他们以详细的调查询问，认为革命前的中国农村，"以强凌弱"，"以富欺穷"，"怨恨、嫉妒、冲突潜存在这种不平等的社会结构中，从而引起强烈的阶级冲突"①。所以，人们最根本的社会目的，"首先是为了生存，许多贫困的人为此耗费了一生"。波特夫妇列举一些政权更迭前后的地方实例，分析他们笔下的茶山社区在已经承诺和实现的新制度下"由一无所有变得拥有一切"②，意在说明新制度建立的合理性。

然而，革命的进程如果发生逆转，人们便不能掌握自己的命运。虽然"文化大革命"过去了，但其余绪波特夫妇还是看到了：农村户口和城镇户口将中国人分成两大类，粮食来源（是否吃国家粮）成为这种区分的重要标志。波特夫妇在批评施坚雅的标准市镇区理论不能分析茶山的社会结构的同时，观察到茶山镇上的干部和工人同当地的农民构成相对立相隔离的两个等级。昔日的地方精英——绅士阶层不见了，于是农民只能直接和官方打交道。由于干部的经常调动，以及农民没有足够的财富和权力，他们之间无法建立起相对固定的契约关系。波特夫妇还看到，在改革开放后生活大大改善的情况下，"经济上出现两极分化的可能性越来越大"，因此，忧虑是显而易见的。"现行政策带来了巨大的繁荣，然而，矛盾依然存在，产生了新的贫困，经济繁荣和社会公正的双重目的依然没有达到。"③

不过，波特夫妇对中国人情感文化建构的田野观察却细而不得要领。他们对"干活"和"肌肉抽动"的细腻的"感情"层面的分析，实在是不敢恭维。革命意识形态下的农人回答（对外国人的相对性回答）真能直接用来推说社会关系、个人情感与社会秩序之间的联系的本质吗？也许是调查体验时间过短，再加上如何将行为方式与中国农本哲学、人伦相对主义

---

① S. H. Potter and J. M. Potter: *China's Peasants: The Anthropology of a Revolution*, Berkerly: Cambridge University Press, 1990, p.33.
② Ibid, p.35.
③ Ibid, p.339.

和直觉的理解结合起来,始终是做跨文化研究的人类学家的问题。

波特夫妇还亲历了茶山引进外资的事例,"穿着蓝色毛泽东式服装的大队干部和西装革履的港商坐在一起谈判,形成了两个世界的鲜明对比"①。他们认为,外来资本既伤害但也刺激了中国的农村经济,并没有导致中国农村的破产,没有破坏民族工业,也没有使农民失去土地而日益贫困。茶山的例证没有支持费孝通先生在20世纪30年代关于外来资本与民族经济关系问题的观点,覃德清在自己的研究中做了对应性的回答。

覃德清说茶山人是茶山社会文化的创造者,不仅仅是观察者。地方文人提供的《茶山镇志》从梁武帝说到今日茶山的历史、地理、经济、社会形貌,说这里钟灵毓秀,人才辈出。该书撰写自由,实事求是,意在告诉读者茶山文化的底蕴是从何而来的,而这文化的底蕴正是波特夫妇"没有意识到的"或尚未意识到的。"地灵人杰"的茶山文化意象给人以自信心和自豪感。茶山地方领导人的茶山文化意象(依宣传材料《茶山》)则特别凸显经济发展事项,而较为忽略社会文化。因人而异的茶山文化意象的制作意义何在呢?透过覃德清提供的三重茶山意象文本分析,我们考虑的是:人类学家应该怎样做呢?问题的关键在于外来的调查者(例如人类学家)、茶山的领导者、地方文人与农民行动者之间的相同与不同的观察如何整合起来,至少可以说缺少地方知识的田野观察和忽略地方文化的经济发展计划都是不足取的。

(七)农民社会变迁的动力何在?

回访考察各个田野调查点数十年的自然与人事沧桑,就会发现人类学究竟要探索什么领域,在这个领域内有一条不同一般的重要的线索,即时空的变迁所包含的历史的线索。因此回访的人类学有着比一般选定的调查点更多的意义。

一个涉及过去的农业社区,我们首先不是将其看做是一个因果关系的链环,而是以某种方式造就的一个动态系统。人类学家对被说明过了的以及亲自参与观察发现的证据再加以思考,这是由概括的和比较的知识导引出的,最终又归结到这个动态系统和人类学的理论构架中去。

我们看待当代报道人关于过去的陈述,有时是"当代话语的一部分,

---

① S. H. Potter and J. M. Potter: *China's Peasants: The Anthropology of a Revolution*, Berkerly: Cambridge University Press, 1990, p.317.

其处理的则是现在的关系。政治的、经济的、宗教的和陈述者所居世界有关的不同主张,转换成历史的语言,陈述者由此获得一种新的力量"①。但人类学发现的事实是:历史无可奈何地逝去了,但如何陈述与说明历史是永远不会被任何人垄断的。人类学家需要从书面和口传的陈述中寻求社区人们是如何组织起来的信息(先行人类学家的作品不比一般的文字记载,它提供了同一社区如何组织的第一个专业蓝本)。当我们在回访地点跨越时空看到相同的或不同的社区构成时,我们会跨越各个时期人类学理论的局限,对眼前的社区动态系统寻求一个新的综观,它将超越先前的人类学杰作,又基于先行者的观察之上。那么,支持社区这个动态的系统,首先是因为文化的运动性与社会的运动性。

运动是文化的特征。"起作用的方式和接受规范生活的社会惯例的方式通常有较深的意义,因为它们仅仅由于存在便包含了否定在内的多种替换。从文化上说,世界不仅仅是我们直接经历的世界,而是构成存在的'一种方式',是从许多有用的替换中选择出来的。"②因此,一个文化传统包含许多的"形态",它们各具预定性。

运动也是社会的特征。社会不仅在生态适应的过程中调整自己,也因技术改革而变化。此外,社会也必定因文化传统的内在动力而引起调整。我们在回访的许多例子中清楚地看到了各个社区结构内在动力的调整性运作,因此世界并没有像有些人想象的那样变得一致。我们也由此得到社会是如何变化的以及在什么方向上变化的认识。这样,我们就不能只考虑人类学或相关学科的理论决定的诠释与结论,因为客位的综合的解说可能只是一种诠释的组合,有时,该组合仍和地方社区人民的理解方式完全不同。因此我们需要容纳人类学理论构架下的诠释组合,也容纳地方社区人民行动的先在的理念。

(八)金翼家族沉浮的解说

在最近半个世纪,林耀华《金翼》中的主人公东林的后代在政治的压迫下,一直胆怯地活着。庄孔韶的回访作品《银翅》描述了一场激进的革命是如何重创了一个家族人口群的生命与生活方式,这并不主要指他们

---

① 肯德里克编:《解释过去,了解现在》,台北:麦田出版社,1997年。
② Goran Aijmer, "Anthropology in History and History in Anthropology," South China Research Center, The Hong Kong University of Science and Technology, Chapter 1, 1997.

失去了可以继承的田产和其他物化的家业。然而,改革开放不久,"喜欢往外闯"和"难领导的"①金翼之家巧妙地冲出传统的农业系统,发展了银耳新生计,"盖了新房"②,"再度成为黄村最富裕的人家之一"③,他们"又冒尖了"④。《银翅》在不同章节的字里行间不时披露了金翼家族后人从衰落到再次崛起的路径,然而这究竟是怎么回事?我们能够透过金翼之家的生存轨迹找到那些可说的或隐含的人事缘由吗?那些由金翼之家故事推衍出的更广泛的解释力存在吗?本文从若干种理论阐释中选出三种,看一看那些学术界承认的或不屑一顾的,但可能的起作用的社区系统力量何以存在,并通过人类学的透镜加以解说。

1. 平衡论⑤——人类学的解释

黄家发展的线索始终联系着社区关系的历程,为了成功地驾驭这一过程,观察、学习、利用机缘,逐渐娴熟地卷入复杂的社会关系网络,以求个人和家族事业的发展。林耀华借用当时流行的平衡的或均衡的理论解释这一过程:"人类生活就是摇摆于平衡或纷扰之间,摇摆于均衡与非均衡之间","但这种均衡状态是不可能永远维持下去的。变化是继之而来的过程"。因此,他不赞成风水好(坏)命注定的传统说教,认为"上苍"可以被理解为人类本身,而"命运"则是人类社会。⑥ 书中的主人公东林及那些成功的人们,无论"他们会如何认为自己由命运或上天的所作所为所支配,他们却由于磨难和过错学会了如何安排自己的生活"⑦。

有趣的是东林新居建成后,书中描写在东林之家上方山顶上有判明为使他家兴旺发达的"金翼"的好风水,只是后辈人讨人喜欢的新发现,而且不是出于风水先生之口。这表明中国民间仍喜欢运用风水观念解释家族的兴衰命运。但接受过人类学教育的作者则用新的知识告诉读者:"龙吐珠"的风水荫护说并不可靠。借金翼之家的发展史,作者提供了适应性的与平衡论的人类关系体系解说⑧,并提醒人们注意"影响和干预了

---

① 庄孔韶:《银翅——中国的地方社会与文化变迁(1920—1990年)》,第196页。
② 同上书,第343页。
③ 同上。
④ 同上书,第203页。
⑤ 参见林耀华:《金翼》,北京:三联书店,1989年,最后一章。
⑥ 参见上书,第30—31页。
⑦ 同上。
⑧ 参见上书,第206—213页。

人们交往联系的文化环境"①的重要性,可谓紧紧扣住了人类学解释社区过程所擅长的主题。

解说这一社会关系过程的平衡论真是灵丹妙药吗？其实每个人类学家都有过相似的过程,一个时代流行的理论所表现的长处是毫无疑义的,否则它无从成为新的理论的出发点。正是从英国发源的人类学的功能理论的某些静态的、理想化的解释性缺陷,才导致和派生了产生于哈佛大学的改善了的功能论——平衡论。笔者1990年在华盛顿大学人类学系做博士后研究和写作期间,曾查阅那个时代林耀华一辈人类学家的作品,发现和林耀华在同一个研究生班的人类学家查普尔②以及阿伦斯伯格③都是使用同样的平衡论的观点解释社区过程的,而且一直影响他们后来对工业社会人际关系的研究。正如林教授生前讲过的："那正是我们读研究生班时共同研讨的知识结晶。"④平衡论的特点是在理想化的功能系统中容纳了个体的进取性,以及强调社区体系平衡与不平衡交替的动态过程。林耀华还特别强调"影响和干预人们交往联系的文化环境"⑤。从而黄村所在乡镇的功能体系已不是苍白的理想化的论述,而是一幅栩栩如生的画卷。尽管林耀华的同时代人和后来人都对功能论乃至平衡论的解释力加以质疑,但把社会体系的平衡/打破平衡的过程看作是社会体系观察的角度之一,无疑是有意义的。

2. 新平衡论——人类学的解释

需要仔细阅读才可以看出,《银翅》若干章节解释家族兴衰和社区进程并不是只有一种理论角度,对应于《金翼》平衡论的新平衡论只是其一。显然,笔者新平衡论的理论涵摄力远远大于基层小社区范畴。

类蛛网式社会结构与新平衡(均衡)论采纳了一种半形象化的解说构架⑥:(1)中心点原则,从大社会网的中心点到周边的联系呈放射状。社会各层级都有类似的类蛛网结构,只是网内条块空间大小不一。网内条块分布表现了与中心点的层级性关联的构架,越靠近中心点越可摆布

---

① 参见林耀华:《金翼》,北京:三联书店,1989年,导言第6页。
② E. D. Chapple, *Principles of Anthropology*, New York: H. Holt and Campany, 1942.
③ C. M. Arensberg and S. T. Kimball, *Family and Community in Ireland*, Gloucester, Mass: Peter Smith, 1961.
④ 林耀华:《林耀华学述》,杭州:浙江人民出版社,1999年,第53页。
⑤ 同上书,第54页。
⑥ 参见庄孔韶:《银翅——中国的地方社会与文化变迁(1920—1990年)》,第476—477页。

下级机构以及平衡下级横向机构之间的关系。(2)重要的是类蛛网模式各个层面有防止破损的功能,局部破损可以被重新修复和置换,这是类蛛网模式的韧性,也可以说是一种组织系统的不可变更性。(3)类蛛网模式从中心至周缘有直达的、支配的、顺应的、依存的配合,近年来也凸显了反向质询与批评的运作形式,这反映了社会过程的变化。(4)近20年,经济利益的原则走到前台,强力嵌入每个局部网络。中心点的地位和类蛛网模式尚可保持运作,但经济利益、新商阶层、社区与宗族家族利益、信仰重组的新成分已经不得不加以考虑,网络中力的结构变化是不得已的。有时,局部网络的利益已成为趋向中心点的各层级利益制衡的筹码,其间地方公众利益与层级领导者利益在向上回应中具有混生性。团体在网络中之运作并不受意识形态和已认可的组织原则的牵制,呈现极大的变通性。(5)社会类蛛网模式容纳了中国文化的平衡论。模式中心点总是在试图达成理想的、完整的、纵向与横向的均衡状态。然而,不均衡、不安定时而出现,类蛛网模式总是一个破损、修补、编织的、力求片断与整体达成整合与平衡的过程。(6)新平衡论的要点是变通和平衡,中国式的平衡的自身哲学基础是中庸。(笔者特别提到这里的变通包含易传"变则通"的含义,平衡亦不完全是西洋功能主义意义上的平衡,是中庸的平衡。世界各地文化运转的哲学根基是不同的,中庸基本是汉人社会的。)

  金翼之家后辈群体正是在这个大大小小类蛛网模式的底端,地方的、局部的利益和农人的利益一同成为力量的筹码,他们试图寻找政策的边缘破损处,谨慎地推动类蛛网结构的变通性修补,即迫使达成新的意义上的平衡。作为智者的乡村农人能屈能伸,伺机率先冲破旧体制的躯体,绕开重农主义的藩篱和通过呆板政策的缝隙,以联合起来的食用菌副业强力改变社区生态系统,进而改变封闭的社区体制(不得不修补原则和重整),以其难以约束和阻拦的新生计成果,取得家族世系的新一轮的成功。

  无疑,这需要切入历史的机缘,以及有家族成员果断选择的魄力。然而这伺机的选择性魄力还有哪些促进的动力呢?由于篇幅的限制,笔者提供的不同视角的学科性解释框架还包括:惯习对能动者个体发生作用的解释;具有记忆特征的家族性传递行动的解释;区域文化哲学与濡化(教化)的解释等。但我们下面保留一种中国本土循环论的解释。

  3. 盛衰循环论——本土易传的解释

  首先是关于风水的解释,可以说是林耀华《金翼》一书反其意而行之的标的。这是由《金翼》和《银翅》中一直颇具影响力的风水先生的操演引起的学术结论。中国人的风水有阴阳之分,是堪舆坟墓和新居址地的术数。鉴于和墓址相关联的不只是祖先阴宅佳地的孤立的概念,还由此推衍出天人关系、宗祧理念、后裔发达顺利的宇宙和谐意义与人世的实际生活意义,它们构成了乡民与宗教师文化行为与仪式的主旨。

笔者理会到,不同时代的风水师沿袭了相同的风水理念,而且地方人民认同这一生活方式。这里,关于当代人对堪舆之道的是非评价,以及内外世界日新月异的变化,几乎未能动摇"金翼"山谷乃至更广泛地区人民的风水实践,这一思想浸透于他们的意识、情感、感应、思考、愿望、信念、信仰、直觉、实践与生活方式之中。

风水的操演是中国本土循环论在乡村人行为层面的影响,包括农民历和择日等都具有避害趋利的意图。本土循环论最早起源于易传(象和系辞)等。易传提供了天地、阴阳、人与万物的感应现象的学说。它把人与万物的来源,归之于天地透过阴阳所创造,如说"天地感而万物化生","刚柔相推,变在其中矣"。柔属阴,刚属阳,实际也就是阴阳相互作用而产生变化。① 后经人加入五行说,所谓阴阳变化、五德终始就确立了,即阴阳变化、始终循环与天人合一的说法。其中,变化的动力主要来自阴和阳。阴阳互动,互为消长,因是互为消长,盛衰的循环现象才呈现。八卦、干支只是了解或预测变迁的指标,它们在循环变化的体系中,可以发生解释性的作用,而不是决定变迁的因素。五行原为变化动力之一,后来也只是预测变化的指标。② 这样,天地、阴阳、五行、八卦、干支,都可以解释和预测自然现象和社会现象,乃至个人的吉凶祸福。在汉人社会最常见的应用在于观察朝代的更替("五百年必有王者兴"之类),家族的兴衰("富不过三代"之类)和个人的好坏转运("时来运转"之类),在于在农业社会社区生活中进行事实比较("三十年河东,三十年河西"之类),但汉人社会的所谓"个人性",在本质上仍离不开家族。

易传中的盛衰、盈虚、吉凶、刚柔等相关的表达都说明了世事的某种循环变迁及其周期性。不过盛衰有动力和时间两个要素。如果把所有的二元概念推论到天和地,则所谓刚柔相推实际也就是"天地相遇"或"天地交而万物通也"③。但易传的循环变迁观念一方面强调外在的变迁压

---

① 参见文崇一:《历史社会学》,台北:三民书局,1995年,第131页。
② 参见上书,第185页。
③ 同上书,第84—85页。

力,如自然现象的变化引起的反应;另一方面又强调内部结构的转变及其延续。

既然吉凶盛衰相伴,世事随时有变迁的可能,那么一个人就需要懂得观象察变,靠自己去判断,在逆境也不必忧虑。系辞说"神而明之,存乎其人",是强调人的重要性。《金翼》中的东林老人,当敌机在头顶上轰鸣之时还不忘嘱咐自己的孙儿说:别忘了把种子埋在土里!这出于《金翼》作者之手的稻种实际是由他们祖孙世代点播的,可以逢时发芽。其寓意则不是别的,而是指家族颓势仅仅是暂时的,它终会改变,要沉着等待家族复兴的时刻。

盛衰的循环对人是被动的,如无法确定盛衰何时转换和运气何时转换,容易使人产生宿命论。宿命论无疑会造成对世事的迟钝,而迟钝的人和聪明敏感的人都是少数。如果一个家族为天地人事相互感应的机缘准备了相宜的条件,即本土盛衰循环的过程与时间观念中表现为"与时推移"或"与时偕行",那么,时来运转的本质实际上就是发生"感应"。所谓"易以感为体",感应就是自然世界和人文世界相互依存和交互作用,就是未来可能变迁的动力。

察机则是对事态发展的前瞻性洞察力。圣人和聪敏的人可以审时度势,或因势利导,变被动为主动,率先走上成功之路。我们从《金翼》和《银翅》接续的福建农人家族过程中感觉到东林和荣香连续几代人都能巧妙地追寻时间的契机,冲出农业系统,在不同的时空分别在商业和副业上开创成功之路。

我们看到汤因比(A. Toynbee)的衰老和重振的循环论和崩溃失序的周期性(rhythm of disintegration)其动力是挑战与回应①;索罗金(P. Sorokin)强调文化成长、成熟,然后必然衰落,是同质文化三类型的循环变异,而循环变异的内部因素比外部因素重要。② 文崇一在对比了上述中国的循环论以后认为,易传解释人事,并形成一种盛—衰循环的观念,其本质"是观念改变了世界"③;其次是,这一本土循环论后来对一般人行为层面上的影响(如择日、风水、算命之类)"比思想界还大"④。进一步说,

---

① A. Toynbee, *A Study of History* (abridged ed.), N. Y.: Dell, 1965.
② P. Sorokin, *Social and Cultural Dynamics*, Boston: Porter Sargent, 1957; W. E Moore, *Social Change*, N. J.: Prentice-Hall, 1965.
③ 文崇一:《历史社会学》,第 142 页。
④ 同上。

汤因比和索罗金的循环论还主要是从历史和文化的大角度的解释性循环理论,而中国的本土循环论则除了对汉人社会的时间和空间、自然与人事的全部过程提供解释以外,还或多或少地贯彻在文人、统治者和老百姓的思维与行为之中,乃至日常生活的"命运"操作上。问题在于当易传和风水之说仍为当代农人(南北汉人社会)所真诚接受的情形下,我们只能同意该知识系统对社会运转与人生选择的巨大影响力,因而是人类学考察中不可忽略的文化动力之一。

三、回访和人类学再研究的意义

中国乡村人类学与农民社会的回访和人类学再研究的初起个案始于1918年(葛学溥)、止于1985年(戴瑙玛博士和波特夫妇)。没有人规定从初起个案到回访行动的时间间隔。但从人类学关心社会文化变迁的主题来讲,在时间上和空间上经历过一个或多个巨大社会变故的社区的回访工作,似乎比类同的相对平静的社区的回访工作更值得。但即使这样,笔者也无意限定,因为学术的、社会的与情感的问题常常混合在一起,任何特定的原因都可以打破相宜与否的限定。

根据各位回访者的研究性作品与田野体验,笔者总结了回访和人类学再研究的重要性,以及我们仍须继续探讨的问题:

(一)回访和人类学再研究的意义

回访重新找到审视同一调查点的机会,延伸了先驱者作品的学术生命与意义。

20世纪人类学先驱者的中国本土农民社会田野转向(从所谓部落社会)具有划时代的意义。

中国乡村人类学的扩大田野布点和以回访加强学术研究深度的构想,是点面结合的良好搭配。

回访:索隐钩沉的兴趣、情感和学术成就感并存。

(二)对人类学回访研究的再思考

完成前者学术失误的订正。但验证的动机不是唯一的。

回访不能只限于以今日的知识批评昨日的知识,而应在新知识的基础上提供再诠释。

跨越时空巨大变迁的同一社区有时会发现有不可比的主题。

人类学保护当事人隐私的代价是值得的：在快速发展之今日,假地名、假人名的复原有时令回访者一头雾水。

接续者的研究不求甚解是非常可惜的事情。

在同一调查点上开展多学科的考察,有助于知识互补和更好地理解一个社区过程的本质。

回访的工作加强了社区的过程研究,其间多种被抽绎出的重要学术问题的解答获得了综合的机会,因为触类旁通的观察恰恰产生于社区过程之中。

注意观察的性别视角是人类学回访研究的经验之一。

回访的作品面临文字的选择与回应,其中,学术中心圈与学术边缘人的立场选择将影响跨时空的观察及其表达。

地方农民文化是地方稳固发展的重要根基。

保护地方农民文化的多样性就是保护中国文化。

20世纪的农民社会结论之一：不恰当的政治必将向农民文化妥协。

中央政策的变化及农民社会的回应是观察社会文化变迁的切入点之一。

宗族的接续性研究是步入一个彩色的泥塘：它不是认识中国农民社会的唯一视角。

家族企业不一定走进"家族的陷阱",但家族主义也不一定是社会行动的唯一根据。

农民心态与信仰的集合力量和社区的可实证的力量不能同日而语。

不要认为农民的信仰过于功利,你看到他们信仰的忠诚了吗？

主动性的社区发展调适可以在集权社会人口迁移的被动性中出现吗？

都市农民、少数民族如何面对城市社会和城里人？

社区结构过程的动力不会是单一的。人类学及相关学科的理论解释构架应和区域或地方民俗解释系统并存,学者文字的诠释应和农民行动者的信条同时呈现。

多种声音的呈现需要历史的向度。

文化底色上的人性是丰富的,人类可以运用的各种展示手段都是有益的,因此,论文不是唯一的表达形态。

两个以上人类学家分别回访,会出现"螳螂在前,黄雀在后"的连续观察,形成比较的观察链,有助于知识的互补与延伸。

21世纪的人类学关注:农村还是无引擎的社会吗?农民的集体心态将引向何方?不死的小农经济将引向何方?

(原载庄孔韶等著:《时空穿行——中国乡村人类学世纪回访》,北京:中国人民大学出版社,2004年,第455—495页。本文注释均遵照原书。)

陈靖姑传奇及其信仰的田野研究

1986年,我在中国福建省东部山区黄村做人类学田野工作,被请去参加了一个婚礼,新娘时年17岁。她的母亲对我说:"不能再耽搁了,明年18岁是忌年。""谁的忌年?""奶娘的忌年。""奶娘是谁?""陈夫人、陈太后,没有人不知道她,生儿育女都要请她保护。"

我记起著名人类学家林耀华先生的作品《金翼》(The Golden Wing,台湾中译本作《金翅》)一书也有过一段对这个村(黄村)村人迎"圣母娘娘"香炉的描述,当晚我找到了这一段文字:

> 三哥在出生仪式时,总是扮演着父亲的角色,他首先回到镇里的庙中,拜过"圣母娘娘"以后,便捧着燃着香枝的香炉回家去了,途中他撑着一把伞,遮着香炉,活像真有圣母娘娘坐在那里一样;回到了家,他把香炉捧到母亲的卧房里,助产婆早在那里帮母亲接生了,当圣母娘娘的香炉一到,小婴儿也降生到这个世界开始哇哇大哭。①

后来,我长期在那里做调查,考出这是对1910年一次婴儿出生仪式的追忆,台湾译本中所译"圣母娘娘"其实就是新娘母亲对我说的"奶娘"陈靖姑。依人类学的观点,奶娘已是对当地民众人生过程有很大影响的女神,奶娘信仰也的确成了该乡土社区文化的一个重要成分。

(一)陈靖姑传说及其传播范围

陈靖姑名另传作陈进姑、陈静姑;尊称众多,如临水陈夫人、大奶夫人、陈太后、顺懿夫人、慈济夫人、顺天圣母等,民间常以奶娘、娘奶代称。

鉴于古今福建地方有案可稽的一些神祇,如古田乡间的林、章二总管,漳州一带的三坪祖师、安溪清水祖师和南安的一位郭孝子神等,均是由人创神的明显个例,由此当也可推测陈靖姑曾是一个实际存在而后又被不断渲染的人物。现存古田县大桥中村水尾龟蛇二山交会处(福古公

---

① 林耀华:《金翅——传统中国家庭的社会化过程》,台北:桂冠图书公司,1977年,第23—24页。

路114公里处)的临水宫,就是唐贞元八年(公元792年)兴建,以褒陈靖姑"护国佑民""扶胎救产,保赤佑童"之功的。陈靖姑生卒年主要有两个说法,一说生于唐大历元年(766年)或大历二年(767年),终于贞元六年(790年),得年24岁;另一说陈氏生于唐天佑元年(904年)。显然,以临水宫兴建年月看,大历元年说较为合理。至于陈靖姑其人有无的考证,似仍可进行下去,不过,人类学更注意的是其传奇的文化内涵和对现实生活的影响。

陈靖姑传奇(简述,录作者综合札记)如下:

> 福州下渡一陈姓家,世代旺族,父陈昌、妻葛氏未生育,在鼓山喝水岩观音前求子。唐大历元年(或二年)正月十五日葛氏产一女婴,临盆时异香满室,取名靖姑。
>
> 靖姑幼年聪敏,"一岁二岁多伶俐,三岁四岁正聪明,五岁六岁多才貌,年登七岁入学堂,七岁读书至十五,四书万卷腹中存"。① 其间,其堂兄陈守元伴读,万不及她。
>
> 古田县教官刘勋之子杞莲,口哑,到下渡陈家学堂,见靖姑欢喜异常竟能开口。遂安顿杞莲帮学发蒙。靖姑、杞莲均机敏过人,常共论诗文。杞莲父母甚喜。
>
> 靖姑十五岁(一说十七岁)往闾山学法,拜许真君为师,学得设醮法,斩蛇精,破洞门,呼风唤雨,缩地腾空,退病祛瘟等。唯不学扶胎救产,保赤佑童。真人问:"何不学"? 靖姑曰:"未嫁之人怎便入秽室,故不学也"。三年后(一说一年后),拜别师父,真人送宝剑与符,并遣王、杨二太保护送。靖姑出行24步,因她不学扶胎救产术,真人嘱曰:"至24岁不可动法器。切勿忘"!
>
> 靖姑18岁返回家中,多有请急危难,除妖佑民事。但同杞莲婚事遇坎坷,一再推延。
>
> 后闻闽地有白蛇精、长坑鬼等结伙为害良民。白蛇竟入宫劫走闽王后,并食害宫娥。靖姑欲除此害,白蛇洞前建法堂。靖姑斩白蛇、念真言咒语,布闾山正法,复活36宫娥。闽王感念靖姑之功,将36宫娥赐于陈夫人。
>
> ……

---

① 引自笔者在福建古田县收集《夫人传》。

传某年大旱,禾苗枯萎,闽王命靖姑之兄道官陈守元求雨,半月不应,闽王怒欲焚诸道士。靖姑此时三月胎孕,便脱胎陈府,遂驾云白龙江(一说福州南乌龙江)上,左执鸣角,右执宝剑,念真言焚血文天降甘霖,旱解,施泽万民。此时白蛇精、长坑鬼乔装靖姑回府,盗胎并食。靖姑驾云而归,怒追之,长坑鬼逃落水口,白蛇飞入临水洞(今古田县),靖姑法压蛇精令其永不出洞。但靖姑因未学救产之术,不能自救,遂坐蛇头而化,终年24岁。

……

陈靖姑灵魂重生,赴闾山重学救产扶胎之法,十分精到。返古田屡救生护产,保赤佑童。其遁地腾空,被认为无时不在,无处不在,法力无边。临水陈靖姑夫人声名更见显应,一再为历朝所加封。

一位地方性的人物传奇能千余年传而不衰,还在于上述陈靖姑事迹同闽地、闽人、闽事紧密结合。一传一播,其间虽有移花接木和杂以虚幻离奇情节,使传奇事件枝杈分疏,但有时因有地方历史与年号之共同背景,更有福建人熟悉的省城、地方和县份的某些准确或朦胧的地名、山川、胜迹,以及构成地方文化传统的民俗、方言等,所以使陈靖姑传奇终能不胫而走,那重命运、善造神的福建地方民众正是陈靖姑信仰传播的载体。

陈靖姑传说中涉及福建省的地点,笔者可信手在其各类抄本、唱本中摘录出(部分):

福州:九仙山、法海寺、炼丹井、乌石山、双峰寺、天宁山、旗山、鼓山、涌泉寺、喝水岩、石夹山、长坑山、安民巷、台江、下渡、龙潭壑、钱塘巷、番船浦(泛船浦)、白龙江(乌龙江)、鸭姆洲、洪山桥等。

福建县份、地名:古田、南安、尤溪、宁德、闽县、罗源、长乐、福清、兴化、漳州、泉州、晋江,以及闽江沿岸的水口、黄田等。

传陈夫人36宫城原籍县份(根据三个抄本)有:古田、宁德、建瓯、晋江、连城、连江、建阳、罗源、浦城、长汀、宁化、惠安、侯官、闽清、安溪、顺昌、莆田、长乐、漳浦、寿宁、漳平、南安、福鼎、仙游、永福、光泽、政和、同安、延平、霞浦、福清、崇安、欧宁、寿宁、永安、清流、邵安、尤溪、将乐、福安、建宁、永春、邵武、上杭、龙岩、德化,尚有邻省(籍)的个别县份。

据笔者在古田县的调查,如今实际上前来临水宫接陈靖姑香炉和祈拜的主要有如下县份:古田、屏南、宁德、福安、周宁、寿宁、建阳、建瓯、政和、福鼎、南平(延平)、沙县、闽清、闽侯、永泰、长乐、连江、罗源、晋江等，上述县份大体偏于福建北部。

当然，福建大多县份都有陈靖姑传奇传播痕迹，而结合民间传说和人类学实地考察，可知陈靖姑神话发源地是从福州至古田县一线为中心，然后向北向西向南和向海外播化其传奇故事并形成信仰。而该信仰对当地民众生活构成重大影响的除古田、福州一线外，主要集中于闽东与浙南一带。

陈靖姑作为主要为福建人奉祀的女神，千余年间为民众所景仰。从各地传奇内容之对比分析看，浙南《陈夫人》《夫人词》一类的说唱与讲述，均肯定主要是说闽人闽事(如涉及古田、福州、晋江等)，但涉及闽地名、环境描述、宫观寺庙名称等的叙述多不准确。这当然不奇怪。在千余年流传过程中，添枝加叶之事和情节地方化，叙述方言化与利用了地方曲艺形式等现象自然免不了。但由于乡土社会人们活动半径狭小，因此在难以去福建和古田的浙南人中，其口头传说必然同传奇的发源地福建产生差别。以浙南的陈夫人唱词和闽东的传说相比，可以看出，陈靖姑传说从福州和古田一线为中心向外传播，首先弥漫了闽东北并渐次达浙南。有趣且可以理解的现象是，从今日语言地理学看，该传奇与信仰分布区刚好是以福州为代表的闽语闽东片方言区，该方言区恰恰是将浙南和闽北联系在一起的。福州和古田基本属这一方言区中心，故陈夫人传奇的传播第一波必是在这一方言区内。随岁月流逝，其传播已大大超出这一范围，延及闽南、闽北、闽中和莆仙区①甚至江西省并越海至台湾和东南亚，以及更远的北美。由于福建多山，公路交通虽成网络，车路盘绕蜿蜒，仍缓慢难行，故以临水宫为中心的陈靖姑信众活动第一圈层大体包括闽江南的沙县、永泰县以北，到北部的寿宁、福鼎县和浙南数县，西至建阳县，东到宁德的范围。

仔细考察陈靖姑事迹(传播远比上述介绍复杂)，可以看出，她极似一古代道姑或女巫，以其一件或数件令人佩服乃至惊叹的善行或法术为民众所景仰，因此，经过渲染、神化，千百年播迁开来，如陈靖姑以所学"闾山"法术护国佑民、播雨除旱、以符医病、降妖斩蛇、扶危解厄、救产保胎、送子决疑等，就是民众崇敬的缘由，因为她随时都会成为人们心中需要依靠的力量，尤其是在人们处于无助的时刻。

---

① 周振鹤、游汝杰：《方言与中国文化》，上海：上海人民出版社，1986年。

和福建省众多的地方神相比,陈靖姑已成为一个十分重要的地方女神,可以说,除妈祖之外,尚无有可比拟者。而洋洋百余万言的小说《闽都别记》,则使妈祖的传说亦会相形见绌。

古田的临水宫已处在正宗顺天圣母殿地位,这在福建全省乃至浙江和江西省的信众都是由衷肯定的。闽东陈靖姑信众无不趋向古田临水宫祭拜,甚至在1982年2月台北碧潭临水宫奠基之碑记上还有福建古田县临水宫"分灵碧潭、护国保民"的字句。

(二)陈靖姑传说的文字资料

关于陈靖姑信仰不能不读《闽都别记》。《闽都别记》大体在清乾嘉之际撰写,作者里人何求,生平不详。清宣统三年,初刊此书的董执谊先生跋文提到"其书合于正史及别史载记者各十之三,野说居其四焉,以福建方言叙闽中佚事,且多引里谚俗腔,复详于名胜古迹,文词典故多沿袭小说家言,虽属稗官,未始非吾闽考献之卮助,博奕犹贤,不可废也,书中章回,修短不一,自二百四十一回(共约四百回)后,若别出一手",其中,真正的陈靖姑传奇故事(至临水洞和朝廷加封)大体止于第86回,(第128回尚有陈大奶还体复回闾山,临水夫人香火大盛之事,又起一头绪)。

《闽都别记》涉及唐、五代、闽王、宋元明清历朝,有历史的线索,但因随意穿插颇不严密;不过对非学问家的一般市民来说,这古代的大事,历史的背景恰恰是陈靖姑传说的"高雅"之处,尽管多有附会痕迹。《闽都别记》大述福建风俗、生活和宗教。如闽江上的疍民(甚至贬称"曲蹄")、犬图腾、迎神赛会、烧火炮、田地制度、雄黄之功效、卜卦、看风水、鸡上供鸭不上供、三姑六婆,以及洋船水手、中亭街鱼行、钱庄、杉木行,乃至黄纸朱符、修斋、过醮、拜忏、念经、祈禳、乡间祭土地公等,无不同福建基层民众(乡村人、市民、水上居民和畲族)的日常生活方式联结在一起,故有雅有俗,雅俗共赏,为民众喜闻乐见。所以说,《闽都别记》的情节既依赖了历史,又远离了历史。毫无疑问,当今陈靖姑传说的非历史化已是无可挽回的了,但并不妨碍它在基层民众心中生根。

我要说的是,董执谊氏的《闽都别记》首刊油印本和石印本既是陈靖姑传奇流行的产物,又是关于福建陈靖姑传说与信仰的一次大规模的统一行动。在有"海滨邹鲁"之称的福建民间,特别在福州方言区,《闽都别记》起了统一故事情节的作用,并在实际生活中,使基层社会陈靖姑信仰活动趋向了一致性。

笔者注意到,在浙南流传的《陈十四夫人》和《夫人传》有很大地方性特色,青田、丽水、温州、瑞安、平阳等地由一些学者收集编辑的《陈十四传奇》对其传奇的源头别有见解①,但仍可从该书叙述中(尽管同《闽都别记》差异很大)发现福建古田等地无疑地处于传说中心地点。可以认为,陈靖姑传说在福建以外的浙南几县尚有一个亚传播中心,在这一 Second hand(二手)中心的浙南,并不否认福建古田临水宫的正统与神圣位置。

关于陈靖姑的文字记载还屡见于福建、台湾和浙南地方志中,如吴棠纂《福建通志》、谢金銮《台湾县志》、《建宁县志》、《古田县志》、潘绍诒《光绪处州府志》、彭润章《同治丽水县志》等。此外还有魏应麟《福建三神考》、容肇祖《迷信与传说》、梁莲林《退庵随笔》、《十国春秋》和施鸿保《闽杂记》、王应山《闽都记》等。(其中《闽杂记》曾提及有《陈进姑传》刊本一事)。而在县份以下,民间仍自行传抄流行各类关于陈靖姑的传记,或小说体,或七言唱词,如《夫人传》、《陈靖姑传》,以及各类经书,如《大奶灵经》等。

(三)陈靖姑传说的实地考察

关于陈靖姑的当代信仰研究,实地考察是十分必要的。作为陈氏传说的中心古田县和福州如今的状况如何呢?县镇和乡村又如何呢?

1. 在福州

我首先邀年轻的 L 道士在福州一同寻找陈靖姑的娘家。当我们驱车过闽江抵仓山区时,很少有人知道下渡地名,询问三四人后,才从一老裁缝处得知,下藤是下渡,市民中的信仰以打听市民最易奏效。在下藤路,笔者发现虽众多店铺使用下藤路新称,如下藤百货商店,但仍有少数店铺沿用下渡旧称。随后我们终于发现了陈靖姑娘家所在地的"十锦祠",拍得旧石井和旧祠建筑,现辟为小学。师生对我们的贸然访问热情且有浓厚兴趣。不远处的"临水陈太后"总庙现在一户院内,庙很小,案台上摆满供品,香火重兴,简陋且庄重。庙祝刘丽华老人闻讯而来接待了我们,她说临水陈太后总庙刚重修几个月,原庙在 1961 年毁于火灾(至今高墙侧仍有黑烟痕迹)。她的婆婆(已故)曾一直是诚心诚意的庙祝。

依《闽都别记》中靖姑言:"吾乃下渡陈靖姑,去闾山学法"②,便应是

---

① 叶中鸣:《陈十四传奇》,杭州:浙江文艺出版社,1985 年。
② (清)里人何求:《闽都别记》,福州:福建人民出版社,1988 年,第 136 页。

《闽杂记》书影

从这下藤路去的。不过当我们站在泛船浦（番船浦）左近望着浩大江水时，才记起传奇中阻挡靖姑人的话："闾山门在水底，凡人安能入？"所以当笔者问起 L 道士时，还是 L 道士答得妙，"闾山在那远处波涛渺茫处，也在我心中"。

那虚无缥缈处闾山的法祖是许真君；而陈靖姑赴闾山学法之后又抵江西龙虎山从张天师学艺，临水宫和民间村庙中壁画和陈夫人传说中均有张天师送她一把"斩妖宝剑"的情节。《闽都别记》中提及陈靖姑堂兄陈守元是闽王时道士，后为道教"国师"。他钦佩陈靖姑的闾山法术，故守元道术许多得自于陈靖姑。故 L 道士坚信陈夫人信仰属道教范围，认为陈夫人成仙后被"敕封"为"圣母"、"元君"等称号以及临水宫之取名均为道教特有的色彩。

福州市正一派C道士已年迈,在陪笔者一同寻找下渡的路上告诉我,传说中的张仙公也是陈靖姑的师兄妹,在福州下杭路(台江区)他的庙确属正一派道教,也可佐证陈靖姑信仰属道教。现在江西龙虎山张金涛道士也知晓福建陈靖姑传奇中有涉及龙虎山事,完全不否认陈靖姑信仰同道教的密切关系。

据笔者调查,南方道教闾山派,特别是闽东闽北的信众把陈夫人奉为护国佑民、救产保童的法主和女神;和闽南及台湾的道教"三奶派"(除信奉陈夫人外,尚有李三娘〈连江县人〉和林九(莎)娘〈罗源县〉人)相比,虽有差异,但陈夫人皆处于供奉的中心地位,在临水宫以及其他一些壁画中,李、林二娘偶像虽也处于显著地位,但仍辅助于陈夫人左右。因此每年正月福建及邻省的正一派道士和千万信众都云集古田临水宫请陈夫人香火并诵经祈福。L道士也认为,从陈夫人传奇与信仰中表现的信仰内涵、经书、仪式看,应属道地的正一派(又称天师派)道教无疑。

当我们返回福州市中心的乌山时,小雨濛濛。乌山道山观吕祖宫供器闪着金光,在香烟缭绕之中,可见吕祖塑像左侧有一抱子状陈靖姑鎏金塑像,正中有"临水陈太后"和"有求必应"字样。据说乌山道山观和台北吕祖观为一脉相承。在福州,除乌山道山观外,于山九仙观(还有清都观)旁天君庙里也供奉临水陈夫人,说明在陈靖姑信仰的发源地之一,福州的奶娘信仰和道教的联系实在密切。

2. 在古田

临水宫在古田县大桥镇,光绪元年(1875年)被焚,翌年重建,雕梁画栋,斗拱飞檐。殿正北一公里处有梳妆桥(抗日战争时烧毁)和长坑鬼洞遗址,殿正南300米处有百花桥(木改石制)。临水宫大门门楣有"敕赐临水宫"五字正楷,左右门联为"庙毅壮千秋鼎新有象,母仪昭百代坤厚无疆"。千里眼、顺风耳为陈太后把守大门,太后身着金黄色彩袍、彩珠凤冠、显慈祥貌。背后有"大德曰生"四字。福州的信徒送来陈太后另一座像,放置殿一侧梳妆楼上。侧墙上已重绘有陈夫人传的连环壁画。太后的36宫娥静静地候在配殿里。

由太保殿灵签处求签后可得到一号数,随即到正殿一角落对签。规矩是若对签后逢吉,接陈夫人香火(香炉)后便可高兴而归,即所谓"有求必应"。在太保殿由各地农民送来的"谢鸿恩"和"有求必应"锦旗多得不可胜数。若逢凶则只允许当日下午再求一签,对签再逢凶也不得再度求签。承蒙庙祝陈占英好意,我获得了临水宫100种对签诗句,如第26签答案是"选出牡丹第一枝,劝君折取莫迟疑,世间若问相知处,万事逢春正及时。"属吉签。又如第 13 签"命中正逢罗关字,用尽心机总未休,作福求神难得神,舍路行舟上高滩。"属凶签。依笔者分类,除去属凶签和中性签外,吉签占 87%。根据每位求签者有两次求签的机会计算,来临水宫的信众实际上有 98.3% 的机会可得满意的答复。人们还来求"圣敕令临水正宫陈夫人九宫显应,保安驱邪"符,怀着希望打点精神回家。单凭这一点,临水宫便有足够的吸引力。人们不仅在恋爱、求子、患邪和得病时来求签,甚至做生意也来求签。

然而最重要的求签、请夫人香火(炉)时刻是在阴历正月初一始,止于陈靖姑诞辰日正月十五。人们或步行,或乘车,远道而来,均力争第一炉香火为愿。《闽都别记》第 128 回写道,"无事之家,亦去请香灰装入小袋内供奉。……恃强先请,至于口角打架、无日不争。"1986 年正月来临水宫请香者络绎不绝,拥挤滋事,正由于抢先争第一炉香火所致。在乡土社会,寻求精神上的寄托的类同之处可逾过时空,应了临水宫中戏台旁对联上下句"天下事渺茫若此,古今人大概相同"。在这个时候,乡土民众诚信其心愿,寻求寄托与安慰,并不会像学问人那样去讨论起陈靖姑信仰是否属道教等事。其实,卜卦、抽签、测字早已为清修道士所不为,但周边诸县的道士、师公等仍在陈靖姑诞辰日前后来到这里,道教信仰复杂和混杂状可见一斑。L 道士对我说,临水宫之庙祝尚不能称之为道士,然而或许终会成为道士呢?

虽然一些外县人可集体乘车赴古田临水宫接迎香火,但本地却还有不少人不能去那里。所以,县以下镇、村也设有陈太后庙,或在土地公庙里塑有陈靖姑像,辅以其他偶像,还在一些庙的墙壁上画有陈靖姑传奇彩绘。譬如,在古田谷口旧镇不仅有陈靖姑像,尚有谢必安(七爷)和范无救(八爷)二将军做配祀神。正月十五日谷口人除接迎临水陈夫人香炉外,有扮七爷,八爷者一高一矮地在游神队伍前后跳来跳去,因其不仅为信众所祭拜,而且因七爷、八爷有民间"暗访"的主角地位,故造型冷峻、摄人心魄,见后使人有"为人莫做亏心事,举头三尺有神明"之感。谷口人还在七爷、八爷塑像旁绘有血淋淋的地狱绘画,以文和图表示偷盗、奸淫等罪的地狱惩罚形式,以警世人。七爷和八爷同"护国佑民""救产保婴"的陈靖姑神一道成了每年正月游神不可缺少的监察与庇佑角色,从而构成乡土社区生活的重要内容,当然其道德教育的功能不可低估。平日,若为护产保胎生育事,则随时可从谷口请陈夫人像和香火(香炉),一如本文开篇所转述《金翼》一书迎"圣母娘娘"(陈靖姑)香炉的情节。那书中"镇"和庙便是笔者所去过和见过的谷口镇和陈太后庙(礼堂背后,尚供麻公)。

笔者在古田黄村发现一土地公庙,内壁陈靖姑传说壁画16幅,功力不凡,为清咸丰11年(1861年)所绘,甚至古田临水宫新绘壁画均不及。一些邻村近年也重塑靖姑彩像,扩张了更多的小信仰圈,可见其信仰之深入基层,虽经多年政治意识形态引导,不少乡民仍相信自己无时无地不在陈太后的庇荫之下,的确值得回味。

乡村民众极为重视陈靖姑"十八难"和"廿四坐化"的传说,乃至成为福建许多乡县姑娘出嫁的忌年。据笔者在古田县调查,这里无一女性在18岁和24岁结婚,甚至在福州也大受其影响,不少女性为赶在18岁前能完婚而感到自豪,"十八难"忌年习俗甚至影响到闽北闽东的畲族中间。在生活水平大大提高的今天,"十八难""二十四坐化"避讳与乡村女性辍学过多现象,均导致闽人早婚率的上升,也表明乡民命定主义之深刻。

在同一时间,湖口镇不仅请靖姑神,还有盛大游行活动,戏班提供社戏,参加游乡。陈夫人轿座在前,七爷、八爷在后。现代湖口镇游神和龙舟赛均由主办单位安排,如运输站或乡村出面推举3人下村收集钱物,这一活动名曰"献彩"。在前革命时期,中国乡村宗族组织是乡村社会运作的主要力量,特别是单姓村或以大姓为主的村,这类活动的钱财来源均由宗族透过房长、支长①或以墓号(如在黄村)收取。而在镇庙以下杂姓村,则由乡社组织公摊,或纳入某大姓,或由民间所信赖的媒介人物收取,如一些旧志书所载:"乡人(北京顺义县以下)或二三十人,多寡不等各为一朋。每朋推年尊者三人为长。次又推一人为主事者,司出纳,众咸听约束。一会各自银钱,主事收掌。"②从而实施村落活动之管理。后革命时期,宗族组织解体,社会活动多由村组织安排,原宗族、房支范围的祭祀活动,多退缩至由家族为单位,一旦宗族组织消失,而后几十年村组织职能亦削弱之后,祭祀与公益活动均视村人自组织能力、视公推之人的责任心而定,一些信仰与祭祀的活动除必不可少的(如游神、龙舟赛外),其余大都归于家族自办。这是一个家族力量重新抬头的时期,很多乡村旧有组织削弱而无有力的新机构替代,于是便出现一个家族主义与自组织占优势的时期,然自组

---

① 林耀华:《义序宗族的研究》,燕京大学社会学系,1935年,第3章。
② 胡朴安:《中华全国风俗志》(上篇),石家庄:河北人民出版社,1986年,卷1,第6页。

织万一不力,则乡村显出群龙无首之态势,社区认同与团聚力亟待加强。

(四)陈靖姑信仰对民俗的影响

笔者已对陈靖姑传说和信仰圈做了历史的、文献的、田野的调查分析,可先行得出如下见解:

迄今为止,在可以考证和考察的数百年间,陈靖姑传说借助方言和民间说唱(唱本)的传播,形成了以福州至玉田县一线为中心的陈靖姑传说圈和信仰圈,但该信仰圈不排除对其他地方神的交叉信仰。《闽都别记》和多种地方抄本在或大或小范围内起了统一该传奇和信仰的重要作用。我已看到业已存在的跨省的巨大的陈夫人传说圈与信仰圈(中心圈和亚圈),也在基层田野工作中注意到列入宫庙祭祀的大小不一的信仰圈(或祭祀圈)。而且,还有近年来社会变动中呈现出自然村为单位的祭祀圈数量的增加。就地方教派和信仰圈关系而言,闾山派道教和陈靖姑临水宫请香范围大体与以福州为中心的方言区相仿或更大些。而类似的称为三奶派道教信众则散播于闽南延及台湾和东南亚部分华人居住区。

在陈靖姑信仰圈内看待宗教的态度是不同的。道士之自观与学者之他观的结论倾向于一致性,他们均执著于做出判断。然而师公和农人有相似的看法,即对陈靖姑信仰属民间宗教或道教的讨论不感兴趣,师公做仪式有时和道士的方法相似,但使用和道士不同的法器和装束,表现其宗教活动的极大适应性。同时,农人"过关"、"收惊"等类家庭仪式上是请道士还是师公完全依村镇习惯,或此或彼,在陈靖姑信仰圈内交叉邀请的情况亦十分普遍。地方宗教事务官员谨慎地执行政府宗教政策,不希望信仰和"迷信"的热潮引起事端,他们对学者的宗教分类研究有浓厚兴趣,因为正宗道教和民间信仰的划分直接与宗教政策相关联,至今仍处低水准农业社区的陈靖姑信仰圈农人,尚未能摆脱因缺少对自然社会的认识的困惑,自然和人间莫测之事也促进了他们的民间信仰。在陈靖姑信仰圈,人民崇拜陈太后神之余尚混杂有其他偶像崇拜,人民崇信陈靖姑一类神祇法力与权威,完全是人们试图实现天(神)人之间关系整合与心理适应过程,这是由中国人共通的宇宙认识系统决定的宗教文化现象,不同地区农人或许有不同的神崇拜,但诸神在该宇宙观系统中却处在相同的地位。道士和师公及其仪式与法术、宫庙祭祀与游神,完全纳入了祭祀圈内社区生活,成为有人参与的宇宙系统整合的有效媒介。

信仰圈之生成有不同的方式与特点。一种情况是由传说、传奇之传播,从而达成信仰,再至塑偶像、建宫庙焚香供奉而形成,既合乎田野事实,又合乎信仰生成过程(如陈靖姑信仰之生成);另一种情况是,由立像建庙供奉所固定下来的信仰有时也有逐渐传播扩大至更大圈层的情形,如湖口村郑氏(明元)宗神扩大为村神并得镇上人一拜即是。就以往对传说和信仰的研究,圈的划定方法早已被注意。近人柳田国男把一个个传说流行着的处所称作"传说圈"①,并以此来认识传说的相互关系、融合与独立性,以及认识传说的形态与演变的;并且他说:"传说就像近代歌词唱的那样:'虽不祈祷,神也保佑。'是为确保公众利益而使大家都记住不忘的,当地的'缘由'之谭"②。显然,柳田一直注目着传说与信仰的关系。当人们对传说之后期形成信仰阶段给予注意时,同时代人冈田谦提出祭祀圈的概念:"共同奉祀一个主神的民众所居之地域。"③他是针对台湾北部不同祖籍的人奉祀不同主神,并注意到该圈与通婚圈、市场范围的重叠现象。④他提供了观察中国宗教与社会的参考方法。此后,施振民加以扩展,建立了一个"以主神为经,而以宗教活动为纬,建立在地域组织上的模式"⑤。它"不仅将信仰圈当做一宗教信仰地域,而是宗教活动和组织的整个范畴"⑥。许嘉明、林美容先后确立指标来划定祭祀圈,林美容将祭祀圈的概念提升至"本质上是一种地方组织,以神明信仰来结合与组织地方人群的方式"⑦,已开始改变原有圈的概念,她的文章对此做了详尽的论述。然而她进一步划定"作为地方居民之义务性的宗教组织"的祭祀圈,与作为"信徒之志愿性宗教组织"的信仰圈之区别,其界定显得相当勉强,在驳杂的信仰环境中颇难辨认,甚至作者本人也曾发生辨认上的困难。⑧

  笔者的陈靖姑信仰圈考察并不局限于传说和信仰、宫庙信仰分布和

---

① 柳田国男:《传说论》,连湘译,北京:中国民间文艺出版社,1985 年,第 49—50 页。
② 同上书,第 63 页。
③ 冈田谦:《台湾北部村落に於ける祭祀圈》,载日本《民族学研究》4(1),东京:1938 年,第 1—22 页。
④ 冈田谦:《村落と家族——台湾北部の村落生活》,载《社会学》第 5 辑,东京:岩波书店,1937 年,第 38—55 页。
⑤ 施振民:《祭祀圈与社会组织—彰化平原聚落发展模式的探讨》,《"中央研究院"民族所集刊》(36),1975 年,第 199 页。
⑥ 同上书,第 201 页。
⑦ 林美容:《由祭祀圈来看草屯镇地方组织》,《"中央研究院"民族学研究所集刊》(62),1986 年,第 105 页。
⑧ 同上书,第 107 页;林美容:《彰化妈祖的信仰圈》,《"中央研究院"民族学研究所集刊》(68),1990 年。

"组织"本身的研究。在信仰圈内宗教对人生过程的控制、法力之兴衰（意识上的）和社区之互动（结构上的）两个层面上的分析，也给予了关注。

由于一个主神信仰之生成常常与传奇、传说分不开，故借助传说圈表述其传说范围并加以解释，以及借助信仰圈表述一主神信仰范围并加以解释具有相当的必要性。宏观而论，传说圈、信仰圈和祭祀圈不过是坐落在地域上的一种表现传说过程和宗教过程的文化景观。在信仰圈内，通过观察一主神信仰的生成过程，找到该信仰把握广大地域民众人生、未来与精神世界的原因及其魅力所在，从而发现该信仰圈存在的社会价值。微观而言，对有限地区——常常不越过县境，如若干镇乡，或若干村庄共同体，或一个普通村庄的社区分析是人类学田野工作通常选择的单位。通过对社区人事圈、市场圈等的描绘的同时，勾画出该社区一种主神信仰活动存在的圈层，以及与并立的其他宗教的关系，有益于加深对社区人的思维与行为方式、群体与个体互动方式的理解，从而确立宗教活动在中国乡村社区历史和社区结构中的地位。从这一点出发，上述祭祀圈的细部研究，便于社区系统层次与结构的透视，是有效的方法论之一。由于信仰圈之划分时常显示村民结合、信仰活动的地区习惯与复杂性，故单纯从信仰在组织上的特征指标人为界定信仰圈和祭祀圈的区别，尚未发现其广泛的应用价值。实际上中国社会历史的过程中，地方农人信仰上之混合状态，社区人员结合方式均表现了巨大的适应性、随机性和不确定性。

下面我先指出陈靖姑神对黄村乃至闽东信仰圈内人生过程的影响。它是一种被乡民普遍接受的、依赖性的万能的法力：

1. 若新妇无子须向陈靖姑"请花"——祈子。红花转世人间为女，白花为男，当今妇女所请多是白花（男），虽然陈夫人保赤佑婴，并未有男女偏向，但合于中国传统的宗嗣观念。

2. 分娩须请陈靖姑神。如《金翼》书中请这位女神的描述，婴儿平安降生，必须办酒席谢奶娘。婴儿一降生，已有一称谓——"奶娘的孩子"，从而始受奶娘的保护。

3. 孩子生下三日，谓之"三旦"，由稳婆来洗澡，叫洗"三旦"，这一日不可忘记煮糯米供陈夫人。

4. 婴儿满月，要向陈夫人祭案摆供。供鸡不供鸭（传说鸭曾搭救过陈夫人）。

5. 过去婴儿死亡率高，农人以为是邪煞作祟，须由师公作法"过关"、

"收惊"以免死亡。所谓为幼儿做"过关",是因孩子遇关煞。据我所知,关煞不下几十种,常见有阎王取命关、落井关、断桥关、浴盆关、雷公打脑关、夜啼关、渴水关、短命关、深水关、成人关等。顾名思义,上述关煞均为生活中儿童可能的遭遇。这时红头师公被请到家里,设堂作法。程序是:造楼,栽花,请姑(陈夫人),请婆(36宫娥),加魂,剪花,破胎,过关门,落房(把"灿斗"放在幼儿屋贴"榜符"避邪),送婆,送神。每个男孩在一、三、六、九岁生日均逢"关煞",必请师公或道士借陈靖姑神做"过关"法术。

6. "收惊"。指小孩五、六岁后有时发癫狂,被认为是"魂魄离体",务请道士或师公"收惊"以追回魂魄。福建有女巫收惊,也有母亲收惊,多见师公、道士收惊。黄村一带流行的《陈靖姑咒》为:南国护国有威灵,加封崇福陈夫人,一千年前神通显,带领神兵万万人,水上洋坪行正法,游行天下救万民,左手祈男男变好,右手祈女女平安,吾奉皇宫奶娘咒……请急赐水律令。"收惊"仪式上道士、师公或女巫试图断定孩子受惊地点,咒语就是这个时候唱念的,以从那里收回孩子的魂魄。"过关"与"收惊"和画符是借助陈靖姑法力的道术和治疗法。在玉田县,为孩子"过关"、"收惊"、请神以及为村人祈雨时,红头师公处于主要地位,其他县境亦有请道士。师公的法器是特定的红围裙、师冠(皮制)、小鼓槌和鸣角。道士则着道衣、道冠,执道铃和木欐板,一个有趣的现象是这里的道士亦兼师公,不同场合变换其服装和法术系统,可见宗教系统之混杂性。

7. 正月初一至十五是民间灯节,十五日又是陈靖姑生日。这一日玉田乡村有"添灯"(挂灯)——"添丁"和"请姑"(请陈靖姑神)之俗,多育理念和奶娘护佑总是两相配合。每年奶娘祭日还要行"灿斗"礼,供菜烧纸供奶娘陈夫人,上述各俗止于16岁成人。如《福州府志》载:"民间则男女十六延巫醮告成人于神,谓知做出幼。"男"出幼"礼,女"上头"礼多合并于结婚之时。福建地方16岁为成人界限,即受陈夫人法力管辖的人生历程止于成丁礼时。"奶娘的孩子"一满16岁,就请道士、师公,过最后一关"成人关",谢奶仪式完毕,随后人生便归阎罗王管了。

毫无疑问,陈靖姑法力涵盖着16岁成人以前的所有"奶娘的孩子",也卷入地方民俗生活。她还保佑着爱恋孩子的母亲的生命,也支持女性依存的精神世界。陈靖姑信仰的影响并不止于16岁。她们求子以至求孙以及后辈子孙长大成人过程中,奶娘供奉仪式与活动总是环绕在她们周围。她们或是参与者或是观察者,而陈夫人总是以其催生助产保赤佑婴之法力,使一代代女性心悦诚服,故对陈靖姑的崇祀尤以妇女为勤。旧时乡间妇女余暇组织"把社",供奶娘,或特别供奉三十六婆神的一、二位(后革命时期已无"把社",仅个人供奉)。近年来乡村新塑陈夫人像和新绘传奇壁画,并立庙供奉。再度更广泛地复兴了少女、中老年妇女对陈靖姑神周期性与即时性供奉的由衷热情。

在陈靖姑信仰圈,她首先是女性之神,就像其他信仰圈需要其他女神一样。不应忘记,绚丽多彩的陈靖姑传奇以其不可多得的文学效果为民众欣赏和享用,成为该信仰生成和传播的一个重要前提。陈夫人保佑妇女、儿童、祓旱祈雨、降妖扶正和护国佑民的广泛法力,奠定了陈靖姑信仰的群众基础,在乡镇农人人生过程和每一个农业周期和四季轮转,陈靖姑都会周而复始地数次被迎送,各家旦夕祸福、社区灾异重压之际,陈夫人都会在信仰圈内显灵,安土佑民。

这里的一个问题是:在信仰圈内,上述宗教的法力为什么和怎样重新得到崇信?有时,对一个经历了混乱局面的社会之运作转换过程加以观察,是理解一种基层文化的重要契机。后革命时期的30年,纳入基层社区的重要成分是无神论、社会政治化、群众运动化以及学校普及科学教育同时并举。无神论的同步意识形态是理想主义和政治象征主义,它们和轰轰烈烈的平均主义群众运动、集体主义相结合,一刻不停地抑制旧传统和旧宗教信仰(包括建立公共食堂和打碎陈夫人等塑像和停止供奉和分香),似乎找到了一个包括精神与物质需求与人民公社体制协调的新社区结构。但"文化大革命"一过,家族主义立刻充满生机,公共食堂和公社体制早已解体,陈靖姑信仰圈则再度恢复并扩张。其解释是,政治与社会动乱使人们对作为信仰的理想主义和政治象征主义失去兴趣,因为那些不断变动的意识形态和政治说教越来越难于解释周围并不令人满意的现实世界。于是人们必须转而寻找人性上和精神上的寄托和力量,这种找寻不是在有了一个新的生产力的前提下发生的,而是在经过公社和文革,基层社区元气大伤,物质与精神双重贫乏之时。

实行以家庭为单位的生产责任制后,农人生活开始改善,农人害怕政策多变的担忧时隐时现。在20世纪80年代初,农民刚刚恢复生计,故几乎还没有发家致富的奢望。可以看到,在"文革"后期和生产责任制体制转型的几年间(福建省略晚一两年),实际上已发生了农人在宗教信仰上对该社会变迁的回应。其首要的回应是精神上祈望一种超自然力,从而控制政治和政策之稳定,祈望太平天下和家庭幸福;零星的香火开始悄悄供奉那些镇庙和土地公庙内残存的神祇。随后,特别是80年代后五年,在中国乡村凡是兼业获得成功的社区,农人都已走上富裕之路,例如,玉田农人银耳、香菇兼业家庭人力得到充分利用,且收益甚丰。这几年也刚好是捐钱塑像(如陈夫人)供奉、仪式日趋完善的时期。农人宗教信仰的一个进一步的回应是继续信赖超自然力,追求兼业成功、发财和家族人丁兴旺。功利的需求开始和精神需求混生起来,与此同时,祖先崇拜也从家内简单供奉发展到修缮祖墓和奢华祭奠。农人宗教信仰和家族主义在一个新的社会背景下得到空前强化。

唯一和前革命时期不同的是,旧日实用农业科学极少普及至农家,近年来学校科学教育与青年农人带头接受新技术(如黄村人多数家庭会利用现代灭菌原理为银耳、香菇接种,以及广泛使用新除草剂、柑橘技术等),村民们既运用科学技术,也参加神明崇拜,于是导致了科学和超自然力控制的解释分歧。还有一个原因是后革命时期一直以科学批判宗教,这使得中国农人包括玉田、黄村农人比其他各国农人都更多地注意到这些只有学者才探讨的问题。我曾在另一部书《教育人类学》中描述中国西北回族某地青年人对科学与宗教关系的见解。例如很多人采取了真主与科学同在的思想上的二元论,并在行动上谨慎地、成功地处理与完全以经书为生活方式依据的长辈的关系。① 在黄村,人们也是一边祭陈夫人,一边钻研接种科学,无论在思维还是行为上都采取了这种二元论。玉田人陈志争精彩地回答我:"科学与宗教是两条路上跑的车,不会碰撞。"他的回答令我惊讶,因为他涉及了一个深刻的学术问题,只是他不像韦伯那样准确地区别了这些概念。科学涉及的是经验因果关系的问题,而宗教涉及的是意义的问题。韦伯当然注意科学和宗教有时也会相遇甚至碰撞:"宗教和智力的知识之间紧张状态是显而易见的,因为无论是理性的、经验的知识始终在发挥作用,直到世界摆脱幻想而转入因果机制为止,即使那时,科学仍会遇到认为世界是神早已注定的道德假设。"②在实际上,科学与宗教的冲突的确是存在的,以科学批判宗教的社会运动和学校无神论教育,即是以各类经书的非科学论述片段作为抨击的重点与根据。除了这类社会运动,青少年和农人在学校和农业科学实践中也会注

---

① 庄孔韶:《教育人类学》,哈尔滨:黑龙江教育出版社,1989年,第247—254页。
② Max Weber, *Essays in Sociology*. Translated from the German by H. H. Gerth and C. Wright Mills. New York, NY: Oxford University Press, 1946, pp.350—351.

意到,科学能驳斥一些宗教信仰的见解。然而另一方面我们又能看到"宗教的主要方面是不受科学证明或反驳的各种非经验命题。科学对于这些非经验命题既不能予以证实,又不能予以驳斥"①。这正是农人和学者同样会有二元论思维的共同基础。玉田人认为科学和宗教不会碰撞的见解,不妨认为是一个消除两者冲突的概括,在实际生活表现为在思维的解释与行为中,尽量避免科学与宗教之间在某些特定问题上的紧张关系,并使科学与宗教各自发挥其独特的功能。

黄村的事实是,陈靖姑等诸神信仰为确保社会控制与人生顺遂,并化解对未知事物的困惑的一种精神寄托,宗教也满足了农人福、禄、寿、男的家族主义与功利的需求。革命时代存的科学与宗教之间的紧张关系,在现代民间已转变为实际上的和平共处,科学与宗教都得到了相当的发展与复兴。一些农人追求的农业科学实践的确给他们带来了财富,但这并不等于说农人的理念系统中解释这一成功的控制只来自于科学,因为农人眼中的民间神有无边的法力。这个存在于自己意识之外的神的实在(如同已物化的宫庙里的偶像),其重要性还在于它是我所专注的并且是专注于我的②。农民接受乡村宗教与民俗活动制造的这种专注(如游神),同时人们也全心投入这种专注之中(如供奉上香)。这时候,科学好像暂时躲在了一边。人们只是在宗教与民俗节日之外认真地对待科学,人们一面重视科学实验的程序和价值,把它看做是与宗教不同的另一个范畴的力量,一面又相信它们崇信的神祇能涵盖这个需要把握的力量。

下面需要进一步讨论陈靖姑信仰活动特征问题。近年来民众信仰复兴表现了巨大热情和慷慨的捐赠。然而由于多年对宗教组织、宗族组织的限制,在信仰圈内外我没有发现常设的各层级(村和跨村的)信仰组织,村民信仰活动只是以非组织形式出现,这样很难根据单一的组织上的分类特征来确定祭祀圈的性质。在后革命时期,宗族组织解体,当然由宗族族长安排不同神明祭祀的"会"的组织也不存在。现在,实际上是一个家族功能推到社会生活前台的时期,在这一时期,自然村范围的小祭祀圈尤以家族、个体供奉为普遍特征,从临水宫中心庙供奉陈夫人锦旗署名

---

① J. Milton Yinger, *The Scientific Study of Religion*, London, The Macmillan Company, 1970, p. 62.

② Walter J. Ong, *The Presence of the Word: Some Prolegomena for Cultural and Religious History*. New Haven: Yale University Press, 1977, p. 171.

看,也表明该大祭祀圈也基本是强调个人、家族(户主名字),而非以村或祭祀会众为单位。因此玉田农人的陈靖姑信仰并未反映出认同和组织上的社区原则,也不反映旧日的宗族原则,而是强调社区中家族与个人生命价值与行动。

在农人趋向大小祭祀圈中心庙供奉神明的方式以外,在圈内外还活跃着受村民尊敬的道士、师公,他们穿梭于大小村镇(常跨镇、县,黄村道士黄志稀即是),鼓吹靖姑法力,唱颂"天官赐福,地官赦罪,水官解厄"的《三官宝经》,同时鼓吹劝善惩恶。唱经中不时杂以儒家道德理念和家族主义说教,教化人们将人生智慧与天地自然融合,建立个人处世原则。这样我们看到了玉田和黄村农人信仰的两种趋向的活动,一是居家农人兼道士、师公以他们的住宅(闽东极少数开放道观)为中心,游走各地履行道术,为农家消灾祈福;一是群众则根据需要(为人生大事、重要民俗节日、春节、端午等)以家庭或个人为单位从四面八方趋向本村土地公庙(兼陈夫人庙)、镇大庙或临水宫中心庙求签进香,从而进入大小不同的祭祀圈(但每个乡民的宫庙选择并没有保持不变性)。每逢重要祭日、民俗节日,镇庙、临水宫均云集千百信众,构成人神交流的重要时刻。上述道士、师公游走和农人民众进香的人员移动轨迹一散一趋形成的宗教活动圈层,其实并不重合,行政村界并不具有局限的意义,上述活动的主旨多偏重于家族与个人生命价值。因此,以宫庙为中心的信仰圈或道士、师公游走的活动圈的概念基本是宗教过程意义上的而不是组织意义上的,或仅仅是因需要而产生的、自组织的意义。宗教理念传播之载体不是以社区为单位,而是以家庭和个人为单位,就社区层级而言,呈现了只有村土地公庙、镇庙、中心庙不同半径的社区祭祀圈之形,却是家庭与个人信仰之实。

在前革命时期,农村血缘团体一端为宗族和祠堂组织,一端为家族。很多的社区是宗族组织了地方信仰活动(作为宗族组织的职能之一),而不是一种民间宗教组织了宗族。中国宗族和家族分别组织了不同层次的祖先崇拜活动,但祖先崇拜并不能解决民众人生观与精神生活的全部需要,于是宗族进一步组织了其他民间信仰活动。在与政府的关系方面,强大的宗族组织力量肯定或大或小地抑制了政府在基层行政社区(如果是一体化宗旨的话)的作用,以致有时村组织只不过像一个办事机构。就民间宗教而言,在杂姓村中,我发现人们总可以借助村行政组织或者乡村好事者和媒介人物①安排村祭祀,人们还经常采取义务方式,其人员组合无严谨组织。福建人极喜欢公众活动"轮流"分享和分担,如村游神花费和民间储蓄加会,黄村一带的公众活动是每年5人一轮,表现乡村集体事务的平均交换原则而非依据社区公益精神,而且这类活动属公助性质,不涉及利益之争。你可以看到社区信仰活动的事务性安排一旦做好,村游神祭典的参加者仍强烈地显示家族及其个人的希望祈祷(如抢第一炉香火和游神坐家自供自享)。无论革命前后,黄村山谷内外的宫庙祭祀活动,很少看到多姓村村庙成为地方组织中心的规律性。②虽然想找到个例是可能的,但不具普遍性。村公共事务的临时组织在利益攸关项目上尤显示其无权威性,杂姓村各姓利益之争从没有可能授权于村庙,或授权于村庙组织,如果有的话,当代玉田杂姓村选举过程中候选人时有难产现象,显然与各姓未来利益相关,村委会表现无能为力。另外,在黄村山谷,宫庙也没有组织社区共同体运作的中心地位,无论是几个自然村的联合行政村,还是自然村。中国自然村最普遍存在的土地公庙,尽管在黄村附加了陈靖姑和玄天上帝这类著名神祇,也没有能表现其将家族与村整合起来的功能。在某种意义上来说,中国民间杂样宫庙仅仅和村民的精神生活的复杂需求相关联,其与乡民家族生活与人生过程的关联,远远超过与作为一个认同整体的村社区的关联。

在后革命时期,宗族组织被摧毁,祖先崇拜全部退于家内祭祀,民间信仰作为封建迷信而被取缔。现在,民众信仰已得到不同程度认可(在三大宗教外),但有组织的信仰活动仍受到抑制。这样,我观察中国乡村信仰便与大陆以外地区有一个可对比前提,在不同的社会结构之中,民众信仰可以是有组织的文化形式,也可以是自组织或非组织的形式。如果说前革命时期,宗族为组织宗教活动的单位,那么后革命时期家族取代了这一角色。黄村青年不去土地公庙祭祀,要受到家里老人申斥,这里已没有宗族组织的强力约束而只有潜在的宗族认同和家族主义的影响。在乡村中,无论是宗族还是家族处在优势地位的时期,两者之一的宗族认同和家族中心主义对中国乡村社区一体化以及推崇社区精神均是一个有牵制性的历史性因素。现在大陆家族取代宗族走到社区生活的前台,既然不可

---

① 庄孔韶:《银翅——中国的地方社会与文化变迁》,第14—15章。
② Hsiao, Kong-chuan, *Rural China: Imperial Control in the Nineteenth Century*. Seattle: University of Washington Press, 1960, p.278.

能组织社区生活,民间祭祀便多可以单枪匹马地进行。事实上,民众祭祀主要以家庭为单位,以个体物质、精神需求为祭祀的主因。不是也有道士和师公在端午节举起"合境平安"旗帜,并为地方社区祈祷和安排村参加的社区集体活动吗?在龙舟赛时(过去有宗姓旗,今日有乡镇旗)不是也表现了外在的集体竞争精神吗?不错。但这仅仅具有周期性民俗生活的片断性,而表现村社区有效的整合在于发现一种持久的精神认同与强有力的组织力量。中国乡村多神信仰、多类别、多需求信仰(因性别、人生过程不同时期不同需求、意识需求与生存需求等),对不同宗教信仰的容忍与受容性,以及家族中心主义一并削弱了社区层次的良性整合。那种仅表现于社区对比之时的认同力量并没有坚实的社区信仰与行动整合的基础,虽然对他社区具有强烈的外表认同性,却在本社区内部表现一种结构上的涣散性。石田浩和末成道男注意到在台湾祭祀圈和村落地界不一致①,木内裕子也说乡村土地公庙不会成为"社会组织的中心"②。她并与日本乡村做了对比,认为:"日本的氏神信仰比较重视村落的整合,台湾汉人的信仰比较个人性"③。在大陆乡村,你总可以发现村落认同有其外在性,无论宗族乡村,还是杂姓村,村落之内信仰之期待与重心总是朝着家族单位与个人,而不是一体化的乡村社区。记得人民公社时期的理想之一是试图建立超家族的集体主义,因忽视了家族的利益和个人的进取精神(人类学的解释是政策不能与传统文化良性整合),集体主义便建立不起来。显然,中国乡村建设只有走向将家族利益与社区公益加以整合的设计才能推进现代农村的发展,因为现代社区变迁与社区发展肯定需要在传统生活方式的基础上做出新的选择。回过头来说,由信仰圈表现的民间信仰提供地方农人对人生与世界的解释的系统,从而达成思想上的寄托(如陈靖姑法力之保佑),却不能对整个社区及其民众提供一个有力而持久的社会组织系统。

(原载《中国文化》创刊号,香港:中华书局有限公司,1989年。)

---

① 石田浩、江口信清、窪田弘:《台湾の村庙について——庙を中心に见た村民の结合》,选自《季刊人类学》(10—1),京都大学人类学研究会,1979年,第210页;末成道男:《村庙と村境——台湾客家集落の事例から-》,《文化人类学》(2),1985年,第255—260页。
② 木内裕子:《庙宇活动与地方社区——以屏东县琉球乡渔民社会为例》,《思与言》,1987年,第25卷,第3期,第38页。
③ 同上书,第40页。

近四十年"金翼"黄村的家族与人口

本论文摘要提供了50年代到80年代福建"金翼"黄村家族的构成特征以及各类家族形制之扩充,表现了中国人实践家族主义的文化持续性与变通性。并以实例阐明,透过实地田野调查以理解地方人民的人口态度与行为,可说是社区统计与研究的重要前提。

一、前　　言

那些几代同堂的汉人大家族,相对富裕的生活以及其总是伴随着中国历史上不间断的动荡年月的家族变故,常常比一般乡民家族有更大的可能性、机会和吸引力被中外学者留意、撰写和表现出来。我在田野研究之后发现,林耀华以一两个相对显赫家族兴衰为主线的人类学著作《金翼》(1948)①,也有同样的选材原因,然而他关注了社区关系的总体结构。学术著作和文学作品的不同之处,还在于前者提供了更全面的概括和解释,尽管人们带着不尽相同的观点。

Freedman 认为中国汉人大家族的复杂性在某种程度上同较为富裕相关。"我们还看到和不同的社会阶级的关联,在某种程度上说,有较高地位的阶级被证明有可能维持一个复杂的家族"②。Baker 也赞成中国大家族同富有和地位相关。他说:"所有中国人的家族在思想上有成就大家族的理想,但对大多数家族来说则很少实现……我们可以说不是所有富有的家族都是理想的家族,而是所有的理想家族都是富有的"③。Johnson 明确指出,"带有儒家规范和较高地位集团的理想家族模式是属地主士绅的数代同堂的大家族","只有少数富有的家族具有这一模式的全部

---

① Lin Yueh-Hwa, *The Golden Wing, A Sociological Study of Chinese Familism*. Kegan Paul, London, 1948.
② Freedman, M. "The Chinese Domestic Family: Models", in *The Study of Chinese Society*. William Skinner, ed., Stanford: Stanford University Press, 1963, p. 237.
③ Baker, H. D. R. *Chinese family and kinship*. New York: Columbia University Press, 1979, p. 25.

特征"。他并进一步说,"事实上,家族结构,规范和习俗有地理上的多样性以及随社会阶级而有差别"①。

笔者在黄村的调查倾向于支持这样的看法,即地方乡民在生计条件允许的情况下有实践大家族理念的持久的努力,人口随之增加。然而在不同地区,大家族所占百分比或许接近,但家的尺寸及其内涵可能相差很大;同样,在相同地区的不同历史时期,家族形制也发生许多变化。人们的思想既受中国传统文化理念制约,又非常实际地适应环境、经济和社会变迁,人们选择生活中所允许的和可能实现的家族图式,以及选择他们的人口态度与人口行为。

二、"金翼"之家和闽东住房格局

黄村和闽东乡村民居(楼居)平面配置,深深打上了中国人多子多孙理念的烙印。它是环境、文化理想及其实施的可能性相结合的产物。闽东多丘陵,依山而建的二层楼居(四扇三开间)甚为流行。其中前四间房间必处于平地上,左右前后四间固定为长子、次子、三子以及幼子的房间,表现出儒家人伦长幼有序的原则。二层上同样的四个房间上下对应,依一层长幼子顺序所有。一入民居正中央为大厅,放置祖宗牌位。20世纪50至70年代,祖宗牌位多被大幅祖父母照片所代替。后厅有一天井,竖一楼梯可去二层卧房和依次排列的厨房兼饭厅。富人家的天井一侧厢房辟为书房,被认为是朱子书院的影响,表现家族尚学精神。由于幼子后出世,长子先结婚,某些父母最后是和幼子住在一起。

该民居考虑到闽东一般农人家生育的最大可能性。即如果男女出生的几率各占一半,而男孩的最大生育量4人(即男女共8人)无论生计上或心理上都足矣,父辈所盖民居大体可敷家族后辈之需。房屋平面配置也有重男轻女的意识在内(无女孩固定房间)。20世纪以来,闽东农村经济落后,或房间空荡荡,或男人根本盖不起居室,终身未娶。最近十余年,黄村农人得以温饱,有钱盖新民居,新一代人所盖民居仍恪守四子配置格局,旧居并不拆除,即使有空余房间,仍保持各房兄弟的所有权,不得随意占用(倒是为所有者银耳生计——做培养间——找到了利用空间的机

---

① Johnson,Kay Ann: *Women, the Family and Peasant Revolution in China*, Chicago and London: University of Chicago Press, 1983, p.7.

会)。然而实际上,农人楼居是多子理念被凝固在住房格局和平面配置上。这是中国传统文化(宗家主义)要素融化于民众意识与无意识深层,逢时便化作社会行为与风俗的明显例子罢了。

50年代以前,东林造的大型楼居和四世同堂的金翼之家是黄村人口最多的唯一一户(芬州家大型楼居因人丁零落,人去楼空)。由于农业和商业、船运业相结合,东林家的富庶不同于一般行农作的黄村农人,其"金翼"楼居的建筑水准即使用现代乡村人的眼光都是高标准的,尤其你可以从砖的质量和砖的花纹细部做出这种判断。据笔者对1953年黄村山谷的一项统计,东村林家是由东林夫妇,志司遗孀,妾,荣香夫妇及其子女,荣昌兄弟(未婚)组成的四代同堂的大家族,共13人。

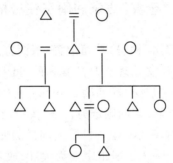

对比同时存在的其他14户大家族,按人类学术语意义上的成员数最多者仅7人。因平均寿命低,三代中有两代上下连续男性死亡的残缺大家族有2户,父母一方或两方早逝形成的四代、三代人家族中,其系谱横向存在未娶(含迟婚未娶)的兄弟同居的扩大家族竟有12户,这其中父母双亡,中青年夫妇和未婚(含迟婚未娶)兄弟组成的两代人扩大家族占8户,可见大家族组成之残破。正因为如此,连同金翼之家在内的15户扩大家族平均人口仅为5.7人。然而,尽管残缺与发育不全,仍同扩大家族术语的界定是相符的。相比之下,金翼之家是硕果仅存的大家族了。在40年代黄村农人眼中,这就是他们所羡慕的可能在某一天自己也能履行的理想大家族形式。商业和稻作的巨大成功曾是东林家产、人丁兴旺的原因之一。这无疑支持了中国大家族形式同乡村经济生活富裕相关的见解,这一点后面再议。支持这一见解的另一个证据是,除了东林家以外,中等富裕的农人(男人)婚龄明显早于贫农,而且贫农组成核心家族同中农核心家族制式之比为3.5∶4.1,主干家族之比为4.5∶4.6,扩大家族之比为4.9∶6.0。也大体说明了家族制式同生计改善的关联。

和主干家族(stem family)的范畴比较,除非扩大家族不仅在纵向(父子连接)而且在横向(兄弟联合)大为扩展才易同主干家族比出差异,而如黄村1953年的家族中,主干家族均不丰满,亦有破损。黄村有的扩大家族同主干家族在上下三代之连接完全相同,只不过相差一个迟婚兄弟的结合。也许正是这个缘故,有的人类学家把主干家族与扩大家族归为同一类。这种分类包括:(A)小型扩大家族,即 stem family,包括一对夫妻及其子女和夫的父母。(B)中型扩大家庭,即 lineal family;包括一对夫妻及其诸子的生育之家。(C)大型扩大家族,即 expanded extended family,包括一对夫妻及其诸子的生育之家和夫的父母及诸兄弟的生育之家和诸侄男的生育之家[1]。中国古代史料上几世同居共爨,数十逾百人的大家族应归于 C 类。然而,1953 年的黄村只有非常弱小的扩大家族 15 户,占总户数 11.2%;人口 86 人,占总人口 17.8%。主干家族 22 户,占总户数 16.4%,人口 99 人。占总人口 20.5%。主干家族和扩大家族平均人数比为 4.5∶5.7,仅 1.2 人之差。两类家族数据相加,便占了黄村山谷四村户数的 27.6%,总人数的 38.3%。但这两类家族发育之羸弱,实在只有术语范畴之意义。

表1 1953年黄村家族形态表

家族形态	户数	百分比	人数	百分比	平均
核心家族	74	55.2	273	56.6	3.68
主干家族	22	16.4	99	20.5	4.50
扩大家族	15	11.2	86	17.8	5.73
单身家族	23	17.2	24	5.1	1.04
总计	134	100	482	100	3.60

本表含四个村:黄村、前洋、木阁、林洋。

应该提到,黄村的核心家族相对也很弱小。1953 年 74 个核心家族中,有 33 个核心家族的丈夫 30 岁以上才成婚,占全部核心家族的 40.5%。影响了家族的尺寸之扩大。尚有少数核心家族的丈夫或妻子早逝,子女多为一二人的核心家族占了 57 个,故黄村核心家族平均人数只有 3.7 人,可知黄村家族各类别制式均发育不全或残破,其经济凋敝,生

---

[1] Ruey Yih-fu, "Changing Structure of the Chinese Family", *Bulletin of the Department of Archaeology and Anthropology*, No. 17—18, 1961; Murdock, G. P., "World ethnographic Sample". *American Anthropologist* n. s. 59(4), 1957, pp. 669—670.

计艰难固然是一个重要的原因,然而这个问题的解释不能过于简单。

三、单身家族

在黄村,最先引人注目的尚不在于扩大、主干和核心家族形制之弱小和残破,而是别出一类单身家族的问题。

1953年黄村山谷内四村134户中就有23户是单身户,占四村总户数的17.2%以及占总人口的5.1%。再者,其中有单身未婚者10人,年龄均在30岁以上。这占30岁以上全部男人的14.9%。50年代土改后,由于互助组的新结合原则,吸引有的家族男子成人后(风俗上是16岁成人)较早分立卷入不同的互助组者有6人。其余属早逝、非正常死亡的不完全家族以及名义上(户口簿上)单身家族分立,实为由父、兄、亲友赡养或轮流赡养的情况。我还进一步注意到:

(1) 黄村总共134户中30岁以上未婚男人共16人,或单身立户或寄住亲族、兄弟家,占30岁以上全部男人的3.9%。

(2) 黄村四村134户中,各辈全部在世的已婚男人共106人,其中30岁以上结婚者51人,占48.1%,以35岁以上结婚者算为23人,占21.7%。

(3) 黄村男人平均婚龄为29.8岁。

以上黄村调查表明,单身家族和迟婚者占相当可观的比例,说明至50年代初期,福建丘陵地带乡村经济凋敝的历史性影响仍未完全改观。这一点可由1935年福建农村义序(距福州,玉田不远)的研究报告为佐证。作者写到,"义序贫困之家男子常劳作至30余岁始娶妻"①。实际上根据他的统计,义序农村男人(15岁以上)能结婚而未婚者占22.5%②。如果除去15至20岁者计算,即若按30岁以上男人计算,各类单身者占25.4%,未能成婚者占11.2%,也有相当高的比例。这是和黄村类同的现象及其解释。

中国南北贫困乡村地区男人迟婚与终生未娶已是普遍社会问题之一。闽东乡村,如宁德地区(含玉田,黄村)以及更大范围,直至1982年的

---

① 林耀华:《义序宗族的研究》,燕京大学影印本,1935年,第16页。
② 同上书,第207页。

人口统计之中仍反映出单身家族这一积存的历史现象①。

其实,男子未娶在中国许多地方早有记载。近如清代族谱中已反映了类似黄村的问题。中国族谱中某名下有时注有"未娶"字样,根据郭松义的引证,湘乡陈氏各代未娶情况表明,陈氏第九代至二十代的1246人中,40岁以上未娶者138人,占9.63%。福建赖氏七至十一世30人,40岁以上未娶者3人,占10%。湘潭谭氏六至十四代474人,40岁以上未娶者38人,占12.4%②。如果以30岁以上未娶者计算,显然比例更为大。他的分析认为家族经济状况很重要,家族未娶者数目多少,反映了赤贫者的比例。

以上所述,我们可以感觉到中国农村家族问题首先是贫困不得温饱的小农生计基础引出的讨论。即使到了互助组时期,小农经济仍需寻求家的联合应付粮荒灾害的挑战,生活仍清贫。至50年代初,黄村平均每户人口为3.6人的低数,如果排除单身户,其余扩大、主干和核心三类家族平均值也只为4.13人。一方面,男子不得温饱,无力承担婚礼住房费用,成不了家,这样迟婚、未娶男子成分直接影响了上述地区家族结构,这是造成单身户占一定比例,核心、主干和扩大家族未得到良好发育的制约因素之一。这时期的环境和经济状况起了很大作用,儒家的宗祧理念与多子观难以付诸实施。

乡村男子成家立业除了有经济上的先决条件外,文化原因也是重要的。例如,乡村重男轻女,生男则收,生女则弃,最终造成乡村地方的男女高性比,减少了男子成婚的机会。还有,为了壮大宗族、家族声望,福建(他省亦见)古今延续下来的另一极端陋俗是耗费大量金钱操办婚宴,早有地方志谈及闽东山区的奢华婚宴:"素号贫瘠,乃风俗奢侈,每一嫁娶动费数百,一宴会费钱数缗,筐筐累累,炫熠耳目,山珍海错,罗列几筵,富室仅足几给,中产一挥而罄。"③又为男人成婚的经济与文化双重障碍。简言之,社区行为既循着传统文化的原则(如儒家家族主义)同时又受生境的影响(小农经济的环境特质),并构成了乡村社区集体意识的基础。中国家族主义早就是在中国特定的农业家族生计基础上发展起来的,因此民间一些团体行为(如弃女,婚宴)总是可以找到其文化与生境的双重

---

① 傅祖德、陈佳源主编:《中国人口》(福建分册),中国财经出版社,1990年,第275页。
② 郭松义:《清代人口问题与婚姻状况的考察》,《中国史研究》(3),1987年,第130页。
③ 重纂《福建通志》卷五七。

制约因素。即"社会总是被典型地安排进'文化的影响'的范围和'自然的影响'的范围。社会被二者所限定,又适应于它们"①。在黄村,如同中国多数地区的汉族,每个人都有其行为或社会实践的根深蒂固的文化前提与标准,这一前提与标准常为习惯于行为观察的人类学家所低估,当然还存在着其行为或社会实践的环境所能给予的限度。倘若一部分男人不得温饱或无力履行乡民共同认可的文化规矩(物质上,金钱上的标准以及直觉与社会性的暗示),那么这些男人正常的,生存的,生理上的,情感的和意识上的需求也只好放弃或推迟了。这对于乡村社区整体来讲,已成为锤炼成历史的客观事实并延续至今,见怪不怪;而对未娶迟婚的男人来讲,则是不幸的,成了社区环境与文化面前的行为上的牺牲品。于是历史性的,又总是带有变异性的社区变迁便形成了。

四、家族与人口行为

从1953至1957年,福建农人的人均收入增长72.4%②,人民生活开始改善。"又,地方培植粮食新品种的努力到20世纪60年代中期以后逐渐奏效"③;70年代的平均主义"大锅饭政策确保了低度增长的口粮供应"④以及80年代生产责任制后农户粮食生产的巨大增长⑤,明显使过去那些因贫穷和社会风习制约而失去婚姻机会的男人陆续得到了补偿。据笔者追踪统计,1975年黄村单身户已降至13户,占全部户数的6.1%,人数17人,占全部人口的1.8%(1975年总户数212户,人数933人)。分别大大低于1953年的同类数据。不仅如此,13个单身户的内涵实际包含了已婚老人丧偶或其他残缺不全家族。1953年时统计的30岁以上大龄未婚男人16人(为单身户或住在亲属家中),在1976年时只剩4人,至老年终未成婚。这一年已属大龄(30岁左右)待婚者仅4人。

至1986年,黄村单身家族继续保持为13人(真正老单身汉只剩3

---

① Sahlins. Marshall. "Culture and Environment: the Study of Cultural Ecology." In Sol Tax, Ed., *Horizons in Anthropology*, Aldine, Chicago, 1964, p.217.
② 《当代中国》丛书编委会:《当代中国的福建》(下),当代中国出版社,1991年,第129页。
③ 庄孔韶:《银翼,1920—1980年代的中国地方社会与文化》,(未出版手稿)1993年,第6章。
④ 同上书,第6章。
⑤ 同上书,第8章。

人),但黄村人口早已是1953年的近2.7倍(1299人),户数的2倍左右(263户),因此,单身家族降至总户数的4.9%和总人口的1.3%。表明由温饱问题造成单身家族的一个社会大问题渐渐得到解决,仅留下了一个历史的痕迹。温饱和生计的进步改变了贫穷男子不能结婚的可怜境地。由于经济原因造成的不婚与性的脱节已在该地大体获得解决,但由男女高性比的文化原因造成的社会问题仍然存在。

如何弥补地方高性比呢?黄村的谢丰营用商业用语说"靠进口"。即由贫穷的省内外地区迁移女性来补充黄村乃至玉田的性比不平衡。例如黄村四村50年代以后远嫁而来的女人中,除多数为20公里半径以内的外村人,省内20公里以外嫁来的有19人。特别来自远乡仙游县就有18人之多,蒲田人7人。黄村山顶马山村汉族妇女刘云英,1964年由仙游嫁来。后经她介绍而来的仙游女人一批又一批,至今嫁来荷洋镇的已有一百余人。来自外省的女人共15人,其中解决了少数生活不太好的农人的婚姻,而主要是弥补了因性比高婚姻失期的缺口。

中国的人口出生率问题一直引人注目。笔者对比了50年代至80年代人口出生率变动曲线,由Lavely提供的中国人口出生率曲线①,刘铮的中国总和生育率变化图②同傅祖德③提供的福建省人口出生率曲线有大体相似的升降趋势。在社会生活较为平和的年月,呈现高出生、低死亡和高增长的人口态势。这有几个直接因素:传统生育文化理念同土改后改善了的农家生计相结合,促进了人口增长,先前地方上发育不良和残缺的各类别家族渐渐成长起来。50年代以后的政府政策鼓励生育,遂新生儿增多,加上新法接生,医疗保健深入农村,又控制住了鼠疫、霍乱等破坏性严重的流行病,乡里人死亡率大大降低。

度过了1961年前后的困难时期,1963年经济恢复使生育率有了补偿性的回升。这一年中国出生率43.37%④,福建省出生率44.96%⑤,玉

---

① Lavely, W., "Chinese demography: the state of the field". *Journal of Asian Studies* 49(4), 1990, p.813.
② 刘铮:《中国人口问题研究》,北京:中国人民大学出版社,1988年,第34—39页。
③ 傅祖德、陈佳源主编:《中国人口》(福建分册),北京:中国财经出版社,1990年,第51—64页。
④ 查瑞传、季咏华:《中国妇女生育状况分析》,国务院人口普查办公室编:《中国第三次人口普查资料分析》,北京:中国财经出版社,1987年,第115页。
⑤ 《当代中国》丛书编委会:《当代中国的福建》(下),北京:当代中国出版社,1991年,第190页。

田县出生率为38.59%（根据县人口统计资料），处于50至60年代县记录的第三高位。黄村（四个村）在1961年困难时期一年新生儿见于统计仅2人（存活），而1963年一年便生了34个婴儿。人口出生率超过55%。1967年是文化大革命十年动乱的第二年，出现了一个较低的生育年份。可见食物短缺或充足，社会动乱与安定都直接影响生育率，生育意识与行为。

自从中国"四五"计划（1971—1975年）把人口计划列入社会经济发展计划内以后，连续十年（至1980年）生育率呈现下降趋势。然而分田到户后生活改善，社会生活控制减弱，农村人口增长率又有回升。

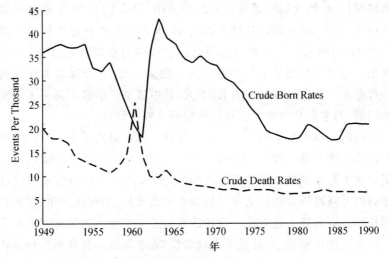

图1 1949—1989年中国出生率,死亡率曲线
（依Lavely表,1990）

从曲线细部看，中国生育趋势明显受政治运动，基层农业政策的影响而定。这两项因素属中国特殊的社会条件。政治运动，社会动荡和经济改革同样影响了国计民生，影响了出生率，死亡率和人口自然增长率（负面和正面）。由于这一影响太大了，以至于人口统计中的数据或大或小的误差都未能改变曲线升降的含义，只不过有时曲线的波峰，波谷不够突出罢了。

傅祖德提供的全国和福建省出生率曲线对比图显示①：两个曲线的大体形制相似，但细部分析表明，1956年以前福建人口出生率低于全国

---

① 傅祖德、陈佳源主编：《中国人口》（福建分册），北京：中国财经出版社，1990年，第70页。

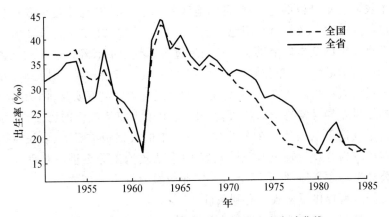

图2　1950—1985年全国和福建省出生率变动曲线

水平,而1957年以后高于全国水平。1953至1978年福建人口出生率除1961年偏低外,其他年份均在25‰以上,超过25‰的有9年,超过30‰的有11年,超过40‰的亦有3年。而黄村所在的玉田县,1966至1978年年平均人口出生率亦居高不下,为32.45‰(省平均值为31.86‰),超过全国平均值28.11‰略多。1979和1980两年,全国、福建省和玉田县出生率均有下降,而1981和1982两年再度回升。由于农村人口基数大,福建60年代中期至70年代中期农民每年出生人口数量大且相当恒定(见图3),其中尚不包括最近十年中漏报瞒报的人口数字。

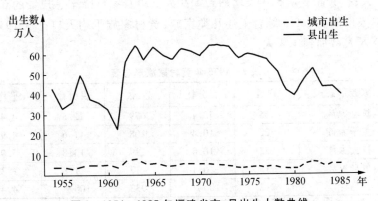

图3　1954—1985年福建省市、县出生人数曲线

在农村经济改革之前和之后应有某种有差别的分析。伸延至文化革命中长达20年的人民公社时期,平均主义"大锅饭"的分配体制保证了

每个农人基本口粮供应,一些贫困地区吃"返销粮"甚至超过地方粮食总产量。这一农业政策对贫困地区来讲相当于"食品银行"(为救济用),每人都有一定的基本口粮供应。凡是过过大家族生活或筹办过机关集体食堂(在大陆城市基层单位常自办食堂)的中国人都会凭经验体会到,在口粮定量人人有份的条件下,人数越多的家族和食堂越好安排,因为男女老幼的饭量差异常常易于调剂伙食。因此中国大家族流行的谚语是"添人不过添双筷子",表达了在人人有一份口粮的大锅饭前提下,农民觉得多生孩子较为合算。及至"文化革命"中采纳政治工分更进一步助长了人民公社平均主义原则,实际上这一农业政策对同舟共济式的扩大家族及其变同类型提供了实现的有利条件。

户籍制度和不能随意迁徙也为巩固传统中国家族制度提供了适宜的土壤,已有学者注意到"限制农民自由迁居他地,也有助于促使数代家属居住在同一地方"①。

基于上述环境与文化条件,在公社和文革其间,乡村社会平均主义的"大锅饭"体制——人口难于遏止的增长状态——随之而来的封闭性农村经济低度发展,成了一个周而复始的循环圈。正是在这一循环圈中,福建北部丘陵地带的农人经过努力劳作以及政府的粮食保证,摆脱了贫穷,人口渐渐壮大,各种类型的家族制式也发育起来了。如1953年黄村核心家族平均人数3.7人,1975年增加到4.4人;主干家族从4.5人增加到4.9人;扩大家族从5.7人增加到5.9人。单身家族降至总户数的6.1%和总人口的1.8%。综合上述几类家族,黄村家族平均人口已从1953年的3.6人增加到4.4人。

表2　1975年黄村家族形态表

家族形态	户数	百分比	人数	百分比	平均
核心家族	155	73.1	679	72.8	4.4
主干家族	22	10.4	108	11.6	4.9
扩大家族	22	10.4	129	13.8	5.9
单身家族	13	6.1	17	1.8	1.3
总计	212	100	933	100	4.4

本表含四个村:黄村,前洋,木阁,林洋。

---

① 黄树民:《中国大陆农民家庭制度:兼论大家庭制度的一些争论》,载谢世忠、孙宝刚编:《人类学研究:庆祝芮逸夫教授九秩华诞论文集页》,台北:南天书局,1990年,第220页。

从家族谈到人口状况,1953至1975年的22年间黄村人口增加了将近一倍(93.75%),大大超过省的77.37%,县的65.74%和镇的68.0%的比例(根据省、县、镇村各级数字计算)。

另据笔者调查,在开始实行人口计划的70年代,黄村(四个小村)每年生育人数相当可观。如下图所示,最低年份人口出生率为1975年的30.01‰和1979年的29.38‰,而最高年份是1972年的50.48‰和1971年的46.71‰。平均年出生率高达39.04‰。虽说1972年以后福建省人口出生率统计数字"基本上是稳步下降"①。但山区黄村70年代人口出生率却一直保持增长趋势。

表3　1970—1979年"金翼"黄村出生(率)

年\出生人数	大黄村六个村	大黄村四个村	四个村年度人口	四个村年出生率	‰
1970	31	23	738	31.17	
1971	51	37	792	46.71	
1972	53	42	832	50.48	
1973	33	32	862	37.12	
1974	48	41	907	45.20	
1975	33	28	933	30.01	
1976	47	37	964	38.38	
1977	47	43	1006	42.74	
1978	49	41	1047	39.16	
1979	42	32	1089	29.38	
总出生人数	434	356			
年平均出生人数	43.4	35.6		39.04	(年平均出生率)

在生产责任制以后(福建迟于1980年代初)中止了公社体制,汉族地区绝大多数农人选择了包产,包干到户的责任制形式,无疑是与汉族重家族传统有联系。虽说这同历史上的小农经济有差别,但当家族合力焕发出来以后,根本无力阻挡宗家传统价值观之复兴。这一传统价值观的部分表现是多子观与低社区意识。一个古老而现实的共同特征是:中国家族农业首先靠男劳力,密集劳动,精耕细作,取得收益。显然,男劳力多是一个巨大优势。近年来中国农人在小块的零散的土地上注重化肥、除草

---

① 傅祖德、陈佳源主编:《中国人口》(福建分册),北京:中国财经出版社,1990年,第71页。

济、良种的功效,而绝少在农田机械上投入注意力和金钱,这是农田机械在细碎土地上发展的困境,既然男劳力已过剩,何须再添置花销昂贵的农机呢。多生男孩可分担赡养老年父母,在最近的将来,所谓养儿防老仍是农村家庭不可缺的功能。这和父子宗祧承继的儒家理念仍可获得整合。农人相信父子延续的价值,例如福建乡下的葬礼,有几个儿子就擎几只"孝男杖",掩埋后逐一插在坟上,表现父子承继,所以湖口黄宏诗说"只生女儿不行,女儿一出嫁,父母就成五保户了。"

与此同时,人们自然地倾向于早婚。例如在福建农村,生活改善以后,婚龄越来越早,20 岁以前结婚者已达 45.37%(根据 1982 年福建人口统计资料计算统计),而黄村周边的少女都想避开 18 岁(18 岁为地方陈靖姑神大忌)①,而凑在 17 或 19 岁完婚。早婚的实质是为在一定时期内缩短代际周期,增加了世代劳力(男)重迭机会,壮大家族力量,利于家内统筹分工并减轻农家的劳务负担。

由于古今一贯的中国农人土地分配制度,均取依肥田瘦田,远田近田,山田水田平均与搭配分配的传统,常使一家人的土地七零八落,家内劳力必须东奔西跑,甚至常有在 10 公里半径间来回周旋耕作,耗费人力和时间甚多,也是多育之动机(1983 年我在云南西双版纳山民中发现同类现象)。当然,中国人宗族和家族的强族意识及其人多势众的社会功能,也是一个重要的多育动因。②

总之,以前平均主义结构农业和现在家庭责任制农业产生了不同的经济效果,但都未能排除农人希望多生子的多种诱因。于是以计划生育工作降低人口出生率的诸种努力,必然同农人文化哲学及其实行多育的行为发生整合的困难。无论是多育的惩罚,还是简单说教都不能排除上述诸种诱因,都不是解决人口问题的良好途径。

问题的另一面是农人为了家族的利益用多种方式应对计划生育的规定,而且,一个社区是否有超生关系到基层人员社会工作的评价,故瞒报和漏报出生人口是一种可能的避免麻烦的应对方式。这里可见一种农人对工作人员,下级对上级的敏感的文化意识与文化直觉的回应性思维方式。笔者很早就发现一些急躁的社会与人口的问卷者调查结果不准确,

---

① 庄孔韶:《福建陈靖姑传奇及其信仰的田野研究》,《中国文化》创刊号,香港中华书局有限公司,1989 年,第 93—102 页。

② 庄孔韶:《银翅,1920—1990 年代的中国地方社会与文化》,第 302 页。

在于不了解中国农人思维及其表达之间的关联,这包含有政治,社会关系与文化的多重前提,从而形成敏锐的社会场合性直觉思维与对策。我曾在黄村以不同时间做生育态度的问卷和访谈试验,最终发现有不同的倾向性答案,依次为"只生一个好","一男一女合适些"和"二男一女最过瘾"。显然,第三个意向性答案反映了在计划生育控制人口的政策约束下,多数农人不得已而求其次的具体心态,而前两个答案则是受人们可以理解的理由所左右。

不仅如此,当二男一女不能依次实现的情况下,农村多子多男和弃女婴,送女婴的现象便出现了,其后果是前述人口超生,家族形态开始变大和重新抬头的性比失调。对比1986年黄村家族状况可以发现,户均人口已从1975年的4.4人增加到1986年的4.94人。其中扩大家族从原来(户均人口)的5.9人,提高到7.0人,明显改变了家族内涵及其尺寸。

表4　1986年黄村家族形态表

家族形态	户数	百分比	人数	百分比	平均
核心家族	169	64.3	782	60.2	4.6
主干家族	43	16.3	234	18.0	5.4
扩大家族	38	14.5	266	20.5	7.0
单身家族	13	4.9	17	1.3	1.3
总计	263	100	1299	10	4.94

本表含四个村:黄村,前洋,木阁,林洋。

1975年黄村家族数据中,主干和扩大家族数量一度停滞和发展缓慢是因为土改后和1957年前的第一人口出生高峰的人口刚刚组成新家或尚未开始大量进入变为三代人家族时期。因此,核心家族比例从55.2%跃升为73.1%。而这时的核心家族中未婚子女平均数已增多,主干和扩大家族也相应较前壮大。至1986年生产责任制得以巩固,家的职能扩充后,核心家族比例开始下降至64.3%(虽然核心家族形制也扩大),而主干和扩大家族比例分别提高到16.3%和14.5%。如果我们依照前述一种扩大家族的分类,1953年黄村大家族(主干和扩大家族)占总数的27.6%。人口占38.3%。1975年这两个数据暂时下降至20.8%和25.4%,而1986年的大家族则分别扩大到30.8%和38.5%。这显然是中国农人实践其家族主义的一个地方例证。

然而还不止于此。由于计划生育的目标同农人家计愿望一直处于相悖的态势之中,基层控制人口的措施同农人和公职人员瞒报与变相瞒报二者之间长年相互应对运作,十分棘手,影响了人口数据的准确性。

例如,1986年玉田县出生人数为4966人(根据县计划生育办公室统计),人口出生率为13.5%(另一计算为13.88%),但更具权威的县公安局公布的出生数字为6136人,人口出生率为16.67%。即县计生委少统计1170人,漏报率高达19.07%。两年以后,省公安厅与统计局实事求是地采纳并公开发表县公安局的统计数据。1987年玉田县计生办的人口统计出生人数为7147人,出生率19.1%(另一种计算为18.9%)。而1989年省公安厅、统计局公开发表的该年统计数字为8269人(含漏报数字),故出生率改为22.05%,也是因地方漏报使然。为此现象《福建省人口统计资料汇编》(1949—1988)的"编辑说明"①提到新发表的数据,特别是"1981年以来各年出生的人口包括了若干补报上年或往年的人口等",正视了瞒报、漏报人口的事实。"金翼"黄村也如是,80年代(1981、1982年有人口出生的小升幅)人口出生率比70年代下降,但80年代瞒报、漏报较70年代严重。

农人隐瞒人口,很多人囿于同宗,邻里情面而不过问。一个调查者往往需要花费相当长的时间才能了解乡村人口的细节。实际上弄清人们不愿意披露的家庭生育私事被认为是多管闲事,故非常不受欢迎。如果没有好的人缘,没有非同寻常的相互信任,没有村人诚挚的协助,短期人口调查问卷者实难于搞清人口出生数。这并非是由于调查方法的科学与否,而是因某种顾虑以及文化观察的人伦相对主义问题。有一点可以肯定,限制生育的社会愿望同农人家业发展本身就有矛盾。故罚款并未能限制生育,为了躲避超生的惩罚便隐瞒出生人口。故某一地区隐瞒人口已不是秘密,而隐瞒多少才是农家的秘密(村民内外有别)。只有真正实现现代农业、社会的变革和找到农民改变生育态度的新的教育体系才是达成人类生育协调的出路,否则隐瞒出生人口的现象还会存在。在所见的零星报道中,如广东、山东、安徽的一些地方漏报人口现象也相当严重②。显然,只依常规户籍统计对农民家族形态加以讨论和分类,很易失实,家族形制的膨胀比一般公布的数字的结果表现更为显著。

---

① 福建省统计局:《福建省人口统计资料汇编(1949—1988)》,福州:福建人民出版社,1989年。
② 刘书臻:《试析出生性别比问题》,《山东人口》第3期,1985年;刘铮:《中国人口问题研究》,北京:中国人民大学出版社,1988年,第140—141页。

费孝通较早地提到中国乡土社会大家族"只是在绅士中发现"①。他对绅士和农人差别的经济和政治要素的论述引起了 Fried 对中国人家族进一步推衍的分析,然而 Fried 的解释走上了歧路。他认为绅士和农人对不同"亚文化"具有不同的经济的和政治的利益,每一种亚文化带着它特有的家庭安排。② 但经过三四十年中国乡村所有制演变,我们反而明确了这样一个道理,即如果依土地占有和参加劳动时间以及政治态度、政治地位可以划分绅士、地主、中农和贫农等阶级,却难于划出各阶级、阶层对传统儒家理念受容和付诸实施的文化差异。应该说中国基层农业社区人们思维与行为方式是类同的,在家族主义上亦具同一性。这是因为,中国传统文化传承的两个主要途径的状态是:一方面,乡村早已安排了被古代精英规划的儒学简明要义的教育,即乡土社会存在着普及性儒学教育;一方面还有极为强大的民俗生活(如一年四季和人生过程中众多的民俗项目),它是农村的主要教育形式,其宗旨均恪守儒家学说的主题(间或也有兼收家族主义的驳杂的道佛理念)。因此绅士和农人的文化环境是相同的,财富之多寡和乡村政治权力都不过是镶嵌在这个文化机体上的附加物罢了。只要生活在封闭、半封闭的传统农业社区环境中,绅士和农人都不会创造出变革生产力、生产关系的新思维,也不会创造出不同的家族过程,唯一的差异只限于实现其家族主义的物质条件。带有兴衰周期的农人家业无论大小,都属于小农经济的本质(即使东北的拥有千顷土地的大地主也未能创造出资本主义的生产方式),并以此适应历久不衰的儒家农耕哲学。

　　笔者所调查分析的后革命时期黄村内外,在数十年间贫苦农人温饱和富裕之后的人口与家族成长过程表明,在中国现有的农人生计条件下,一旦获得温饱的农人,包括昔日绅士,地主,中农,贫农,乡村干部及其后代均颇为普遍地热衷于盖大房子,早婚,多男生育,扩充家业。50 年代以来一波又一波的农人生育浪潮和随之而来的家族尺寸膨胀,大家族和大家族变通类型比例较前革命时期增加,应是中国乡村家族主义文化历来一致性的有力证据。

---

　　① Fei Hsiao-tung, "Peasantry and Gentry: An Interpretation of Chinese Social Structure", American Journal of Sociology, 52, No.1, 1946.
　　② Morton H. Fried, "Chinese Society: Class as Subculture". Transaction of the New York Academy of Sciences, (14), 1952, pp.331—336.

近十年前后,一些学者注意到中国大家族出现的百分率不很低①而且中国家族在满足温饱的要求之后,社会倾向于发展出大家族来,且不一定非得为先前所说的地主,士绅家族专有的见解。我在赞同这一物质先决条件的判断的同时,愿意再强调其文化理念层次的动因:

(1) 中国人千年内化的儒学文化意识之多种表现(强化宗族势力,大家族愿望,多子意识等),均可以在温饱之后,富裕之时作为有利的基础条件使其付诸实施。

(2) "文化大革命"期间,儒家伦理被抨击并以集体化公社取代家族农业(公共食堂是试图取代家族主义的最极端的做法之一,仅一年左右废止)。国外一些学者透过中国报道认为,"中国的大家族失去其存在性主要是因为土地和多数生产财产的集体化,而不仅仅是因为对精英意识形态的批判和对士绅阶级的消灭。"②这一过早的预言③恰恰是忽视了传统文化的持续性和韧性,过多地注重了集体化关系形式的社会作用。后革命时期前30年和后10年的对比观察可以支持一个新的见解,只要中国乡土社区生产力没有根本变化,且传统农业依旧,仅仅形式上的公有制并不能终止中国人家族尺寸的膨胀,也不能使儒家说教对农人的吸引力减弱。因为孔子、朱子理念性的和实践性的家族主义在福建乡镇有深远的影响。很明显,集体化时期压抑了农人的个人进取精神,因此集体主义的生产积极性不能得到持久的发挥。实际上农人的积极性及其能量仍主要潜藏和聚集在家族单位之中。一旦打破平均主义的集体公有制,实行以家为单位的联产承包制,中国农人并未泯灭的家族主义精神兴盛之猛烈令人吃惊。各地农人一致地努力巩固家的实力,在宗姓聚集的乡村热衷于扩大宗族势力,而不是超姓氏的社区整体力量,并使家族主义在当代中国乡村农人意识中公开成为最重要的认同原则之一。这一认同衍生了隐瞒人口现象以及今日农村计划生育工作的艰巨性。可见,中国文化的田

---

① Arthur Wolf, "Chinese Family Size: A Myth Revisited", In Hsieh and Chung eds., *The Chinese Family and its Ritual Behavior*. Taipei: Institute of Ethnology, Academic Sinica, Monograph, 1985, pp.30—50.

② Myron L. Cohen, *House United, House Divided: The Chinese Family in Taiwan*. New York: Columbia University Press, 1976, p.231.

③ 文化大革命后期大批青年进入生育期,许多农村地区有分灶(分家在一个屋顶下)的习惯,尤其当城市实行配给制(民用煤炭、煤气和部分副食品供应是以户为单位配给),导致城市青年小家庭分户成风(只是形式上,实际不少家庭仍与父母同住,家庭关系亲密),这便造成核心家庭统计数字上升,而影响至今,也是一些学者仅凭统计数据得出结论发生错误的原因。

野观察总是要同历史的观察和哲学的观察结合起来才不致被表面现象所迷惑。中国人类学应重视精英文化对乡土基层社会的作用,重视中国人形式与内涵,显性文化与隐性文化的运作特征,以及乡村生计同政治文化,传统文化调适的特点。现在生产责任制同家族主义原则合拍,在可以预见的最近的将来,当现代教育和现代交通、工业、商业系统还没有在农村发展起来,而农人生活又得到了明显改善的情况下,中国乡村农人所推崇、实行的仍是壮大家族阵容和加强族性关系,包括承继或组成各种变通性的扩大家族结构。①

(3) 现在,我们已经从台湾工商化与现代化过程中看到了在家族分子关系上以变通的组合形式承继大家族理念与实践的新的文化现象②,也注意到以往大陆社会生计政策强有力地影响基层社区,以及当前改革开放与乡村工商化起步时期的家族形态与关系结构之变化③,表明在家族片断分类与考察之外,涉及成员关系结构的大家族的各种准组合形态将是一个引人入胜的课题,因为准组合家族已经在中国有了广泛的传播,其中包括少数民族居住地,这显然扩充了在一种文化中变迁的意义。

(4) 最后要提到的是,社会生计政策不仅影响家族结构、尺寸与成员关系的变化,而且社会生计政策和传统家族主义相互运作还造成了地方农人与基层工作人员的人口态度与人口行为的选择,相对主义的人口态度与询问回应常常影响调查者的认知,从而使某些结论真伪难辨。因此,人类学的家族与人口研究的前提首先涉及对调查对象是否有深入体察,是否有文化上的理解以及不可缺少的直觉认知能力。

(原载庄英章、潘英海编:《台湾与福建社会文化研究论文集》(二),台北:"中央研究院"民族学研究所,1995年6月,第169—188页。)

---

① 庄孔韶:《现代"金翼"黄村的准—组合家族》,《中国民族学通讯》第31期,台北:中国民族学会,1994年。
② 庄英章:《台湾农村家族对现代化的适应——一个田野调查实例的分析》,《"中央研究院"民族研究所集刊》第34期,1972年,第88页;《社会变迁中的南村家族——五个家族的个案分析》,《"中央研究院"民族研究所集刊》第52期,1981年,第25页。
③ 庄孔韶:《现代"金翼"黄村的准—组合家庭》,《中国民族学通讯》第31期,台北:中国民族学会,1994年。

黄村轮养制和准—组合家族

林耀华先生《金翼》一书中曾提起东林家文武分房以及老人过轮伙头生活的旧事①,半个世纪后笔者继续看到黄村山谷的扩大家族和轮值、反哺家族历久而不衰。笔者的兴趣在于,大陆近四十余年的乡村家族构成中,这类家族形式的存在状态,以及和台湾的同类形式做一点比较。

60年代以来,中美学者在台湾的田野调查获得了许多成果,尽管术语并不统一,然而我们已可以对民间轮流吃住风习有了关于类别及其过程的认识,如某一轮值时刻的"条件主干家族"②,"轮流主干家族"③以及统称的"轮伙头家庭","家户群家庭"④,特别在台湾工业化中发现的明显具有适应性结构特点的"联邦式扩大家族"⑤,提供了中国人的大家族理念现代实践的重要事实。对台湾社会变迁中的家族网络与生育模式的科际综合考察,已使上述家族类型的研究直接受益和得以深化。

然而,家族制度的这一中国现象并没有获得足够的注意,在国外只有较早期的葛伯纳等少数学者观察到轮值家族⑥,最新的一本关于大陆家族的论文集,也只是有限地谈到这个被称之为网络家族(Networked families)⑦的现象。笔者在国内外遇到一些学者或研究生,多于依赖电脑信息库中储存的大陆家族人口数据做分析,而少于田野工作和深度访谈做

---

① 林耀华:《金翼——中国家庭制度的社会学研究》,第12章。
② 王嵩兴:《龟山岛——汉人渔村社会之研究》,"中央研究院"民族学研究所专刊之十三,台北:"中央研究院"民族所,1967年,第64页。
③ Chen, Chung-min, "Upper Camp: A Study of A Chinese Mixed-cropping Village in Taiwan", Institute of Ethnology, Academia sinica, Monograph Series B. No.7, 1977, p.116.
④ 谢继昌:《中国家族研究的检讨》,杨国枢、文崇一编《社会及行为科学研究的中国化》,台北:"中央研究院"民族学研究所,1982年,第262页;《轮伙头制度初探》,载《"中央研究院"民族研究所集刊》,第59期,1985年,第108页。
⑤ 庄英章:《台湾农村家族对现代化的适应——一个田野调查实例的分析》,《"中央研究院"民族研究所集刊》,第34期,1972年,第88页;《社会变迁中的南村家族——五个家族的个案分析》,《"中央研究院"民族研究所集刊》,第52期,1981年,第25页。
⑥ Bernard Gallin, *Hsin Hsing, Taiwan: A Chinese Village in Change*. Berkeley: University of California Press, 1966.
⑦ Jonathan Unger, "Urban Families in the Eighties: An Analysis of Chinese Surveys", in Deborah Davis and Stevan Harrell eds, *Chinese Families in the Post-Mao Era*, Berkeley: University of California Press, 1993, pp.40—43.

配合,问题是以往中国人口统计工作中考虑到"轮吃住"习俗的分布颇为广泛,曾确定以轮值之时(以统计时刻为准)的家庭形态为分类根据①,这样轮值家庭之实际存在被忽视,显然影响了人们对中国家族类型分布实况的理解。

中国轮值家族是一个自古而今的现象,两千年前一则十天一周期的轮值家族记录②,可推知这一制度的产生也许同家族贫富关系不大③,如果轮吃/住的家族组合被看成是偏离同居共爨的大家族理想模式的话,说明这种家族构成的变通性早已被古人接受。同样,近现代在大家族内外轮值和均平赡养现象在中国地方志也是很容易找到的,因此并不是保持同居共爨的扩大家族才被认为是唯一符合宗家主义的家族模式。一部分人至今保持了大家族生活方式,虽然其形制远远小于"五代同堂""六世共爨"的大家族,一部分人则寻求其他变通的家族形式,如颇为流行的老年父母在诸子家轮流吃/住的轮值家族和诸子平均赡养父母的反哺家族等。这些是以父母为一端,以诸子家为另一端的变通性的组合性家族,这种生活方式在家族成员关系上仅比典型未分大家族稍稍松弛,但减少了同居共爨多核组合家族生活中的矛盾因素。应指出,反哺和轮值家族继续保持了中国家族文化的主要原则,如有序与孝道,慈爱与养育,宗祧与房份,均等与和谐。古今大家族生活之成功实行,应看作是一种悠久文化传统的杰作之一,在向现代社会迈进过程中,既然这一传统不可能一下割断,那么大家族生活及其理想就仍会被一部分人尽力实现,另一部分人也会找到适应与变通之路。反哺和轮值家族把同样之平均与孝悌理念在父—子家族(复数)两三代人之间略拉开距离的情况下加以实施,减少了家内难于避免的口角,且能继续维护中国传统的家族精神,这在宗族组织盛行的过去可以被接受,现在亦仍不失被接受的基础。

金翼黄村所在社区民居很大,父母以下可容几个小家,大家族能维持就维持,所以至今仍占相当比例(约占 14.5%)。而另外一个风俗是,父母在世时随儿辈成婚便陆续分家,但仍在一个房顶下的楼居内生活,只不过变为轮吃家族,儿辈盖新房分出(玉田新老屋相距较近),仍继续轮吃或轮住的家族形式。真实的情况是,实行轮值家族方式的多年事高、无力

---

① 李成瑞:《中国人口普查及结果分析》,北京:中国财经出版社,1987年,第165页。
② 见《汉书》四十三卷,《陆贾传》。
③ 谢继昌:《轮伙头制度初探》,载《"中央研究院"民族研究所集刊》,第59期,1985年,第92页,注2。

耕种的老年父母,儿辈的供奉还要增加轮流为父母耕田。此外,近20年生活改善,早婚早育远甚于贫穷的前革命时期,早婚的后果不仅是人口增多,而且代际间隔将缩短,常常是长者仍有劳动力,甚至不到50岁时,已有孙儿绕膝了。此时的长辈仍能劳动,不需儿辈照料,民居空间又足以保持父母的住室和独自起伙的条件,于是便派生出另一类家族形式,即长辈父母不到儿辈诸家过轮值生活,而是长辈父母单住(在同一屋顶下有自己住室或儿辈住新房,父母住旧居),如果长子、次子分出后,父母先是同未婚幼子同吃同住,由长子次子平均供奉钱粮的家族生活方式,待最后的幼子成婚分出后,父母便享受所有儿辈家分担供奉口粮、赡养费或附以为父母耕田地的家族形式。这样,前者,轮值(吃/住)家族是老年父母依次到儿辈家生活;而后者,定量(钱粮)均等赡养父母的反哺家族则是儿辈上门供奉了。

伸延至"文化大革命"中长达20年,口粮布匹按人定量供应(部分生活用品依户),增多了对同舟共济的扩大家族之选择。而就轮值和反哺家族两类而言,则易于后者。在家长父母和后辈处于同样不甚富裕的口粮分配和收入状况下,诸子积少成多地以均等钱粮反哺孝敬父母的家族方式,较轮值家族更为易行而多见。其中,民间的孝悌传统理念同物化的平均原则一起得以实行。在黄村,儿辈小家迁于城市者绝无仅有,不像台湾工商业发展后,一些农村青年迁往都市建立小家,但年老父母的家族并未完全解体,小家仍围绕年老父母为中心形成"远距离"的,有独立发展又有合作关系的联邦式家族。① 由于大陆严格户口和难于脱离乡土立业,黄村的轮值与反哺家族类型在空间和形式上仍极接近于传统的扩大家族。其在吃住方式,生计联合的程度,房产财产分化上有或多或少的变异,但家族共同体的认同和大家族原则依然如故。

在金翼黄村的42例反哺和轮值家族中,前后两类家族之比为29:13,内中可看到长期深入实行社会生活政策之巨大影响,也是农人家族传统组合风习适应社会生活控制的选择结果。这里,反哺家族一词使用是随大陆与民间惯用语,亦同轮值家族有对应之含义。

由于大陆工商业起步晚,都市与乡村户口制度极为严格,闽北的台湾式"联邦家族"几不存在。如果说金翼黄村的东林家在前革命时期偏后

---

① 庄英章:《台湾农村家族对现代化的适应——一个田野调查案例的分析》,《"中央研究院"民族研究所集刊》,第34期,1972年,第88页。

一度属于联邦式扩大家族,那么后来这类本来就很少的家族类型则一概消失了。显然,反哺家族同联邦家族代表了当代大陆与台湾乡镇的两个典型的地方性类型,带有不同社会与经济进程影响的烙印。不过,今后台湾式联邦家族形态在大陆陆续衍生是可能的,个体工商业迅速发展和户口居住政策的实际变化将影响这一进程。

为了方便归纳大陆和台湾存在的各种大家族的变通的地方类型,并同现有的常规家族术语核心、主干、扩大和组合家族相协调,笔者乐于把A.轮值家族、B.反哺家族和 C.联邦家族等一并称为中国式准—组合家族(Chinese quasi-joint family)。

根据1986年笔者的调查,金翼黄村被统计的263户家族分类构成有如下进一步解说:

(1)在169个核心家族中,有128个实处于轮值、反哺类的中国式准—组合家族之中。其中仅41个是较为典型的术语界定意义上的、未卷入他类家族关系之中的核心家族。

(2)43个主干家族中8个为轮值(轮住)时的统计分类,实卷入了准—组合家族类型,其余尚有11例父母同幼子同住,但仍属于多子反哺、固定奉养类家族,故只有24户为典型术语意义上的主干家庭。

(3)扩大家族38户,形态尺寸较50—70年代前增大。

(4)13个单身家族中有5个并非纯粹单身,而是卷入准—组合家族中,但形式上已单立户。其余为以下原因:大龄未婚单身、丧偶无子单身等。

综上所述,1986年黄村家族类型应是:41个核心家族,24个主干家族,38个扩大家族和8个单身家族,其余152户被分类家族实际均卷入反哺与轮值的中国式准—组合家族中。如果把50至70年代的家族结构和80年代联系起来看,玉田地区差不多总有四分之三的被记录的核心家族处于同父母家等结成的准—组合家族的结构之中,主干家族中亦有近二分之一同儿辈家族等结成准—组合家族。

新的分析表明,在中国准—组合家庭流行区,根据户口统计使用通行的核心、主干、扩大家族作为分类的同时,辅以准—组合家族成员关系结构的说明,则会使人们对中国人实践大家族理论及其变通性实践有一个逼真的认识。同时也说明在使用社会科学通行术语时,在保持其分类价值及其泛文化意义之外,有时还有必要做文化上的修订。

中国式准—组合家族是一种应继续扩大研究的课题。轮值和反哺家族从居住亲属关系、意识与行为都保持了以男系传代继嗣,实践孝道和均等分享(分担)的大家族理念,这是中国人理想大家族变通的产物。由于中国家族内部活动对外部世界的封闭性,大家族内关系难于披露于外,倒是轮值、反哺和联邦家族不同,由于它把通常被遮掩的家族成员关系纽带直接延伸至社区生活中,这便有可能把中国传统大家族关系要素无掩饰地暴露在邻里和公众面前,最鲜明的表现是均等与均衡的精神准则被物化和量化于准—组合家族成员之间,这大概是大家族理想模式在生活中协调变通存在的代价。

顺便提及,已有证据表明现代中国式准—组合家族有了新的传播,这和持续了20年的公社体制有关,以至不少少数民族部分接受了这一家族形式。根据资料表明,在云南省景洪哈尼族(部分)、景谷傣族(部分)、贵州省布依族、水族(部分)、湖南省吉首土家族(部分)、内蒙古元宝山蒙古族(部分)、黑龙江省锡伯族(部分)、宁夏回族(部分)、福建省畲族(部分)中发现①,这是一个颇耐人寻味的问题。近四十年一统的农业牧业生计政策,多包含有汉文化的传统理念,其中涉及人们直接的家族生活方式的就有:大体平均的口粮政策、公社生产队分红方式和新的土地承包分地原则,因此对一些行幼子继承、长子继承制的少数民族地习俗冲击很大。于是部分少数民族的部分地区已出现比例不一的轮值和反哺类准—组合家族形式,说明平均主义和家族主义精神作为一种汉文化传统在当代有了新的传播。也有拒绝这一家族方式的民族地区,一则是原来的民族家族形式同汉族太不一样了;一则是由于该民族赡养老人观念的强烈民族认同完全排斥了一种已感觉到的外在的生活方式。显然,从上述金翼黄村准—组合家族构成及其该形态在中国的扩大分布,我们已能看到理想大家族在当代的各种地方变通形式所具有重要的研究意义。

(原载《民族学通讯》第31期,1994年5月。)

----

① 本资料提供者:王永梅(哈尼族)、陶(傣族)、韦松(布依族)、韩学培(水族)、王永江(土家族)、岳红琼(苗族)、秦力一(蒙古族)、任国英(锡伯族)、马红薇(回族)、蓝光奇(畲族)等。

"金翼"黄村山谷的风水实践

十几年前,笔者做了充分的文献准备,并在林耀华教授的指点下,把《金翼》一书①中出现的假地名、人名重新复原。现在想起来,这有多么重要。社会几经变故,地名也改了许多,按新地图寻找旧日的调查点真不容易,的确是岁月流淌了呀!

我在《银翅》②开篇就讲了那次重访金翼黄村的旅程,一走进那个如橄榄般的美丽山谷,不知不觉被两所大房子吸引。难怪《金翼》描写两个家族的兴衰过程就是以东林和芬洲民居的风水开始的。

东林的那位姐夫芬洲捷足先登,请风水先生测算了房址,被认为找到了"龙吐珠"的好风水。东林只好在山谷的西南台地上另觅地基。在这山谷内外,农人至今盖房也少不了请风水先生测算,当然金翼之家的房屋也如是,不过"金翼"呵护的说法在后:

> 一天,香凯正和三哥,他的三个弟弟在房后的山坡上玩耍,他望着山脊惊叹道:"弟兄们,这就是好风水呀!这山看上去像一只鸡,它的头和脸朝向一边,而它的一只翅膀伸向你家的房子,这可能就是为什么你们家繁荣兴旺的原因。让我们称你家为'金翼'之家吧!"③

香凯不是风水师,但他受到教育,乡里人认为发现好风水也是学问,所以"金翼"之家的说法当时在村内外传播得很远。1988年笔者赴美做博士后研究之前,和导师林先生有一次长谈。这位《金翼》里的六哥(小哥)对东林家祖房后的金鸡山记忆犹新,他说:"那山形似鸡,其翼后掠,像是别在那里,故村人称之为'金鸡别翼',这也是我的书取名'金翼'的真实含义"。如今,金鸡的"羽翼"仍一动不动地掠向他家祖房,风水上荫护的寓意可以说既来自风水先生的诠释及其经典(其实"金翼"祖房兴建的时候就看过风水),也来自从小受这一民俗观念熏陶过的民众。

---

① Lin Yueh-Hwa, *The Golden Wing, A Sociological Study of Chinese Familism*. Kegan Paul, London, 1948. 林耀华:《金翼——中国家族制度的社会学研究》,香港:三联书店,1990年。
② 庄孔韶:《银翅——中国的地方社会与文化变迁(1920—1990)》,第1章。
③ 林耀华:《金翼——中国家族制度的社会学研究》,第51页。

步行走到金翼山谷南端的小河湾，就到了"新村"，这是50年代后起的名字。所谓新村，不过是仅有的一幢木构大房子，即芬洲家的旧宅。自从他家道中落，人丁消亡，这所房子就空下来。直到1958年玉田溪水库的移民迁来，芬洲旧房才搬进了新人（竟容纳了28家人），这些移民曾以种菜为生，故新村田里种了多种蔬菜。

谁都知道，芬洲家地处山谷里最平坦的地方，背后是龙头山，宅前有小溪回转，像是从蛟龙嘴里淌唾液，风水先生说新居盖在这个位置应了"龙吐珠"的好风水。

"'珠'是什么知道么？"

"'珠'就是稻米，过去这里只种稻，很少种菜。"曾接待我们的一位村人答道。这"龙吐珠"的风水正是护佑昔日芬洲家族未来的保证，然而后来他家反而衰落。于是有了40年代人类学家关于社会适应性与平衡论的新解，也有了风水先生关于"龙头断了"的补救预测的说法。说来人世也难以预料，殊不知50年代住进芬洲旧房的移民三十年后受水口电站水淹的影响，再次移民他处。

要向读者报告的是，两个月以前笔者从北京赴"金翼"黄村看望朋友，这是自1989年我最后一次福建田野考察后几乎十年！我站在山谷里竟再也看不到芬洲家的大房子了，一层浅水浸入了它曾经占据的山谷里最好平地，作为龙涎的稻米以及后来专营的菜地也消失了。我潜意识地觉得风水先生一定会说是因冲了龙脉所致，于是生命的"气"就断了。第二天，久别重逢的风水师黄友兴先生果然这样解释。

《金翼》书中的东林是把金翼之家引至兴旺的传奇人物。记得有一次和风水师黄先生在山谷里散步，他指着远方对我说："东林家其实是由埋蛇岗的那一座先祖墓穴兴起的。那墓穴坐北朝南，可眺望水口大营山的主峰，其峰峦秀丽，正是'笔架'山。因它高高在上，就发科甲。"黄先生古文甚好，还写民俗小说，可说多才多艺。他认定："你看，现在只有他家族的文人出的多，这不就是证明！"

当笔者再次考察"金翼"宅居时，发现家宅从建筑设计起，就带着重要的环境与文化考量。例如堂屋两侧的首要石联阴文即饱含风水理念："大山云彩临前面，吉水风光翠此间"，厅堂对面门墙上的联语"门对千竿竹，家存万卷书"诚然是为"鹰飞鱼跃"（横批）准备的。这分别表达了当时东林家选择"得水藏风"的堪舆实践意义以及相信"地灵人杰"与努力耕读终将出人头地的美好愿望。

在黄村山谷,每当新屋落成的宴会上,总要把风水先生、木匠和泥瓦匠待若上宾,在座次上风水先生居中央,这是象征在他的领导下,为一个新家庭命卦确定住宅方向,整合天地人和谐的空间。人们完成了天时(吉日)、地利(好风水)、人和(欢聚一堂)的伟大的文化综合,人们由此获得的天地人象征符号的感应(有风水先生操演),履行天地人社会之和谐的宇宙认知观念,正是人生的目的。

东林的新居选在山谷西南的山边台地上,那里背山依水,故保地脉,和真气,亦可聚财,显然可入《平阳全书》卷十四所述"阴阳交媾,方成美地"之境。山谷里倘若地貌引起了风水不合,如宅前缺水,则可辟池以补救。虽然这和文庙前的"泮池"——风水池的用意是一样的,但宅门前要谨防儿童落水意外,以避"开塘绝子"。开池的位置须与宅门留有一段距离,为儿童嬉戏活动空间,现在民间或做无危险的浅池,或辟鱼池、水稻池。东林民居门前近距离起初并没有水池,后来才有浅池安排,可谓是一种人造的风水意象,可风水先生认为建新居前的主人并没有拘泥于这一点。

当你走近依山而建的金翼宅居,不难发现闽东这类住房常见的碉楼。金翼之家建在进出山谷之要冲地带,盖房的年代正是世纪初土匪为患之时,故惯常的大墙微窗设计外,尚有碉楼在侧,其坚固的防御功能明显,以至被30年代的地方军阀看中,借用为临时军事司令部。碉楼住房符合保护家族兴旺、抵御不测的农人心理。但风水先生并不认为碉楼是他堪舆术的主题。后来笔者反复体会此说,打个比方吧,按常识,电影片的主持人是导演,但他总得把一部分创作空间让给摄影师才能良好合作,风水先生和民间盖房师傅的关系也相类似。这是笔者的最终的理解。

由风水之事引起纠纷的历史由来已久,如光绪3—5年的乌石山教案就与风水相关。光绪初年福州水、火灾频起,被地方人民认为是乌石山上建洋楼有碍龙脉,于是士绅禀告以及引起外交交涉。① 此次笔者从北京飞闽省第一站福州便登上乌石山以追访该教案遗址。在福建诸县包括玉田县民间亦多有风水事件记录与描述。②

---

① 王文杰:《中国近世史上的教案》,福建:私立协和大学中国文化研究会,1947年,第125—127页。
② 林耀华:《义序宗族的研究》,燕京大学影印本,1935年,第8章,注3;林耀华:《金翼——中国家族制度的社会学研究》,第3、5章;吕实强:《中国官绅反教的原因》,载《"中央研究院"近代史研究所专刊》(16),台北,1966年,第150页。

的确,在金翼山谷也有同类事件。如山谷之东有所谓"东边月"之地(图1),远望该地,其山腰及山麓绿树葱茏,环境优美,还有静静的溪水流过。那时,一些有钱人和官宦人家去那里埋葬故人和做墓。高家家境殷实,在那里盖起了一幢新居,其上方尚有姚家和陈家的墓地。当有一天姚、陈两家发现高家住房刚好挡了他们家族墓地的风水,遂引起纠纷。然高家财高势却不旺,姚和陈家则为官宦,其结果落得高家房屋被拆之结局。风水先生认为,"东边月"最佳之处是它的位置"坐乙向辛水出坤局,属罗盘第一局"(图2)。因此先民入住(占)此风水宝地不仅看先来后到,更重要的是风水观的诠释信条准绳,而且这些道理超越了阶层和族群,总是被山谷村民多数所信赖和实行。

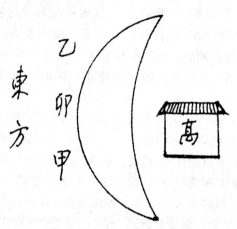

图1 "东边月"风水宝地和高家房位置

风水师黄先生的祖先以剐小猪为生,当他们从德化迁来此地之时,也注意到"东边月"佳地,各家各据其地,空缺只剩"月牙"处。由于陈家祖先来得最早,黄家只有和陈家商量,可否让他搭一茅舍暂为栖身。陈家见其先祖为人厚道便满口答应。黄先祖起早贪黑,胼手胝足,从一间茅舍直至发展到金翼山谷,并借闽江商业之便发迹。这就是黄家兴旺的风水源头。

即使是今日,黄村的新墓照旧请风水师看过。阴宅佳地被认为存有生气,可使亡故者得其生气,以照应其子孙后代,显然是天地、祖先和后代相互感应的传统宇宙观之实施。黄友兴先生使用罗盘,用阴阳五行、八卦、天干、地支的认知系统比照现时的墓地位置进行综合测算与最终确定。

图2　二十四方位

葬礼过程中,风水师的地位甚高。在墓地,死者后代依人伦顺序给风水先生下跪,是对风水先生堪舆之功的肯定。而风水先生参与墓地仪式、预测墓穴,是试图以阴阳理论和天地人感应的宇宙之力确保祖灵安息,从而荫庇家系后裔,这意味着将道家顺乎自然(自然界与精神的统一)和儒家道德化的天人相合论做适应性综合。当黄村的道士将茶油灯(长明之意)和香火(灵魂不灭)带回家堂,以及葬仪后更换白旗为红旗,化凶为吉,变亡灵为祖先,便完成了一个重要的象征性转换。这一墓地仪式确保了家族制度与祖先崇拜关联的链条以及父子延续的要义。

总之,金翼黄村山谷的阴阳风水颇受重视,一旦发生事端,同墓下诸房派后辈之族群认同之感异常突出。当十五墓(木章)因修公路须搬迁时,群情激昂,说"墓在公路上方,并不碍事,政府不能只给500元就了了"就属此类。墓地或墓地的风水被破坏乃至人为地破坏风水在民间都是不允许的,至于信不信风水卜法那是另外的问题。

笔者在《银翅》中多处谈到朱熹的理学、教育思想,他的《家礼》在福建乡间至今为农人所实行。[①] 朱熹的风水观有无遗传要从田野中去看。据我所知,风水师黄友兴先生在玉田县乡镇颇受尊敬,因为他不只看风水,也卷入婚丧礼(和道士分工合作)、寿礼、上房仪式,乃至春节代为书写春联等。在本质上看,黄先生这类人是"最后的乡村儒家",也是"民

---

① 庄孔韶:《银翅——中国的地方社会与文化变迁(1920—1990)》,第15章。

俗与信仰杂家";是"文化的媒人"①或说文化的"最基本的中人"②。

黄先生在婚礼上一边宣扬家族主义,一边又以阴阳家身份先行为男女合婚。有案可查的是朱熹在《家礼》中略去古代婚礼程序六礼(纳采、问名、纳吉、纳征、请期、迎亲)中之三:问名、纳吉、请期,特别去掉纳吉相似的合婚之礼。虽说民间受朱子理学和家礼影响甚大,然而唯禁合婚卜法(纳吉)一礼始终未被民间采纳,因为占卜之术虽不属儒家理念,然而却是农人信仰之需。

古代大儒和现代乡村"先生",他们的儒学原则均不是绝对的。朱子便善于沟通儒道及杂项信仰。这位高层文化的儒学精英曾用他的"气论"解释道教神仙概念,如《朱子语类》卷125所言:"人言仙人不死,不是不死,但只是渐渐地消融不觉耳。"从《朱子家礼》之《丧礼篇》可见,朱子不信风水影响子孙祸福,但赞同形势拱揖环抱之论。因朱熹本人曾三迁其父之骨,离葬其父母之遗骸,后世惑于风水学说者,即以朱子言行为依据。③ 然而黄村、玉田乃至闽省多处,如今都相信墓地房址风水之说。这里流传朱熹不仅擅长看风水,还会破他人的风水。因此,实际上古今精英与农人之上行下效并不是简单模仿,而是依生活之需而变通文化的原则。

笔者在80年代田野工作中便和风水师黄先生交了朋友。我到他家做客,他墙上的墨迹是"苦海行舟",桌上放着罗盘。我看到他常读的书是《灵城精义》、《地理五诀》等。我渐渐知道他使用民间流行的《百年经》之阴阳五行观分析男女婚姻逆顺,用《地理五诀》的五行总论和罗盘配合相阴宅和阳宅,用《玉匣记通书》原理去画符、却病、拔除不祥。我发现,活动能力很强的黄先生几乎挤了地方道士做道场的"职权"范围。

那时有一两位初中毕业生做他的"接班人",向他学习风水的理论,和他一起应邀相宅相墓。最近我见到黄先生时问他,"十几年前我见到的那两位徒弟呢?"他感慨地说,"走了……他们要找自己的生活出路。"然而他自信他会有徒弟,他认为他是当地最具知名度的风水师,而且不老(他的确不老,五十上下吧!)。

最近我在福建见他,还问起他金翼山谷的风水和人的命运问题。实际上十几年前,我也问过他"信不信"合婚的类似问题。1987年初,《金

---

① 庄孔韶:《银翅——中国的地方社会与文化变迁(1920—1990)》,第408、411页。
② Barth Fredrik, ed, *The Role of the Entrepreneur in Social Change in Northern Norway*, Bergen, Oslo: Norwegian University Press, 1963, Preface.
③ 林耀华:《义序宗族的研究》,燕京大学影印本,1935年,第185页。

翼》书中六哥的侄女玉珠结婚,我应邀参加婚礼,仪式中我相机问黄先生:

"如果你发现生辰八字犯冲,你会给恋人拆台吗?"

"实际是父母喜欢看合婚,合婚顺利,族人家人就充满喜气。真的遇到犯冲,但你又知道这一对恋人如胶如漆(他使用农人不常用的成语),你能忍心吗?那就找些折中的话弥补一下,就皆大欢喜了。"①黄友兴先生的做法和古人有什么变化吗?也许多少有些变化,是借古老的形式来为新婚者增添希望和信心。

今年,风水师黄先生没有正面回答我的新问题。一天,我要和他分手时,他递过一封信,上面是我很久以前就熟悉的字迹(他的毛笔手书的确不错,有些地方地名标牌就出于他的手笔)。在飞机上,我有闲暇阅读他的信。

"我也是金翼黄家的后代,幼时读几卷书,酷爱五行一行。过去的人说:谁能谁不能,能者在五行,五行若不顺,能者也不能。我多年看风水发现,我们每个人在降生之时,毫无选择的先天条件实在太重要了。一个比狭隘的性别、家庭、身世要广阔得多的生存时空,好像季节之于种子,土壤之于树林,将影响我们整个人生的发育和成长。生在金翼黄村,这就注定了无论今后我们走到哪里,老家的名字都不会改变,就像接受不等于心满意足,尊敬不等于情投意合,哪怕是眷恋也不等于终身厮守、了无缺憾一样。风水总的来说还是与命运相关,福地福人埋,没福还是没办法。我也看过很多的风水,而天地玄黄、宇宙洪荒,锺山川之灵秀,仰日月之辉光,人生在世,草木一春,命中注定,非人力之可及所也。卧龙虽遇其主,但还未遇其时也。余乃山野一介耕夫,感世道炎凉,人生梦幻。真是天也空来,地也空,人也空来,物也空。《红楼梦》中的'好了歌'请先生鉴之察之。"

他写得很动感情,十年是很快也是很久的,是空的梦幻吗?今日的金翼山谷内外日新月异,但农人都还没有真正把握自己命运的灵丹妙药,人们在有些时候还会想起风水师黄先生这样的人,请他来合婚和看风水,好像没有他们心里就总觉得不踏实。

(原载《民俗研究》,1999年,第4期。其日文版收录于《中国的风水研究》,西泽治彦等主编,2000年。)

---

① 庄孔韶:《银翅——中国的地方社会与文化变迁(1920—1990)》,第253页。

金翼家族百年过程的学术研究要义

一、关于《金翼》

《金翼》(The Golden Wing: A Family Chronicle, 1944)是林耀华教授在半个多世纪以前发表的英文著作。在20世纪40年代,中国社会学/人类学界佳作迭出,《金翼》连同费孝通的《江村经济》、许烺光的《祖荫下》、杨懋春的《一个中国的村庄:山东台头》一起,成为当时乃至今日了解20世纪上半叶中国社会的人类学研究的四部首选读物。

1940年林耀华在哈佛大学人类学系获得博士学位后在美陪伴患病的妻子,余暇时间根据他在家乡——福建省闽江流域的黄村及所在县乡镇的生活经历,主要根据他本人在1936年和1937年离开中国前的最后两次田野工作,写成小说体著作,由太平洋关系研究所腊斯克(B. Lasker)推荐并做序,1944年首度以《金翼——一部家族的编年史》为名在美国出版。1945年,何兰德(W. L. Holland)来华会晤林耀华教授,提议修订《金翼》。于是林耀华在1944年版的小说结尾之后增加了新的一章(第21章,1944年版只有20章)理论分析,并由英国社会人类学家费斯(R. Firth)撰写导言,于1947年(1947年首版拖延至1948年面世)在伦敦出版,这一版的书名改为《金翼——中国家族制度的社会学研究》①。

《金翼》是学术著作,却使用了小说形式。林耀华以中国福建省闽江边乡村的两个农人家族的兴衰为线索,描写和分析19世纪末叶至20世纪30年代(伦敦修订版非常简略地提到40年代的抗日战争)地方农业、船运、商业、政治、法律、教育、民俗、信仰、宗族家族等多角度的社会文化生活,因此这是对地方家族史及家族所在社区的人类学考察与研究。

作者在书的开篇讲述到,遭受农业贫困之苦的农人东林和他的姐夫

---

① Lin Yueh-Hwa, *The Golden Wing: A Sociological Study of Chinese Familism*, London: Kegan Paul, Trench, Trubner and Co., LTD, 1948. 现在流行的中文译本有台湾桂冠书局的宋和译本:《金翅——传统中国家庭的社会化过程》(1977),北京和香港三联书店的庄孔韶、林宗成译本:《金翼——中国家族制度的社会学研究》(1989,1991),这几种繁、简体字中译本均依据上述伦敦版。

芬洲不安于现状,在生活的压力下苦斗与谋求发展。精于计算的芬洲和善于实干的东林合伙在繁华的湖口码头开了一间店铺。从此,他们从纯粹的农业家庭走出来,以经商的方式把传统农业与城镇社会连接起来。随着时间的推移,做生意使两个姻亲兄弟积攒了不少钱,他们决定盖起自己的新居。然而,在两人共同勘测和选择理想的房址时,芬洲被风水先生断为"龙吐珠"的一小块最好的平地(只够盖一幢大房子)迷住了。于是他瞒着东林抢先占据了这块"风水"宝地,使东林大为不满。出于亲族关系之无奈,东林只好在姐夫房址的另一侧物色了一块坡地盖房。从田野现场看,芬洲家刚好在龙头山前谷地少有的平地上,与"龙吐珠"的风水景观说十分吻合,大大优于后来建在山坡上的东林家房址。按照中国传统的风水理念,这无疑预示着芬洲家有着美好的前程。

然而,生活并不是一帆风顺的。作者一方面讲述了这家合伙店铺靠闽江船运做稻米和咸鱼买卖,终于发现了借以赚钱的一条重要途径;另一方面又讲述了在社区过程中东林和芬洲遇到的各种困扰和不幸。芬洲先是在家庭事务中处于捉襟见肘的困境,后来又无从适应店铺的经营关系与变化的环境,最终不得不退出作为发起人之一的湖口店铺生意。芬洲的儿子也因失误和无能丢掉了再立新业的机会。与此相反,东林则成功地摆脱了诉讼案的麻烦,使家族内部经常出现的纷争得以控制。东林不断学习如何应对命运的挑战,善于与朋友携手合作,赢得了商业经营的成功。

在小说的最后部分,芬洲已经从生活的画面中消失。1937年作者返回家乡时,发现芬洲已故,其寡妻贫困潦倒,和养子被迫回到远方的娘家,先前的大房子破败了。而东林家则继续扩大生意,并与社区内外的各种力量建立联系,成功地和地方军政势力周旋,使一个普通农人家族的亦农亦商事业达到发达的顶峰。在和平时期,一介农人胼手胝足,发现机缘和积极适应社会关系,达到如此的富商地位,的确不同凡响。作者试图用平衡论的观点解释两个家族的兴衰。"人类行为的平衡,也是由类似这种人际关系的网络所组成,每一个点都代表一个单一的个体,而每个个体的变动都在这个体系中发生影响,反之他也受其他个体变动的影响。"① 人类的生活皆摇摆于均衡与非均衡之间。②

---

① 林耀华:《金翼——中国家庭制度的社会学研究》,第209页。
② 同上。

费斯作为人类学家自然容易发现《金翼》和一般文学作品的差别,即"作者对人物生活中的各种事件,甚至区区小事中包含的一整套传统关系做了进一步分析"①。如林木争端的诉讼过程描写引出了当地的司法制度解释;墓祭和民俗节日的诸多细节已显然不同于文学作者的用心,因为这些刻意的描述最终归结到宗族、房与家族制度如何运转的人类学主题;在店铺中芬洲的告退引起了事务的紊乱,然而,东林经过调整后却促成了店铺新的扩张。一般的小说也会这样陈述其过程,不过《金翼》的用意却是告诉读者店铺的赢利和家族的兴旺不仅是相辅相成的,而且是该社区体系从旧的平衡达到一个新的平衡的动力所在。同样,小说结尾作者写到,因日本人入侵引起民族危机,东林重回从商前的生活的原点,带着孙儿在田地里播种。作者意在说明这样一个社会人类学道理:一个巨大的外力也可以摧毁业已成就的体系之间的平衡动作。

综上所述,文学人类学的旨趣显然有别于文学,《金翼》透过小说体的陈述把人类学擅长的文化与社会诠释提供给读者,成为现代人类学文化表现实践的数得着的先行作品。当作者把社区体系以小说的形式加以描绘时,那些人类学感兴趣的问题的解答刚好是融化在社区的过程之中。然而,它在避开如同论文那样可以大量论述与分析的不同撰述条件下,突出了体验的意义。就是说,人类学的小说,与论文相比,实际上为读者增加了方便感受别人体验的、有利于理解一个社区本质的向度。这就是利用文学形式写作人类学作品的长处。同时,小说体可以通俗地就人类学和社会史相关的重要学术问题加以说明,就算没有《金翼》伦敦版那样别立一章的理论分析,小说的字里行间已经随处向读者透露了人类学的信息。

这部小说是从风水勘测房址引出的家族故事。众所周知,中国风水先生勘测的原则多在于趋利避害的生存环境的选择,其所引申的人文意义与预言则大多不被现代人文社会学科所认可。正因为如此,《金翼》把风水的命运相关性同人类生存进取的主动性以及掌控地方关系体系的效果加以对比,力图表明现代社会学人类学对社会文化体系变迁的解释上的明显优势。的确,经常出现的情形是,风水先生在预言时伴随的各种托

---

① 林耀华:《金翼——中国家庭制度的社会学研究》,费斯导言。

词或许比医生或律师还多①。因此,即使是没有言中,新的解释也早已埋下了伏笔。事实表明,曾经欣赏过黄村风水先生伟大预言的芬洲和东林两家都先后经历过惨痛的社会变故,这是林耀华的著作以及我在后来接续的田野工作中所深刻体验和理解的。

在《金翼》英文版出版之后,林耀华的老师吴文藻教授特别向日本学术界举荐。他说:"研究中国的家族制度,一定要读这本书。"随之,当时的日本学术名流柳田国男、平野义太郎、川岛武宜、仁井田陞等人以林耀华的《金翼》为中心,做了一次题为"日本和中国的比较社会学"研讨会。川岛认为《金翼》"把非常细小的事抽出细腻描绘,是一件很不容易的事情……正是最平常的事件构成了某种文化生活的主体"②。因东亚中日两国社会文化的接近性以及日本的学术传统,日本人的评述涉及民俗的比较文化细部,超过对平衡论的兴趣。他们以其学术长处更为偏重对书中民俗的某些重要事项逐一对比。如仁井田陞和川岛对中日两国都存在的处在同一户籍又分散居住、保持大家族成员松散联系的"分裂家族集团"做了对比讨论③;柳田、川岛、平野等人还对中日择偶、卜婚、童养媳、风水、葬仪和灵魂概念等事项直接指出了在渊源及其联系方面的见解,也涉及中日农人对神的善恶,以及祭血缘神和地缘神的特点的区域性比较。④

至于《金翼》的写作与人类学理论运用的方面,仁井田陞认为"这本书是由有专门体验的学者撰写","资料具体且真实可靠。仅就这一点,比小说的结构更加引起我们的兴趣"⑤。川岛的看法是,因为是借用了小说的形式,"所以此书不是以分析为目的,而是以尽量细致地刻画中国南部农村现实的生活为目的写成的。分析不是当前的目的,所以我认为应避免轻易判断著者的分析究竟能发挥多大的力量"⑥。此说较为中肯。《金翼》本身就不是论著形式。当年查普尔(E. D. Chapple)和阿伦斯伯格(C. M. Arensberg)撰写的是学术专著,林耀华却使用了同样的平衡论写小说。从今日人类学的观点看,人类学田野研究的不同撰写形式是互补的。

---

① 参见柳田国男等:《比較社会学:日本と中国——林耀华著"金の翼"を中心として—》,《思想の科学》,7月号,1949年。
② 同上。
③ 同上。
④ 同上。
⑤ 同上。
⑥ 同上。

不同类型的作品对人类学的社区过程研究与问题研究分别显示了不可替代的作用。

二、《拜祖》和《义序宗族的研究》——《金翼》的先行作品

数次访问林耀华教授的故乡(即《金翼》的调查点福建黄村及其所在乡镇),是想写《金翼》的续本。现在续本《银翅》①已经出版了。回想十几年前累计15个月的田野调查工作中,能有幸考察先生早年的农家生活、传承至今的社区风习和不间断的社会变故,是一件颇有意义的事情。除此之外,重读先生从青年到中年以后的学术作品,再尝试重构其学养递进之轨迹,亦是其乐无穷。

在一个椭圆形的山谷里,有一间林耀华幼年读私塾的屋子。私塾先生教背孔子的话,一遍又一遍。"当小孩子背不出来的时候,他就用竹板打我们的手心。"1988年采访时林先生如是说。儒家的警句,哪怕是通俗的,并不完全适于儿童,死背也许是为了思想的潜移默化吧。中国人靠背诵的办法传承古代礼教,虽不经济却很见效呢! 当然,实际上理解儒学的深刻道理,往往还要靠许多人生的体验。林先生从小学到中学、大学,关注古典文论诗歌和礼法,又深深地卷入了乡村日常生活,耳濡目染,为后来的学者生涯奠定了必要的国学与民俗知识基础。

在20世纪二三十年代出现了一股学西方科学的新潮,首先是从教会中学、大学,再传到社会上。一些人有机会出国留学,带来分析自然和解释社会的新知识。不过那时所谓社会的科学实际上是指斯宾塞式的社会学一类,而不是传统意义上的国学。林先生似乎不满这一现状,当时他写到:"自从欧风美雨东渐以来,国内学者以趋新潮为荣者已大有其人。就近说到燕京大学的学生,研究自然和社会科学者已人山人海的堆积起来;但翻身一顾,所谓思想落后而研究国学者则寥寥无几。"②当时林先生虽然上了社会学系,但痛感中国社会研究离不开国学和民俗的知识,所以他早期重要的论文之一是关于拜祖的研究,这不是偶然的。他的早期作品在相当大的程度上运用了传统考证的方法。那时,这一"影响到社会、政

---

① 庄孔韶:《银翅——中国的地方社会与文化变迁(1920—1990)》,附影视人类学光盘《端午节》。
② 林耀华:《拜祖》,载《社会问题》,第1卷,第4期,1931年。

治、经济等组织最有力的拜祖思想竟置之一旁无人过问。在中国的社会里,拜祖非但是古代华民视为人生一个重大的职务,直到现在拜祖思想的流行仍管束着中国人生活的一大部分"①。没有国学的知识,不知中国人的过去,怎么能知道他们的现在呢?林先生认为拜祖是中国文化研究的一个重要着眼点。

找到1931年发表的《拜祖》,其文章的做法似乎和林先生后来的作品判若两人,那纯然属古籍考证类,其后的义序宗族研究论文②,则西文古籍并重(功能主义引文、古籍征引以工整的毛笔小楷抄写)。其间,学术之变与不变是可以慢慢品味出的。

拜祖的思想发生在太古时代,惟到周室而拜祭的礼仪始获完备,礼仪之实行才大大影响到中国人的社会、政治、经济和思想,说到拜祖不能不讲鬼神。中国人相信人死后有三个灵魂:一个住在神主牌上,一个在坟墓里,一个到另一个世界——所谓的阴间去。阴间是和当世一样的。祖灵实际是天帝和子孙的中人,他们有降福和降祸之权,所以任何子孙不祭祀必然受罚。人们对祖灵采纳了不同的态度:视死者为良友和视死者为仇敌,因此,爱和惧怕成了人们用以调和心理的力量。林先生提出的祖灵是良友与仇敌之说似乎最早,其后三四十年人类学界才有一个讨论祖灵善恶问题的学术热点。③

林先生在文章中讨论了拜祖和自然崇拜、拜祖和拜物、拜祖和偶像崇拜的关系以及拜祖的起源问题。他当时考虑到运用民族学的知识,例如福建畬族祭祀的经验以讨论祖神的象征性方式。他还注意到"古人但祖有功的人和宗有德的人,而不问其人真否是他的祖或宗。由此可见舜时虽有祭礼,乃是祭有功德的人,却不是祭祖先"④。"祭先礼的起源,先为纪念有功德的过去圣贤,后乃渐渐地施于己一姓的宗亲。"⑤这是林先生当时考证的结论。

林先生在讨论拜祖的礼仪时,是把古籍中丧礼、葬礼和祭礼的仪式,本宗五服就位的原理加以分析,而在祭先礼的庙祭和墓祭,以及祭先礼的

---

① 林耀华:《拜祖》,载《社会问题》,第1卷,第4期,1931年。
② 参见林耀华:《义序宗族的研究》,燕京大学影印本,1935年;《义序的宗族研究》,北京:三联书店,2000年。
③ 参见李亦园:《中国家族与仪式——若干观念的检讨》,载《"中央研究院"民族学研究所集刊》,第59期,1985年。
④ 林耀华:《拜祖》,载《社会问题》,第1卷,第4期,1931年。
⑤ 同上。

由来上,虽痛感国学的深厚功底是极为有益的,然而也借助了那个时代广西和福建的民族志知识。

拜祖和社会、经济、家族的关系显然是重要的,这是不是所谓迷信活动不能简单而论。拜祖既然与国民性相关,也同现代中国人生活方式紧密联系,其深入研究就是必要的。为此林先生曾指出未来研究之有三路,至今仍具有价值。

第一,中国史材料的丰富这是谁都承认的;但是有个难点是材料的散漫,热心研究者非具有忍耐的心情、科学的方法把那散漫的材料收集和整理起来不可。

第二,研究现存拜祖制度——这条路又要那耐苦耐劳的而且具有客观眼光的社会服务者去挨门挨户地尽心尽力地调查去。

第三,研究古代遗迹遗物——这门工作虽然最难,但是最可靠。比方我们把古代的坟墓掘出,寻找那里面所遗留棺内装饰品,由此用归纳和推想的方法,找出他们拜祖的礼仪。①

从国学文本到当今民俗的古今联系性研究,为中国新生的社会学/人类学发展指出了重要的方向。拜祖的文本研究和林先生本人的民俗生活经历,最后由那时大学学习的功能主义理论连接起来。一个流行的理论反映那个时代人类的前沿智慧,科学、理性和人文世界的感知是这些理论出现的基础。林先生作为当时的学术新人尝试使用新的理论,那不是在该理论的发生地,而是在中国本土使用。显然,林先生的兴趣一直落在同拜祖相关的中国宗族家族制度上面,原因不是别的,而是因为他从小在宗族制度发达的福建省长大,这一兴趣渐渐从拜祖的仪式研究一直扩展到宗族内外的更大世界。显然,林先生必须考虑国学考证思路和西洋功能理论的接轨方式。这一研究始于1932年。

这一年,林先生涉猎了部落社会和乡村社会的调查报告。其间曾赴华北乡村,做一般的礼俗调查。1933年他回到福建老家,试做宗族乡村的普遍的观察。1934年1月31日林先生再次从北平南下,从上海换轮船至福州,然后步行到南台岛义序乡开始田野工作,直到5月15日才返回北平,历时三月余。翌年他完成了硕士论文《义序宗族的研究》并通过答辩。

过去,学界只容易找到林耀华1936年所作的《从人类学观点考察中

---

① 林耀华:《拜祖》,载《社会问题》,第1卷,第4期,1931年。

国宗族乡村》，那时公开发表在《社会学界》第九卷上。当时，弗里德曼（Maurice Freedman）也只是找到了这篇研究义序宗族的中文简述本。他在《中国东南部的宗族组织》①中没有弄清楚义序和金翼黄村并不是同一个地方，而且这两个地方的宗族组织的发育状况有很多差异。他的某些论述上的错误判断，也和没有见过带有详尽资料、注释与分析的《义序宗族的研究》(1935年)有关。当时，林耀华的《义序宗族的研究》在大学图书馆里极为少见，故在学术界只有有限的传播。1987年下半年，日本学人西泽治彦在北京大学图书馆找到《义序宗族的研究》手稿，把复印件送给林耀华先生，后来笔者从林先生处借来阅读。关于《义序宗族的研究》的学术地位，我在《银翅》中特别作了评论。② 后来《义序宗族的研究》由三联书店正式刊行。

义序位于福州市附近南台岛的南端，为该岛东西南三面地域最广人口最多的一个村落；其规模为一个乡，当时(1934年)有人口9663人，黄氏家族占98.4%。这在福建乃至全国都十分罕见。由于规模大、历史长，因此宗族制度发育得非常充分。林先生之所以选择此地进行调查，这是一个重要原因。

林先生的老家在福建古田县，为什么会选中福州的义序作调查点？他说曾有一个燕大同学叫黄迪(晚年定居美国)，老家就在义序。这带来了很多方便。当时，义序乡乡长的儿子是林耀华最直接的调查助理。乡是中国农村最基层的行政单位之一。从乡长那里很容易得到各种基本情况的统计资料，而且间或还可以在他的权限范围，进行一些较大规模的社会调查。像书中所需的各种人口数字，便是在乡长支持下，经乡公所人员挨户询问，最后汇总而成的。义序方言和古田话属一个方言区，只是声调上有点儿区别，交流起来没有什么困难。乡长又兼族长，在黄氏一族中颇具威望。因此，经他介绍后再去调查各房各支情况，自然十分方便。林先生还住过一位医生家，医生在地方上交游很广，这给调查提供了不少便利。许多调查材料就是在医生家和乡公所写出来的。林先生还与一位编黄氏族谱的老者共同巡访，考察地名来源，最后精心绘制了义序乡地图。林先生用地图作为交换，得到了查阅祠堂里各种文字资料的便利。后来这幅地图被收进黄氏族谱。

---

① M. Freedman, *Lineage Organization of Southeast China*, London: Athlone, 1958.
② 参见庄孔韶：《银翅——中国的地方社会与文化变迁(1920—1990)》，第271—274页。

总结林先生选择义序调查的原因有三：其一，作者生于闽地，闽人习惯早已娴熟，行动不致与习俗冲突，言语交流又不会发生障碍。其二，义序为一纯粹黄姓一系的宗族乡村，异姓杂居者寥若晨星，可代表宗族乡村的一个模式。其三，义序人文繁盛，虽近城市，不失乡村特性。① 显然，林耀华做学问的方法已从国学考释性的拜祖研究转为以田野调查为主的功能主义的研究，这是一个大的改变。林先生当时抱着从实际中来到实际中去的态度收集资料，注意了如下四个要点：

社区基础。对宗族乡村的基础条件，如地貌、地名来源、人口、物产、职业等做全面考察。

社会结构。探讨社区内的宗族社会组织，叙述生活的法则和规条，皆为习俗相沿，未有成文。例如，土音的称呼系统和文字系统不同。还有，成文的庙规家训远不如习惯传统的势力，因此，研究者必具有洞见，以辨别传统的重要性。我们调查者心中应有一个抽象的大纲，而访谈中则应有一个具体的大纲，使之分析深入。

实际生活，有了整个宗族结构的形式，尚需逐一予以充实，如祠堂的功能和活动，亲属关系的作用，戚属朋友的往来等，皆须一一加以叙述。

心理状态。即族人精神或心理状态，或指他们的态度、意见、见解和思想而言。无论宗族生活的哪一部分，必先由历代流传而来，而有一定习俗的方式和形态，这些习俗必有意义。虽然这意义是因时而异、因地而变，作者叙述每一习俗，除加入乡人解释的意义外，并且附注内尽量追溯习俗源流，与现行的互相参照。②

这最后一点表明了林先生一面接受新传来的功能主义调查原理，一面思考国学古老的学问方式。这二者如何协调呢？

林先生在义序做宗族的调研，先以乡村社区为宗族的基础，进而分析宗族组织及其功能、宗族与家庭的连锁结构、亲属关系的系统与作用，最后应用生命传记方法，描述个人在宗族内的生活。这种由整体到局部，由结构至功能，由关系至生活的写作，正与论文导言内所谓从轮廓到内容的研究步骤遥遥相对。

宗族组织，原为家族组织的伸展；宗族的祠堂，原为家族组织的伸展；家族的祠堂，原为家族的宗教机关。家族渐渐发展到宗族，祠堂也渐渐发

---

① 参见林耀华：《义序宗族的研究》，导言，燕京大学影印本，1935年。
② 同上。

展到宗族,祠堂也渐渐地扩张,成为社会的、经济的、政治的、教育的机关了。因此祠堂的功能,不止于祭祀,其他如迎会、社交、娱乐、教育、裁判、外交等事宜,也归于祠堂行使职权。

宗族与家族乃是上下连接的连锁结构。宗族的宗祠,房份的支祠,各家的家祠,为一贯的有系统的组织。好比族内裁判事宜,可下上而推,先从家户,中经房支,后达宗祠。政府征收赋税,则上下而行,从宗祠发令,到达支祠和家户。一户或一家或数家,恒视一户之内的近支亲属之共同经济与否以为断。

家庭在宗族内为经济的单位。一家亲属,住户同居,共爨合炊。家内凡辈分与年龄最长者,即为家长,家长乃管治者,弟侄为共管经济者。家长对外,主妇对内,分工合作。家庭为家长制:父系的,父方的,父权的,继承与遗产亦从父传子。未有儿子可以立后,立后以兄弟之子为最得当。兄弟同居,终久必分家。

家族的亲属关系,可从称呼名词的系统内窥见。称呼名词的根据有二:一乃出生的,好比我生于本族,我有我的父母,我的伯叔,我的兄弟等。一乃婚姻的,这是和外族的亲属关系。亲属关系的作用,大体上说起来,子对父以"孝",妇对夫以"节",媳妇对婆弟对兄侄对叔等皆以"忍"。①

林先生用功能主义的方法研究宗族组织,看到"组织脱离不了功能,组织没有功能就不能够成立。宗族乡村祠堂的建立,其目的在于宣扬祖功称赞祖德,使子孙世世纪念,殷勤崇拜。功能能够改变,或是增加,于是又影响到组织。祠堂最初的目的,只是崇拜祖先,这是族的宗教事宜。既然立祠、庙规成立、组织固定,其他社交的政治的经济的功能,就连带附在祠堂行使"②。林先生在谈到祖产的问题时,认识到其"目的是为祭祀之用。一方面崇拜祖先,必须备办礼物,以表孝敬。一方面利用祖产名义,以收系人心,使有公共利益不致散漫"③。这至今是现代人类学的重要课题之一。义序黄氏宗族的演变是一个很多人关注的问题,包括弗里德曼。

金翼黄村宗族起初不用说没有祭田,连族人也是租外村地主的地,没有祠堂组织。人们一直用坚韧的精神勤勉劳动以立足乡里。祭祖是以共

---

① 参见林耀华:《义序宗族的研究》,第十章,燕京大学影印本,1935年。
② 同上书,第三章。
③ 同上。

同礼仪与分担费用进行的,但不存在族田、族产的 descent group,仍不妨碍形成一个分担与分享结合的宗族组织。真正的族群聚合与组织起来的力量在于——有可能便发展为大族的共同理想。到 20 世纪 30 年代黄氏已获得永佃权,祭田提留也先行固定下来,人口达 400 余人,物质也聚集起来。这时黄氏已有祠堂会议,下有两大分支,但尚无房组织。这一发展过程表明宗族共同体或宗族组织总是在景况好转或发展了的情况下用物质力量来巩固自己,认同与象征主义的仪式也得到加强,同时也以完善制度与理念说教来堵塞族群中的离析力量。

义序黄氏宗族远大于金翼黄氏,1935 年时人口已达近万人,拥有大量族田,下分 15 房,且有两大强房立有支祠和组织,然而"黄氏宗祠创立之初,未有祭田,每年祭祀、公共事业皆由各房分配负担"①,显然这是类同的宗族过程。儒学及其宗族制度形式在民间实施有时间与空间差异以及形式与功能上的不同,因此土地并不是首要的聚合因素。有组织的、自组织的和无组织的宗族都有其存在的地方适应性特点。留民营、金翼和义序三个地方,descent group 便处于不同的发展水准上,但共同恪守祭祖报本要义。② 林耀华曾以功能主义剖析义序宗族组织,尽管特别强调族产、族田之宗族成分,并成为弗里德曼宗族说的根据之一③,然而这是 20 世纪 30 年代林先生把中国社区分析纳入当时流行的西人功能说构架中的必然安排,是西为中用的尝试。其实他在《从人类学观点考察中国宗族乡村》以外的论文《拜祖》和他的长篇论著《义序宗族的研究》中一再阐述其祭祖先在的理念意义。④ 如他曾摘录起初义序黄氏宗族无祭产时(雍正十二年,即公元 1734 年)《宗祠志》表达的族人心境之压力:"祭田未备,不胜惶愧,当与吾族之尊祖敬宗者共廑于怀也。"⑤只是后来宗族组织才渐渐完成了走向族田、族产、制度等职能多元的宗族组织。

《义序宗族的研究》除了关注宗族和家族的连锁结构,还以详细的人生过程民族志推导出宗族内外亲属关系的连接。林先生把人生时期同年龄对照起来,把仪式关系的程序和卷入的亲属成分对照,并制作了一长幅

---

① 参见林耀华:《义序宗族的研究》,燕京大学影印本,1935 年,第 52 页。
② 参见庄孔韶、张小军:《留民营——北方中国乡村的社会文化变迁》,北京:中央民族学院民族研究所,1984 年。
③ M. Freedman, *Lineage Organization of Southeast China*, pp. 33—40.
④ 参见林耀华:《义序宗族的研究》,燕京大学影印本,1935 年,第 51—53 页。
⑤ 同上书,第 64 页。

"个人生命圈",以详尽表现中国式宗亲关系的特点。家族内的个人生命,在其转变的时期,诸如出生、童年、婚嫁、丧葬、祭祀等,皆有非常隆重的礼节。而在这些礼节之中,可以看出个人之与家族和宗族的关系。那时,林先生一边在论文正文做学术的概括;一边花工夫对人生众多礼仪的来龙去脉加以考证。例如清明上墓之礼的由来,择地风水之俗等,从文献考证到直接参与观察,以发现文化的连续性与地方性差异。宗族与家族的关系研究,也包含了古代文献中的模式与 20 世纪 30 年代福建福州方言区的地方性类别。国学、汉学的方法就是这样和人类学田野工作结合的。

《义序宗族的研究》与《金翼》有何区别,又有何联系?这是令人感兴趣的一个问题。《义序宗族的研究》与《金翼》的研究地点虽在同一个方言区,但相距较远。《金翼》的写作借用数百公里以外义序人的黄姓,使弗里德曼误以为《金翼》和《义序宗族的研究》写的是同一个地方。虽然它们所反映的内容都是中国农村的宗族家族制度,但义序和金翼黄村的宗族形态有所不同。《义序宗族的研究》基本局限于当时当地;《金翼》反映的社会背景则更为广阔,时间跨度也更大。前者是典型的论文形式,后者则采用小说手法。前者在方法上受功能学派的影响,后者则融入了后来时兴的"平衡论"。然而,《义序宗族的研究》具体材料的分析和详尽的注释,依然保持着林先生来自本土国学的独立见解。自河北滦县①而福建义序而家乡古田,调查环境和对象越来越熟悉,技巧和方法也越来越成熟;自学士而硕士而博士,对人类学的理解也更加系统。可以说《义序宗族的研究》是《金翼》的前奏,没有《义序宗族的研究》就没有《金翼》。林先生告诉我,义序的黄家在福州地区是名门望族,通过调查对义序人颇有些感情,为此在《金翼》里把金翼之家的姓也改成了黄姓。

虽然林先生一生调查了许多地方,写了不少著作,但他最满意的还是《金翼》。黄氏家族居住的义序是个乡,调查规模大,文献资料收集翔实,尽管停留时间略短。可以说《义序宗族的研究》是一个把功能主义理论和本土国学研究方法相结合的中西接轨式作品,而《金翼》则在驾驭理论和田野知识方面显得更为成熟和融会贯通。《义序宗族的研究》在使用功能理论的同时保持了国学理论的解释力,而《金翼》的贡献还在于它是"从不同的个别人的角度来处理费孝通对中国农村所描述的许多带有普

---

① 滦县在字典上查阅是属北京,当时属河北。

遍性的事实"。应该说,《金翼》是林耀华一生最具写作风采并终造成世界性影响的作品。随着人类学学术风尚之轮转,今日人们又一次回过头讨论林耀华的文化撰写法,思考人类学作品的学术性与文学性问题。应该说,林耀华的民族志式的小说率先使人类学家和他们的研究对象处在共同分享体验与情感的互动过程中,因此具有持久的价值和阅读魅力。

三、重访金翼黄村

1978年我成为林耀华教授的硕士研究生时,还完全不知道《金翼》这本研究汉人社会的名著,因为"文化大革命"中人类学与民族学遭到批判,这类英文版的书既不会流通,也不会翻译出版。甚至连"文化大革命"过后不久的第一批研究生仍是假以原始社会史的名义招考的。林先生推荐我和另两位同学(程德祺和王培英)一同去北京大学考古系修《旧石器考古》和《新石器考古》两门课程,我对中国大地湾遗址的长屋造型同中南半岛、中国云南山地存在的干栏长屋之类比非常感兴趣,因为显然这和古今居民的家族制度有关。于是我在1980年至1983年几次赴云南西双版纳、德宏傣族景颇族自治州和怒江傈僳族自治州考察那里山地民族(如基诺族、哈尼族、独龙族和怒族等)的长屋,进行实地建筑测量,参加刀耕火种以及卷入大家族总火塘的象征性仪式。后来我们体会到,林先生的指导方式并不只是针对史前史的考虑,其意图仍在今天。人类学的田野工作加深了笔者对地方家族制度及所在的社区关系的理解。尤其有意思的是不管是否受进化论影响的俄文文献中都提及塞尔维亚和保加利亚人的家族公社和兄弟公社等诸多个案,因而我对使用斯拉夫文字的文献做跨地理区域的家族制度类比的兴趣始终不减。

1984年我赶上林耀华教授在1949年以来第一次招收博士研究生,这时的人类学则是以民族学的名义出现的。也许是"近水楼台先得月"的缘故,这一年林先生把他的英文著作《金翼》借给我读。他的细腻的观察与得心应手的撰述使我深受感动。该书为学术著作,却使用了小说的形式。林先生以中国福建闽江边乡村的两个农人家族的兴衰为线索,展示了20世纪前期中国东南部乡镇社会栩栩如生的社会文化生活画卷。这一次转到了汉人社会的家族制度,林先生的指导也真正回到他最熟悉的研究园地。于我而言,因有先在的跨文化家族公社的调查与体验,自信我的新的兴趣的引申将有益于对汉人社会家族制度的理解。

我向林先生报告阅读《金翼》的体会时，提出了回访金翼黄村的想法，林先生欣然同意。于是我制定了调查计划。谁知道，将近半个世纪的人地变迁，在新版的中国地图上竟找不到旧日黄村乡镇，这麻烦既来自几十年行政区划变化大，又缘于人类学家的写作更名惯习。为此，在将近两个星期，我数次去林先生家核对《金翼》书中更改前后的人名和地名，使我庆幸的是，绝大多数人名地名林先生都回忆出来了，而且顺便说出了一些《金翼》书中未曾披露的珍贵信息。有趣的是，在6年以后我撰写《金翼》的接续性作品《银翅》时，我重新启用了林先生用过的一些假人名假地名，这大概又回到了人类学家的共同思考吧。谁知在我调查结束（1989年）后的十年，我曾访问过的一些重要地点的准确的地名又随着社区重建而更改了，这是我始料不及的。记得有一次，我对林先生说："按这个（更名）速度，中国人类学家写作就不用改地名了！"

1986年，当我第一次走进"金翼"民居——《金翼》书中的大房子时，东林的族人早已不住在里面。三哥和小哥早在20世纪30年代就远离了故土；1950年，四哥被处决，随后，他的儿子荣香家被扫地出门，搬到金翼民居兴建前的旧房里。《金翼》书中的少扬还住在通往废弃的湖口码头街巷的老店铺里，是位虔诚的基督徒。他们是《金翼》尾声家族树系上仅存的人物。

在最近半个世纪，东林的后代在政治出身的压迫下，一直胆怯地活着。金翼之家在相当长的时间内失去了广泛的社会联系。如果本人仅寻着东林家后代人物关系展开续本的构架将会受到相当的局限，于是改为以金翼之家后辈生活经历与地方县镇众多人物事件相互穿插的社区过程研究。我发现，直到银耳业兴起后的20世纪80年代，金翼之家才悄悄地在生计上重新崛起。1986年荣香和他的儿子们购买了全村马力最大的拖拉机兼运输车便是明证。正是社会生活的起伏与周折，才使我们有兴趣探讨社区过程与家族兴衰的联系及其进一步的原因。这样，时间的尺度便和社区过程联系起来了。在累积一年三个月的实地调查后，我开始《银翅——中国的地方社会与文化变迁（1920—1990）》之撰写。在前半部书，笔者以时间的线索对黄村社区制度做社会史式的过程研究。为了使读者能感受作者的调查体验，又能得到人类学的理论解说，这部《银翅》对《金翼》而言，已非一般性故事续本的设计，也没有采纳英语学术圈通行的"标准"论文的单一写法，而是使它成为一部由浅入深的随笔、民族志、分析与论证等方法合一的学术作品。不过，社区过程的研究必然由时间和空间引出多个重要学术问题的探讨。其前半部书的社会与文化史陈述涉及由巨大社会变故引起的对基层社会制度的讨论,然而却是带着人类学的利器——文化的"透镜"所做的观察;而后半部书则更直接切入人类学的诸多重要问题,如宗族家族、宗教信仰以及人事过程分析,试图给予现代"金翼"地方社会的动作以多向度的问题取向的重新诠释。

毫无疑问,本研究仍是以人类学的传统田野调查作为《银翅》的主要陈述与论述的基础,尤其强调田野工作与中国哲学、历史文献、人物思想、政治过程与文化行为的关联分析。反观法和文化的直觉观察则是在上述工作基础上特别向人类学界推荐的方法与体验。

四、一个地方社会史的人类学透视

(一) 旧绅、新绅和保长角色——没有两类经纪人

《银翅》关注了晚清到民国社会转型期间基层县乡镇的社会变迁。20世纪以来,中国乡村和城市相比一直表现为相当的滞后状态,基层社会出身的众多精英人物及其事业的发展都进入了城镇而遗忘了乡村。让我们回到林耀华《金翼》的20世纪二三十年代,国民政府势力还未真正抵达福建乡土社会,城镇的发展是有限的,农村乡族力量仍相当强大。在闽东经常可以了解到传统的乡族势力的延续,只不过其内涵发生了新的变化,与县镇政府、新兴实业商业以及军界积极结合的新绅力量十分突出。

基层乡村核心力量是宗族的祠堂组织(大独姓村)或有大族豪绅掌握的祠堂或乡村组织(多姓村)。在黄村所在的闽东,强大的宗族乡村的组织无论是否正确和健全,其祠堂会议或社区会商决策人的组成是分析乡村势力和城乡连接的着眼点。

宗族会议成员中,在晚清其构成有:族房长,这是血缘群体的领导者和象征;带学衔者,如进士、举人、贡生、监生等来自"正途"和"异途"的绅士[1];还有退休官吏以及地主。民国以后,虽有废科举、废读经以及取消绅士免赋的特权,然而中国城市革命与变革对乡村影响甚微,绅士阶层的

---

① Chang Chung-li, *The Chinese Gentry, Student on Their Role in Nineteenth-Century Chinese Society*, Seattle and London: University of Washington Press, 1955.

地位和财富并没有根本的改变,而是新与旧并存。所谓旧,是指告老还乡的前清官吏,也有清代最后一辈进士、举人、秀才和有地位之儒者,他们一般拥有财富(但不都如此),仍在乡镇中拥有实力地位。20世纪30年代后期的福建宗族会议中族房长以外仍可见宿儒、前清官吏。所谓新,还加上了早期新式学校(包括留学归来者)获学衔者、毕业生、现任官吏(含军官)回乡者,甚至现任高官在乡间的男性亲属、老者,也都享有参加宗族会议的权利和祭祀权。民国之后的宗族会议是新旧人物之混合体,即新旧学衔者、新旧官员以及由他们本人或他们的后辈卷入新兴实业商业的成功者,还有地主。

在政府体制渗透到基层的同时,乡族社会内部实际上已发生了分化。一个值得注意的现象是,20世纪二三十年代前后,闽北闽东一些地主旧绅家庭成员,他们在乡间拥有土地财产外,外出兼业成功,除了传统的钱庄、土产、烟酒业,亦有从事修路、船运和电力的新实业经营。他们从旧绅(或其第二代)中游离出,成为活跃于镇、乡和县境内外实际存在的新绅阶层,比例大约不足全部乡绅地主人数的20%。然而,有的近商业中心城镇的乡村地区如义序,富商、新绅人士占据了宗族会议近三分之一的名额①,可见其崛起势力之盛大。对多数旧绅而言,至少在明清晚期还明文规定的特权②早已消失了,他们也未能卷入区域性的商会并以实业之经济力以影响政府,而新绅则在改朝换代与社会文化转型时期以城镇、商业、实业的成功,推动他们在乡村扩张土地并占据了地方政治、商界、经济、军事组织和乡族社会中的多重重要地位。他们以乡村为基础,在县政府、乡镇(与对省府而言)更能直接地扩大联络,是协调地方政府与乡族社会关系的实质上的斡旋力量,至于协调成功与否,倒是可以在执行基层公务的保长角色及其行为中看到政府和乡族社会的关系状态。要知道,社会经济衰退之时的乡族豪绅对农人不断增加的压迫和转嫁负担,加上新绅在县镇的商业、实业控制,最终与保证县政府岁入相关,于是对多数缺地少地的农人来说,县政府与新、旧绅的利益是一致的。可以说,政府势力在30年代中向福建乡村社会的推进,很大程度上依赖了新绅,并透过他们连接了乡族传统势力。反过来,新绅阶层已开始参与县镇政府、商会和民团等职,一些受过现代学校教育(含外国留学)的新绅及其子弟更

---

① 参见林耀华:《义序宗族的研究》,燕京大学影印本,1935年,第45页。
② 免役免赋免丁,如免役可见《明太祖实录》,卷一一一。

与省政府上层各界建立了关系。这一上下会合的现象可以认为是政府渗透乡镇的初步成功,亦可以认为在政府力量向下不断加强渗透的历史大趋势下,乡族社会开始有人积极地做出适应性回应。乡镇社会接受乡绅社会角色之变化及其实力地位并非仅仅从法律规定性之改变为出发点,而是反映中国基层社会认同一个社会阶层嬗变中的历史延续性。

说到中国基层社会研究中的保长角色,社会史和人类学都兴趣盎然,在军、政、绅、乡族、农人上下交叉的链条细部,还有一种不可或缺的人物,即遍布中国基层社区的保甲人员在链条的夹缝中工作,一般为介乎于绅士和农人之间的平庸人物。起源于宋王安石时期的保甲制,到明清有保正、保约为继。基层宗族乡村与保甲制度如同"一经一纬",表现了该制度在中国基层社会的实际功能,20世纪30年代的福建政府联保机构改为乡镇制度,以巩固上级基层,每个乡镇下设保长办公所。实际上,乡镇长贯彻上级旨意,真正下达入村的只有保甲。保甲长由地方推举,然后由县镇认可,即从上至下保甲层面是中央政府政令进入乡村最后的交错层面。保长承上启下的社会地位引人注目。

在福建宗族社区的宗族祭祀、迎神赛会、族政和宗族外事(乡村外事)四大职能中,保甲组织多相关于后两项。20世纪30年代及其以后一段时间,"除了依附政府权力或者绅权,保长在执行公务时并没有自治的权力",他"成为政府权力在基层社区里抓到的一个工具。这工具虽则还得受绅权的节制,可是它却具备了主要依附着政府的气焰"[1]。再者,保长又不得不屈从于地方势力与宗族组织(宗族发达地区),否则保长将不成其为保长。因为保长之提名不是政府委派,而是由地方村庄领袖的族长乡绅提名、由政府认可的。这一社会角色和现象的普遍存在使我们应将其"视做国家机器与地方社会的一个交接点"[2]。

然而,在频繁的战事期间,处于夹缝地位的保长不是好干的。谈到抗战时期的保长,费孝通说:"在农村里的人和负有征兵责任的保甲长,一谈起兵役,没有不摇头的。"[3]摊派和征收屡次三番,"保甲人员终年催款,无暇其他,同时人民仇视保甲,动辄上控,庸儒者无以自全,狡黠者视为

---

[1] 胡庆钧:《两种权力夹缝中的保长》,见吴晗、费孝通:《皇权与绅权》,上海:观察社,1948年,第138页。
[2] 黄宗智:《从十九世纪宝坻县刑房档案残卷看清代国家政权与自然村的关系》,见《明清档案与历史研究》(下),北京:中华书局,1988年,第928页。
[3] 费孝通:《内地的农村》,北京:生活书店,1946年,第43页。

利,此种征收流弊极为普遍"①。这是说面对复杂的上下左右关系,保长本身的地位背景和人格决定了他的社会态度,或不能自保、无可奈何,或相机渔利。的确在保甲人员中出现了一定比例的"小酷吏",但乡族社会的族性利益,保甲人员尚须相机予以保护或不得不顾及族群与乡土观念。在上面的军人集团、政府与乡绅、农人的推拉中斡旋的保长—掮客角色与清代相比已相当单一化。但杜赞奇所努力分辨的 entrepreneural brokerage(赢利型经纪)和 protective brokerage(保护型经纪)两类经纪模型之中介角色②,经常由一人扮演,体现不同场合的多面人现象。中国人的人际网络平衡术和传统哲学需求是一致的。乡族推举而县镇政府认可的保长当选方式本身就是协调上下级关系并为中国文化哲学和处世术所接受的方式。因此处于中间地位的保长正是出面整合乡族内外关系的执行人。保长之社会性表演则是沟通上下意图与利益关系、实施社会平衡术的文化行为。其面目之多变性和具体到某些保长行为方式其实都是上下关系试探性整合的反应。他们的斡旋上下的掮客方式是最常见的两面人或多面人的变换方式,而在这个地位低微的阶层中并非存在着影响地方传统文化秩序的泾渭分明的社会掮客类别。杜赞奇的确细致地发现了国家与地方之间的两类中介角色表现,然而这一中介角色常常具有混生性。我宁可将其看做是国家与地方社会之间过渡性人物职能的两面或多面反映,因为外在表现明显的两种角色类别既不可能长久单一地存在,也不为中国人际关系原则与文化哲学所接受。③

(二) 人类学的军人集团介入透视——"汉堡包"式的社会结构

民国成立后的30余年间,中国多数地区的县镇社会舞台尚都可以发现军人集团的重要作用。对地方人民来说,军事力量在社区存在则是常态。尽管各类军人集团的旗号、番号在变,人员在流动,但作为一支军人力量之变换及其关系原则,在以往的人类学基层社会研究中很少被纳入分析的构架中。

《银翅》具体描述和分析了福建地方民团、自治军、大小罕阀和地方驻军的收编及其力量转换过程,以及更重要的文化行为与关系原则。军

---

① 彭雨新:《县地方财政》,重庆:商务印书馆,1945年,第89页。
② Prasenjit Duara, *Culture, Power, and the State, Rural North China, 1900—1942*, Stanford: Stanford University Press, 1988, p.43.
③ 参见庄孔韶:《银翅——中国的地方社会与文化变迁(1920—1990)》,第50页。

阀和自治军人团体的地域性与乡土性决定了其控制县镇政权采取武力威慑原则,不可回避地利用传统族群原则与人际"纲常"原则,但这后一原则不一定总是起作用,非常的军事需求指令有时凌驾于上述文化标尺之上。当我们研究表面平静的乡村社区时,人们眼中的政府行政权力系统与基层乡村社会的关系一直是观察重点,但实际上这一社会系统内外总有军人集团干预,所谓"和平"的社会总被"武装"着①,的确,我们的研究对象正是一个与军人结合的和被军人推拉的社会制度。

这样,县镇行政当局面临着两种关系的运作。一方面是行政体制中的县镇层级与基层乡族社会的整合关系,是政府体制渗透到基层与宗族和村结构之整合过程,这是政治学、历史学和人类学关心的老题目;另一方面是县镇行政当局和基层乡族社会必须面对一支具有人员流动性,但却是一种常态的军事势力集团的关系,这是一个被忽略的新题目。对于后者,单一的"纲常"与人伦文化原则已不复使用,而是必须交互运用传统的文化原则和武力下的经济关系原则。

军阀时期,军人集团之地方构成性决定他们与乡土社会不可割断的人际关系较统一调动的正规军为多,前者更多地卷入了地方社会生活中。这表明军人一边用武力,一边巧用地方文化制度以及行政体制进而达到获得军事资源的目的。军阀时期在中国许多省和地区造就了大大小小的军人—绅士—乡族政权。在省府行政系统无力贯通草根社会的地区,这种军人—绅士—乡族政权处于被默认的地位,军人武力透过或超越行政体制获得地方人力资源,地方官员多无可奈何,只有服从式的整合。如果说由地租、高利贷的经济关系和由儒家礼制约束的社会关系是中国草根社会经济结构的基本特征,那么以武力对农民超经济掠夺并控制地方县镇权力当局(军政结合方式和依从军方方式),是军人集团干涉县镇村社会系统的基本特征。

既然福建地方20世纪20年代至40年代军人集团对县镇权力系统有如此的超级控制,笔者从中得出了必须考虑军人集团在中国地方社会结构中地位的"汉堡包"模式。也就是说,原本的地方基层县镇行政与文化系统是一个有运作规律的多层次社会关系结构,从中我们能分辨出省府在县镇行政系统抵达草根社会时,宗姓、乡村社区利益与各阶层的反应方式,新绅的崛起,新绅与县镇政权之结合与整合,新旧绅、地主的社会地

---

① 参见全慰天:《论王权与兵》,见吴晗、费孝通:《皇权与绅权》,第96页。

位以及保长的夹缝角色。然而,当军人集团出现的时候,他们干预地方财政和政府事务,以武力凌驾于文化与行政制度之上。《银翅》以几何化的"汉堡包"示意图标明其圆顶状的顶盖部分相当于这个唯一可以穿透政府与乡族社会体系,以及推拉地方社会制度运作的超级干涉力量——军人集团。因此,作者在福建的学术调查旨在表明忽略军人集团在中国地方社会的持续性作用,只围绕传统的行政制度与文职角色所作分析与评论的缺陷。①

五、中国的宗族研究和家族形态变体——准—组合家族

(一)先在的理念与实证

考察中国的宗族研究,时常落在功能因素的分析上,这是因为早期人类学田野调查的功能主义分析相当流行,它建立了一个实用的和可用的观察视角,至今运用于当代人类学家的作品中,只不过单一的、老式的功能和要素分析已不复使用。例如,起初弗里德曼提出共有土地财产、水田耕作、亲族合作生产、边疆社会、自卫族体的因素分析②,后来人们以田野调查重新检讨他的观点,巴博德(Burton Pasternak)首先给了弗里德曼的见解以漂亮一击③。这是因为巴博德以地方生计与宗族制度构成之多样性为出发点,也就是说,仅凭田野调查的地方多样性便可以反驳若干功能因素在宗族形成中具有制约性地位的观点。其实,弗里德曼曾客观地为自己的观点做了铺垫,他告诫要做到中国宗族的圆满解释,必须以全中国为研究对象。④ 显然,专业的脱节,缺少对中国文化关联性的人事是中国社会人类学研究难以深化的根源之一。在田野工作中人类学家有时容易忽略哲学、历史和古代文献精英文化层的知识,而有些哲学家的经典分析过于咬文嚼字,不知中国哲学的精髓是怎样转换到大众文化层面的。⑤ 有些历史学家反驳弗里德曼的宗族观点,但并未超出巴博德,因为他们查

---

① 参见庄孔韶:《银翅——中国的地方社会与文化变迁(1920—1990)》,第63—69页。
② M. Freedman, *Chinese Lineage and Society: Fukien and Kwangtung*, New York: Humanities Press, 1966.
③ B. Pasternak, *Kinship and Community in Two Chinese Villages*, Stanford: Stanford University Press, 1972.
④ M. Freedman, *Chinese Lineage and Society: Fukien and kwangtung*, p.158.
⑤ 庄孔韶:《人类学观点:中国文化的选择与分解》,载《云南社会科学》,1987年6月。

阅史料的选材仍是偏于宗族形成的功能性因素,因此这与人类学功能性田野观察属同类方法,即没有上升到理念层次,缺少与高层文化的关联。

我们已从20世纪80年代历史学和人类学家的一部论集里①看到了一个方法论的过渡状态:史料的功能因素分析和注意向高层文化推及分析二者并存。黄树民和陈其南都从语意和历史两方面检讨弗里德曼的宗族理论,黄论及中国的 descent groups、族、家、宗、姓诸概念的含义②,陈论及宗族的范畴与团体③,他们引证了法学、历史学的著作。④ 陈其南特别将八方志资料与人类学相结合,关注历史上"父系继嗣原则及其具体化的宗族组织透过新儒家的教化普及于宗族聚居的地区"⑤的社会濡化过程。吴燕和换了一个角度做研究,提供了海外中国人团体的例子,以说明"文化战胜环境"的见解。⑥ 上述研究从田野工作向上寻找与制度变迁史的关系,以及认识文化先在的意义,是十分重要的。人类学流行的族性(ethnicity)和族群认同(identity)的观察也是相当有益的,田野工作能提供中国宗族、家族原生性认同和场景要素的第一手材料,从而推进对中国家族主义本质的理解。以田野工作为基础力求寻找高层与基层、精英与大众文化层思想、制度和行为方式的内在联系,寻找千百年来灌输的传统家族理念和民间家族生活实践的内在联系,属于笔者所谓古今文化关联性的反观法。

林耀华教授曾以功能主义剖析义序宗族组织,尽管特别强调族产、族田之宗族成分,并成为弗里德曼宗族成因说的根据之一⑦,然而这是20世纪30年代林先生把中国社区分析纳入当时流行的西人功能说构架中的

---

① Ebrey, Patriicia Buckley and James J. Watson, *Kinship Organization in Late Imperial China, 1900—1940*, Berkeley: University of California Press, 1986.
② 参见黄树民:《从早期大甲地区的开拓看台湾汉人社会组织的发展》,见李亦园等:《中国的民族、社会与文化》,台北:食货出版社,1981年,第33—56页。
③ 参见陈其南:《家族与社会——台湾与中国社会研究的基础理念》,台北:联经出版事业公司,1990年,第216—217页。
④ 参见瞿同祖:《中国法律与中国社会》,北京:商务印书馆,1972年;清水盛光:《中国族产制度考》,台北:"中华文化事业委员会",1949年;牧野巽:《宋词とその发达》,《牧野巽著作集》,第2卷,《中国家族研究》(下),东京:御茶の水书房,1980年。
⑤ 陈其南:《房与传统中国家族制度——兼论西方人类学的中国家族研究》,载《汉学研究》(美国),卷三,第1期,1985年,第222页。
⑥ 参见吴燕和:《中国宗族之发展与其仪式兴衰的条件》,载《"中央研究院"民族学研究所集刊》,第59期,1985年,第131—140页。
⑦ 参见林耀华:《义序宗族的研究》,燕京大学影印本,第52页。

必然安排,是西为中用的尝试。其实他在《从人类学观点考察中国宗族乡村》①以外的论文《拜祖》和长篇论著《义序宗族的研究》中一再阐述其祭祖先在的理念意义。

毫无疑问,中国宗族、家族及其谱系、称谓系统已经成了亲属关系生物性和人伦哲学与秩序的结晶。事实是在父子联系原则的族群扩展过程中,因理念的灌输、政治的压力、民俗的融合、思想的内化推动了宗族与家族(组织)的成长。由于环境的适应以及儒学与地方文化的整合才造成地方宗族、家族构成的多样性,其中能发现它们存在的原生性与场景性要素的共同性与差异。笔者在《银翅》中多处做了历史的陈述和理念的说明,也强调了近代以来血缘关系松弛而家族、宗族组织反倒强化的政治的原因,即政治和教育的力量一直是干预和推动农人基层组织和生活方式的有效力量。如果说 20 世纪 40 年代以前金翼山谷黄氏和义序黄氏的宗族组织是较强大的,那么后来其组织形态一度消失,中国政治的力量都起了重要作用。不过,随着时过境迁,它表现为一遇挫折就变通其宗族存在的形式(组织的、自组织的和非组织的),一有机会便寻求其发展为强族的理想,寻求个体、家族、房和宗族族群的自我实现,因此证明中国各类 descent groups 组合与文化先在的理念,与文化意识、文化无意识的结合是相当牢固的。在这个前提下我们去观察地方宗族、房与家族的构成,不仅可以发现其建立的原因,还可以发现其衰落或复兴的原因和进程,然而已不会仅限于 descent groups 存在的单纯的环境与功能因素的分析了。中国的宗族家族制度研究不应排斥古今文化关联(理念的、历史的、政治的、教育的、系统的和环境功能的联系)的分析,几乎可以说没有透视这种关联便没有关于中国宗姓社会与文化的人类学。

(二)准一组合家族

及至 20 世纪下半叶,中国农村也未能卷入巨大的现代化交通、工业与商业经济系统,在这一背景下,中国基层社会的小农经济和传统的家族主义理念一直契合并稳定地保持着。长期被皇权和官方支持和宣导的儒家说教渗透并稳定地融合于基层民众之中,这已构成中国特有的、能够有效沟通高层—基层的文化复合体。在这个文化复合体中,家族主义推崇的理念、祠堂、宗族组织、乡约、续谱、读经教育和家礼制度早已"化民成

---

① 林耀华:《从人类学观点考察中国宗族乡村》,载《社会学界》,第九卷,1936 年。

俗",即普遍推崇家族主义的族群意识与无意识,以至于乡土社区普遍被推崇的基本道德准则就是孝道(对父辈)、友爱(对兄弟)、均平(家长对各房)、忍耐(家庭成员对家团体的态度行为准则)和性爱限制,这成为古代和近现代不同意义上的大家族存在的共同基础与重要原因。

费孝通较早地提到在中国乡土社会绅士中发现的大家族①,他对绅士和农人差别的经济和政治要素的论证引起了弗瑞德(M.H.Fried)对中国农人家族进一步推衍的分析。然而弗瑞德的解释走上了歧路。他认为绅士和农人对不同"次文化"有不同的经济的和政治的利益,每一种次文化带着它特有的家庭安排。② 但经过三四十年中国乡村所有制演变,我们反而明确了这样一个道理,即依土地占有和参加劳动时间以及政治态度、政治地位可以划分绅士、地主、中农和贫农等阶级,却难于划分出各阶级、阶层对传统家理念接受和付诸实施的文化差异。应该说,中国基层农业社区人们思维与行为方式是类似的,在家族主义上亦具同一性。这是因为中国传统文化传承的两个主要途径状态是:一方面,乡村早已安排了被古代精英规划的儒学精明要义的教育,即乡土社会存在着普及性儒学教育;另一方面还有强大的民俗生活,它是农村的主要的教化形式,其宗旨均恪守儒家学说的主题,间或也有不背离家族主义的驳杂的道佛理念。因此绅士和农人的文化环境是相同的,财富之多寡和乡村政治权力都不过是镶嵌在这个文化机体上的附加物罢了。只要生活在封闭、半封闭的传统农业社区环境中,绅士和农人都不会创造出变革生产力、生产关系的新思维,也不会创造出不同的家族过程,唯一的差异只限只限于实现家族主义的物质条件。带有兴衰周期的农人无论家业大小,都属于小农经济的本质,并与此适应造就出历久不衰的儒家农耕哲学。

笔者在赞同物质条件的因素性分析判断以外,愿意再强调其文化理念层次的动因。

其一,中国人千年内化的儒学文化意识之多种表现(如强化宗族势力、大家族愿望、多子意识等),均可以在温饱之后、富裕之时作为有利的基础条件使其付诸实施。

其二,"文化大革命"时期,儒家伦理被抨击并以集体化公社取代家

---

① Fei Hsiao-tung, "Peasantry and Gentry: An Interpretation of Chinese Social Structure", American Journal of Sociology, 52, No.1, 1946.
② M.H.Fried, "Chinese Society: Class as Subculture," Transaction of the New York Academy of Sciences,14,1952, pp.331—336.

族农业(公共食堂是试图取代家族主义的最极端的做法,仅一年左右即被废止),国外一些学者透过中国宣传报道认为:"中国的大家族失去其存在性主要是因为土地和多数生产财产的集体化,而不仅仅是因为对精英意识形态的批判和对士绅阶级的消灭。"①这一过早的预言恰恰是忽视了传统文化的持续性和韧性,过多地注重了集体化关系形式的社会作用。1949年之前30年和之后10年的对比观察可以支持一个新的见解:只要中国乡土社区生产力没有根本变化,且传统农业依旧,仅仅形式上的公有制并不能阻止中国人家族尺寸的膨胀,也不能说儒家说教对农人的吸引力减弱。因为孔子、朱子理念性的和实践性的家族主义原理已渐渐和小农文化融为一体。很明显,集体化时期压抑了农人的个人进取精神,因此大集体主义的生产积极性从来没有得到发挥,实际上农人的积极性及其能量仍主要潜藏在家族单位之中,一旦打破平均主义的集体公有制,实行以家为单位的联产承包制,中国农人并未泯灭的家族主义精神兴盛之猛烈令人吃惊。各地农人一致地努力巩固家的实力,在宗姓聚集的乡村热衷于扩大宗族势力,而不是超姓氏的社区整体力量,并使家族主义在当代中国乡村农人意识中公开成为最重要的认同原则之一。现代生产责任制与家族主义原则合拍,在可以预见的最近的将来,在现代教育和现代交通、工业、商业市场系统还没有在农村发展起来,而农人生活又得到明显改善的情况下,中国乡村农人所实行的仍是壮大家族阵容和加强族性关系,包括承继或组成各种变通的扩大家族结构。

关于中国各地各种变通的扩大家族结构,可以提及台湾地区工商化与现代化过程中出现的在家族分子关系上以变通的组合形式承继大家族理念与实践的新文化现象——联邦家族的形态。② 笔者在《银翅》一书中也特别总结了内地家族合与分的历史与现代原因,尤其是当今准一组合式家族的分布与存在状态耐人寻味。③

应该看到古今中国的继嗣、孝悌和慎终追远的宗家理念基本构成汉人族性的要旨,但反映在家的结构上仍存时空差异,原因如下:儒家宗

---

① M. L. Coben, *House United, House Divided: The Chinese Family in Taiwan*, New York: Columbia University Press, 1976, p.231.

② 参见庄英章:《台湾农村家族对现代化的适应——一个田野调查案例的分析》,载《"中央研究院"民族学研究所集刊》,第34期,1972年,第88页;庄英章:《社会变迁中的南村家族——五个家族的个案分析》,载《"中央研究院"民族学研究所集刊》,第52期,1981年,第25页。

③ 参见庄孔韶:《银翅——中国的地方社会与文化变迁(1920—1990)》,第11—12章。

姓理念传播的源头和扩散地之差别;宗族组织和宗法、家法推行的地方性差异;中国政治文化的传统与变迁造成民众对家族、宗族观念的不同的受容性;交叉文化地区文化地理的变异;还有,区域农业生计特点和环境不同,商业与经济开发程度以及向外界开放的状况不一。因此并不是保持不分化的扩大家族才被认为是唯一符合宗家主义的家族模式。我们看到,一部分人仍保持了大家族的生活方式,虽然其制式远远小于方志上推崇的"五代同堂"、"六世共爨"的大家族;一部分人则寻求其他变通的家族形式,如组合家族类别之外,尚有中国各地颇为流行的老年父母在诸子家轮流吃或住的轮值家族。这是以父母为一端,以诸子家为另一端的一类家族形式——轮值家族,又称轮伙头家族①,这种生活方式在家族成员关系上仅比典型未分的大家族稍稍松弛,但减少了多核组合家族共同生活中的矛盾因素。应指出,轮值家族继续保持了中国家族文化的主要原则,如赡养与孝道、慈爱与养育、宗祧与房份。在向现代社会迈进的过程中,既然传统不会一下子割断,那么大家族生活(和它的变异)及其理想就仍会被一部分人尽力实现,另一部分人也会找到适应与变通之路,例如把同样之均平与孝悌之礼在父—子家族两三代人之间略拉开距离的情况下加以实施,减少了家内难以避免的口角且能继续维护中国传统的家族精神。这在宗族组织盛行的过去可以被接受,现在亦不失被接受的基础。

在金翼黄村的田野调查期间,笔者既看到老年夫妇在儿辈家轮吃和/或轮住的轮值家族,又看到接受儿辈家均等口粮赡养费供奉的反哺家族形式。这两类内地乡村家族在居址上的特征并无差异,或同在一屋顶下,或居址极为邻近,属村内同一建筑群,只是家族赡养与生活方式不同。反哺家族的命名是与轮值家族对比意义上的形象的考虑,并不排除老人对晚辈的照管,又称网状家族(networked families)。② 谢继昌的"家户群家族"也包含这类"近距离"的反哺家族。庄英章指出,在工商化、都市化影响下,台湾家族变迁的一种新的地方类型,显示以父母为中心形成的"远

---

① B. Gallin, *Hsin Hsing, Taiwan: A Chinese Village in Change*, Berkeley: University of California Press, 1966, p.144. 谢继昌:《轮伙头制度初探》,载《"中央研究院"民族学研究所集刊》,第59期,1985年,第51页。

② J. Unger: "Urban Families in the Eighties: An Analysis of Chinese Surveys", In Dedorah Davis, Stevan Harrell (Eds), *Chinese in the Past-Mao Era*, Berkeley: University of California Press, 1993, pp.40—43.

距离"的、有独立发展又有合作关系的"联邦式家族"。① 由于内地现代工商业起步较晚,都市和乡村户口制度极为严格,笔者进行田野调查的20世纪80年代,闽省的"台湾式"联邦家族尚少见。

为了方便归纳内地和台湾地区存在的各种大家族的变通的地方类型,并与现有的常见的家族术语(核心、主干、扩大和组合家族)相协调,笔者乐于把轮值家族、反哺家族和联邦家族等一并称为中国式准—组合家族(Chinese quasi-joint family)。② 鉴于西洋家族术语分类的切割式界定,有时只能提供若干时间断面的某类家族的存在状态,例如轮值家族的轮值时刻的存在状态,即西洋分类法难以表达清楚中国式准—组合家族不同形式的内部连接关系。为此,笔者1986年对金翼黄村山谷的家族结构做过如下重要小结:

(1) 169个核心家族中,有128个处于轮值、反哺或联邦家族类的中国式准—组合家族之中,仅有41个是较为典型的术语界定意义上的、未卷入轮值或反哺、联邦家族关系之中的核心家族。

(2) 43个主干家族中8个为轮值时的统计分类,实卷入了准—组合家族类型,其余尚有11个家族父母与幼子同住,但仍属于多子反哺、固定奉养类家族,故只有24个为典型意义上的主干家族。

(3) 扩大家族38个,形态尺寸较20世纪50至70年代增大。

(4) 13个单身家族中有5个并非纯粹单身,而是卷入准—组合家族中,但形式上已单立户。其余为以下原因:大龄未婚单身、丧偶单身等。

综上所述,1986年黄村家族类型应是:核心家族41个,主干家族24个,扩大家族38个和单身家族8个。户籍簿上显示的总数263个家族中的其余152个各类家族均卷入中国式准—组合家族中。如果我们再把50至70年代的家族结构和80年代联系起来看,虽说核心家庭所占全部家族的比例曲线升降有人为干预促成的波动,但玉田地区差不多总有四分之三的核心家族一直处在与父母同住的准—组合家族的结构之中,主干家族中亦有近二分之一与儿辈家族等结成准—组合家族的关系。

新的分析表明,在中国准—组合家族流行区格局户口使用通行的核心、主干、扩大家族做分类的根据,只表明一个时间断面(以调查统计时刻

---

① 参见庄英章:《台湾农村家族对现代化的适应——一个田野调查案例的分析》,载《中央研究院"民族学研究所集刊》,第34期,1972年,第88页;庄英章:《社会变迁中的南村家族——五个家族的个案分析》,载《"中央研究院"民族学研究所集刊》,第52期,1981年,第25页。

② 参见庄孔韶:《银翅——中国的地方社会与文化变迁(1920—1990)》,第330—336页。

为准)的家族存在形态。当然,即使这样,仍能在一定程度上表明地方家族形态变迁的总趋势,然而如果在使用核心、主干、扩大家族术语的同时辅以准—组合家族成员关系结构的说明,则会使人们对中国人实践大家族理论及其变通性实践有一个逼真的认识,同时也说明使用社会科学通行术语时,在保持其分类价值及其泛文化意义之外,有时还有必要做文化上的修订。中国式准—组合家族并没有排除传统家族主义的基本原则,如男系传代继嗣、和睦孝道和均等分享(分担)乃至现代意义上的族性认同(如强族)与扩大家业。这是中国人理想大家族理念与行为相互整合的产物。由于中国家族内部活动对外部世界的封闭性,大家族内关系难于披露于外。倒是轮值、反哺和联邦家族不同,由于它把家族成员关系纽带直接伸延至社区生活中,这便有可能把中国传统大家族关系要素无掩饰地暴露在邻里和公众面前,最鲜明的表现是均等与均衡的精神准则被物化和量化于准—组合家庭成员之间,这大概是大家族理想模式在生活中妥协和变通存在的代价。然而,我们发现在现代化的过程中,中国人总是自觉、不自觉地把思想、人生、生计的设计和实行与家族主义理念牵涉在一起,显示了强烈的文化持续性与协调性。

六、金翼之家沉浮的文化动力何在?

《银翅》中曾详细地描述了富足显赫的金翼之家在土地改革后一蹶不振,在阶级斗争中胆怯地隐居着。① 此后大约30年,革命显然重创了一个家族人口群的生命与生活方式,这并不主要指他们失去了可以继承的田产和其他物化的家业。然而,改革开放不久,"喜欢往外闯"和"难领导的"②金翼之家"盖了新房"③,再度成为"黄村最富裕的人家之一"④,他们"又冒尖了"⑤。当然《银翅》在不同章节的字里行间不时披露了金翼家族后人从衰落到再次崛起的路径,然而这究竟是怎么回事?我们能够透过金翼之家的生存轨迹找到那些可说的或隐含的人事缘由吗?那些由金翼之家故事推衍出的更广泛的解释力存在吗?本文并不采纳单一的理论角

---

① 参见庄孔韶:《银翅——中国的地方社会与文化变迁(1920—1990)》,第98—101页。
② 同上书,第196页。
③ 同上书,第343页。
④ 同上书,第203页。
⑤ 同上书,第343页。

度加以阐释,而是尽量涵摄一切可能的施予影响的力量并通过人类学的透镜加以解说。金翼之家及其所在社区的兴衰轨迹,本来就是可以由不同的理论与方法加以多向度的解释的。

(一) 中国本土循环论的解释

关于风水的解释,可以说是林耀华《金翼》一书反其意而行之的标的。这是由《金翼》和《银翅》中一直颇具影响力的风水先生的操演引起的学术争论。中国人的风水有阴风水和阳风水之分,是堪舆坟墓和新居址地数术。所谓"阴阳交媾,方成美地"包含了广义的阴阳之说。和墓址相关联的不只是祖先阴宅佳地的孤立的概念,还由此推衍出天人关系、宗祧理念、后裔发达顺利的宇宙和谐意义与人世的实际生活意义,它们构成了乡民与宗教师文化行为与仪式的主旨。在黄村,同样是中国人宇宙观决定,吉日上梁和新居落成欢宴,总是把风水先生和木匠、泥瓦匠待若上宾,在座次上风水先生居中央,象征着在他的指导下,人们完成了天时(吉日)、地利(好风水)、人和(欢聚一堂)的伟大的文化综合,人们由此获得天地人象征符号的感应(由风水先生操演),履行天地人社会之和谐的宇宙认识观念,正是人生的目的。①

有一次,笔者和风水先生在黄村山谷散步,他指着远方对我说:"东林家其实是由埋蛇冈的那一座先祖坟墓兴起的。那坟墓坐北朝南,可眺望水口大营山的主峰,其峰峦秀丽,正是笔架山。因它高高在上,就发科甲。"风水先生于是认定:"你看,现在只有他家族(指东林后裔)的文人出得多,这不就是证明!"

当笔者考察"金翼"宅居时,发现家宅从建筑设计起,就带着重要的环境与文化考量。例如堂屋两侧的首要石刻对联即饱含风水理念:"大山云彩临前面,吉水风光翠此间",厅堂对面门墙上的联语:"门对千竿竹,家存万卷书",诚然是为"鹰飞鱼跃"(横批)准备的。这分别表达了当时东林家选择"得水藏风"的堪舆实践意义以及相信"地灵人杰"与努力耕读终降出人头地的美好愿望。

笔者理会到,不同时代的风水师沿袭了相同的风水理念,而且地方人民认同这一生活方式。这里,关于当代人对堪舆之道的是非评价,以及内外世界日新月异的变化,几乎未能动摇"金翼"山谷乃至更广泛地区人民

---

① 参见庄孔韶:《银翅——中国的地方社会与文化变迁(1920—1990)》,第388—389页。

的风水实践,这一思想浸透于他们的意识、情感、感应、思考、愿望、信念、信仰、直觉、实践与生活方式之中。

风水的操演是中国本土循环论在乡村人行为层面的影响,包括择日等都具有避害趋利的意图。中国的本土循环论最早起源于易传(象和系辞)等。易传提供了天地、阴阳、人与万物的感应现象的学说,它把人与万物的来源,归之于天地透过阴阳所创造,如说"天地感而万物化生"①,"刚柔相推,变在其中矣"②。柔属阴,刚属阳,实际也就是阴阳相互作用而产生变化。③ 后经人加入五行说,所谓阴阳变化、五德终始就确立了,即阴阳变化、始终循环与天人合一的说法。其中,变化的动力主要来自阴和阳。阴阳互动,互为消长,因是互为消长,盛衰的循环现象才呈现。八卦、干支只是了解或预测变迁的指标,它们在循环变化的体系中,可以发生解释性的作用,而不是决定变迁的因素。五行原为变化动力之一,后来也只是预测变化的指标。④ 这样,天地、阴阳、五行、八卦、干支,都可以解释和预测自然现象和社会现象,乃至个人的吉凶祸福。在汉人社会最常见的应用在于观察朝代的更替("五百年必有王者兴"之类),家族的兴衰("富不过三代"之类)和个人的好坏转运("时来运转"之类);在农业社会进行社区生活的比较("三十年河东,三十年河西"之类)。但汉人社会的所谓"个人性",在本质上仍离不开家族。

易传中的盛衰⑤,盈虚⑥,吉凶⑦,刚柔⑧等相关的表达都说明了世事的某种循环变迁及其周期性。所谓"无平不陂,无往不复……无往不复,天地际也"⑨。不过盛衰有动力和时间两个要素。如果把所有的二元概念推论到天和地,则所谓刚柔相推实际也就是"天地相遇"或"天地交而万物通也"。⑩ 但易传的循环变迁观念一方面强调外在的变迁压力,如自然现象的变化引起的反应;另一方面又强调内部结构的转变及其延续。

既然吉凶盛衰相伴,世事随时有变迁的可能,那么一个人就需要懂得

---

① 《易经·咸·彖》。
② 《易经·系辞下传》。
③ 参见文崇一:《历史社会学》,台北:三民书局,1995 年,第 131 页。
④ 参见上书,第 185 页。
⑤ "损益,盛衰之始也",《易经·杂卦传》。
⑥ "损益盈虚,与时偕行",《易经·损·彖辞》。
⑦ "吉凶者,言乎其失得也",《易经·系辞上传》。
⑧ "刚柔相推而生变化",《易经·系辞上传》。
⑨ 《易经·泰·彖》。
⑩ 参见文崇一:《历史社会学》,台北:三民书局,1995 年,第 84—85 页。

观象察变,靠自己去判断,在逆境也不必忧虑。系辞说"神而明之,存乎其人",是强调人的重要性。《金翼》中的东林老人,当敌机在头顶上轰鸣之时还不忘嘱咐自己的孙儿说:别忘了把种子埋在土里!这出于《金翼》作者之手的稻种实际是由他们祖孙世代点播的,可以逢时发芽。其寓意不是别的,而是指家族颓势仅仅是暂时的,它终会改变,要沉着等待家族复兴的时刻。

易传对汉人社会的影响颇为长久,从理念到操演渗透于生活。黄村的风水先生就是经常以浅显的阴阳和风水理论进行解说和数术操作,使真诚信奉本土说教的农人有好的心情,盼望转换生活的颓势,化凶为吉,成全人事。[①] 盛衰的循环对人来说是被动的,如无法确定盛衰何时转换和运气何时转换,容易使人产生宿命论。宿命论无疑会造成人对世事的迟钝,而迟钝的人和聪明敏感的人都是少数。如果一个家族为天地人事相互感应的机缘准备了相宜的条件,即本土盛衰循环的过程与时间观念中,表现为"与时推移,或与时偕行",那么,时来运转的本质实际上就是发生"感应"。感应就是自然世界和人文世界相互依存和交互作用,就是未来可能变迁的动力。

察机则是对事态发展的前瞻性洞察力。圣人和聪敏的人可以审时度势,或因势利导,变被动为主动,率先走上成功之路。我们从《金翼》和《银翅》接续的福建农人家族过程中感觉到东林和荣香连续几代人都能巧妙地追寻时间的契机,窜出农业系统,在不同的时空分别在商业和副业上开创成功之路。如同朱熹早有的解释:"气运从来一盛又一衰,一衰了又一盛,只管恁地循环去,无有衰而不盛者。"[②]这种相沿数千年不断补充化民成俗的易传中的循环变迁论,在乡里社会就是农人们常说的:"你看,龙头断了,富不过三代吧!"或者我们常听到的:"我一直是霉运,该盼到好运了吧!"能察机和把握住转机,命运就会改观。

我们看到汤因比(A. Toynbee)的衰老和重振的循环论和崩溃(失序)的周期性(rhythm of disintegration),其动力是挑战与回应[③];索罗金(P. Sorokin)等强调文化成长、成熟,然后必然衰落,是同质文化三类型的循环

---

① 参见庄孔韶:《银翅——中国的地方社会与文化变迁(1920—1990)》,第388—389、258页。
② 《朱子语类·卷一》。
③ A. Toynbee, *A Study of History* (abridged ed.), N.Y.: Dell, 1965.

变异,而循环变异的内部因素比外部因素重要。① 文崇一在对比了上述中国的循环论以后认为,易传解释人事,并形成一种盛一衰循环的观念,其本质上"是观念改变了世界"②。其次是,这一本土循环论后来对一般人行为层面上的影响(如择日、风水、算命之类)"比思想界还大"③。进一步说,汤因比和索罗金的循环论还主要是从历史和文化的大角度的解释性循环理论,而中国的本土循环论则除了对汉人社会的时间和空间、自然与人事的全部过程提供解释以外,还或多或少地贯彻在文人、统治者和老百姓的思维与行为之中,乃至日常生活的"命运"操作上。

今天,我们把中国本土循环论的观念用人类学的变迁理论处理之后,便可以发现其对汉人社会世事人事过程的影响力。"恍兮惚兮,其中有精,恍兮惚兮,其精甚真",本土循环论中有值得我们从中汲取的古老的认知与智慧,尽管它的一部分知识不被现代科学所完全接受。问题在于当易传和风水之说仍为当代农人(南北汉人社会)所真诚接受的情形下,我们只能同意该知识系统对社会运转与人生选择的巨大影响力,因而是人类学考察中不可忽略的、存在着的文化动力之一。

(二) 平衡论④的解释

黄家发展的线索始终联系着社区关系的历程,为了成功地驾驭这一过程,黄家观察、学习、利用机缘,逐渐娴熟地卷入复杂的社会关系网络,以求个人和家族事业的发展。林耀华借用当时流行的平衡的或均衡的理论解释这一过程:"人类生活就是摇摆于平衡或纷扰之间,摇摆于均衡与非均衡之间","但这种均衡状态是不可能永远维持下去的。变化是继之而来的过程"。因此,他不赞成风水好(坏)、命定的传统说教,认为"上苍"可以被理解为人类本身,而"命运"则是人类社会。⑤ 书中的主人公东林及那些成功的人们,无论"他们会如何认为自己由命运或上天的所作所为所支配","他们却由于磨难和过错学会了如何安排自己的生活"⑥。有趣的是东林新居建成后,书中描写在东林之家上方山顶上有判

---

① P. Sorokin, *Social and Cultural Dynamics*, Boston: Porter Sargent, 1957; W. E. Moore, *Social Change*, N. J.: Prentice-Hall, 1965.
② 文崇一:《历史社会学》,第 142 页。
③ 同上书,第 152 页。
④ 参见林耀华:《金翼——中国家族制度的社会学研究》,最后一章。
⑤ 参见上书,第 30—31 页。
⑥ 同上。

明为使他家兴旺发达的"金翼"的好风水,那只是后辈人讨人喜欢的新发现,而且不是出于风水先生之口。这一描写表明中国农人民间仍喜欢运用风水观念解释家族的兴衰命运,但接受过人类学教育的作者则用新的知识告诉读者:"龙吐珠"的风水荫护说并不可靠。借金翼之家的发展史,作者提供了适应性的与平衡论的人类关系体系解说①,提醒人们注意"影响和干预了人们交往联系的文化环境"②的重要性,可谓紧紧扣住了人类学解释社区过程所擅长的主题。

费斯教授为《金翼》伦敦版撰写导言时,他已深知这是林耀华博士家乡的故事,因此他没有像弗里德曼那样作了错误的推测。当他发现由为数有限的古典的和近现代的中国小说译本给西方世界提供了关于中国家族及社会生产的刻板成见之后,他从林博士的《金翼》里发现了新的线索。因此,他说:"读者早已希望能看到中国学者的这类著作,他们作为身临其境的参与者,从童年起就熟悉自己叙述的场景,而且精通现代社会科学方法,本书就是这样一部著作。"③费斯所关注的是"人类学家了解理论与实践、原则与对原则的遵从之间的脱节"这样的重要问题。这当然是指中国家庭制度及儒家礼教社会化的一律性与严苛性,但林的小说改变了费斯的看法,即"这些原则确实发挥着作用,但与此同时,个性也确确实实、有时甚至是强烈地表现出来"④。不仅是个性的影响,而且也包括在这之前和之后学术界对同一社会中大、小传统之间以及精英、大众文化之间的关联与差异的研究,这类研究一直持续着并且成果卓著⑤,这当然包括《金翼》故事对这一学术观察的贡献。

解说这一社会关系过程的平衡论真是灵丹妙药吗?一个时代流行的理论所表现的长处是毫无疑义的,否则它无从成为新的理论的出发点。正是从英国发源的人类学的功能理论的某些静态的、理想化的解释性缺陷,才导致和派生了产生于哈佛大学的改善了的功能论——平衡论。笔者1990年在华盛顿大学人类学系博士后研究和写作期间,曾查阅那个时

---

① 参见林耀华:《金翼——中国家族制度的社会学研究》,第206—213页。
② 同上书,导言,第6页。
③ 同上书,导言,第7页。
④ 同上。
⑤ Robert Redfield, *Peasant Society and Culture*, *An Anthropological Approach to Civilization*, Chicago: The University of Chicago Press, 1956; Peter Burke, *Popular Culture in Early Modern Europe*, New York: New York University Press, 1978.

代林耀华一辈人类学家的作品,和林在同一个研究生班的人类学家查普尔①以及阿伦斯伯格等②都是使用同样的平衡论的观点解释社区过程的,而且一直影响到后来他们对工业社会人际关系的研究。正如林教授生前讲过的:"那正是我们读研究生班时共同研讨的知识结晶。"③平衡论的特点是在理想化的功能系统中容纳了个体的进取性,强调社区体系平衡与不平衡交替的动态过程,而且林还特别强调"影响和干预人们交往联系的文化环境"④,从而黄村所在乡镇的功能体系已不是苍白的理想化的论述,而是一幅栩栩如生的画卷。尽管林的同时代人和后来人都对功能论乃至平衡论的解释力加以质疑,但把社会体系的平衡/打破平衡的过程看作是社会体系观察的角度之一,无疑是有意义的。

(三)新平衡(均衡)论的解释

需要仔细阅读才可以看出,《银翅》若干章节解释家族兴衰和社区进程并不是只有一种理论角度,对应于《金翼》平衡论的新平衡论只是其一。显然,笔者新平衡论的理论涵摄力远远大于基层小社区范畴。

类蛛网式社会结构与新平衡(均衡)论采纳了一种半形象化的解说构架。⑤ 具体内容如下:(1)中心点原则,从大社会网的中心点到周边的联系呈放射状。社会各层级都有类似的类蛛网结构,只是网内条块空间大小不一。网内条块分布表现了与中心点的层级性关联的构架,越靠近中心点越可摆布下级机构以及平衡下级横向机构之间的关系。(2)重要的是类蛛网模式各个层面有防止破损的功能,局部破损可以被重新修复和置换,这是类蛛网模式的韧性,也可以说是一种组织系统的不可变更性。(3)类蛛网模式从中心至周缘既有直达的、支配的、顺应的、依存的配合,近年来也凸显了反向质询与批评的运作形式,这反映了社会过程的变化。(4)近20年,利益的原则经常走到前台,强力嵌入每个局部网络。中心点的地位和类蛛网模式尚可保持运作,但经济利益、新商阶层、社区与宗族家族利益、信仰重组的新成分已经不得不加以考虑,网络中力的结

---

① E. D. Chapple, *Principles of Anthropology*, New York: H. Holt and Campany, 1942.
② C. M. Arensberg and S. T. Kimball, *Family and Community in Ireland*, Gloucester, Mass.: Peter Smith, 1961.
③ 林耀华:《林耀华学述》,杭州:浙江人民出版社,1999年,第53页。
④ 同上书,第54页。
⑤ 参见庄孔韶:《银翅——中国的地方社会与文化变迁(1920—1990)》,第476—477页。

构变化是不得已的。有时,局部网络的利益已成为趋向中心点的各层级利益制衡的筹码,其间地方公众利益与层级领导者利益在向上回应中具有混生性。团体在网络中之运作并不受意识形态和已认可的组织原则的牵制,呈现极大的变通性。(5)社会类蛛网模式容纳了中国文化的平衡论。模式中心点总是在试图达成理想的、完整的、纵向与横向的均衡状态。然而,不均衡、不安定时而出现,类蛛网模式总是处在破损、修补、编织、力求片断与整体达成整合与平衡的过程。(6)新平衡论的要点是变通和平衡,中国式的平衡的自身哲学基础是中庸。这里的变通包含易传"变则通"的含义,平衡亦不完全是西洋功能主义意义上的平衡,是中庸的平衡。世界各地文化运转的哲学根基是不同的,中庸基本是汉人社会的。

金翼之家后辈群体正是在这个大大小小类蛛网模式的底端,地方的、局部的利益和农人的利益一同成为力量的筹码,他们试图寻找政策的边缘破损处,谨慎地推动类蛛网结构的变通性修补,即迫使达成新的意义上的平衡。作为智者的乡村农人能屈能伸,伺机率先冲破旧体制的躯体,绕开重农主义的藩篱和通过呆板政策的缝隙,以联合起来的食用菌副业强力改变社区生态系统,进而改变封闭的社区体制(不得不修补原则和重整),以其难以约束和阻拦的新生计成果,取得家族世系的新一轮的成功。(请对比《金翼》中东林的发迹,荣香的重新崛起好似发家史的历史的重演)无疑,这需要切入历史的机缘,需要家族成员有果断选择的魄力。然而,这伺机的选择性魄力还有哪些促进的动力呢?

(四)"惯习"和"资本"的解释

在主观主义和客观主义仍困扰着当今学术界的时候,布迪厄(Pierre Bourdieu)的《实践理论大纲》①的主要目的是要超越主观主义和客观主义的两极,在结构与能动者(agent)之间建立起辩证关系。因此他的"实践"理论在本质上也是一种方法,一种分析和解决问题的方法。布迪厄发展了一系列术语,像惯习(habitus)、资本(capital)、场域(field)等,建立了自己的一套辩证的理论机制。

布迪厄的"惯习"是指一系列长久的、可以互换位置的配置

---

① Pierre Bourdieu, *Outline of a Theory of Practice*, Cambridge: Cambridge University Press, 1977.

（dispositions），它是有组织的客观统一一致的实践行为赖以生成的基础。① 惯习所指涉的配置体现了一种组织化行为的结果，惯习是通过客观结构与个人之间发生联系而建立起来的，它们由某一场域中的社会地位而来，同时又暗示着个人对于该社会地位的主观性调适。在个人的日常生活中，主观性调适都隐藏在个人对社会距离的心理感知之中，是社会关系以及实际交往关系的基础。②

惯习同时还包括个人对周围世界的不同把握和理解，它是由积淀在个人体内的一系列历史的关系构成的，因此个人对社会的把握这一特性决定了惯习是受制于能动者的主观思维的，绝非一成不变，不管对某一个个体来说时间如何变迁，也不管世代如何更替繁衍。惯习虽然绝非一成不变，但其发生作用所带来的实践行为也绝非千变万化，选择只有几种，因为对于个体能动者来说还有很多客观的约束。

惯习对能动者个体发生作用通常是通过潜意识的方式进行的。潜意识就是忘却历史，而被忘却的历史正是历史本身通过将自身所创造的客观结构与惯习融合才产生出来的。③ 显然，金翼之家的上辈东林和他的晚辈们一脉相承的、逢时生成的实践行为，其实就是所谓惯习理论强调的"使个人成为社会能动者，他生活于社会之中，又创造着这个社会"④。

布迪厄另外十分重要的术语"资本"，包括显性的物质资本、隐性的符号资本和文化资本，像东林家曾经或现在拥有的（包括一度失却的）土地、最大的房产、好风水的坐落、勤勉耕作、外在信息敏感、敢于闯荡、不服管的"蛮村"称号、世代有学问、地方名望等都是资本转换的依据和他们主动参与实践的社会动力。总之，作为历史产物的"惯习"——是关系性的场域在行动者身上体现出的一种性情性倾向，它一方面是为场域所型塑的，另一方面又恰使得场域不断地生成出来——最终导致了金翼家族不同世代在相似的与不同的"力量的场域"（field of forces）伺机参与个人

---

① P. Bourdieu, *Algeria 1960: The Disenchantment of the World, the Sense of Honor, the Kabyle House or the World Reversed*, Cambridge: Cambridge University Press, 1979, p. vii.
② R. Harker, C. Mahar & C. Wilkes, *An Introduction to the Work of Pierre Bourdieu*, MacMillan, 1990, p. 10.
③ Pierre Bourdieu, *Outline of a Theory of Practice*, p. 79.
④ Ibid., p. 35.

的与家族的创造性社会实践。① 我们在《金翼》和《银翅》之中已经看到了不同世代的同一族人在跨越时空的不同场域中类同的成功的社会经济实践,同时也看到了调查者不时穿梭其间做出的沉着的理论观察与判断。

(五)调动集体记忆与家族记忆的解释

哈布瓦赫(Maurice Halbwachs)认为,存在着一个所谓的集体记忆和记忆的社会框架;从而,我们的个体思想将自身置于这些框架内,并汇入到能够进行回忆的记忆中。② 这就是记忆的社会性。个人的记忆活动都离不开"个人、人际、团体和国家之间的互动关系"③。

家庭和家族单位当然是这种社会性及其记忆的社会性起点。在每一个家庭里,家庭成员总是不断交流着彼此的印象和观点,这显然会加强他们相互之间的关系纽带。只有一个人"当他将其他成员的所有这些思想都紧密地放置在一起,并以某种方式把它们重新结合起来时,这些思想才能够形成可以把握的脉络,以及能被理解的构思"④。《银翅》中详细描写了荣香父子两代人盘算如何利用金翼之家刚好闲置的旧楼空间,扩大培植银耳,很快行动起来的情节。⑤ "他们在村中独树一帜,这大概代表了一种力量的承继性。老人们是以传统的房份原则为出发点的,中年人则从成功的新生计试验中体会到经济和商业的发迹仍可以从人丁兴旺的亲族中获得支持"⑥。可以说,在被记忆的家族的风范的内涵中,除了可能的衣食住行的共同嗜好以外,亲情和情感是家族与家庭认同的基本纽带。家庭成员之间的关系是不可逆的。家庭总是能够成功地激发成员之间的互爱,其成员也总是把他们的主要情感力量投入到家庭的怀抱,而人类的家庭结构刚好规范了家庭成员的情感的表达。我们最终看到的是,要么是我们的情感在家庭的框架内发展,去适应家庭组织,要么就是其他家庭成员不能共享这种情感。⑦

---

① Pierre Bourdieu, *Outline of a Theory of Practice*, p.82. 另参见应星:《社会支配关系与科场场域的变迁》,见杨念群主编:《空间·记忆·社会转型》,上海:上海人民出版社,2001年,第211页。
② 参见哈布瓦赫:《论集体记忆》,上海:上海人民出版社,2002年,第69页。
③ 景军:《社会记忆理论与中国问题研究》,见中国社会科学院社会学研究所编:《中国社会学》(第一卷),上海:上海人民出版社,2002年,第328页。
④ 哈布瓦赫:《论集体记忆》,第96页。
⑤ 参见庄孔韶:《银翅——中国的地方社会与文化变迁(1920—1990)》,第175页。
⑥ 同上书,第204页。
⑦ 参见哈布瓦赫:《论集体记忆》,第99—100页。

在家庭风范的所有内涵中,类同的思想方法和行为方式是在我们的研究中最值得注意的内容。我们大部分人出生于家庭,从那一时刻起,家庭思想就成了我们思想的主要成分。在一个大家族由出生到死亡的世代交替的过程中,这个家族类同的思想方法与行为方式也延续了。

哈布瓦赫还特别提到每个家庭都有其特有的心态(mentality),有其自己单独纪念的回忆以及只向其成员揭示的秘密。这些记忆"不只是由一系列关于过去的个体意象组成的。它们同时也是用于说教的模式、范例和要素。它们表达了这个群体的一般态度;它们不仅再现了这个家庭的历史,还确定了它的特点、品性和嗜好"①。那么,究竟何时可以实现在上述社会框架中重构的类同的心态、思维与行为呢?每当我们回忆家族中经历过的那些事件和人物,并对它们加以反思的时候,它们就吸纳了更多的现实性,而不是变得简单化。这是因为,人们不断进行反思,而这些事件和人物就处在这些反思的交汇点上……似乎我们真的再次与过去发生了联系。但是,考虑到这个框架,这不过仅仅是我们感到有能力重构这些人物和事实的意象而已。② 当我们引入了时空的关系场景之时,该场景已经引入了新的要素。然而,"这些新的要素是从当前所考虑的这一场景之前或之后的不同时期转借而来的"③。

当特定的场景呈现的时候,当事人倘若处在所谓"意义的历史"的焦点之上,记忆中的历史就会在当下被激活。显然,人类的历史遗产是赠与后代的,是一份传达责任感和义务感的礼物。后代可以从这种历史遗产中汲取什么,取决于他们想从其中得到或需求什么以及他们所认知的义务感。除此以外,"意义的历史"被繁衍和延续取决于两个要素:一是意义的历史的实质内容必须借由它与人们的生活实况的契合度,来与行动者保持持续性的关联;二是必须有合宜的客观条件,这种历史遗产才得以延续。④

金翼之家在抗战和土地改革以后一段时间无奈地隐居着,但悄悄"把种子埋在土里"。在20世纪漫长的百年历程中,记录了两次家族式的巨大成功。一次是窜出农业系统从事商业发迹的《金翼》故事;一次是窜出农业系统发展食用菌副业的《银翅》故事。这个家族以亲情和睦、齐心协

---

① 参见哈布瓦赫:《论集体记忆》,第103页。
② 参见上书,第107页。
③ 同上书,第106页。
④ 参见庄孔韶:《文化与性灵》,武汉:湖北教育出版社,2001年,第34页。

力、善于探索与抓住机遇的特长"时刻准备着"。在多难的中国,他们也许并不能预测时机究竟何时来临,但他们两代人还是各得其所,踌躇满志。我们看到,这种历史遗产之延续不仅包括行动本身的跨时空类同性,还包括行动过程的"演出"风格。显然,在整个社会的框架内,在《金翼》和《银翅》的历史脉络中,个人的、家族的、集体的新的行动都带着记忆的特征,包括他们的思想、行为及其做派的家族类同性,他们的家族文化正是在添加新的场景因素的情形下传递和延续下去。

(六) 区域文化哲学与教化的解释

这是地方文化和人类学观察的基础性解释。现代人类学的田野工作之前,如果忽略地方文化的哲学根基之检索,将有肤浅之嫌。中国的教育家已经看到文化的区域性特点,如"福建人和浙江人都喜欢远游"①(这是有缺陷的总体看法,但我们在这里避免陷入族群或地方文化是否同质性的辩论)。显然,这与农本社会的传统"父母在,不远游"相背离。这是什么样的人生哲学呢?实际上,福建人中尚理学和重商趋利两种观念是互补存在的。一方面,福建地区经北方儒学成功地南下濡化,并有朱子理学与礼制之深入乡土社会;另一方面,福建以其近海便利商业,在很长的历史时期远离中原政治中心的限制。例如唐时已有人认为闽越人精于盘货和买卖求利,到五代时闽人已将经商作为重建家业的必要手段。②诚然,商品经济的发展必然冲击传统理念。作为一种理论支持,古代地方精英已开始播种功利主义伦理思想:"道之于天下,平施于日用之间。"③叶适也批评说:"抑末厚本,非正论也。"④明显与朱熹"理在事先,道在物外"的思想对立。明中叶以后,福建人李贽还直接质问道:"且商贾亦何可鄙之有?"⑤可见福建地方经济思想早已在精英文化中得到引申说明,并与基层大众经济行为上下整合了。直到当代中国,福建人的机智还一再表现出来。例如在改革开放前夕和初期,当北方乡村人还在批判资本主义余毒、农人绝无可能私下尝试个体副业时,天高皇帝远的福建,人们已经

---

① 庄泽宣、陈学恂:《民族性与教育》,北京:商务印书馆,1937 年,第 495 页。
② 参见郑学檬、袁冰凌:《福建文化内涵的形成及其观念的变迁》,载《福建论坛》,1989 年(4)。
③ 《陈亮集·经书发题》。
④ 《习学记言·史记一》。
⑤ 《又与焦弱侯》,《焚书》卷二。

开始利用地利与人和(宗家同族同乡齐心合作)条件,绕开政治对经济的干扰,重新开辟了他们祖先经历过的商业、副业闯荡之路。①

在福建乡里的节庆家宴张贴的对联一直鼓吹"耕读之家"的楷模。长久不变的四季农本常识,使得读书的内容和农事基本无关,而是直接和做官的目标相联系。进京赶考是遥远的和机会仅存的,因此,这里的地方哲学鼓励了寻找相比较容易得到的经营机会。然而,这不仅需要知识,而且需要知识与社会体验之上形成的智慧。这些智慧或作为乡里社区的记忆的文化资本,或作为一个家族的风范的内涵,逢时被特定的场景激活并加以调动,当智慧被巧妙地调动之时,沉沦的生活才能复兴。这就是家族兴衰在不同时空下的契机,智慧才是"察机"的基础。

至于教育和教化的作用,在于普遍的知识基础是教知识还是教智慧,这是正规教育的效果问题,正因为如此,不可能人人、家家都能同时占有先机。金翼之家的东林及其后辈荣香父子就是黄村百年占有先机的智者。但知识的教育是地方社区发展的基础。在这个不知会有多么长久的时间里,因教化而形成风俗,"有无相生,难易相成,上下相形,高下相倾",这就是精英文化和大众文化互动的迁移过程。地方哲学和民众生活整合在一起,一旦形成民风,则其感人也深,化人也速,积淀为地方文化心理,造就了习焉不察的沉稳精神与机敏智慧并存的传统。家族世代积累的知识、体验和智慧,尤其表现在掌握文化的场合性直觉与察机能力上,尽管他们的集体智慧不可能超越整个社会的框架,但只要他们觉得有机会把握自己的命运,他们就行动起来了,这就是金翼之家。

七、信仰的圈层

(一)陈靖姑女神的信仰圈层

女神陈靖姑信仰在闽东闽北可以说是首屈一指,超乎妈祖信仰。《金翼》所述金翼之家1910年请白花的仪式没有点明请什么神,其实请的就是临水陈太后,是从她的湖口镇总庙往回接香火的。

迄今为止,在可以考证的数百年间,陈靖姑传说借方言和民间说唱的传播,形成了从福州至古田县一线为中心的陈靖姑传说圈和信仰圈,但该

---

① 参见庄孔韶:《银翅——中国的地方社会与文化变迁(1920—1990)》,第183页。

信仰圈并不排除对其他地方神的交叉信仰。《闽都别记》①既依赖了历史,又远离了历史。毫无疑问,当今陈靖姑传说的非历史化倾向已不可挽回,但并不妨碍其在基层民众中扎根。从石刻本开始的《闽都别记》实际上起了统一该传奇和信仰的重要作用,亦可称为一次大规模的文化统一行动。

笔者看到业已存在的跨省的巨大的陈夫人传说圈与信仰圈(中心圈和亚圈),也在基层田野工作中注意到列入宫庙祭祀的大小不一的信仰圈(或祭祀圈)。就地方教派和信仰圈关系而言,闾山派道教和陈靖姑临水宫请香范围大体与以福州为中心的方言区相仿或更大些。而类似的称为三奶派道教信众则散播于闽南延及台湾地区和东南亚部分华人居住区。

宏观而论,传说圈、信仰圈和祭祀圈不过是坐落在地域上的一种表现传说过程和信仰过程的文化景观。在信仰圈内,通过观察一主神信仰的生成过程,找到该信仰把握广大地域民众人生、未来与精神世界的原因及其魅力所在,从而发现该信仰圈存在的社会价值。微观而论,对有限地区——通常是人类学田野工作选择的单位,通过对社区人事圈、市场圈等的描绘的同时,勾画出该社区主神信仰活动的圈层,以及与并立的其他宗教的关系,有益于加深社区人的思维与行为方式、群体与个体互动方式的理解,从而确立宗教活动在中国乡村社区与社区结构中的地位。

信仰圈的生成有不同的方式与特点。一种情况是由传说、传奇之传播,从而人为达成信仰,再至塑偶像、建宫庙焚香供奉,是既合乎田野事实,又合乎生成过程(如陈靖姑信仰之生成);另一种情况是,由立像建庙供奉所固定下来的信仰有时也有逐渐扩大至更大圈层的情形,如湖口郑明元宗神扩大为村神并得镇上人一拜即是。以往对传说和信仰研究的划定方法早已被人注意。近人柳田国男是把一个个传说流行着的处所称作"传说圈"②,并以此来认识传说的相互关系、融合与独立性,以及认识传说的形态与演变的。他说:"传说就像近代歌词唱的那样:'虽不祈祷,神也保佑'是为确保公众利益而使大家都记住不忘的、当地的'缘由'之谭(谈)。"③显然,柳田一直关注着传说与信仰的关系。当人们对传说之后期形成信仰阶段给予注意时,同时代人冈田谦提出"祭祀圈"的概念:

---

① (清)里人何求:《闽都别记》(新版),福州:福建人民出版社,1988年。
② 参见柳田国男:《传说论》,北京:中国民间文化出版社,1985年,第49—50页。
③ 同上书,第63页。

"共同奉祀一个主神的民众所居之地域。"①他是针对台湾北部不同祖籍的人奉祀不同的主神的现象,并注意到该圈与通婚圈、市场范围的重叠现象。② 他提供了观察中国宗教与社会的参考方法。此后,施振民加以扩展,建立了一个"以主神为经,而以宗教活动为纬,建立在地域组织上的模式"③。它"不仅将信仰圈当做一宗教信仰地域,而且是宗教活动和组织的整个范畴"④。许嘉明、林美容先后确立指标来划定祭祀圈⑤,林美容将祭祀圈的概念提升至"本质上是一种地方组织,以神明信仰来结合与组织地方人群的方式"⑥,已开始改变原有圈的概念,她的文章对此做了详细的论述。然而她进一步划定"作为地方居民之义务性的宗教组织"的祭祀圈,与作为"信徒之志愿性宗教组织"的信仰圈之区别,其界定显得相当勉强,在驳杂的信仰环境中颇难辨认,甚至作者本人也曾发生辨认上的困难。⑦ 由于信仰圈之划分时常显示村民结合与信仰活动的地区习惯与复杂性,故单纯从信仰在组织上的特征指标人为界定信仰圈和祭祀圈的区别,尚未发现其广泛的应用价值。实际上中国社会史的过程中,地方农人信仰上之混合状态、社区人员结合方式均表现了极大的适应性、随机性和不确定性。

陈靖姑神还对黄村乃至闽东信仰圈内的人生过程产生了巨大影响。《银翅》详细地介绍了福建当地广为流传的陈夫人保佑妇女儿童、被旱祈雨、降妖扶正和护国佑民的故事。故事中陈夫人拥有的法力奠定了对其信仰的群众基础——在乡镇农人人生过程和每一个农业周期、四季轮转,陈靖姑都会周而复始地数次被迎送;各家旦夕祸福、社区灾异重压之际,

---

① 冈田谦:《村落と家族——台湾北部の村落生活》,载《社会学》(日本社会学年报),第五辑,1937年。
② 冈田谦:《台湾北部村落に於ける祭祀圈》,载《民族学研究》,1938年4月(1)。
③ 施振民:《祭祀圈与社会组织——彰化平原聚落发展模式的探讨》,载《"中央研究院"民族学研究所集刊》,第36期,1973年。
④ 同上。
⑤ 许嘉明:《祭祀圈之于居台汉人社会的独特性》,载《中华文化复兴月刊》(台北),1978年11月(6);林美容:《从祭祀圈来看草屯镇的地方组织》,载《"中央研究院"民族学研究所集刊》(台北),第62期,1986年。
⑥ 林美容:《从祭祀圈来看草屯镇的地方组织》,载《"中央研究院"民族学研究所集刊》(台北),第62期,1986年,第105页。
⑦ 林美容:《彰化妈祖的信仰圈》,载《"中央研究院"民族学研究所集刊》(台北),第68期,1989年;林美容:《从祭祀圈来看草屯镇的地方组织》,载《"中央研究院"民族学研究所集刊》,第62期,1986年,第107页注释。

陈夫人都会在信仰圈内"显灵",安土佑民。①

信仰的社会性影响有时是预想不到的。据笔者在金翼黄村调查,当地大多数少女均避开18岁与24岁的结婚忌年(源于陈靖姑神的"18难"和"24坐化"),不少女性为赶在18岁前完婚而感到自豪。然而始料不及的是,结婚避讳导致闽人早婚率上升,民俗惯习居然成了地方社会问题的缘由,这反而引起我们思考当今跨学科思考问题的意义所在。虽经多年政治引导,不少乡民仍相信自己无时无刻不在陈夫人庇荫之下,这一现象的确值得我们研究。

新出现的情况还有,当地大多数农家都学会了用现代灭菌原理接种银耳和香菇菌种,村民们既运用科学技术,也参加神明崇拜,于是又导致了科学与超自然力控制的解释上的分歧。如何协调呢?黄村及其周边信众在思维和行为上都采取了二元论的办法自圆其说:"科学与宗教是两条路上跑的车,不会碰撞。"这实际上涉及了一个深刻的解释性的道理。因为科学涉及的是经验因果关系的问题,而宗教涉及的是意义问题。韦伯当然也注意到了科学与宗教有时也会相遇甚至碰撞:"宗教和智力的知识之间的紧张状态是显而易见的,因为无论是理性的还是经验的知识始终在发挥作用,直到世界摆脱幻想而转入因果机制为止,即使那时,科学仍会遇到认为世界是神早已注定的道德假设。"②实际上,科学与宗教的冲突的确是存在的,以科学批判宗教的社会运动和学校无神论教育,即是以各类经书的非科学论述片段作为抨击的重点与根据。除了这类社会运动,青少年和农人在学校和农业科学实践中也会注意到,科学能驳斥一些宗教信仰的见解。然而另一方面我们又能看到"宗教的主要方面是不受科学证明或反驳的各种非经验命题。科学对于这些非经验命题既不能予以证实,又不能予以驳斥"③。这正是农人和学者同样会有二元论思维的共同基础。黄村人认为科学和宗教不会碰撞的见解,不妨认为是一个消除二者冲突的概括,在实际生活中表现在思维的解释与行为中,尽量避免科学与宗教之间在某些特定问题上的紧张关系,并使科学与宗教各自发挥其功能的整合方式。

---

① 参见庄孔韶:《银翅——中国的地方社会与文化变迁(1920—1990)》,第13章。
② M. Weber, *Essays in Sociology*, Trans. and ed. By H. H. Gerth and C. Wright Mills, New York: Oxford University Press, 1946, pp. 350—351.
③ M. J. Yinger, *The Scientific Study of Religion*, London: The MacMillan Company, 1970, p. 62.

在前革命时期,农村血缘团体一端为宗族和祠堂组织,一端为家庭。很多的社区是宗族组织了地方信仰活动,而不是一种民间宗教组织了宗族。中国宗族和家庭分别组织了不同层次的祖先崇拜活动,但祖先崇拜并不能解决民众人生观与精神生活的全部需要,于是宗族进一步组织了其他民间信仰活动。后革命时期的黄村,宗族失却了它的强有力的约束力量,只有潜在的宗族认同意识。然而,宗家主义对中国乡村社区一体化以及推崇社区精神均是一个有牵制性的历史性因素。现在,黄村的家庭生活走到社区生活的前台,既然不可能组织社区生活,民间祭祀便多可以单枪匹马地进行。显然,社区的有效整合在于发现一种社区性的持久的精神认同以及并存的强有力的组织力量。但这里乡村多神信仰、多类别多需求信仰对不同宗教信仰的容忍性,以及家族中心主义一并削弱了社区层次的良性整合。那种仅表现为社区对比之时的认同力量并没有坚实的社区信仰与行动整合的基础,虽然对其他社区具有强烈的外表认同性,却在本社区内表现一种结构上的涣散性。石田浩和末成道男等人注意到台湾祭祀圈和村落地界不一致①,木内裕子也说台湾乡村土地公庙不会成为"社会组织的中心"②。她将之与日本乡村作了对比,认为:"日本的氏神信仰比较重视村落的整合,台湾汉人的信仰比较个人性。"③在内地乡村,我们总可以发现村落认同有其外在性,无论宗族乡村,还是杂姓村,村落之内信仰之期待与重心总是朝着家庭与个人,而不是一体化的乡村社区。人民公社时期的理想之一是试图建立超家族的集体主义,因忽视了家族的利益和个人的进取精神(人类学的解释是政策不能和传统文化良性整合),集体主义便建立不起来。显然,内地乡村建设只有走向家庭利益与社区公益加以整合的设计才能推进现代农村的发展,因为现代社区变迁与社区发展肯定需要在传统生活方式的基础上做出新的选择。回过头来说,由信仰圈表现的民间信仰提供地方农人对人生与世界的解释的系统,从而达成思想上的寄托(如陈靖姑法力之保佑),却不能对整个社区及其民众提供一个有力而持久的社会组织系统。④

---

① 参见石田浩、江口信清、洼田弘:《台湾の村庙について——庙を中心に见た村民の结合》,载《季刊人类学》,1979,10(1);末成道男:《村庙と村境——台湾客家集落の事例から—》,载《文化人类学》,1985(2)。
② 木内裕子:《庙宇活动与地方社区——以屏东县琉球乡渔民社会为例》,载《思与言》(台北),1987年,第25卷,第三期。
③ 同上。
④ 参见庄孔韶:《银翅——中国的地方社会与文化变迁(1920—1990)》,第378页。

(二) 地方道士的游走道场

《银翅》发现闽东道士成分的多样性。如果把闽东的道士加以区分，一共有四种。[①]

第一类是闽东全真派出家道士，住在宫观，研修道教经典。时而游走关注正一派的作为，但不排斥他们，认为大家都是"道教大树的不同枝杈"。

第二类是念《三官宝经》这种高级道教经典"普及本"的道士，把"天官赐福，地官赦罪，水官解厄"、"信道守戒"和"升仙"的基本道教思想传递给乡土民众，参加仪式的农人借此宣泄了日常生活中被压抑了的心理，巩固了世代传递的天命观，推崇一种人与天地之间和谐依从的联系状态。此类道士属正一派黑头道士，但兼做红头师公，有两套衣着和两套法器，以对应民间对道士和师公的不同需求。

第三类是正一派黑头道士，住家修道兼农耕。在教诲人生功名富贵如过眼烟云，"世间做人都是客，一旦无常也去空"之余，道教升仙的思想成分不多。在大量的《劝言》类押韵说唱词句中，借人生过客的思想烘托亲人生死依恋之情，以达农人热爱生命的心理共鸣。这类道士反映了基层社会道教"唱情"的特点，其粗浅的《功德堂劝言》与第二类道士的《三官宝经》等经典道书之深邃相比，更近于民俗生活之真挚，而又不失道教之教。第二类的道场偏重县镇，而第三类道士的游走道场多在乡村。

第四类是专做陈靖姑祭的红头师公和地方术士。以闽东流传的闾山派《大奶灵经》为主，强调唱颂浅显上口的经文，道教的警句只是不时流露，重在颂扬陈夫人照察人世的主宰之力和请香活动，以及顺从天意，祈祷合境平安的仪式。其中以女人的人生过程和临水陈太后的神明保佑关系最为紧密。如祈子（男）仪式等。

闽东的出家清修道士之参加亡故者的道场仪式，社会活动不多。第二、三、四类道士参加道场的种类不一，经文唱本的内容难易繁简不一，这和闽东县镇与广大农村地区的文化知识水平差别，请道士（师公）的习俗差别，道场和作法的需求不同都有关系。例如第二类黑头道士只做亡故者的道场和念平安仪式；而却病、收惊、祈雨、祈男则由红头师公出面。第三类只以黑头道士仪式完成亡故者道场，但收惊仪式仍以黑头道士出现。笔者在《银翅》一书附加的影视人类学片《端午节》中展示的就是祈五谷

---

① 参见庄孔韶：《银翅——中国的地方社会与文化变迁（1920—1990）》，第379—383页。

丰登合境平安的红头师公仪式,属第四类。

根据萨索(Michael Saso)、查普尔(David W. Chappell)和库帕斯(John Keupers)的研究,在台湾南部"许多黑头道士也在头上裹红布和实行闾山派红头仪式作为他们扩大仪式服务和在仪式市场上竞争的手段"①。在台湾北部,闾山派红头仪式则没有与正统的黑头道士经典仪式相混淆,他们是以宗教意识形态之争解释的。② 这两种情形的观察是正确的,实际上在台湾移民祖地之一的福建亦由来已久。除了上述解释之外,道士师公黑红头角色合一或分化还有一系列其他原因,如黑头道士和红头师公仪式上的偏重,男人和女人人生过程中不同阶段的多种精神物质需求已由黑头道士、红头师公和其他地方巫师(甚至还有和尚)做了无言的协调和互补。这种协调和互补有功能性的,如一个地区不同功能的仪式有地方上分配的规矩,约定俗成;有人生阶段的,如生与死的仪式分配有地方传统;有地域性的,如地方宗教之间与宗教内部不同派系之间因其势力和影响力不同而造成宗教仪式分配的不同格局。《银翅》在福建乡镇社会看到由宫观道士和正一派、闾山派道士连接起来的从高层到基层的道教多层次特点与经文内涵侧重,反映了道教精英—通俗一体化文化系统中过渡与转换的细密性与互补性。可见关于道教的经典研究与民间道教的实践研究相结合的意义不可小视。

在中国的制度结构中,"宗教和道德属于两个分开的方面",而"西方宗教是把道德系统与超自然崇拜连接在一个单一的结构之中"③。在实际民俗活动中,道教的传统是相当地借助了儒家伦理道德和卷入了日常生活礼制中。黄村道士参与亡故者的道场有如下功能与象征意义:(1)肯定了以完成葬礼程序作为儒家孝道的道德实践。(2)葬礼过程中,道士把茶油灯(长明之意)和香火(灵魂不灭)带回家堂,并且葬仪后白旗换红旗,意为化凶为吉,化亡灵为祖先,便完成了一个重要的象征性转换。这一转换确保了家族制度与祖先崇拜链条的连接和父子延续。风水先生受死者家人跪拜,是肯定他的堪舆之功,因为其操演是以阴阳理论和天地

---

① J. Keupers, "A Description of The Fa-Ch'ang Ritual as Practiced by the Lu Shan Taoists of Northern Taiwan," In *Buddhist and Taoists Studies I*, edited by Michael Saso and David W. Chappell, The University Press of Hawaii, 1977.
② 同上。
③ C. K. Yang, *Religion in Chinese Society, A Study of Contemporary Social Function of Religion and Some of their Historical Factors*, Berkeley: University of Califomia Press, 1961, p.291.

人感应的宇宙之力确保祖灵安息,并荫庇家系后裔,这意味着将道家的顺乎自然和儒家的天人相合进行象征性的综合。

道士的法事和唱经中的人间道情(在黄村伴以民间说唱)使农人不是远离俗世,而是深刻追思人性与道德,于是人们更为依恋俗世。然而一系列的象征仪式后,自然而然地引导出宗教的来世观,地狱和仙境形成强烈对比,道情抒发出亲人赴仙境的强烈的人性希望——祈求神仙保佑也导致生者心中慰藉和对神明的无限崇敬慑服。道教活动就是这样深深地与民众生活情感与幻想结合在一起,使天道和人性融合在一起,使基层社会具有永久的生命力。①

八、文化的旅程

在 1986—1989 年期间,笔者把思想史料、地方志分析和人类学田野工作相结合,考察汉人社会传统儒学及其制度的地方实践性,这一关联性研究可以说相当引人兴味。如果说孔子只是试图整理和继承西周体制文德,奔走倡导,那么,朱熹则是将政治、伦理、哲学紧密纳入正规与非正规教育形式之中,有目的、有意识和卓有成效地传播理学思想并使其制度化、民俗化。福建的民间实况表明,儒学价值观具有身后的环境与人文基础,历史上儒学成功的传布以及循吏、乡村文人的文化责任感,有力地、不停顿地推动着思想对制度的影响以及高层文化与基层文化的相互沟通,从而总是可以找到其关联的文化持续性。

我们在史书上看到关于循吏的记录。"奉职循理,亦可以为治,何必威严哉"②,表达了司马迁最早的循吏观。循吏以"仁爱"化民,他们把儒学教化看得高于法令。因此循吏不仅是在建立政治、行政和社会的秩序,而且也是在建立文化秩序。③ 循吏并非比比皆是,但中国县令调任频繁,晚近以来,我们仍然可以在任何县志中找到相当数量的关于循吏的记载。"他们持久地执著于中国文化和作为其理想工具的儒家的文明化使

---

① 参见庄孔韶:《银翅——中国的地方社会与文化变迁(1920—1990)》,第 385—386 页。
② 《史记·循吏列传》。
③ 参见余英时:《中国思想传统的现代诠释》,台北:联经出版事业公司,1987 年,第 215 页。

命"①,和其他儒士,地方教师共同把儒学精英文化扩展到南方和边疆,起了统一文化和连接精英—大众文化的重要职能。

然而人类学的田野工作还能看到些什么呢?笔者注意到中国乡土社会活跃着为历史学家和正史所忽略的一类人。他们无职无权,但熟悉民间礼俗,是人生过程中不可或缺的人物,农人称之为"先生"。先生通晓儒家礼仪,多才多艺,如会书法、粗通诗词、联语、操演易经、合婚,看阴阳风水,是热心村民公益的好事者。我们把这类人称之为文化与人事之媒或文化掮客②(entrepreneur or broker of culture and human relationship)。笔者认为,自古代起,地方官特别是循吏隆学化民以及学校教师指导尊孔读经失去现代意义以后,文化媒人可说是中国仅存的、仍在传播古老精英文化至基层的最后的乡村儒家。

乡村的先生们除传播儒学的思想礼制之外,很好地结合了基层小传统的文化之需,如道家的思想和民间信仰。他们必须在交叉文化中做好文化的中人才能存在下去,因为儒家思想没有提供民众信仰的理念。宫川尚志也看到"儒家未能唯一地获得人心,因为它强调一个人与另一个人的关系,取代个人和神的关系,但它忘记了给予精神的满足"③。因此,《银翅》中对地方文化掮客的知识成分分析表明,将他们冠以"儒道掮客"④的称谓更恰当些。他们是儒和道上下层关联(偏下层)的良好媒介,又吸附儒道思想之不同社会价值使之整合于自身,再巧妙地导入与融合于民间礼俗与信仰中。

笔者对比了中国和早期现代欧洲的文化结构差异以及《银翅》关于地方文化过程的实例论述,提出中国文化的反观法特别适用于以田野工作为重心的中国汉人社会的人类学研究。⑤ 高层文化与基层文化之间的历史性传递及其关联过程,提供了人类学田野工作反向观察与寻找文化解释的基础;作为主流之一的儒家文化一统天下达成千余年,政治、道德、教育、礼制相互渗透且合为一体,主要表现为单向从高层输导至基层,故反观法的文化理解具有优先考虑田野工作方法的地位。文化的层化分析

---

① F. W. Arthur, *Introduction of the Confucian Persuasion*, California: Stanford University Press, 1960, p.5.
② 参见庄孔韶:《银翅——中国的地方社会与文化变迁(1920—1990)》,第413页。
③ Hisayuki Miyakawa, "The Confucianization of South China," In Arthur F. Wright, ed., *The Confucian Persuasion*, California: Stanford University Press, 1960, p.46.
④ 参见庄孔韶:《银翅——中国的地方社会与文化变迁(1920—1990)》,第413页。
⑤ 参见上书,第479—492页。

只不过是为了方便找到文化关联的线索,然而并不排除上下文化过程中的互补性及变异性的观察,如民俗信条与儒家思想的差别与偏离,均离不开反观法对高层经典、理念和制度性要义的参照性比较。

一个边缘与地方社会的田野调研有益于显示各类族群关系及其认同的某些个性(如福建人重礼俗亦重商),但不构成结构文化中国的根据。需要关注的是中国文化的历史性多重关联细部,特别是那些被包裹在"现代时装外衣"下的意义、目标与事件等的关联性。这是因为"过去的社会关系及其残余,不管是物质的、意识形态的或其他形式的,都会对先前的社会关系产生约束,而先前社会关系的残余一样会影响到下一个时期"①。同样需要明了的是"人类不可能在他们自己选择的条件下创造历史和地点,人类只能在既存的脉络中,直接面对社会与空间的结构"②。这就是在中国古典文本和田野工作中实践文化关联性的人类学价值。

笔者在《银翅》中提出的人类学的反观法正是基于这样一幅中国古今文化关联的旅程图景:(1)一个崇化导民、以国统族的历史—地理的时空范畴(关联的、印象派画似的);(2)精英哲学与大众思维的贯通性,以及行为方式的传承(如直觉思维,风水实践等);(3)统一文字的文化认同意义(方言和汉字的文化意义不在一个水平上,前者被后者所涵摄);(4)家族主义与人伦关系的持续性,儒学要义与道佛、民间信仰的必然互补性;(5)地方性与小传统的民俗认同、个性及自主性之相对存在。显然,眼下这幅文化图景仍处在一个不能脱离过去的、正在描绘和把握的文化旅程之中。尽管它带着变化的某种尺度、角度与速率。③《银翅》的福建地方文化研究便是反观法实践的例证,特别对于人类学的研究,反观法总可以为基层大众文化仪式及其行为提供解释与鉴别的途径,从而避免人类学撰述中出现单纯田野行为判断之缺陷。

九、文化的直觉主义

当阅读中国哲学史或听同样的大学课程时,那些思考常常不能跳出书本和课堂。既然直觉思维是众多中国著名哲人从古到今一代一代人所

---

① C. Tilly, "Future History", In *Interpreting the Past, Understanding the Present*, edited by S. Kendrick, P. Straw and D. McCrone, The British Sociological Association, 1990, p. 16.
② 同上。
③ 参见庄孔韶:《银翅——中国的地方社会与文化变迁(1920—1990)》,简体字版序。

擅长的认知方式,那么,上述直觉的哲学根基在民间大众的土壤里可以找到吗? 人类学家有机会率先走到田野,换一个考察的视角,于是我们肯定地看到直觉思维及其伴随的行为同样是汉人社会民众生活方式的重要成分,也是中国文化的一大传统特征,现代中国哲学家多注意直觉主义高度发达的中国先哲经典分析而较少涉及民众直觉思维与行为之考察,这便给当代中国人类学之深化留下了空间。

笔者在《银翅》中提议关于中国文化的"直觉主义理解论"①,是说文化的直觉是对汉人社会田野工作场景(包括处理第一手材料、文献等)的一种体认的方式。当你有了文化关联的能力,当你有了对人伦相对性的理解(理论与实际生活两个方面),人类学的田野工作还须有文化的体证的能力。隐喻之贯通和直觉之呈现有一个只可意会不可言传的过程,实现这一瞬间觉悟的直觉能力,构成中国人生活方式的组成部分,也是人类学家实现对文化过程整体性体认的思想来源之一。直觉认知,这是一个在书本里出现、一部分人提到或时而意识到、却在田野研究中经常被忘却的文化的精灵。中国文化的直觉主义,是在逻辑的、功能的、经验的、分析的、科学统计的等研究方法以外,容易被忽略但十分重要的瞬间与直接认知的方式。

《银翅》在梳理了中国古今哲人的直觉观之后,认为不同时代一脉相承的礼义的传播、教化与重新诠释造就了汉人社会"智的直觉"——文化直觉主义的生活方式。中国的文化直觉主义不仅是哲人的(哲人也是经世致用的实用哲学),也是大众的,人们数千年来不断充实的天人合一观,作为主流之一的儒家道德要义(佛道在中国之存在均借助了儒家的道德要素),与严格的古代与现代人伦制度成为人们道德导向与个人修养的主要基础。人们习惯于以一种径直的主客融合的整体思维方式体认和顿悟周围的世界(自然的、社会的和人事的)。由于中国道德传统之稳固性,故人民的直觉认知在相似的场合具有类同性反应,即传统的、恒定的道德体系(在不同意识形态下,传统道德哲学均变通地存在)旨在敦促人们在个人修养实践中确立人生意义,不断地融会贯通不同时代众多的道德知识与说教的含义,以至于不断衍生出思维与言行上的意识、无意识、"觉悟"和直觉。中国哲人和大众实践"道德原则的认知过程同时又是一个情感体验过程",强调价值选择而非真假判断。这是一种知情意一体化的

---

① 参见庄孔韶:《银翅——中国的地方社会与文化变迁(1920—1990)》,第493—521页。

道德与人生价值的追求过程,这一过程是一个不断体验、不断解释、不断变通以及和周围世界不断协调的相对的过程,不是绝对的逻辑与原则的过程。

笔者力求做扩大的讨论,以阐明中国人的文化直觉主义传统,特别是人伦相对性直觉以及作为一种转换的文化直觉的群体特征与场合性特征,这些对人类学家的田野调查实践颇有益处。例如,有时村民对外来者询问的回应相当趋同,而外来者对村人则有一个是否适应和识别其文化直觉的问题,这是人类学家能否大量地、深刻地获得来自村人的信息之关键所在。当农人的直觉之变化和调查者的直觉顿悟相对合拍时,卓越的观察和体认便实现了。至于文化直觉的人类学田野实践,《银翅》中许多章节提供了实例①:从社会生活中识别意识形态的隐喻,到呈现对政治文化暗示的"体悟与诱导性觉解";从分析一次渔政会议上连续性的暗喻的发送与接受过程,到影视片《端午节》龙舟赛事件中的眼神与表情传递镜头追踪,都在试图理解实际上比我们听到、看到和能说出来的更多的信息与含义,这其中包含着对明确的符号和不明确的隐喻的理解。"思维追随隐喻的指示,去寻找互不相干现象与事实之间的相互关系"②。

当主体面临复杂环境时,它经过伴随着概念的关于场景与事物的完整形象、体验和体认做直接认知,迅速贯通暗喻关联完成事物本质的总体性结论。因此,我们完全可以认为,文化的本质是超时空的符号与隐喻的关联。

因此,对中国文化的人类学田野研究中都存在一个知识准备之后的新的训练课程,要善于发现文化的关联,要善于发现暗喻的关联(文化的逻辑和文化的谜语)和实现文化的直觉。这一方法论的意义是,在主要针对汉人社会的田野观察中,长期的文化训练与生活体验才能导致良好的破隐能力与文化直觉能力,这一直觉能力恰恰是从文化的整体性思维传统中建立的。因此,在汉人社会研究中,缺少文化的直觉的发现将是肤浅的和不完全的发现。

十、关于《银翅》的写作

关于《银翅》写法的特点,已有颇多中外学者评论。但一个基本的问题首先是何以引起该书实验性的写作实践。有意思的是,笔者写作式样

---

① 参见庄孔韶:《银翅——中国的地方社会与文化变迁(1920—1990)》,第519页。
② L. E. Marks, *The Unity of the Senses*, New York: Academic Press, 1980, p.252.

刷新的缘起既不是后现代思潮,也不是现象学;而是来源于笔者接受人类学理论方法之后,在审视现代学术论文的写作要求(特别是英语学术圈的人文与社会诸学科的论文写作指导类),并重新对照传统中国文人写作的文化惯习、哲学根基以及历史脉络的关联之后,引起了对标准论文写作的反省,这似乎和后现代学人关于民族志文化写作的反省异曲同工,然而其差异还在于发源于西洋的人类学理论与方法到达世界上不同的地理区域以后,地方哲学的根基促成了该学问的花朵的变异,因此文化的思维、行为与写作惯习的差异导致了反省人类学标准论文要求一致性(或曰刻板性)的反人类学的倾向。

基于这一点,笔者关于写作的反省与革新实践同后现代对文化写作的质疑有着共同与不同的出发点。

这共同点是,现代学者对知识制造过程表现的怀疑态度,是说自然科学认知系统以其历史而今获得的优势地位,压抑和排斥了伦理、宗教、文学、艺术等不同思维系统的知识,包括经常需要对田野观察加以人文诠释与建构的人类学。民族志从来就是文化的创作(cultural invention)。当回顾马林诺夫斯基早年主张的真诚的"文化的科学"的人类学传统,却在今日的文本审读中发现即使是经典作品也脱却不开作者的自我,而自我的呈现则基本上不是科学。故"文化的科学"本质上实际是"文化的创作"。格尔兹(Clifford Geertz)倾向于文化的解释,比如民族志,应当洞悉人类活动的内在驱动力。他反对这样的提法:研究者必须是客观的、分开的和科学的,他们不应卷入被研究的社区。把描述民族志当做某种实验室的研究,这几乎就是实证主义的假造。因此,格尔兹认为他的著作"不是出自什么非个人的、客观的'科学家'之手,而是用人的手写作的,那就是我的手"[1]。的确,科学理性主义观念在行为科学以及诸多人文学科的影响过程中,实证主义是最明显的例子之一。例如,姊妹学科的社会学和人类学在其发展过程中总是或多或少地"在科学定向(倾向于自然科学)和诠释学方法(或将其引向文学领域)之间摇摆不定"[2]。相比而言,人类学的田野参与观察本应带有更为细腻的感悟,但撰写文化论文程

---

[1] 转引自徐鲁亚:《神话与传说——论人类学文化撰写范式的演变》,中央民族大学博士学位论文,2003年,第27页。

[2] H. N. Weiler, "Knowledge, Politics and Future of Higher Education: Elements of A Worldwide Transformation", in *Knowledge Across Cultures: Universities East and West*, edited by Ruth Hayhoe, Hubei Education Press and OISE Press, 1993, p. 10, pp. 12—13, pp. 26—27.

式的规定却仍然有利于科学与实证的"发展"。所谓"真实"与"客观性"叙述的古老说法早已在学术界受到挑战,但"量化"的本质及其应用过程仍处在不同的理解之中。因此,人类学研究的艰巨性刚好证明,在反对绝对化的科学主义原则滥用的同时,"应当打破人文与科学之间的界限,并不是说人文与科学之间没有分野,而是说二者可以互相渗透"①。在人类学的田野工作中,科学的数理统计背后的人文背景的细致考量便有利于人文与科学知识之相辅相成,笔者在《银翅》中特别注意二者结合的研究实践,例如厘清静态的和动态的家庭分类术语的人文内涵及其判定,以及地方人口出生率统计过程中的隐瞒层次及其原因的分析②,都表达了科学与人文考察相结合的必要性。故而今日民族志写作的反省过程中顾此失彼的偏激态度不是最好的选择,因为只有科学与人文的结合才能更好地理解解释的本质、社会建构与文本的本质以及作者在民族志中的角色。

这不同点是,不同的文化的哲学根基使得世界各地的人类学在基本的学科原则大旗下得以分疏。写作即是一例。如中国古今哲人的直觉法反映在写作上的特点是,"直截将此所悟写出,而不更仔细证明之"。不是别的原因,而是因为撰写者和阅读者都拥有在同一文化中体认与直觉的自信。诚然,文化的直觉是文化的体认的结果,但这结果常常是不可言说,如果一定要表达出来,就需要文字的解释与建构的重拟的本领。如果一种文化的直觉认知特别发达,那么考察地方文化的哲学的根基就不可或缺。因此人类学论文除学术论文常见的逻辑的和实证的论证之外,应容纳体悟的、直觉的解说。

如果汉人社会呈现的文化直觉及其伴随的行为未被人类学家所体会,其单纯行为的"逻辑性"分析,表面上看起来环环相扣,实为偏离思维的轨迹,常见的现象是强拉文化现象与要素试图构筑逻辑论证的大厦,看起来宏伟却是使人真伪难辨的海市蜃楼。因此,关于中国文化的人类学论文的结论部分理应既容纳逻辑的、实证的结论,也要包括文化直觉的体证。笔者尝试在《银翅》里说明文化直觉思维的经常性及其社会生活意义,也在一些章节做逻辑的、分析的论述,也做直觉认知的记录、解说和诠释。

---

① 格尔兹:《人文与科学》,格尔兹1991年访谈录,打印本,徐鲁亚中译本。
② 参见庄孔韶:《银翅——中国的地方社会与文化变迁(1920—1990)》,第330—335、302—308页。

笔者对考察英语论文和中文论文书写的文化惯习的差别很有兴趣，随着各国间频繁的学术交流，人们更多地注意了跨文字书写的读者群及其场景特点，即"知道是给谁看的"。单纯向英语学术圈论文要求靠拢的趋向，虽说弥补了从古代中国沿袭下来的重体证轻逻辑论证的缺陷，但人类学的文化撰写恰恰不能丢失社会文化过程中频繁出现的不同文化的思维与行为过程。因为难以言说的文化过程常常被认为是"条理不清楚"而受到批评，这种"文字写作适应性"的结果已经和正在造成文化的曲解。其实，英语学术圈论文的惯常写法如假设与方法论提携开篇，实证与逻辑论证，最后设计结论并不是绝对的。它和中国文人喜欢使用的由引子开始铺陈到在不同章节随意扣题解说的传统都是文化的不同惯习，是文化思维的差异促成了文章的不同章法。然而，跨文化之前的"可读性"往往变成了跨文化之后的"费解"，再加上科学和美学、径直解决问题和兼顾欣赏与回味的文化差异，造成了文化写作的无所适从，于是质疑随之而来。如果其他学科情有可原的话，那么人类学标榜的学科原则旨在对"他者"文化的理解，如是，按照本文化的写作惯习书写本文化的思维与行为过程恰恰是符合人类学的原则。但若将文化传递的双脚硬穿在不合适的他文化写作的鞋子里，这是人类学的精神吗？出国留学的研究生如果不这样做，论文就难以在教授那里获得通过，就会被出版社拒绝出版。这可以被认为是现代世界"边缘"的人们不得不向英语中心学术圈靠拢的过程吗？不过，别着急。余下的问题是：英语学术圈的论文框架也不是一成不变的，文化撰写的质疑也包括写法在内。格尔兹说："如果你看一下人类学，你会发现具有说服力的文本是多种多样的，不可能有一种结论。"他还说："关于这个问题，我想看到有更多的反思。《美国人类学家》杂志几乎不谈修辞问题，你听得最多的是，'写得不错'，'写得不好'，'写得不太清楚'……你几乎从来听不到写作是如何发生的，文本是怎样建构的，理论是怎样发展的，为什么具有说服力或没有说服力。因此我们在黑暗中探索。"①

我想，我们看到的现代人类学对文化撰写的质疑与反思是积极的行动。笔者于1989年完成在福建的田野工作，从人类学的需求与本土写作哲学出发，设计并完成了《银翅》的写作——糅合人类学论文要求和中国

---

① 格尔兹：《人文与科学》，格尔兹1991年访谈录，打印本，徐鲁亚中译本。

传统文人文化书写惯习的新型"华语人类学"①样式。《银翅》采纳了多种写法杂然前陈的构架,有的章节我使用中国文人随笔和民族志的形式,有的章节以叙述为主,穿插即时的人物对话,当然也采纳人类学界流行的"标准的"论文格式,不过有时在一章之内的不同小节容纳了完全不同的写法。在随笔民族志穿插学术分析时,可以感受到现代人类学的意义和影响,但当论述中杂以情景对话时,则尽量揭示书中人物在中国文化中的自我,以及文化意识与隐喻的贯通。我了解语言学的一般逻辑思维方式,但也了解"文化的逻辑"如何影响、认知、推理、言谈和行为的程序。于是在适宜的章节,我有时在结尾之处使用类似conclusion(结论)的规范的论文写作法。这似乎是面临一大堆读不完的教授指定读物的研究生最喜欢的写法,但这实际上代表了一种文化思维的范式。在有的章节,我则把解释与结论放在需要仔细阅读方能寻获的某个段落中,因为中国人从高中起做论说文和杂文,语文老师就希望学生概括的文章结论位置最好不要太呆板和"太白",应留有回味余地。中国老师的这种指导,我宁可认为是一种写作上的文化模塑。为了保持汉人社会从古至今文化撰写的特点,笔者愿意在某些情况下将言不尽意、体认与直觉的中国式写作技巧同无论如何也要清晰立论的不同的写作文化原则交替使用。这是由于我承认文化展示和文化撰写中的不同原则的不同之需,一种文化中总会有如汽车说明书那样,零件和结构得到清楚描述的部分;也总会有如朦胧的中国泼墨写意山水那样,只用语言和文字无法全然解意的部分,尤其中国人的文化直觉是传统文人哲学与大众思维中颇为稳定的组成部分。此外,笔者没有采纳西文著作常规把方法论放在最前面一章去试图提携全书;也不认为人为简单地预设某一个理论要点总是可以统领一个宏大的文化体系,因为有时这种方式容易使作者在取舍田野素材时简单化或有太明显的偏爱。我只是试图把不同的认知方式有机地结合起来,运用在人类学研究中,这包括给予能加以证实和书写出来的逻辑的结论,也尝试提供难以复述与书写的文化思维与文化体验的某些关联的过程。其尽可能陈述之本身还具有提示读者文化意识、无意识与文化直觉发生的作用。因此,为读者提供清晰的结论和呈现直觉的隐喻与暗示过程,在人类学中都

---

① 魏捷兹(James Wilkerson)教授和多人谈及和倡导一种以华语为学术语言的人类学——"华语人类学"。显然它的写作语境和英语人类学不同。

是有意义的。①

在《银翅》写作过程中,笔者始终关注文化哲学与行为方式、书本知识与田野工作、历史与现实、整体与局部、上层与基层之间的关联的解释,剩下的疑问是:逻辑的、实证的方法和直觉的思维过程能够在撰写文化时得到整合吗?这将始终是学术界深切注意的问题,也是笔者持续三年写作实验的重心之一。

(原载庄孔韶等著:《时空穿行——中国乡村人类学世纪回访》,北京:中国人民大学出版社,2004年,第9—84页。)

---

① 参见庄孔韶:《银翅——中国的地方社会与文化变迁(1920—1990)》,导言,第11页。

中国乡村人类学的研究进程

一、农民社会与乡村人类学

这一定名为乡村人类学的专题包含着两层意思:一是指实际上的乡民、农人或农民社会(peasant society)的研究(不是指资本主义制度下的农业经营者 farmer);二是指中国本土乡村社会的特定的回访与再研究(revisiting study)的学术检视。后者已在第一篇文章《回访和人类学再研究的意义》中做接续的专题讨论。

在人类学的教学与调研活动中,所谓农民社会,既不同于马林诺夫斯基时代看到的所谓部落社会,也不同于工业革命后的工业社会和城市社会,而是它们之外的广大农业耕作地区的农民社会。占世界人口多数的农民社会主要存在于所谓不发达国家(地区)和发展中的国家(地区),这些农业地区的社会文化变迁成了现代社会学、人类学以及相关学科持久的研究重心之一。

笼统地说,亚洲、非洲和拉丁美洲广大地区的农民生计是以家庭为生产和社会组织的基本单位的。他们的家庭成员主要是农耕劳力,尽管有时也有雇工。大量投入家庭劳力的生产并不依赖那些复杂的机器,而是传统的简单工具,其中有些工具的效率并未明显超出早期农耕时代的技术水准。诚如沃尔夫所说:"在这个单位中,儿童被养育与社会化,以符合成人社会的要求。老年人可以安享天年,丧葬费用以该单位的财产支付。婚姻提供性的满足,而该单位内的人际关系则产生感情可以联系其成员。各单位更为其成员付出他们在全社区中应负担的仪式费用。由此观之,单位之内只要有需要就有劳力的供应,而不直接受价格与利润的经济体系所控制。"① 沃尔夫还这样看待中国农业大家庭的特点:"扩展家庭在中国不只是集中资源和劳力的组织,更防止了分家而后衰微的命运。有土地的家庭只有在打进商业圈或官场之后,才能从事非农业资源的积聚,如商品或金钱。扩展家庭也会送孩子上学,等他做官后使家庭攀附上

---

① E. R. 沃尔夫:《乡民社会》,台北:巨流图书公司,1983 年,第 24 页。

政府机关和税收单位。因此,扩展家庭不只是防御家道中落的堡垒,更是进入上流社会的跳板。"①至于继承制中是常见的长子或幼子继承(完整式继承),还是诸子均分的分割式继承方式,涉及农业国家的法律动机以及农人的民俗制度,上述两种继承制度之优劣实在是难于有公认的评估。例如中国20世纪40年代的法律条文和民间的继承实况就是上述二者并存。因诸子均分而造成"富不过三代"现象的中国农民家庭体验,成了本土盛衰循环论的印证之一,自有中国式小农社会的道理。但全球范围得出的如下观察:"完整式继承的地区倾向于发展新技式的组织,分割式继承的地区——受到乡村手工业破产的严重打击——以旧技式的基础和超过土地负荷量的人口面对着未来"②,似乎只能作为一种认知而存留,尚未达成公认的诠释,因为相反的例证一直存在。

处在草根社会层级的农民不能掌握自己产品的分配,他们似乎是过着自给自足的生活,却在面对税收、受管制的市场和对外关系上处于不利地位,虽然农民社会本身也能分出贫富和阶级。农民社会也是大社会的一部分而共享一套象征系统。他们的行动与观念可以满足多种调适的功能,例如婚礼、丧礼、宗教庆典,使人们度过情绪的危机,同时群众的仪式参与,使意识形态和信仰得到共鸣,村民的人际的联系获得加强。

需要说明的是,四季轮转的农活安排、赋税交纳、社区节庆与仪式花费、预防和承受自然灾害、生态压力下的资源匮乏,造成农人不得不现金借贷,然而国家银行的贷款轮不到小农,高利贷者又利息很高,最终是乡村社区的民俗伦理取胜,民间借贷以老百姓接受的不成文法在地下常年存在,在中国一直存在到今天依然如故。

这样的农民个体、家庭与亲属团体、村落及其生存的较大的乡镇社区过程的运转导致了对农民文化与本性(个性)的探讨;因区域哲学的差异而呈现出文化与社会结构(系统)的分疏的探讨;以及理解在宗族/姓氏集团和/或村落共同体之下作为社会的人的思维与行为的探讨。总之,农民社会不是一个静态的结构过程,社区结构变迁的各个方面,从经济、政治、心态、信仰乃至农民运动,都处在人类学和相关学科的视野之中。

---

① E.R.沃尔夫:《乡民社会》,台北:巨流图书公司,1983年,第89页。
② 同上书,第100页。

二、不死的小农经济

(一) 农民社会：经济人类学的视角

农民社会是个体自利的经济吗？我们在功能主义人类学作品中可以感觉到自利(self-interest)隐含在人类的基本动机之中。但多数人并不这样认为。博兰尼(Karl Polanyi，又译波拉尼)等认为[1]，一种经济是最有效地使用有限资源获取和满足特定目的过程，在方法上，他们强调个体自利的行为动机和个人利益最大化，所谓理性的决定之形式论(formalism)；一种经济是在人与环境的互动中满足物质需求的过程，强调文化和社会系统对个体选择的限定，即所谓实质论(substantivism)。由于理性的选择理论的依据之一是自利经济的观点而受到批评。例如布迪厄(Pierre Bourdieu)就以他的习性/惯习(habitus)的概念批评个人理性选择的局限，强调一种历史的、文化的、动态的、有意识和无意识的先验图式习得系统的建构和作用。因为习得/惯习所指涉的配置"体现了一种组织化行为的结果，其含义与'结构'之类的用语相近"[2]，以及"个人对该社会地位的主观性调适"[3]。在这个意义上，乡民社会的人们一般不是理性的选择，而是习性/惯习的选择。

那么，是社会和政治的经济吗？从迪尔凯姆(Emile Durkheim)的社会学到雷德菲尔德(Robert Redfild)的俗民社会(folk society)一直在讨论人的社会性存在问题。由于社会的个人认同一个群体，要想理解人们的行为，就要研究群体的行为规范。学者们还探讨人们形成群体和运用权力的方式，这形成了通常所说的政治经济学的基础。[4] 例如傅依凌在谈到福建农村大族势力的经济影响时，举了这样一个例子：20世纪40年代以前，福清县规定六都附近所产薪柴，任何个人不许运出六都以外，而白

---

[1] Karl Polanyi, C. Arensber and H. Pearson, *The Economy as Instituted Process*, *Trade and Market in the Early Empires: Economies in History and Theory*, New York: The Free Press, 1957; Richard R. Wilk, *Economies and Cultures in Foundations of Economic Anthropology*, Westview Press, pp.3—11,1996；张小军：《经济人类学》，见庄孔韶主编：《人类学通论》，第118—121页，太原：山西教育出版社，2003年。

[2] Pierre Bourdieu, *Outline of a Theory of Practice*, Cambridge University Press, 1977, p.214.

[3] R. Harker, C. Mahar and Wilkes, *An Introduction to the Work of Pierre Bourdieu*, MacMillan, 1990, p.10.

[4] 参见张小军：《经济人类学》，见庄孔韶：《人类学通论》，第121—123页。

云渡产木材方可运至县城。这是非常鲜明的社会政治裁决经济的案例，乡族集团为自身利益而限定商业行为的距离（不顾距离成本的计算），采取了控制物资流通的政治手段。①

进一步说，是文化和道德的经济吗？韦伯（Max Weber）认为个人道德的创造力有比社会压力更大的效力。他认为，所有的人当他们在特定的处境和地区成长时，都学会一套道德训诫。他们的社会合作能力，是那种道德的重要影响的产品。所谓道德的经济又可称为文化的经济。人类学家博厄斯（Franz Boas）考察北美夸求图印第安人的夸富宴会，说明其消费观念并不是按照商品的供需关系建立，而是借此追求非物质的声望和社会地位。在农业社会的研究中，阎云翔发现中国东北农村的礼单上反映出反向的礼物流动和人伦关系与资源、权力再分配的联系；张华志回访云南西镇调查家族企业活动中的民间贷款时也发现，如今的中国乡镇社会许多人仍依靠人伦关系和约定俗成的"乡土信用"的道德约束力获得民间地下信贷，而不找呆板的国家银行。这算是虽经古今时空变幻却保持民间道德持续性的恰当事例。

（二）恰亚诺夫理论的引进

20世纪20年代以"社会农学"成名的恰亚诺夫（A. V. Chayanov）倡导认识农民和农民社会，并加以改造。他认为农民（peasants）经济有自己独特的体系，遵循自身的逻辑和原则。② 因此在市场经济之下仍可以为继。在经历了整个20世纪快速发展与社会动荡的考验下，这一理论仍相当具有解释力。不死的农民经济，越加肯定了不死的恰亚诺夫理论。然而他本人却在1939年的劳改营里死去了。一个有巨大解释力的学术理论不会随作者的死亡而销声匿迹。的确，在交叉学科研究日盛的今日，相关的研究农民社会的学科，包括历史学、人类学、经济学以及一些分支学科重新发现了恰亚诺夫及他的主要是关于"小农经济的理论"。恰亚诺夫的这一理论，是把农民研究限定在"非资本主义的家庭农场"，这和现代人类学的农民社会专题研究范畴刚好合拍。因此，人类学家关于农民社会的整体性研究根本躲不开恰亚诺夫的理论，尽管不同地理区域的小

---

① 参见博依凌：《论乡族集团对于中国封建经济的干涉》，载《福建社会科学》，1964年第2卷，第三、四期合刊。

② A. V. Chayanov, *The Theory of Peasant Economy*, Madison: University of Wisconsin Press, 1986, pp. 1—28, pp. 70—89.

农经济类型不同。

恰亚诺夫的理论认为,小农户的产品是为了满足家庭自身的消费,在生产上只靠农家自己已有的劳力,而不是依赖雇佣劳动力。"全年的劳作乃是在整个家庭为满足其全体家计平衡的需要的驱使下进行的"①,而不是为了在市场上追求最大的利润。因此,在这个自身体系和自身原则之下,人们无须也难以度量农户内部的单位生产成本与利润。的确,小农的生产生活方式不同于资本家。

小农经济依照每一个农户的家庭人口周期而分化。恰亚诺夫认为,家庭结构决定了家庭经济规模的大小,"其上限由家庭劳动力的最大可利用数量决定,下限则由维持家庭生存的最低物质水准决定"②。所以农民贫富分化不是由商品化引起,而是由家庭周期性变动的人口结构——劳动者与消费者比例的变化决定的。黄宗智的研究认为:"华北的小农家庭通常比依靠雇佣劳动的经营式农场能够容忍较低的边际报酬。使用雇工的经营式农场能够把劳动力的投入调整到最佳水平,但是家庭农场无法任意雇佣或解雇劳动力,必须在拥有过量劳动力的情况下运作。当这样的相对过剩劳动力无法或不愿找到农业外就业的出路时,常常在极低边界报酬的情况下工作以满足家庭消费需要。"③黄宗智的研究认为,在华北和长江三角洲,道理类似。在清代,华北这样的劳动力支撑了商品化过程,而在长江三角洲的土地压力面前,小农家庭为低报酬而更充分地使用家庭辅助劳动力。④

在中国农民社会的研究中,黄宗智借用了人类学家格尔兹研究印尼爪哇稻作经济时的发现。爪哇具有生态的稳定性、内向性,格尔兹将爪哇在人口快速增长、高密度耕作的情形下,边际报酬收缩的现象称为"内卷化"(involution)。黄宗智后来改译为"过密化",其含义为"劳动的超密度投入"⑤。黄宗智的研究表明,中国解放后的情况实际上是解放以前6个世纪中同样状况的缩影,农业产出的扩展足以赶上人口的急剧增长,但主要是通过密集化和过密化。⑥ 黄宗智引申的过密化理论说明,中国各

---

① 恰亚诺夫:《农民经济组织》,北京:中央编译出版社,1996年,第29页。
② 同上书,第39页。
③ 黄宗智:《华北的小农经济与社会变迁》,北京:中华书局,1986年,第6—7页。
④ 参见黄宗智:《长江三角洲小农家庭与农村发展》,北京:中华书局,1992年,第10页。
⑤ 参见徐浩:《农民经济的历史变迁——中英乡村社会区域发展比较》,北京:社会科学文献出版社,2002年,第68页。
⑥ 参见黄宗智:《长江三角洲小农家庭与农村发展》,第12页。

种社会状况下的"没有发展的增长","商品化的质变潜力被各种过密化所覆盖"①。如是,我们从黄宗智的研究理解明清时期、帝国主义影响下的中国农村(以及城乡关系)乃至集体化农业时期的过密化及其后果,在和其他相关理论对比以及考察新的发展政策之后讨论中国乡村未来发展的道路问题。

最后,笔者还是考虑回到恰亚诺夫的理论模式上来,他的原初的理论可以解释世界上一些传统农本社会长期停滞的原因,虽然他的理论模式为了简洁和说明其内在的逻辑,省去了对不同地域农本社会之外在关系的复杂性的关注。至于对中国版图内的农民社会进行研究,现在已经有诸多学者受益于恰亚诺夫理论模式引申出新的思考,但因诸区域小农经济的个别性而加以径直套用并不是学术上所希望的。迄今为止,亚当·斯密和马克思关于前资本主义的农业和小农经济会因商品化而引起质变的预言并没有在今日人类学意义上的农民社会范畴实现。处于糊口水平的小农经济依然在"随着帝国主义时代和形成统一的'世界经济'而来的蓬勃的商品化过程中延续"②。人类学家也指出,小农经济根本就不按市场经济的规律运行。③ 它的"以不变应万变"的韧性状态同样是关心社会文化变迁的人类学的兴趣,而且不只是关心那些"典型"的内陆乡村,还包括"城市"乡村以及它们的走向。

历史上的苏联的集体农庄和中国的人民公社的农业变革之所以失败,原因之一是从政府政策中表现出来的对农民文化的缺乏了解,因此最终呈现政治向文化妥协的结局,并重整旗鼓。然而,变迁和发展的观点是,何种异质性可以造成结构性的变迁呢?现在所知的是工业化、商业化、都市化、国家集权化的冲击和工业先进国殖民的影响。除此以外,我们经验中的农民总是处在负担最重的境地(无论是资本主义还是"社会主义的初级阶段")而卷入各种变革,如果我们仍然在不了解农民文化的情形下推行任何新的农业变革政策,农民都将继续痛苦而沉着地以不变应万变,促使上述政策以失败而告终。

---

① 黄宗智:《长江三角洲小农家庭与农村发展》,第17页。
② 同上书,第4页。
③ G. Dalton, "Theoretical Issues in Economic Anthropology," *Current Anthropology*, 10, 1: 63—102, 1969.

三、农民社会的文化传统：墨西哥、欧洲和中国

早期人类学观察"部落的"、"初民的"社会向农村社会的转型，雷德菲尔德关于大小传统的有价值的分析性框架，在中国人类学、民俗学、历史学界广为应用。雷氏本人在完善他的这一理论的过程中极大地关注了中国文化。例如他引证了当时一本论文集①，论述中国哲学中的道和大众宗教中的道的差别。② 雷氏强调大小传统的对比性并建立了一种分析性构架，他说："在一个文明中，有一个具有思考性的少数人的大传统和一般而言是不属思考型的多数人的小传统。"③ 然而，他并不是不谈二者的相互影响。他同样认识到，"农民文化不能从正在运作的、孤立的思想中得到完整的理解"④。他还说："两个传统是互相依赖的，大传统和小传统相互之间有一个很长的影响和持续性。"⑤

被认为比雷氏大小传统分析构架更为恰当的精英文化（elite culture）和大众文化（popular culture）的对比研究，后来被用在早期现代欧洲史研究中。研究大众文化的欧洲学者因而修改雷氏的大小传统模式。伯克（P. Burke）认为："他的定义太窄，因为他忽略了大众文化中的上层阶级参与，而这曾是欧洲人生活的事实。"⑥ "早期现代欧洲曾有两个文化传统，它们不是和两个主要的社会团体——精英和大众人民相对应。精英参加了小传统，而大众没有参加大传统。这种非对称性大概是由于两个传统有不同的传播方式。大传统传播是正规地在语法学校和大学，这是一个封闭的传统，不对人民开放，故人民没有参加到其中而被排除在外。在一个完全的文字的意义上，他们不说那种语言。另一方面，小传统则被非正式地传播，它向所有人开放，如教堂、小旅馆、市场，许多表演者出没其间。""那种多数人说他们的方言，而精英说拉丁话、写拉丁文或使用本

---

① D. Bodde: "Harmony and Conflict in Chinese Philosophy," In *Chinese Thought*, ed. by Arthur F. Wright, No. 46, Chicago: University of Chicago Press, 1953.
② R. Redfield, *Peasant Society and Culture*, *An Anthropological Approach to Civilization*, Chicago: The University of Chicago Press, 1956, p. 88.
③ Ibid., p. 70.
④ Ibid., p. 68.
⑤ Ibid., pp. 70—71.
⑥ P. Burke: *Popular Culture in Early Modern Europe*, New York: New York University Press, 1978, pp. 24—25.

地话的书面语形式,其余人能说方言也是作为第二、第三语言去使用的。"①这样,雷氏原有理论作为一个文化分析的基本原则,在区域性研究中得到修正也是自然的事。

中国怎样呢?笔者在《银翅》中考察的古代雅言与俗民方言大体代表了大小传统的两个文化层。然而方言差异并未能隔断上下层文化的连接。首先,雅言不过是地方话的雅化并成为官话,但士大夫说雅言并不排除说本地方言。还有,虽说地方口语难于划一,但中文书面语和文字的发展从一开始(李斯之后)就走上了趋于统一的体系,周之雅言达于书便打开了中国文化上下开放和普及之路,因此中国没有前现代欧洲拉丁文带给俗文化层的坚硬的文字壁垒。

基于这一基础,人类学的汉人乡土社会研究便有如下的研究线索。

儒家主张文化大一统,故而"以教为本"的德治思想导致了一系列大小传统贯通的做法。例如汉代设乐府之官下到基层民众中"观风采谣",做"人类学式"的参与观察,目的在于移风易俗,其实质仍是文化行动,即在通晓基层民情的基础上完成儒家礼乐教化——人类学意义上的濡化项目。仍然是文化的濡化行动,古代规划了的教育体制成为儒家思想传递的车轮。尤其朱熹以后,更将教育和推行乡间礼俗紧密结合,终使精英文化贯彻到乡土社会底层。我们在浩如烟海的县志中读到循吏将儒学化约至乡间,他们是确立地方礼制的重要解说者和实行者。

如果说循吏是大传统的解说者,那么南北汉人社会遍布民间的"先生"们——他们粗通儒释道和地方民间信仰,会书法联语,懂相术,看风水,善合婚,热心公益、村务与人事等,则可称为大传统的浪漫的诠释者和改编者。人们熟悉了儒者的人伦关系和礼制,但农人的精神需求,他们的希望和幻想,他们的不可得知也不可驾驭的人与神的关系,他们的偏离儒学主旨的生命需求和实用哲学都是人类学社区调研中已经发现的大众文化与小传统的自身特性。

笔者借用雷德菲尔德在墨西哥乡村得到的大小传统分析构架以及来自欧洲的精英—大众文化的不同的层化分析,旨在根据汉人社会的对比性分层找到文化关联的线索。以儒家文化上下一体化贯通的文化儒化事实为出发点,容易建立一个对比的参照系,提供人类学田野工作的反向观

---

① P. Burke: *Popular Culture in Early Modern Europe*, New York: New York University Press, 1978, p. 28.

察,寻找文化解释的基础。儒家文化达成千余年,政治、道德、教育和礼制融为一体,并主要是单向从高层输导至基层,故反观法的文化理解具有被优先考虑的田野工作方法论的地位。特别是人类学的社区调查中呈现的乡村基层文化结构的地方特点、变异性与延续性,需要靠上述线索清晰的儒家思想与制度的文化参照系对照。而且,基层民众精神与信仰的需求同儒家道德理念与制度的互补性,或民众意识与行为同高层文化的差别与偏离,这一切都离不开反观法的运用。

反观法的运用还依据汉文化过程的总体认识,那是一幅古今文化关联的旅程图景:(1) 一个崇化导民、以国统族的历史—地理的时空范畴(关联的、印象派画似的);(2) 精英哲学与大众思维的贯通性,以及行为方式的传承(如直觉思维、风水实践等);(3) 同一文化的文字认同意义(方言和汉字的文化意义不在一个水平上,前者被后者所涵摄);(4) 家族主义与人伦关系的持续性;儒学要义与佛道、民间信仰的必然互补性。(5) 地方性与小传统的民俗认同、个性及自主性之相对存在。(6) 这幅文化图景仍处在一个不能脱离过去的、正在被描绘和把握的文化旅程之中。这个文化旅程的行动者和参与者,或主动,或被动,或卷入,或吸纳,或认同,或归顺,或建构,或创造,或转化,或限定等,总是一个动态的结构过程。①

四、中国农民社会研究:社会学人类学"分家不分灶"

在社会学、人类学界以田野工作的方法进入中国境内的,美国学者葛学溥(Daniel Harrison Kulp)是较早的一位。首先,社会学和人类学两个学科都形成于19世纪的欧洲(之后有美国),维持社会正常运行和考察其发展机制成了社会学的需求,而伴随着开拓殖民地,在了解异域族群的过程中人类学也诞生了。然而其后"约定俗成的分野是:社会学以研究工业社会的社会运行为主,而人类学和民族学以资本主义世界以外的异民族社会文化为学科对象"②。这样,占据了工业国家与"初民部落社会"两极之间的广大农耕地带(亚非拉地区,也有部分欧洲地区)的学科研究缺环渐渐因资本主义国家的战略、资源、贸易以及社会文化理解的需求而

---

① 参见庄孔韶:《银翅——中国的地方社会与文化变迁(1920—1990)》,序。
② 胡鸿保:《中国社会学中的人类学传统》,载《黑龙江民族丛刊》,1998(4)。

开始打破。除了更早的传教士、旅行者等在中国境内的先期调查以外,葛学溥是作为社会学的先遣学者之一进入中国的。20世纪30年代以后,功能主义随其国际大师马林诺夫斯基在中国的影响从人物联系与师传,到学术与教学交往可谓十分深入,费孝通、林耀华等的研究思想有案可查。但葛学溥则处在20世纪20年代前后整个学界学术思路未归拢的时期,故人们对他的学问渊源并不太了解。

笔者在美国借阅葛学溥的著作后方知,他的调查意图是很清楚的,其调研过程亦反映出社会学与人类学的密切与融合的关系。葛学溥从美国国家利益出发看待他的中国研究。[①]他说:"今日在国民生活中,乡村在战略上的重要性是得到承认的。教育家、传教士、政治家和国务活动家认识到乡村是中国的中坚,它包括占这个国家大多数从事农业的人口,这在贸易交往与通讯的现代条件下具有国际的意义。"[②]他认为,乡村社会学在中国的巨大数量的调研将为政治家、教育家、宗教人士和社会工作者提供"有价值的利用"[③]。

在葛学溥的工作中,他了解斯宾塞(H. Spencer)[④]、泰勒(E. B. Tylor)、摩尔根(L. H. Morgan)和史密斯(Elliot Smith)等人[⑤]的社会学、人类学研究成果,但他更赞成以他的"有机的方式"(organic way)做研究。他说:"究竟怎样才能真正理解中国人的社会生活呢?不是只是收集那些抽象的材料,松散地对一些或多或少的大众感兴趣的材料加以分类,而是深入地研究被挑选的群体、村落或地区,仔细分析和以一个有机的方式描述出来,以便所发现的作为事实的关系与关联将揭示出功能、过程及其趋势。"[⑥]显然,葛学溥的学术思想明显有斯宾塞和经由迪尔凯姆的直接和间接的影响。那个时代马林诺夫斯基的功能主义著作还未问世(葛学溥在中国广东的调研开始于1918年,那一年马林诺夫斯基在特罗布里恩德岛的调查刚刚结束),但科学的控制、有机的方式、功能等概念已经流行。

和很多人类学的社区研究作品不同的是,葛学溥的凤凰村调查还包

---

① Daniel Harrison Kulp, *Country Life in South China: the Sociology of Familism*, Vol.1, *Phenix Village, Kwangtung, China*, Bureau of Publication, Teachers College, Columbia University, 1925.
② Ibid., p.6.
③ Ibid.
④ Ibid., p.5.
⑤ Ibid., p.19.
⑥ Ibid., Introduction.

括体质人类学部分,族源以外还包括体质测量。俄国十月革命前,任圣彼得堡俄国科学院民族学与人类学博物馆馆长的史禄国教授(S. M. Shirokogoroff)出走中国到清华大学任教。此次葛学溥在凤凰村的调查和体质测量"依据史禄国教授的计划和方法"①。在山东、直隶、满洲、朝鲜和西伯利亚,史禄国的体质测量的研究结果曾以《北部中国的人类学》为题发表在《皇家亚洲学会》(北亚分支)上。② 然而,史禄国的体质测量样本缺少中国南方的人种部分,而葛学溥的凤凰村调查包括测量当地人民的体质特征。因史禄国教授的好意,葛学溥得以借得他的体质测量工具,并得到史禄国的帮助,熟悉了当时最新最好的测量与计算方法。也就是说,葛学溥确认凤凰村民人种类型以及他们和亚洲其他人种类型关系的比较的结论同样构成了他的早期社区整体调查的组成部分,即人类学和社会学合璧不分的研究成果。其中一些测量个案是在史禄国博士的指导下做的,"以便能确保各个测量数据的准确性"③。这表明早期社会学家和人类学家的积极合作,当时一些大学的社会学系也有人类学的教授,两个学科的教授交互授课,这样的传统在今日中外的大学校园里仍或多或少地继续存在着。

在中国人类学、民族学农村研究的历史进程中,有一些研究传统延续了下来。以唐美君曾有的分类④,20世纪40年代以前有两个传统:与民族学的历史学派有较深厚关系的南京"中央研究院",以凌纯声和芮逸夫等为代表的学者关怀的单位主要是"民族",延续下去的也是偏于边疆民族的调查以及民族关系的研究;燕京大学受功能学派影响较大,在吴文藻教授领导下的研究方向基本关注"社区",费孝通、林耀华等无论对少数民族还是汉人社会,研究重点都在于社区内的组织和结构特征。⑤ 在台湾地区和大陆的数十年间有多重社会变故,这两种传统非常曲折地承袭下来,或完全是其他的因素所致。其制约性的各种力量,包括国际学术的

---

① Daniel Harrison Kulp, *Country Life in South China*:*The Sociology of Familism*, Vol.1,*Phenix Village*,*Kwangtung*, *China*,Bureau of Publication, Teachers College, Columbia University, 1925, p.70.

② S. M. Shirokogoroff, "Anthropology of North China," *Royal Asiatic Society* (*North China*), Extra Vol. II, 1923.

③ Daniel Harrison Kulp, *Country Life in South China*:*The Sociology of Familism*, Vol.1,*Phenix Village*, *Kwangtung*, *China*, p.80, p.352.

④ 参见陈其南:《台湾的传统中国社会》,《允晨丛刊》(台北),1987年,第2—7页。

⑤ 同上。

引进与推动;先是国内政治和社会运动的压抑,后是因经济发展与民族发展(和族群意识)而推动;以及国内外已有的和新生的学术师传等,最终大多归结到社区结构与社区发展(包括城乡接合部)、民族发展与族群认同的主要研究领地上去。上述论题在汉人社会范围大体是单一的,而在少数民族地区经常混生在一起,有时是不得已的。

五、汉人社会的家庭制度

(一)关于大家庭的问题

中国汉人社会的农本家庭绵延数千年,基本依靠"子孙恭事农桑"和家庭副业结合,自力更生,很少依靠大社会分工,而是家庭内分工,并尽力与商品经济绝缘。这种不死的农民社会家庭经济,有自己的自行运转的系统,即使到了后来的市场经济侵蚀之下仍能顽强地存活下来。恰亚诺夫对斯拉夫社会小农经济的研究注意了家庭结构决定了家庭经济规模的大小,小农经济依每一个农户的家庭人口周期而分化。

关于中国的家庭制度,学界在很长时间内讨论过大家庭的存在与否以及家庭的形制问题,但不应忽视汉人社会家庭构成的韧性问题,包括其存在的状态及其动态过程。中外学者的前后见解也反映了认识与理解需要循序渐进。

如果不考虑中文和外文的文学作品和传教士的回忆录的话,专业作品介绍中国大家庭以葛学溥为较早的一位学者,在他的"一个屋顶下的"所谓"经济的家庭"(economic family)分类中陈述了超过20人的凤凰村大家庭和超过100人的它的邻村大家庭的简单信息。林耀华的《金翼》是以小说形式写的,关于福建大家庭的描写细致入微,而且出自学过人类学的学者,其手笔自然不同凡响,以至于他的作品改正了对中国大家庭内涵的某些误解。费孝通则较早地提到中国乡土社会的绅士阶层中的大家庭[①],他对绅士和农人差别的经济和政治要素的论述引起了弗瑞德(Fried)对中国农人家庭进一步推衍的分析。然而,弗瑞德的解释走上了歧路。他认为绅士和农人对不同"次文化"有不同的经济的和政治的利

---

① Fei Hsiao-tung, "Peasantry and Gentry: An Interpretation of Chinese Social Structure", *American Journal of Sociology*, 52, No.1, 1946.

益,每一种次文化带着它特有的家庭安排。① 经过20世纪中国多次社会变故与乡村所有制转变,我们反而明确这样一个道理,即依土地占有和参加劳动时间以及政治态度、政治地位可以划分绅士、地主、中农和贫农等阶级,却难于划出各阶级、阶层对传统儒家理念接受和付诸实施的文化差异。绅士和农人的文化环境是相同的,财富之多寡和乡村政治权力都不过是镶嵌在这个文化机体上的附加物罢了。只要是生活在自给的传统农业社区环境中,绅士和农人都不会创造出变革生产力、生产关系的新思维,也不会创造出不同的家族过程,唯一的差异只限于实现家族主义的理念执著及其物化条件。带有周期性变化的农人家业无论大小,都属小农经济的本质,并与此适应延续了历久不衰的农耕哲学。

然而,在巨大的社会变故严重冲击了传统家庭制度的情形下,农人的回应和外在的观察有时是不一致的。如"文化大革命"期间,儒家伦理被抨击,并实施人民公社的大型集体化农业,以彻底取代传统的家庭小农经济(当时人们亲历的公共食堂是试图取代家庭传统的最极端的做法,仅一年左右即被废止)。这种轰轰烈烈的革命举动造成了在形式上废止小农家庭经济传统的效果,也不免影响了一些著名人类学家的判断力,认为"中国的大家族失去其存在性主要是因为土地和多数生产财产的集体化,而不仅仅是因为对精英意识形态的批判和对士绅阶级的消灭"②。笔者认为,这一过早的预言可能是忽视了传统文化的持续性和韧性,过多地看重了当时"排山倒海"般的集体化关系形式的社会作用。如果将新中国成立的前30年和后20年加以比较,可以支持这样一个见解:只要乡土社区的传统农业水准依旧,仅仅形式上的公有制并不能终止中国人家庭尺寸的膨胀,因为孔子、朱子理念性与制度性的家族主义早已和小农文化融为一体。很明显,集体化时期压抑了农人的个人进取精神,因此大集体主义的生产积极性从来没有得到发挥,而实际上中国农人的积极性仍然隐藏和聚集在家庭单位之中,一旦打破平均主义的集体公有制,实行以家为单位的联产承包制,中国农人并未泯灭的家族主义精神兴盛之猛烈令人吃惊。

20世纪80年代改革开放以来,以家庭联产承包制开始的新的农村

---

① Morton H. Fried, "Chinese Society: Class as Subculture," *Transaction of the New York Academy of Sciences*, 14, 1952.

② Myron L. Cohen, *House United, House Divided: The Chinese Family in Taiwan*, New York: Columbia University Press, 1976.

政策的实施,可视为中国政治向文化的妥协,即承认文化的连续性和否定文化中断的可能性。① 一些学者也注意到中国大家庭出现的百分比并不低。② 而且中国家庭在满足温饱的要求之后,倾向于发展大家庭,且不一定非得为先前所说的地主、士绅专有的特点。中国本土伦理哲学支持古今大家庭维系与不解体的文化原理还有:同居共财、均平等有的原则,家长权威和孝悌,性爱限制,合而不分的"忍"的美德和厄穷守道等。③ 在外国的学者中,朗格特别引用中国古籍中大家庭合而不分的"忍"的美德的描述。④ 笔者在这里强调的是,由中国本土理念中抽绎出的生活实践原则之作用需要得到重视。

然而,上述本土解释理念和现代学术分析,如对家庭生计、家庭生命周期等的分析实际上是一种综合的解说。在中国南北不同社区的家庭结构选择具有多样性,一些地区的大家庭意识与实践形成民风,而一些地区则以各种变通的家庭形式存在着。因此,在先前研究的基础上,中国大家庭存在的地方因素分析不是绝对的通则。我们在改革开放以后亲历了大家庭的区域性努力,同时我们也看到一些地区家庭的分与合也不是绝对清晰,有时呈现"藕断丝连"的动态家庭状态。究竟何人、何时、何地选择何种家庭结构,是地方社会、文化、经济,以及传统哲学理念,甚至那个系统之下的个性决定的。这就是说,文化的力量是有限的。"一种文化对于生活于其中的人之所以具有持久的影响力,并不是通过形成人们所追求的目的,而是通过为人们提供具有特色的所有可能,使之由此建立起行动的路线。"⑤ 中国文化中包含成就大家庭的理想,但大家庭的形态不是唯一的选择。

(二)"藕断丝连"——中国乡村的动态的家庭形态

在中国传统大家庭的理想与实践中,大家庭的合与分的过程中核心家庭、主干家庭的状态并非是完全独立的,尤其不是社会学、人类学术语意义上的。实际上,中国社会还有一类已被人注意却未引起深入研究的、一种不为现行家庭术语涵摄的家庭形态,笔者尤为注意其结构的动态性。

---

① 参见庄孔韶:《银翅——中国的地方社会与文化变迁(1920—1990)》,导言第 3 页。
② Arthur Wolf, "Chinese Family Size: A Myth Revisited", in Hsieh and Chung (eds.), *The Chinese Family and its Ritual Behavior*, Institute of Ethnology, Academic Sinica, Monograph Series B, No.15,1985,pp.30—50.
③ 参见庄孔韶:《银翅——中国的地方社会与文化变迁(1920—1990)》,第 314—320 页。
④ Olga Lang, *Chinese Family and Society*, New Haven: Yale University Press, 1946.
⑤ Swidler, "Culture in Action", *American Sociological Review* 51(2),1986, p.264.

这是因发现老年父母在诸子家轮流吃或住的轮值家庭所引起的。汉人社会大约有一半的农村存在着"轮值(轮伙头)"类家庭。不仅如此,现代的贫苦农人中存在这种家庭,2100多年前汉代的富人家也有10天一轮的家庭记载。① 在人类学界,林耀华的《金翼》较早介绍了福建当地轮吃住的"轮值"家庭习俗②,而葛伯纳(Bernard Gallin)则较早研究了台湾汉人社会的"轮伙头"制度。③ 随后谢继昌也有关于"轮伙头"家族的专题研究。④ 笔者接续他们的步履,和上述三人的研究对应,仔细调查了金翼黄村的轮值家庭制度。⑤ 这种轮值家庭在家庭成员关系上仅比未分大家庭稍稍松弛,但减少了多核组合(联合)家庭共同生活中的矛盾因素。但轮值家庭继续保持了中国家族文化的主要原则,如赡养与孝道、慈爱与养育、宗祧与房份。横向各房兄弟之间和纵向父子之间都崇尚礼之有序均等、温厚与协和的精神。中国古今大家族生活之成功实行应看做是一种悠久文化传统的杰作。在汉人社会的不同区域进程中,既然这一传统不可能被隔断,那么大家庭生活及其理想就仍会被一部分人尽力实现,另一部分人也会找到适应与变通之路,例如把同样之均平与孝悌之礼在父—子家庭两三代人之间拉开距离的情况下加以实施,减少了家内难于避免的口角且能继续维护中国传统的家族精神。

笔者注意到中国农村同轮值家庭并存的还有接受儿辈家均等口粮赡养费供奉的反哺家庭形式,以及庄英章在台湾发现的"联邦式家庭"。后者是台湾在工商化、都市化影响下,显示以父母为中心形成的远距离的,有独立发展又有合作关系的地方家庭类型。⑥

为了方便归纳大陆和台湾地区存在的各种大家族的变通的地方类型,并与现有的常见的家庭术语(核心、主干、扩大和组合家庭)相协调,笔者乐于把轮值家庭、反哺家庭和联邦家庭等一并称为中国式准—组合

---

① 《汉书》,卷四三。
② 参见林耀华:《金翼——中国家族制度的社会学研究》。
③ Bernard Gallin, *Hsin Hsing, Taiwan: A Chinese Village in Change*, Berkeley: University of California Press, 1966.
④ 参见谢继昌:《轮伙头制度初探》,台北:《"中央研究院"民族学研究所集刊》,第59集,1985年。
⑤ 参见庄孔韶:《银翅——中国的地方社会与文化变迁(1920—1990)》,第313—343页。
⑥ 参见庄英章:《台湾农村家庭对现代化的适应——一个田野调查案例的分析》,《"中央研究院"民族学研究所集刊》,1972(34),第88页;庄英章:《社会变迁中的南村家族——五个家庭的个案分析》,《"中央研究院"民族学研究所集刊》,1981(52),第25页。

家庭(Chinese quasi-joint family)。① 鉴于西洋家庭术语分类的切割式界定,有时只能提供若干时间断面的某类家庭的存在状态,例如轮值家庭的轮值时刻的存在状态,即西洋分类法难以表达清楚中国式准—组合家庭不同形式的内部连接关系。为此,笔者1986年对金翼黄村山谷的家族结构做过如下重要小结:1986年黄村家族类型应是核心家庭41个,主干家庭24个,扩大家庭38个和单身家庭8个。户籍簿上显示的总数263个家庭中的其余152个家庭(各有核心、主干、单身等家庭归类)均卷入中国式准—组合家庭中。如果我们再把20世纪50至70年代的家庭结构和80年代联系起来看,虽说核心家庭所占全部家庭的比例曲线升降有人为干预促成的波动,但玉田地区差不多总有3/4的核心家庭一直处在与父母同住的准—组合家庭的结构之中,主干家庭中亦有近1/2与儿辈家庭等结成准—组合家庭的关系。②

新的分析表明,在中国准—组合家庭流行区使用通行的核心、主干、扩大家庭做分类的根据,只表明一个时间断面(以调查统计时刻为准)的家庭存在形态。当然,即使这样,仍能在一定程度上表明地方家庭形态变迁的总趋势,然而,如果在使用核心、主干、扩大家庭术语的同时辅以准—组合家庭成员关系结构的说明,则会使人们对中国人实践大家庭理论及其变通性实践有一个逼真的认识,同时也说明使用社会科学通行术语时,在保持其分类价值及其泛文化意义之外,有时还有必要做文化上的修订。中国式准—组合家庭是中国人理想大家庭理念与行为相互整合的产物。由于中国家庭内部活动对外部世界的封闭性,大家庭内关系难于披露于外。倒是轮值、反哺和联邦家庭不同,由于它把家庭成员关系纽带直接伸延至社区生活中,这便有可能把中国传统大家族关系无掩饰地暴露在邻里和公众面前,最鲜明的表现是均等与均衡的精神准则被物化和量化于准—组合家庭成员之间,这大概是大家庭理想模式在生活中妥协和变通存在的代价。然而,我们发现在现代化的过程中,中国人总是自觉、不自觉地把思想、人生、生计的设计和实行与家族主义理念牵涉在一起,显示了强烈的文化持续性与协调性。

一种家庭传统被另一种政策的文化(或曰文化的政策)强力涵化的结果是什么呢?1980年中期笔者发现,经过20年的人民公社体制,一些

---

① 参见庄孔韶:《银翅——中国的地方社会与文化变迁(1920—1990)》,第330页。
② 同上书,第333—334页。

少数民族地区也接受了上述轮值家庭形式,而原来的传统家庭形式(如幼子继承、长子继承等)改换了。大概是平均主义的口粮政策与分地原则影响了那里传统的继承制。那么,笔者现在的兴趣是,有据可查的部分哈尼族、傣族、布依族、水族、土家族、锡伯族、回族等①,现在是继续轮值家庭制度呢,还是恢复了原来的传统家庭制度?这个问题涉及文化的持续性及其中断的可能性的具体解释,这在农业社会家庭制度的研究中耐人寻味且意义深远,希望人类学同仁有机会卷入这方面的兴趣。

六、宗族研究的进程

关于中国社会的宗族研究,人类学家的论文总要提到弗里德曼的成就。他将非洲世系群模式(the African Lineage model)转换于中国汉人社会的宗族研究之中。在他们之前,关于宗族的术语并不统一。20世纪40年代以前的英文作品中,较早的葛学溥使用的是 sib②,而费孝通和林耀华时代的作品中都使用 clan③,而这个字的意思以汉字的氏族为宜。现在借用 lineage(世系群)这个词对应于汉人的宗族较 sib 和 clan 恰当,已在人类学界通用。

如果以时间顺序观察人类学的宗族研究,可以简述其目的、成果和方法:

(一)学用早期功能主义

在人类学的功能主义传入中国以后,率先用来研究本土宗族的是林耀华。他的《义序宗族的研究》(1935,研究生论文手写本)和《从人类学观点考察中国宗族乡村》④是重要的先期作品。这很容易明白,一名研究生学完功能主义,尝试以及几项理论原则分析前人从未如此分析过的福建乡村的宗族,算是非常聪明和敏锐的选题。不过,受过本土国学文献熏陶并在依据《朱子家礼》制度化生活中体验过的林耀华,在写作时不会只

---

① 参见庄孔韶:《银翅——中国的地方社会与文化变迁(1920—1990)》,第335页。
② Daniel Harrison Kulp, *Country Life in South China: The Sociology of Familism*, Vol. 1, Phenix Village, Kwangtung, China, p.143.
③ 费孝通:《乡土中国·生育制度》,北京:北京大学出版社,1998年,第39页;林耀华:《义序的宗族研究》,北京:三联书店,2000年,第32页。
④ 林耀华:《从人类学观点考察中国宗族乡村》,载《社会学界》,卷9,1936年。

接受过于直白的功能主义。就像早年吃惯中草药驱寒的福建乡里人,忽然发现传教士给他的阿司匹林药片发汗更快,也就受用了。在义序和金翼黄村的强大的宗族组织面前,功能主义的分析得到了良好的因素性对位,特别是他在《社会学界》公开发表的《从人类学观点考察中国宗族乡村》一文,是学用功能主义的早期本土作品之一,也是本土学者考察本土村落的功能主义的印证性作品,20世纪40年代前后的其他一些作品(如刘兴唐的《福建的血族组织》)也带有印证性的烙印。

(二)被忽视的本土理念诠释

亚当斯(William Adams)在考察了人类学一些理论渊源及其哲学根基之后,对发源于英国的功能主义评价不高,认为它除了在田野工作方法以及个案研究方面还差强人意以外(印第安学在这方面不在其下),其理论价值实在不值得恭维。① 笔者最早阅读林耀华的早期作品时,就试图考察发源地的人类学理论和本土学者的研究实况的联系问题。我们看到,中国学者在接受功能主义理论的同时,本土哲学诠释在一个流行理论大潮之下似乎"躲藏"了起来。然而问题并没有解决,本来单纯视角的理论就难以成通论。功能主义除了它的田野实用性以外,这一理论不能涵摄人文的道德哲学的内化部分,而且采集证据的标准也依据外在的观察。林耀华曾以功能主义剖析义序宗族组织,特别强调族产、族田之宗族成分,并成为弗里德曼宗族说的根据之一。② 然而,林耀华在《从人类学观点考察中国宗族乡村》以外的论文《拜祖》和他的长篇论著《义序宗族的研究》(可惜弗里德曼没有看到注释中"躲藏"的本土理念诠释,假如看到的话不知弗里德曼会不会有另外的理论设计)中的注释部分一再阐述其祭祖先在的理念意义。③ 如他曾摘录起初义序黄氏宗族无祭产时(雍正十二年)《宗祠志》表达的族人心境之压力,哀叹:"祭田未备,不胜惶愧,当与吾族之尊祖敬宗者共尘于怀也。"只是后来,宗族组织才渐渐完成了走向族田、族产、制度等职能多元的宗族组织。④

---

① Willam Y. Adams, *The Philosophical Roots of Anthropology*, CSLI Pulications, Leland Stanford Junior Univ, 1998, pp. 350—352.
② M. Freedman, *Lineage Organization of Southeast China*, London:Athlone,1958, pp.33—40.
③ 参见林耀华:《义序宗族的研究》,北京,燕京大学影印本,1935年,第51—53,64页。
④ 参见庄孔韶:《银翅——中国的地方社会与文化变迁(1920—1990年)》,第267—268页。

上述先在理念的培植,如本土国学之灌输和化民成俗之礼教好像前面说的有如"慢功"的中草药,有潜移默化的作用。所谓"教化"在人类学认为就是濡化的本质。在福建乡里,直到20世纪40年代,稳固的小农经济下的中国式的教化(甚至是集体常年地诵读、背诵礼制条文,在教育学上认为是有成效的但不经济的方法)一直继承宋以来续家谱族谱和读乡约的宗法教化形式。因为族谱不仅排列了人伦位置,并在许多族谱的序和跋中讲述了儒学礼法。世代父子宗祧传承的这一家族与宗族文化价值的思想为哲学家所发明、政治家所强化、教育家和乡土文人所传播,并最终由农人所实践,从而成为汉人社会的文化特色与行为准则,也是上述先在理念存在的基础。

(三)弗里德曼及围绕着他的理论

学界对弗里德曼关于中国福建和广东的宗族研究已颇为熟悉,仅做简要概括。弗里德曼认为,东南部中国地处边陲,地方社会的农人从事水田稻作,开垦、灌溉、自卫、协作等容易形成亲属团体。生产盈余,促进财产的积累,也促进了宗族的形成。① 在若干印证性的、批评性的研究之外,巴博德(Burton Pasternak)的反驳最为直接。他以台湾地区两个不同来源的村落考察为例说明,有时水利灌溉系统并没有促进宗族的发展,反而促成非亲族的团结。宗族财产的积累也是有条件的。边疆环境并非是促进宗族高度发展的原因,宗族的形成主要是社会经济等方面发展的结果,而不是由于边境的刺激。② 庄英章也以他的调查结论指明,台湾地区开拓初期是以地缘为基础,而不是以血缘关系为基础,宗族的产生并非因边境环境的刺激,而是移民开发第二阶段的结果。③ 如此等等。也就是说,仅凭田野调查的地方多样性便可以反驳若干功能因素在宗族形成中具有制约性地位的观点。其实,弗里德曼曾客观地为自己的观点做了铺垫,他告诫,要做到中国宗族的圆满解释,必须以全中国为研究对象。④

---

① Maurice Freedman, *Chinese Lineage and Society: Fukien and Kwangtung*, Calif: Humanities Press, 1996.

② B. Pasternak, *Kinship and Community in Two Chinese Village*, California: Stanford University Press, 1972.

③ 参见庄英章:《台湾汉人宗族发展的若干问题》,载《"中央研究院"民族学研究所集刊》,1973(36),第113—140页;《林杞埔——一个台湾市镇的社会经济发展史》,上海:上海人民出版社,2000年,第190—196页。

④ Maurice Freedman, *Chinese Lineage and Society: Fukien and Kwangtung*, p.158.

然而笔者应补充的是,以全中国为对象还必须改变单纯田野观察的功能性要素分析。即使是对历史文献、方志和文人笔记的材料分析也并非落在功能性的选材上。

我们从20世纪80年代历史学与人类学家的一部论文集里[①]看到了一个研究方法的过渡状态:史料的功能因素分析和注意向高层文化推及分析二者并存,是一种明显的改善。跨越学科知识的宗族研究也一直在继续着。黄树民和陈其南都从语意和历史两方面检讨弗里德曼的宗族理论,黄树民论及中国的 descent groups、族、家、宗、姓诸概念的含义[②],陈其南论及宗族的范畴与团体。[③] 他们引证了法学、历史学的著作[④],陈其南特别把方志资料与人类学相结合,关注历史上"父系继嗣原则及其具体化的宗族组织透过新儒家的教化普及于宗族聚居的地区"[⑤]的社会濡化过程。吴燕和换了一个角度做研究,提供了海外中国人团体的例子,以说明"文化战胜环境"的见解。[⑥] 上述研究从田野工作向上寻找与制度变迁史的关系,以及认识环境互动、文化先在的多视角的意义,是十分重要的。至于人类学流行的族群性和族群认同的观察也是相当有益的,田野工作能提供中国宗族、家庭原生性和场景性认同的第一手资料,从而推进对中国宗族与家族主义本质的理解。以田野工作为基础,力求寻找高层与基层、精英与大众文化层思想、制度和行为方式的内在联系及其变异,寻找千百年来不断灌输的宗族家族理念和小农经济实践的不同整合方式,属于笔者所谓古今文化关联的反观法。以人类学的文化濡化的原理,中国儒家思想及其制度的历史性联系是田野工作反向观察的基本参照系,这个参照系较为明确、易于使用。

---

① Patricia Buckley Ebrey and James J. Watson, *Kinship Organization in Late Imperial China* (1900—1940), Berkeley: University of California Press, 1986.
② 参见黄树民:《从早期大甲地区的开拓看台湾汉人社会组织的发展》,见李亦园、乔健主编:《中国的民族、社会与文化》,台北:食货出版社,1981年,第33—56页。
③ 参见陈其南:《家族与社会——台湾与中国社会研究的基础理念》,台北:联经出版事业公司,1990年,第216—217页。
④ 瞿同祖:《中国法律与中国社会》,北京,商务印书馆,1947年;清水盛光:《中国族产制度考》,台北,"中华文化事业委员会",1949年;《牧野巽著作集》,第2卷,《中国家族研究》(下),东京:书茶の水书房,1980年。
⑤ 陈其南:《家族与社会——台湾与中国社会研究的基础理念》,第222页。
⑥ 参见吴燕和:《中国宗族之发展与其仪式兴衰的条件》,载《"中央研究院"民族学研究所集刊》,1985(59),第131—140页。

（四）濡化及其回应："合模"与"不合模"的宗族

如果把人类学的儒化用进一步的教育人类学的理论来解释，是说教育、教化和儒化的本质是"文化的传递和人性的转换"。① 在文化和人性这两个基点上，在我们越来越感受到地方多样性的时候，对儒家思想及其制度自上而下成功传输与实践的结果似乎有点忽略。

如果说孔子只是试图整理和继承西周礼制文德，奔走倡导，那么朱熹则是将哲学、伦理、政治紧密纳入教育之中，有目的、有意识和卓有成效地传播儒家文化，并使其制度化。千百年来千万个执著于"礼让化之"的循吏掌控和推动儒学实践，加之实行规划了的正规教育，一并构成民众思想内化的有力手段。宗族乃至化民成俗的家礼、续谱、乡约等之所以延续下来，先在的宗祧理念以及亲族团体同生存空间之整合都是重要的原因。福建义序的宗族和黄村的宗族似乎就是这种依照儒学原理及其礼制渐渐形成的"合模"的标准化的宗族类型，只是大小不一。

笔者考察了朱熹在福建的理学和礼制实践，看到朱熹以后至今仍保留着礼制习俗，如《朱子家礼》的许多细节仍在民间实行。② 笔者多次站在已经破败的宗族祠堂前面，总会感受到那种大族象征的威严。在参加重建黄氏13代宗谱（"文化大革命"中被烧毁）的工作中，笔者发现成年男人都清楚地了解各墓各房的树系分支。辈分和同一世代均等分房分别构成了汉人社会宗谱的横轴和纵轴，黄村农人不用看宗谱树系就会对长幼、房派有精细的认识，连嫁来的女人也很快熟悉了父系宗谱的人际关系。族谱亦如宗族祠堂、祖墓一般，均是同宗乡民在不同场合亲族认同的不同标记。笔者在完成五米长的黄氏宗谱续谱的过程中，很惊讶地知道黄氏农人还了解以前少数过继者的宗谱位置，这说明在"合模"类型的宗族中血脉系统和伦理原则处在儒化过程的关注焦点上，文化的传递和人性的模塑尽在潜移默化之中。

成功的儒化造就类同化的"合模"的宗族及其制度，而在不同地理区域，情况大不相同。弗里德曼期待在集权国家之下的地方性宗族有不同的发现与分析，除了广为调查以外，建立不同视角的理论探索有助于看到

---

① 参见庄孔韶：《教育人类学》，哈尔滨：黑龙江教育出版社，1989年。
② 参见庄孔韶：《银翅——中国的地方社会与文化变迁（1920—1990）》，第十章、第十五章。

那些"合模"类型以外的、不同的宗族类型和地方性的回应方式。

例如,1986年,中国云南大理地区的西镇人的不同宗族在修谱问题上发生了分歧。各宗姓到底渊源何在呢?在许烺光做调查的时代,西镇人多数认同于汉人;20世纪50年代称作"民家"的西镇人被识别为白族,后来西镇人多数认同于白族的族属。然而,在修谱确定族源的过程中,多数人书写江南的南京为他们的发祥地,只有少数人认为自己是土著的后裔。具体就董姓的选择来看,1986年修谱时延用了清代旧族谱上始祖来自"江南金陵县"的说法,而我们查看明代董氏的所有墓志铭和族谱的序,则颇为强调"九龙之裔"系民家的先人。这样,同一个宗族在族源上认同汉人的一面,而在族属上认同白族,呈现出的是实际利益和不同场景下的"双重认同"。相似的情况也发生在福建百崎的郭姓宗族,其族源认同于古代名人郭子仪,而在族属上却认同于回族。① 同样的道理说明,民族识别赋予他们的白族和回族族属得到他们的认同,在本质上反映了他们在现代国家政治中呈现的角色与身份。于是通过族源的认定,表现其地方社会对国家政策的反向回应。这样的宗族内涵,体现了一方面认同汉文化的族源,一方面又处在背离主流的族群对话的地位上。文化认同和族群认同之区分是其宗族结构过程中的必要计策。理念先在是儒学礼制濡化的结果,是地方化对正统化的回应的不同方式的基础。

人类学研究汉人社会宗族的历史并不长,但到今天为止的不同研究视角都各有其原委,其中区域性的研究成果受地方性和理论运用的双重制约,即使将各家说法都归拢起来,也还未到实现整体论述的时刻。笔者在《回访和人类学再研究的意义——农民社会的认识之二》中将继续提供中国北方宗族的回访性研究成果,旨在继续通过认识宗族达到更好地认识汉人社会的目的。其间,跨学科的交流是重要的。如今中国的历史学和人类学已经出现了前所未有的学术联合与互补的良好态势。

七、汉人社会和族群认同

在汉人社会研究的过程中,几乎很少涉及少数民族和族群的问题。但如下的两个例子说明学术的发展会使先前不经意的构想,或曾经几乎

---

① Fan Ke, "Ups and Downs: Local Muslim History in South China," *Journal of Muslim Minority Affairs*, vol. 23, No. 1, April 2003.

是定论性的构想重新从学术的衣箱里翻出来再评论。

(一) 西镇人—民家—白族

许烺光没想到,他曾关心的社会变迁问题在今日学术回访的潮流中依然有人注意,而他对西镇人的调查,起初是不经意于民族的传统做法,为20世纪下半叶族群理论风潮的冲击留下了缝隙。西镇人享受着祖先的荫护,但那是谁的祖先?许烺光当年见到的西镇"民家人"现在被识别为白族,他的《祖荫下》就遇到了麻烦。例如郝瑞说:"许烺光的《祖荫下》很少提到作为研究对象的白族的起源,他把他们当做中国农民的文化和人格的一个例子。"①段伟菊的追踪考察表明,50年以后用发展了的人类学族群知识批评许烺光因根据民家人与汉人之间在家和祭祖上表现出的"同一特质",认定民家人"比汉人还汉人"的看法,显然过于简单化。

1956年的民族识别把民家人确认为白族,并在"名从主人"的政策原则下,激发了他们的族群意识,个人对白族民族成分的选择前所未有。然而,情况并非这样简单。西镇人在20世纪80年代的修谱活动中,"在自称白族的同时,西镇人仍留存了对'祖籍南京'的遥远'记忆',体现了族源上认同于汉人的一面。民族识别后对白族意识的强调和复苏并没有'恢复'和'唤起'家谱中族源的认同"。很明显,现代西镇人认同于白族(请对比"五族共和"时期许烺光的调查中,西镇民家十有八九认同于汉人),同时也认同汉人起源,呈现出了实际利益和不同场景下的"双重认同"。所以,这的确是一个生动的地方族群过程(横山广子也有关于"语言条件"和"民族集团的归属的移动"的关系研究)②,也是历经60年左右两代学者的田野认知经历。今日我们看待许烺光先生的《祖荫下》,向我们提供了西镇人一脉相承的印象:"它既带有中国汉人社会所要求的追求大家庭理想的印记,又充分具备背离与主流对话的地域和族群文化的整合性。"

(二) "汉人"和"疍民"

在中国南方的汉人社会研究中,珠江三角洲的"汉人"和"疍民"的身

---

① Stevan Harrell, *Cultural Encounters on China's Ethnic Frontiers*. University of Washington Press, 1992, pp.30—31.
② 参见横山广子:《大理盆地的民族集团》,见费孝通主编:《中华民族研究新探索》,北京:中国社会科学出版社,1991年。

份问题也进入了重新思考的范围。先前在史料记载中,"疍民"总是以另类文化族群和"汉人"相区别,而且以往研究华南的历史学家也都假设珠江三角洲的汉人与疍民在职业、文化和血统上是不同的。据萧凤霞和刘志伟的研究①,珠江三角洲的人口构成和职业区分不是僵化的。很多世纪以来,不少水上居民变成了农民,反之亦然。在明清时期,"疍民"参与沙田的开发,最终成为农业耕作者的时候,这个过程尤其明显。

对于这样的变换过程,文字的陈述和学术的解释是以不同的方式呈现的。笔者把上述研究提供的不同的方式梳理如下:(1)史料:记载了"四民之外"的"疍户"是"瑶蛮之类"。汉和疍的身份是由士大夫的语言去表达的。(2)中国的传统历史学著作:一再强化一种观念,通过移民开发,北方"先进的"生产方式与文化向南方渗透,通过人口迁移从政治中心扩散出来实现"王化"。(3)人类学:本地人运用文化策略把自己与真实的或想象的"中心"联系起来,经过一个提升自己社会地位的过程,最终取得一个被认为是主流文化的标记,并且各就各位地去确认自己的身份。(4)历史学:把帝国视为一个文化的观念,教化的过程不是通过自上而下强令推行的,而是融入本地人中,自下而上利用国家秩序的语言,运用于地方社会以提升自己的地位。

这样,如果我们再回到云南西镇的族群认同现象上来,就会看到,从元明清以来到今天,西镇人一直持续着与上述类同的族属过程。一方面,"自晋代以来被视为蛮夷的少数民族,不得与于察举和科举考试,也是白族先民不断使用汉姓、改为汉籍的原因之一"②。另一方面,明朝从江南迁来西镇的汉人当中,大多数也已融入西镇的"民家人"中,说地地道道的"民家话",他们的认同逐渐与当地人的认同一致,也称自己为"民家"。但同时他们与"冒籍江南"的民家人一样,在一定情况下,他们也会强调自己的"汉人祖籍"和来源。所以,"祖籍江南"的认同体现出一种实际利益,西镇的"民家人"认同体现出一种场景性,表现出受"语言认同"和"实际利益"所左右的两个方面,呈现出"双重的认同"。

至于说到族群认同与"提升地位"之事,珠江三角洲的"疍民"提升自己的过程,经常是单向的,是为了最终取得一个被认为是主流文化的标

---

① 参见刘志伟:《地域社会与文化的结构过程——珠江三角洲的历史学与人类学对话》,载《历史研究》,2003(1),其中"族群:身份认同的社会文化过程"一节根据萧凤霞和刘志伟的合作论文"Lineage, Market, Pirate, and Dan: Ethnicity in the Pearl River Delta of South China"。

② 马曜:《南诏大理史研究的新途径》,载《云南社会科学》,1996(1)。

记,特别是当"蛋民"终不是"民家"、无缘成为国家认可的一个民族的情况下。1956年当"民家"被识别和核准为"白族"以后,大理白族自治州的白族人享有干部选拔、招工、生育、高考(加分)等方面的优惠政策,当时哪怕是父母双方有一方为白族,子女一般都会选择白族。似乎和明清时的冒籍情况正好相反,白族反而比汉人处在较高的优惠地位上。显然,这是政治、政策和文化影响下的族群认同问题。西镇人—民家—白族在过去和现在不同的社会政治与国际学术环境下,他们以自身族群的双重和多重的认同提升自己的地位。这就是我们所谓的动态的社区结构过程,以及外在者的相对性观察、诠释与解说。

八、农民和文化/个性、心态与信仰

心态、信仰和文化与个性有相当的关联。对今日人类学意义上的族群建立某种有意义的集体性认识,和强调族群内部的个性与人格类型差别,在学术的思考上并不是一回事。

文化与人格可以推动心态研究。早年,林顿(R. Linton)和卡迪纳(A. Kardiner)在《个人及其社会》中提出了基本人格结构(basic personality structure)的概念。它的含义是,在一个文化中,基本人格结构是基于社会成员的共同经验和可能产生这些经验的人格特征的一种整合类型。[①] 基本人格结构还创造和保持文化的其他方面,文化因此得到整合。这个假设导致了由基本人格结构衍生的一个因果关系链,如某种环境造就相同的育儿方式、共享的喜悦和忧虑,以及一致的宗教与民俗生活等。

杜波依丝(Cora Dubois)依照在阿洛人中的田野工作和心理测验得出了典型人格(medel personality)的概念:全人类共同享有一种可能是由生理因素决定的心理亚结构;人格中的个体倾向可能会加工和整合人的行为;一个群体之中面临着共同文化压力的每个个体,其所具有的先天潜能有形成典型人格的倾向。当然,此时的杜波依丝不赞成人格完全由童年期经验的特点决定。由于每个个体无法按照社会的规范圆满地行事,于是造成了典型人格与组成一个既定社会的个体心理结构之间不可能完全一致。[②]

---

① 参见王建民:《心理人类学》,见庄孔韶主编:《人类学通论》,第229—236页。
② 参见上书,第231—232页。

现在的研究更加证明了,在较大族群中存在着单一人格类型的假说难以解释其内在的多样性态度选择。那么,如果我们利用今日发展的人类学理论重新思考文化与人格的问题,应该说,人格不是恒常的,不同族群对"相同"的情境的反应,部分取决于群体人格、态度、价值观和文化精神。为了了解某一群体对某一特定的历史情境的反应,必须了解其文化、价值观及态度。①

虽然今天一些人类学家认为文化对人格的预设性意义证据不足而不屑一顾,然而仍有心理学家、人类学家、教育学家在这方面不懈地努力。既然相对封闭的昔日部落社会、半封闭的农人社会和开放的工业社会,所谓文化的同质性逐渐减弱,那么发现特定群体的类同的人格和心态不是不可能的。例如,在农民社会的特定的环境与特定的事项中仍可观察到趋众人格与心态的思维与行为过程。族群的大小及其认同的级别、构成特点、内外信息沟通的条件,理性选择以外的众多的非理性选择、环境与人事场景,对同一族群考察时心理学、人类学与哲学的思维级别等都不一样,但仍有其观察的可行性。如可以检视他们的心态和信仰在何种范畴和何种程度上存在类同的趋向。例如许烺光用"身份人格结构"划分西镇的父子、夫妻等的家庭和亲属关系,长幼有序和亲疏有等的传统,至今依旧是有益的估计与感知的参考。家庭亲属每个人大体依相应的本分确定其态度,因此在农民社区我们有可能在一个社会与人事过程中获得一组亲属的"身份"性的本分行为,或对一组特定村民群体的做派加以预估或把握,从而有其研究和应用的价值。

从列维—布留尔(Lucien Levy-Bruhl)的原始心态开始。心态(mentality)研究的开创者、法国历史学家布洛克(Mark Bloch)深受社会学、人类学的影响,钦佩迪尔凯姆及他的追随者人类学家吕西安·列维—布留尔的作品《原始心态》。法国人"不是强调个人的态度,而是集体的态度;强调未被言明的看法而不是明确的结论,强调'常识'或在一个特定文化中看起来是常识的东西;以及强调信仰体系的结构,包括对那些用以解释经验的范畴以及证明和劝诱的方法的关注"②。

在我们考察和关注过的中国福建古田方言区,女人的婚礼均避开女神陈靖姑的两个忌年:18 岁和 24 岁,大多赶在 17 岁成婚,经数百年由信

---

① 参见维特·巴诺:《心理人类学》,台北:黎明文化事业公司,1987 年,第 555—558 页。
② 彼得·伯克:《历史学与社会理论》,上海:上海人民出版社,2001 年,第 111 页。

仰化成民俗。在邻近这个年龄之时,其父母及当事人紧张的心态会持续很久,这导源于社区真诚的信仰与社会舆论合流,显然不是功利性的。这种避开忌日结婚的默默的心态与行动,是家庭和邻里共同的信仰认同。直至婚礼上的拜天地父母,以及回谢"奶娘"恩典的仪式连接了本土伦理哲学的原理,个人生命历程的顺利得到邻里村人的肯定,普遍的焦虑心态以最终达成满足结束,于是维系了乡村内外的社会关系。乡民唯一不会注意的是,这一民俗信仰竟导致人口出生率依年龄组统计的规律现象。这一地区除了共同的禁忌心态以外,对地方道士和"师公"的祈男、收惊、过关、收魂(防止孩子的魂魄分离)①等仪式,以及符箓避邪和符水医病的由衷信奉,已形成地方农人集体的共同心态,在当地的民俗情境下是不可阻止的。

布洛克写了一部对"国王触摸"(可以通过国王的触摸治疗淋巴结核病人)的有效的集体性期盼与信仰的心态史著作。其实国王触摸并没有真正的疗效,但他思考为什么该群体的集体心态能维持很长时间。他指出:"信仰某种与经验相矛盾的事物的倾向是列维—布留尔论述的所谓原始心态的一个本质特征。"②

拉迪里(Emmanuel Le Roy Ladurie)研究了16世纪至17世纪法国农民对扎绳———种能够使人失去性功能的阉割仪式、魔咒与妖术的群体性的焦虑与恐惧。这无论是从地区上看还是从社会阶层上看,都得到了广泛的证实。拉迪里集中了大量的资料和案例,他以让档案自己说话的办法让读者理解这样的深层心理现象。③

顺便提及,有功能主义传统的英国人接受法国人的心态研究比较缓慢,改变这一点的是人类学家埃文斯—普里查德(Evans-Pritchard)。他在中非的阿赞德人中观察"在同一个信仰的网上,网丝之间互相依赖"的信仰心态依赖性研究(他读过布洛克的书),并影响到英国的历史学界关心同类的研究。

根据埃文斯—普里查德的区分,阿赞德人中有关妖术的知识是任何

---

① 参见庄孔韶:《银翅——中国的地方社会与文化变迁(1920—1990)》,第369—370页。
② M. Bloch, *The Royal Touch*, English Trans, London, 1924, p.421.
③ 参见拉迪里:《历史学家的思想和方法》,上海:上海人民出版社,2002年,第166页。

人都可以学会的,而对巫术的掌握却是与生俱来的①,阿赞德人社区不可比拟的更大的中华社会,1768年在清代统治下,从农民社会到帝国政治生活中也泛起了"叫魂"妖术之风,从基层农民的心态到帝国社会政治行动,在孔飞利(Philip A. Kuhn)的《叫魂》②里被描绘得惟妙惟肖。

"叫魂"的意思是,人的魂可以和躯体相分离。一个人若掌握了另一个人的魂,便可以利用它的力量来为自己牟利;若要偷取别人的魂(亦即"叫魂"),可以通过施展妖术来实现,或者可以对着已从受害者身上分离出的某种实物(例如男人的辫梢或女人的衣襟)念咒等办法,使受害者得病或死去。③ 根据对民间那些没有社会政治地位的人群的分析,作为民俗信仰基础的某些原理,例如灵魂—躯体一体的民间说教在感到某种妖术威胁的情形下,群体的恐惧和恐慌心态就会呈现。而跨越社会阶层——从农民到官府的共同惊恐说明文化的连续性的本质。然而对同样的惊恐,各个社会群体却有不同的解读。"尽管'邪术'让所有的人都感到害怕与憎恶,但每一个社会群体都将妖术传说中的不同成分重新组合,使之适应自己的世界观。"④

孔飞利的叫魂研究已经超越了单纯集体心态的考察,它寻求的社会历史原因是其民众思维与行为方式的先导。这个"受困扰社会"的多数人没有机会接近政治权力和获取社会资源,如果想在帝国制度之外寻求这种权力的话,无疑就是造反和革命。但对大多数人来说,权力通常只是存在于幻觉之中。只有当非常情况下,例如弘历的清剿妖术,普通人就有了机会来清算宿怨。我们说,这时,群体的心态可以描述,但结局难于预料。这是一个没有引擎的社会,人人可以尝试的"技巧"——妖术通过精神世界来强化个人的力量,于是,冤冤相报的敌意行为就出现了。⑤ 这就是我们从孔飞利的研究中看到的普通民众的某种共通的心态如何转化成行动。

剩下的问题又该回到关注集体的心态的研究是否会忽略许多不同层面的差异。再严谨一些的说法可以是,心态的术语只是用来描述个人与

---

① Evans-Pritchard, *Witchcraft, Oracles, and Magic among the Azande*, Cambridge: Cambridge University Press, 1937.
② 孔飞利:《叫魂——1768年中国妖术大恐慌》,上海:三联书店,1999年。
③ 参见上书,第28页。
④ 同上书,第292页。
⑤ 参见上书,第299—303页。

其集团中的其他人的共有的信仰。当然,简化(或曰略去——笔者注)差异,同时也是结构分析所付出的代价。① 然而,有时在集体心态的研究中,如果有可能采纳兼顾的、多视角的"大叙事"的方法,普遍心态的研究可以兼顾内涵的差异以及普遍心态以外的表现,而不至于拘泥于单项民俗事项的考虑。例如,以追求幸福为目的的"世纪婴儿"的出世一事,具有要生"龙子"、"龙女"同一心态的父母以个体行动默默进行(包括计算刚好2000年内出生,以及记录到的1999年底的"堕胎"风和2000年底的"剖腹"早产风)。② 几年以后的今天,江南某地从入托儿所的人口统计看,2003年和2004年两年(减掉年平均人数后)将多出3万名"世纪婴儿"需要入托,即表明新世纪之前,该地有同样心态的父母大约6万名,以及祖父母12万人——总共18万人,从而造成3年至4年后的幼儿园爆满。

　　人类学的集体人格倾向和集体心态的研究,擅长于文化根源的分析,考察生活中的哲学伦理结构、族群或特定的集体的认同、小传统的人生观与处世术、民俗信仰的解释系统以及外在政治经济和权力的掌控,就会发现不同类型的集体心态表现,如上所述,有时是完全自主地呈现,有时则是被动地呈现。大概仍有很多人对世纪婴儿并不以为然,因此在一个非同质性的社会,对拥有不同心态的人群的研究不是不可能的,而且在应用研究上是可控制的。

九、农民的宗教

　　农民社会对民间信仰和宗教的感觉是一样的真诚,但宗教师和农民信众的关怀是不同的。如同韦伯指出,乡民试图具体应用宗教以解决生活问题的倾向实在是非常现实,欠缺宗教专家追求的伦理合理化和高层次意义。③ 所以经过一段时间乡民才会接受新的观念和仪式。因此乡民社会长久保留传统宗教的仪式,而大的社会的宗教体系早经宗教专家革新了。④ 然而,在"文化大革命"后福建乡村重塑偶像的运动中,由于地方各类宗教师曾遭到严厉的打击和迫害,致使农民急需信仰的关怀的时刻,

---

① 参见彼得·伯克:《历史学与社会理论》,第114—115页。
② 参见《生活》杂志"社会"版,2003年8月13日。
③ Max Weber, *The Sociology of Religion*, Boston: Beacon Press, 1963, pp.80—84.
④ 参见沃尔夫:《乡民社会》,第132页。

宗教师反而怯于公开做宗教指导,而是农民信众积极走到前台,宗教师即使暗地里提供知识,也表明他们在政治的压力下滞后了。从新世纪的梦想到眼前的生活寄托,农民都需要信奉宗教,他们既可以因信仰转换成社会运动,也可以在巨大的社会变故后回到香火的仪式中去。特纳(Victor Turner)的仪式阈限、交融理论①就说明了仪式可以达成的一切信奉者之间的平等和情感交融的反结构状态,社会的紧张状态于是可以消除了。

中国农民宗教信仰的仪式多混生于生活习俗之中,是一种普化的宗教。② 一旦政治的风浪过去,中国农人原有的信仰又在新的场景下"复兴"了。如果进一步剖析的话,在笔者调查的闽东农村,"由宫观道士和正一派、闾山派道士连接起来的从高层到基层道教多层次特点与经文内涵侧重,反映了道教精英—通俗一体化文化系统中过渡与转换的细密性与互补性"③。在道士、巫师仪式、法术活动的内外,可以最终找到农人解释与实践其宇宙观的文化行为,这是行为与意义的关联的研究。

此外,现代社会频繁的科技项目进入农业地区,出现了村民既运用科学技术,也参加神明崇拜的事实,于是导致了科学和超自然力控制的解释的分歧。但学者们的讨论和农民不同。在闽东乡村,人们一边供奉临水陈太后,一边钻研真菌接种科学,无论在思维上还是行为上都采取了二元论的方法处世。农人精彩的回答是:"科学和宗教是两条路上跑的车,不会碰撞。"在学术上,科学涉及的是经验因果关系问题,而宗教涉及的是意义。科学虽然可以驳斥一些宗教信仰的见解,但"宗教的主要方面是不受科学证明或反驳的各种非经验命题。科学对于这些非经验命题既不能予以证实,又不能予以驳斥"④。这正是农民和学者同样会有二元论思维的共同基础。农民上述科学和宗教两辆车不会碰撞的说法,实在是消除科学和宗教二者冲突的概括,在实际生活中表现为尽量避免科学与宗教之间在某些特定问题上的紧张关系,并使科学与宗教各自发挥其功能的整合方式。⑤ 农民的新的人生历程就是在新科学和传统宗教协调之后实现的。

---

① Victor Turner, *The Ritual Process Structure and Anti-structure*, New York: Ithaca, Cornell University Press, 1966, pp. 95—96.
② C. K. Yang, *Religion in Chinese Society, A Study of Contemporary Social Functions of Religion and Some of their Historical Factors*, Berkerly: University of California Press, 1961, pp. 278—293.
③ 庄孔韶:《银翅——中国的地方社会与文化变迁(1920—1990)》,第385页。
④ J. Milton Yinger, *The Scientific Study of Religion*, London: The Macmillan Company, 1970, p. 62.
⑤ 参见庄孔韶:《银翅——中国的地方社会与文化变迁(1920—1990)》,第373—375页。

十、农民的回应与反抗

在中国历史上,作为农民起义导火线的灾荒、饥荒、繁重的赋税和徭役等首先是危及农民的安定生存。其次,也是十分重要的一点是,无论是秦末的陈胜、吴广还是明末的李自成,许多农民起义的口号或纲领都有追求社会公正的本意在内。斯科特(J. C. Scott)考察20世纪30年代越南义安与河静的苏维埃和缅甸的沙耶山起义后,总结了两个动因,一是认为农民面对的政府坚持征收稳定岁入的手段完全不在意农民的困难——即以牺牲农民为代价;二是此时的农民失去了可资利用的生存退路。① 内中反映了生存限度与道义两个共生的普遍情境。斯科特主张的农民的"道义经济"原则提示了存在引起农民反抗的行动限度。按中国汉人社会的惯常用语,相似于"不仁不义"的社会经济不公正行为——其实质是当政者违背了农民心中的社会平等观,对农民的索要达到了使其不可忍受的限度——导致了农民的义愤。笔者认为强势下的忍气吞声,等级、阶级和阶层共处,怠工和各种形式的反抗行动都是可能的。

从20世纪中国农民所经受的多次战乱和社会政治变故影响,可见其生存的被动状态及其各种应对方式。地方社会史和人类学研究注意到福建农民有多种多样的应对社会的方式:逃荒与移民、饥荒暴动、在共产党组织下的抗租乃至武装夺权、"文化大革命"时期的怠工、"上有政策、下有对策"、对不合理的农业政策和"转嫁于民"的做法的公开质询与批评、绕过极左政策束缚巧妙发现新生计等。② 秦晖把中国历史上的农民问题和当下的农业现状加以对照,他认为,当世"农民面对的'制度性负担'过重、'非制度性负担'的存在与负担方式的不尽合理(如'属地化'具有的缺陷)常为农民所抱怨,然而当前农民负担问题最大的方面还是无序化之弊。'明税轻、暗税重,杂费、摊派无底洞'是最令农民不满的。历史上的'摊丁入亩'虽在操作时也有多样化,但总的制度还是统一的"。反观今日的征收模式,"由于种种原因,我国农村目前新旧过渡时期的社会扣除

---

① 参见詹姆斯·C.斯科特:《农民的道义经济学:东南亚的反叛与生存》,南京:译林出版社,2002年。
② 参见庄孔韶:《银翅——中国的地方社会与文化变迁(1920—1990)》,第2章、第6章、第7章、第9章、第17章。

（即"负担"体制）不仅比改革前的公社时代复杂，比发达市场经济国家混乱，甚至与历史上传统时代相比也更加五花八门，其自行其是的程度恐怕是我国历史上在和平统一条件下罕见的"①。因此，中国人类学的农民社会研究涉及当前税式改革的要求，其背后则是农民负担问题，以及最终的城乡公民义务平等问题。

这说明农民社会的道义经济问题即使是最基本的问题，也最终需要理解农民的思想与行为方式的小传统形貌。考察小传统或大众层面的农民文化，可以确定农民们在多大程度上真正接受或拒绝社会秩序。中外历史上众多国家出现过的农民反叛或是农业政策的屡屡失败，都是因为当政者不去了解或不理解真正的农民文化。了解真正的农民文化要深入到时空关联的历史传统中去，这种传统包含在农民嬉笑怒骂的民间谚语之中，也出现在基于农民生存经验的公共道德中。如果我们看一看中国古代反映农业社会疾苦的不可胜数的怨农诗，再阅读20世纪亚洲农民（例如30年代越南和中国农民）中流传和记录的民间谚语、民歌、笑话等，都能使我们从中找到城市和乡村之间存在的思想与行为距离，这种距离包含了城市社会牺牲农业社会的尺度。即使在当代世界，不顾农人疾苦的城市当政者或不了解农民基层文化的精英们制定的农业政策，常常造成农业发展的困境或招致农民的不满，这些不满也同样反映在现代媒体网站或手机的短信息中。

农民们带着生活体验产生的价值标准，和城市社会制度的主流神话一致吗？沃尔夫看到一般农民社会的抗议运动通常是以一则神话为基础，要追求比目前的阶层社会更公正、更平等的社会。② 这必然再次越升到农民的信仰问题上去，宗教信仰不只存在于历史的往昔，也是科学发达的今天的事实。从农民生活的体验出发，他们道德信条之产生，直接联系着他们心中的信仰。从朴素的千禧年运动，到诸种地方神明的指引，都融化在农业社会真诚的信仰仪式之中，从而焕发出各种不可阻止的自我与集合行动的力量。

因此，人类学的农民研究不只是关于宗族和家族形态成因的学理问题，也包括农民社会系统和全球化进程衔接的未来问题。消除农民的不满除了考虑农民道义经济的基线、调整农业发展政策以外，保持和契合小

---

① 秦晖：《农民中国：历史反思与现实选择》，郑州：河南人民出版社，2003年，第142页。
② 参见 E.R. 沃尔夫：《乡民社会》。

传统基础上的农业社会发展线索将排除文化替换的不得已的、生硬的努力,这是第三世界在全球化过程中最为痛苦的文化转换历程。人们遗憾地看到,在全球化的经济、市场乃至文化冲击下的农业社会,无数青年人从农村流出,削弱了农业生产的中坚,然而,更重要的是削弱了地方农民文化的根基。我们不知道未来农民的认同在何处,因为地方文化传统就包含在其中。这就是汉人农村社会研究讨论的主题之一。农业社会的发展和农民的无力的或有力的社会回应如何在全球化进程中保持地方文化的精髓,而不是移植和替代,是一个从法国人、日本人到韩国人和中国人都不能不经常思考的问题。

(原载庄孔韶等著:《时空穿行——中国乡村人类学世纪回访》,北京:中国人民大学出版社,2004年,第411—454页。此文注释均遵照原书。)

第二编

发现实践

第二篇

傷寒瘟疫

"虎日"的人类学发现与实践
——兼论影视人类学片的应用新方向[①]

一、川滇毒品问题的社会文化根源

中国川滇大小凉山地区是彝族的主要聚集地之一,该地区及其周边的彝族人口不少于 200 万。这里历史上曾是鸦片产地,1950 年代禁种罂粟后曾有 30 年的无毒平静时期。然而从 1980 年代开始,云南境外毒品产区渐渐连接起来,鸦片、海洛因等各色毒品大量北流进入中国(首先是云南省)或者贩至他国与地区。1987 年云南开始有了海洛因吸食者,到 1999 年吸毒者竟快速达到 45167 人。[②] 2002 年,仅云南宁蒗县就有 1500 人之多的吸毒群体(全县人口 20 万)。据调查分析,中国有近 3/4 的艾滋病病毒感染者源于共用针管吸毒。[③] 在凉山地区也不例外。目前,四川省的凉山彝族中的艾滋病和 HIV 感染者占了全省总数的 59%。其中吸毒和共用针管引起的原因是主要的。[④] 众所周知,毒品造成人类生物机体的成瘾性,促使吸毒者陷入寻找金钱再次购买和吸食毒品的恶性循环中。在人数众多的贫苦彝族农人中,吸毒直接对家庭生计与个人前程构成了极大的威胁,为寻求毒资而引起的盗窃、勒索、抢劫、走私、卖淫等犯罪行为也直接破坏了传统彝族社会的安定。在我们的调查点,云南省宁蒗县跑马坪乡首次发现海洛因毒品是在 1994 年,到 1997—1998 年毒品

---

① 地处云南小凉山的宁蒗县跑马坪彝族嘉日家族 1999 年发起了戒毒禁毒的民间行动,庄孔韶教授发现了这一重要事项。随后他的课题组开始调研这里的相关的家支活动,研究和记录了 2002 年的民间"虎日"戒毒仪式过程,以及继续追踪调研至今。其间得到卫生部、中英性病艾滋病防治项目和省艾办,以及宁蒗县委、县政府和县人大等部门的大力支持。原初研究总报告的执笔人是庄孔韶、杨洪林和富晓星;早期田野调研由庄孔韶委托杨洪林完成,参加者还有张达辉、阿西尔伏和毛建忠。参加此项整体研究计划的有庄孔韶、杨洪林、徐鲁亚、雷亮中;2002 年,庄孔韶教授邀请丽江广电局的王华局长、何继军、何丽军和刘明参加《虎日》拍摄,以及姚涧先生参加了后续追踪拍摄与剪接。
② 马树洪主编:《云南境外毒源研究》,昆明:云南民族出版社,2001 年,第 102—106 页。
③ 赵绍敏主编:《绿色禁毒的曙光》,昆明:云南民族出版社,2001 年,第 34 页。
④ 中英艾滋病防治项目资料。

传播扩散加快,1999年已有22人染毒,情况异常严峻。

彝族人吸食毒品的区域性原因何在?

共享习俗之引申:

云南四川的一些山地少数民族,如哈尼族、拉祜族、彝族等传统上有在大家族、村寨和家支成员中集体(平均)分食的习俗(见影视人类学片《虎日》分食牛肉镜头)。如某人打到一猎物后的平均分享或某仪式上的参与者槛牛聚餐。这些习俗不止于此,其平均分享的原则常常扩大到生产互助、集体帮工、财产分割、兄弟朋友情意的各个方面。过去乃至今日吸食鸦片和海洛因也沿袭了上述古老的风习,例如几个男人好友小群体中间通行的共用针管吸毒即是。

民间医药与毒品滥用:

中国云南山地历史上是鸦片种植和吸食的重要地区之一。这些地区生活贫困、缺医少药,当地方人民患病时,首先想到的就是鸦片。鸦片被认为能医治腹泻、头痛、关节痛、咳嗽、疟疾等多种病症,结果老一代和新一代山地居民均有沦为鸦片的依赖者而不能自拔的。更有甚者,今日以鸦片为原料制成的海洛因因毒性远远超过鸦片和吗啡,成瘾性更强。但一些山地居民文化知识水准低,在有病乱投医时,难于分辨民间流通的各类形态的药(毒)品,从而卷入毒品吸食者的行列。正因为这里吸食鸦片的历史积习深厚,这些地区一直是现代海洛因经营者最为理想的潜在市场,事实也证明了这一点。

生计危机中铤而走险:

家庭个人遇到生计危机的时刻,容易卷入零星贩卖与传销毒品的非法活动中。而卷入者本身常常也是毒品药物依赖者。例如在云南保山、大理、昆明的调查,15%左右的海洛因依赖者靠非法收入购买毒品[①]。在靠近川滇毒品辐射带的大理、攀枝花、西昌、昭觉等地的影响下,宁蒗县禁毒戒毒的压力大增。该县2001年后吸毒者已逾千人,小型戒毒所(以100人为标准)尚须十余个,政府禁毒戒毒处捉襟见肘之势。处于小凉山贫困的经济状态之下,2001年长江上游天然林保护工程启动之前,省政府以政策性破产之由关闭当地唯一的大企业战沙纸厂,致使1000多人失业,以木材为基础的相关县属公司企业停业也造成同似数量的工人失业,还不包括木材个体运输加工个体行业的全面停业。虽说天然林保护工程

---

① 李建华等:《云南省药物依赖流行学抽样调查报告》,云南省卫生厅,第5页。

是有益的战略考虑,但对一个依赖木材为生的小县份经济来讲则是雪上加霜。在政府一时难于寻找维护地方利益弥补损失的替代性措施之时,一些失业者很容易转向于一本万利的毒品交易中去。几乎在 1998 年以后的木材冻结之后,毒品交易从一个潜在的市场状态变成有众多消费者的、不得不承认的、实际存在的市场。这在云南一个县份不可挽回的经济危机和大量人员下岗失业之际,呈现了加速毒品市场浮出水面的历史一幕。

二、家支组织的角色

通常研究四川和云南大小凉山彝族著名的家支制度,即彝族人是如何组织起来的问题一直是学院派研究的重要内容。但对彝族家支制度及其伴随的族群性、信仰系统以及习惯法等的直接应用性研究为数甚少。此次人类学者参加毒品与艾滋病防治项目工作,其特殊之点莫过于在调查研究中发现本学科不同于其他学科的应用性切入点,使人类学知识转化为为受益人直接服务。

大小凉山彝族的家支制度历史悠久。我们在汉人社会课程着重讨论的宗族制度以及非洲努尔人的世系群制度,促使我们一直考虑和彝族的家支制度做比较。如果我们从汉人社会宗族借用的英文字 lineage,我们会看到彝族的家支形态也相当于一个个 lineage,尽管汉人、努尔人和彝族的形态并不完全相同。

例如宁蒗县的"金古忍所"就是一个相当于汉人宗族的世系群 lineage。"金古"为人名,"忍所"意为三个儿子,"金古忍所"指有三个儿子的金古家支。老大叫阿姆,老二叫嘉日,老三叫吉伙。现在,他们分为金古阿姆、金古嘉日、金古吉伙三个家族,他们之间不通婚,因为来自共同的男系祖先金古。该家支主要分布在小凉山宁蒗彝族自治县,大理白族自治州剑川县、南坪县、云龙县,四川凉山彝族自治州的盐源县、昭觉县、喜德县、甘洛县和冕宁县,估计男子人口在 15000 人以上,是彝族家支中的大姓之一。

家支制度是彝族人物质生活与精神生活的根本依靠。离开了家支,就没有了彝族人的个人本身。家支内部的一整套行为规范已成传统,其成员严格遵守,表现为"习惯法和契约的性质,存在于每层群体人员的心中。"①

家支制度有如下重要内涵:

1. 实践严格的家支外婚

在同一个家支范围内,不管有多少个家族,也不管有多长的历史,都禁止通婚。② 金古忍所家支就是这样的群体,金古阿姆、金古嘉日、金古吉伙之间不通婚。

2. 共同承担"尔扑"

"尔扑"指在婚丧仪式中个体家庭必须承担的经济义务。人们可以通过是否承担"尔扑"来确定亲属关系的远近,一般来讲,尔扑的血缘范围近似于汉人的"九族"。同一家支内,一般要承担"尔扑",当然,"尔扑"的承担与否,与地域也有很大的关系,居住的路途比较遥远,即便是近亲,也可以不承担"尔扑"。

3. 拥有同一个男性祖先

无论是黑彝家支还是白彝家支,都拥有一个确定的男性祖先。

4. 有父子连名的家谱

彝族人的家谱一般为口传。任何一个男性成员,必须在五岁左右就会背诵自己的家谱。家谱为典型的父子连名,即儿子名字之前必须加上父亲的名字。③ 人们熟知家谱的父子连名顺序,成了家支和家族认同的实际的与象征的依据。

5. 家支(家族)会议

家支(家族)会议是凉山彝族社会紧密的世系组织行动的象征。由头人和德古召集的会议及其决定、裁决和号召在同族人中具有权威性。在今日凉山社会,家支(家族)会议仍具有管理家支公众事务的民间职能,(见影视人类学片《虎日》)会议涉及习惯法、平息纠纷,以及处理家支间或族际间事务,具有实际的效力。在这些方面地方政府的相应职能难于实施,或族内家支会议和族外政府机构处于一种协商和对话的关系状态。

---

① 马尔子:《论凉山彝族智者学者德古》,《凉山大学学报》,2000年,第四期,第40页。
② 解放前,黑彝家支有分家的习俗。主要解决由于等级内婚而带来通婚范围缩小的问题。而白彝不分家。
③ 在生活中一般不用父子连名作为称呼,而只用本人的名字。

6. 习惯法

彝族习惯法是彝族社会内部调节纠纷、规范人们生活、维持社会秩序的一套（民间口头传承的）约定俗成的规范，依靠家支内部及家支间强大的舆论压力约束其成员严格遵守。习惯法和彝族的伦理道德密切相关，包含于彝族谚语、神话和各种彝文经典之中。习惯法还和宗教思想密切相关，很多纠纷的裁判与解决过程都伴随仪式和起誓程序。（见影视人类学片《虎日》）彝族人在心理上敬畏习惯法，一旦达成协议和起誓，绝少反悔。

7. "德古"

彝族智者"德古"一词的原意是"治恶"[①]，在彝族家支的实际生活中，德古起着家支的脊梁的作用，他们是有巨大威望的家支生活的组织者。习惯法在大小凉山的实践没有随着先前制度的瓦解而被国家法律所取代。相反，有更多的德古除了精通习惯法以外，他们还熟习和了解国家法律资源在当地的运转过程，这样的德古对于民间纠纷的处理更有效率和威望。许多家族在政府机构中也有自己的代言人，这些人扮演着隐形德古的社会角色，在纠纷中不公开出面，却在暗中遥控和把握事态的进展。在金古忍所家支中，我们并不排除彝汉双通的德古精英的作用，许多德古实际上就是当地的权威。（见影视人类学片《虎日》）

8. "毕摩"

彝族社会的宗教师"毕摩"（见影视人类学片《虎日》戴斗笠者）以其明确的宗教旨意、善于复杂而系统的仪式程序，以及渊博的文字典籍知识，赢得彝族人的敬畏和崇拜。毕摩文化的传承为世代相袭或师徒相授。在毕摩仪式的场景中，我们常见的法器有斗笠—"勒乌"、铃铛—"毕九"、扇子—"日土"等。仪式中毕摩的牺牲供物名目很多，"每个名称由畜禽的名称加作用性质构成。如对食言者的警示有些场合是用锋利的刀子切入鸡嘴深处（鲜血淋漓）来寓意的。"（见《虎日》中毕摩施行细部）在表现哲学和聚合的思想和力量上，彝族《甲卜经》说"凡间一事一物若将力量凝聚于一处，就会产生强大的力量。"在《驱奸恶晦淫》经中则表现道德伦理的原则，说"教唆传播恶习淫意的人'莫尔格车'者，是邪恶的，要把他

---

① 马尔子：《论凉山彝族智者学者德古》，《凉山大学学报》，2000年，第四期，第40页。

们像恶魔一样驱除。"①

然而,不幸的是,最近五六年,我们在宁蒗县艾滋病防治项目的地方性知识检索与调查工作中发现,当境外毒品跨越云南国境线、再辗转进入大小凉山以后,各类毒品传销过程巧妙地利用了传统的彝族家支亲族网络。先前学院派人类学关注彝族家支组织的一般社会运转功能时,很少有人注意有组织的违法行为和传统家支及其亲族系统的关联。于是我们转而考虑人类社会文化资本的性质与选择问题。在最近若干年内毒品和艾滋病病毒快速侵入先前相对封闭的大小凉山地区之时,扭转社会颓势的努力原来是走入歧途,家支组织的世系成员成了群体贩毒与群体吸食最为诚信的关系网。几乎是凉山毒品泛滥的短短几年间,古今强有力的彝族家支力量受到重创,吸毒成员比例之扩充速度达到了即将危及凉山彝族群体的未来前程的程度。紧接着我们又进一步发现,一些有远见的彝族家支头人为该地区毒品泛滥痛心疾首,他们以其敏锐的决断,勇敢地尝试用古老的家支习惯法以及信仰仪式的力量,借以调动巨大的族群认同的力量、道德的力量和族众教育的力量等,使一些家支的吸毒者减少,戒毒的成功率达到64%—87%的高比率。

凉山彝族的家支组织的力量既可以用来传递鸦片和海洛因,又可以动用其打击贩毒行为和挽救彝族吸毒者。这说明人间的文化资本是中性的。有着悠久历史、文化传统,有着成熟的价值体系与道德准则的凉山彝族人,他们在面临族群危机之时,选择和激活了一些几近封存了的古老民俗方法,来解决当代令人困扰的社会问题。勇敢的家支头人、智慧的德古们带领全体族众自救,趋利避害,并为自身赢得美好的未来。

三、1999年嘉日家族禁毒仪式发现记

笔者在1999年开始参加中国英国政府性病艾滋病防治项目以后,开始考虑的问题是,在先前只有医生和公共卫生专家才参加的疾病防治计划中,如何发现人类学在调查研究中不同于其他学科的切入点。这既是学术的问题,又是应用的问题。由于有机会研读大量的中外艾滋病防治

---

① 巴且日火:《凉山毕摩及毕摩文化研究》,《凉山大学学报》,2000年,第四期,第29—33页。

资料,以及亲自参加中英项目四川省云南省项目评估工作①,提高了我们的观察能力。正是在这几年间,才从云南宁蒗县跑马坪嘉日家支的一位头人那里获悉了地方彝族自发实施民间禁毒的有效方法,其相当高的戒毒成功率令我吃惊,达到86%(从1999年举行仪式到两年后的2001年11月,复吸者仅3人,成功率占86%),远远超过戒毒所的成功率(很少超过10%,有的仅2%—3%,且离开戒毒所以后的复吸率极高)。

正是此时,头人嘉日姆几兴奋地向我讲起1999年禁毒仪式为什么会是嘉日家族率先实行。他说金古家支是凉山彝族最有名的白彝家支之一,上述下分的三大家族阿姆、嘉日和吉伙各具特点。地方彝族谚语:"阿姆起则德古到,嘉日起则武士到,吉伙起则骏马到",是说老大阿姆以德古为荣,老二嘉日以战斗著称,老三吉伙以勤劳为美。姆几认为他所属的嘉日家族性格豪爽,讲义气,好胜,所以1999年率先开始的禁毒戒毒仪式是由他的族人发起的。当然,他也承认1999年仪式之前嘉日族人尝试吸毒的势头也极为猛烈,一共有22人卷入,可谓一失足而不可自拔。根据对这22位吸毒者的资料统计,他们均为20—40岁的中青年;其中20人是小学文化程度和文盲水准,占了91%;而其中16人无固定收入,也占了72%。显然,上述吸毒者正值青壮年,却无学无业,又误入歧途。他们自己首先尝到了羞辱和内心的恐惧,族人亦因此付出了两条生命的损失(一人吸毒一年多致死,一人戒毒期间趁人不备羞辱自缢)。凉山地方族群的有识之士已经意识到毒品传播对民族生存与发展的危害,但苦于鲜有强有力的外来支持,于是转而寻找自救之道。在这样的背景之下,一场反毒战事在部分彝族群众中慢慢展开。而这一禁毒行动设计的出发点正是缘自民族习惯法的约束力量。

1999年初,嘉日家族举行了由20多位德古参加的禁毒筹备会。会上完成了对该家族吸毒人员的调查;对该地区贩毒人员调查并举证;宣布某日举行嘉日家族禁毒盟誓动员会议。

1999年11月30日嘉日召开禁毒动员会议。第二天举行嘉日家族禁毒盟誓仪式,主要仪式程序是:由德古嘉日万格宣布向毒品宣战;由嘉日姆几(杨洪林)向族人讲解毒品的危害性;由毕摩念经以求先祖的保佑;

---

① 2002年7月到9月,笔者参与了由人类学同仁主导和开展的中英性病艾滋病防治项目的中期评估小组的工作,对云南、四川两省的共12个项目进行了定性评估。参见中英性病艾滋病合作项目:《基金项目过程评估报告》,2002年。

被戒毒者 22 人轮喝"决心酒",并对祖先发誓;被戒毒人员杀牛祭祖并负责烹煮(仪式的当天有邻近的五个村落的村民闻讯前来参加,并携带烟酒以示祝贺);被戒毒人员安置在家族安排的集体戒毒地点。

从 1999 年禁毒仪式起至 2004 年初笔者撰稿时,嘉日家族参加禁毒仪式的 22 名吸毒者中有 14 人戒毒成功,占 64%。他们不再吸毒的时间已经超过四年。①

这一点很重要:1999 年的禁毒仪式是彝族地方头人家支自组织和自救的仪式文化杰作。笔者一直关注这一点,并把它作为人类学卷入公共卫生事业研究的学术与应用的重要切入点。"由于凉山彝族传统的生计方式没有多少改变,彝族社区的家支制度在某些方面仍然是经济互助和法律救济的主要渠道,家支制度在经济和文化上的功能仍然没有消退,这也是凉山彝族社区家支家族系统十分活跃的社会原因。"②据四川凉山彝族的朋友讲,这几年在大凉山的某些家支也自发地组织了禁毒的家族会议或仪式。可见彝族家支组织在共同分担社会严重问题的情形下,古老的习惯法和仪式唤起的族群力量仍是可以启用的重要文化资本。

四、"虎日"来临——保护家支自组织的文化资本

直到 2002 年 3 月第一期资金到位项目启动之前,笔者委托杨洪林在跑马坪一直在做进一步的人类学调研,其主要考虑是保护这一民间性戒毒仪式的自组织性,而且起初并不需要其他的外界力量介入。当我们获悉金古忍所家支本来可能在 2002 年晚些时候召开的禁毒盟誓仪式提前到同年五月时,相当符合本人的安排(感谢杨洪林的工作)及新的项目时间表,因为区域性禁毒戒毒的严峻形势时不我待。

自 2001 年的下半年开始,宁蒗县范围内的毒情大面积反弹,嘉日家族吸毒人员中的复吸人数达到 6 人。另外,在其他两个同宗的金古和吉伙家支中发现有吸毒者 10 人。所以这个家族准备把禁毒盟誓的规模扩大到整个家支的范围。于是我们在长时间的人类学田野调查基础上,终于期盼到一个观察民间习惯法与盟誓仪式运转的绝好场景,也顺理成章地获得了我们拍摄人类学纪录片的恰当时机。

---

① 以上数据根据杨洪林的跟踪调查。
② 杨洪林:《关于虎日的说明》,(打印稿),2003 年,北京。

理论上,目前有关毒品的研究中,很少有人关注人类动用传统文化资本来解决现代社会问题的思路。业已存在的方法是,人类动用科学主义的药品原理试图抑制毒品对人类肌体的生物成瘾性,已经取得了一些成果,但其原理的出发点和效果不断受到来自忽视人性与文化方面的多种质疑①,并且这些方法或是以毒攻毒,或是因惩治性戒毒而不能持久,均是治标而不治本。要想从根本上解决戒毒以及相关的艾滋病防治问题,应把问题"从对行为本身的关注转向行为发生的文化情境以及组织这些行为的文化象征、意义和规则上。"②

凉山的彝族人动用古老的文化资本——民间仪式、习惯法、家支家族教化、道德约束等方法戒毒,在不经意中将涉及生物性和文化性的人类本质的学术话题展现在我们的面前。这次我们在凉山的新的学术尝试的基础曾经存在过。在1997年前后,笔者在北京的新疆街做回鹘/维吾尔人古今关联的人类学调查时,就已经尝试考察那些"被封存已久的历史遗产"如何在跨越时空的现代社会被重新调动起来的表现形态,寻求对一个街区历史人类学的解释。③今天我们在中国西南再一次跨越时空试图激活和调动"意义的历史"。然而不同的是,这次是从一个学术的理解目的转为达到一次具体应用的契机。

笔者邀请丽江广播电视局局长王华合作摄制④。由于前期的铺垫调研工作很好,再加之拍摄小组的成员优秀,装备精良,所以我们的拍摄工作进行得很顺利。拍摄小组于2002年5月20日到达跑马坪乡,正式开始了拍摄工作。

5月21日下午,金古忍所各家支比较有威望的德古召集在一起开会。德古们的情绪都比较激动,对彝区的未来深表担忧。当然他们也表现出了德古所应有的理智和睿智,对小凉山毒品的危害做了中肯的分析,也对政府部门的职能提出了有益的建议。经过4个小时的激烈讨论,德古们选举出了由10人组成的"金古忍所民间禁毒活动"筹备小组,全权负责一次历史上最为隆重和不同寻常的仪式筹备工作。经过民间代表们

---

① R. ichard Parker, "Sexuality, Culture, and Power in HIV/AIDS Research", *Annual Review of Anthropology*, 2001.30:163—179.
② Ibid.
③ 庄孔韶:《北京新疆街食品文化的时空过程》,《社会学研究》,2000(4)。
④ 参加这一摄制工作的云南的朋友有和继军、和丽军和刘明;北京方面有杨洪林、徐鲁亚、富晓星、雷亮中等。

的讨论,最后决定于 2002 年 5 月 22 日(由彝族历法中选定的虎日)在金古忍所家支传统的仪式场所举行由跑马坪乡境内的金古、嘉日、吉伙三个家族联合发起的民间禁毒大会。

第二天是虎日。"虎日"意指举行战争或集体军事行动的日子。在山神的照察之下,家支头人举行的这次盟誓大会非同寻常,被引申为彝族人将禁毒戒毒视为维护家族生存的战争。从上午到中午,三个家族一千多盛装男女陆续进入一块四面环山的山坳台地,其西南方向的一座树木葱茏的王家坡忍是这个家族的神山。这也是我们重要的拍摄地点,小组成员从四个不同机位记录了仪式的全景和各个程序场景。家支头人金古雾千手握象征吉兆的新鲜牛胆猪胆(见影视人类学片《虎日》盟誓仪式会场前方戳地木杆上的牛胆猪胆),宣布血誓仪式开始。

三个家族头人代表激昂的演说过后,头戴(斗笠)法帽、身披法衣、受全族人尊敬的"毕摩"出现了。下午,他诵读古老的经文(见《虎日》中大幅白纸上的彝文经文)。在毕摩的严厉的咒语声中,(会场有家支长老组成的禁毒委员会的监控),20 个吸毒者喝鸡猪血拌的"黑血酒"盟誓,随后每人分别把酒碗摔碎,意为他们吸毒的过去在破碎的碗中随毕摩的咒语慢慢远去。(见《虎日》戒毒者饮黑血酒和砸碗的镜头)在仪式中,吸毒者不是罪人,而仍是同胞弟兄姐妹,是处于决心戒毒、盟誓以重新做人的角色。

最后,禁毒委员会的家族长老祈祷,并在坚硬岩石上刻"十"字,这是被彝族人视为永恒的象征,表达他们誓与毒品斗争到底的高亢声音在山谷中久久回荡。

傍晚前,由外家支的莫色布都宣读金古忍所家支的禁毒宣言,一阵阵热烈的掌声在宽阔的山谷中久久回荡。全族人员在阔别了 44 年后(上一次隆重的仪式是在 1958 年),再一次坐在一起,享受着美食(牛肉和饼)。

早在下午时分,戒毒担保人已经从禁毒委员会手中将自己所担保的吸毒人员领走,从此他们将成为吸毒人员的监护人。夜幕降临,吸毒人员回到家中举行个人家庭祈祷、驱秽的仪式。(见《虎日》记录的戒毒者家庭成员环坐时的驱秽仪式)拍摄小组还兵分两路,跟随两个吸毒人员回家,拍摄了"钻筐"、"转头"、"招魂"等仪式内容。

示范片《虎日》画面尤其关注仪式程序、族群认同的场景与形态、象征主义的意义,甚至参与者的心理活动,展示了家支、德古、毕摩、吸毒者、族众等在仪式过程中的角色。当然,影片中家支仪式和个体家庭仪式之间,以及各种角色人物之间的互动也是拍摄的重心。

影视人类学片《虎日》制片考虑到展示对象的问题,主要是针对其他凉山彝族家支家族头人和对其他族众的示范性。2002年6月至7月《虎日》在丽江地区电视台连续播放了一个星期,在公众中收到了意想不到的禁毒戒毒推动效果。尤其彝族同胞很激动,有的甚至落下了眼泪。他们与毒品决裂的意志更加坚定。笔者还把《虎日》带回到北京的课堂、研讨会、学术沙龙、中英项目办展示会上播送,老师、学生、记者、官员等各行各业的观众为影片的难得内涵所感染。在探讨片中传统教育和现代教育、传统道德和现代道德、民间习惯法和现代法律之间冲突与协调问题的同时,各界人士也不禁思索,在举步维艰的禁毒工作中利用不同学科拥有的理论与方法的重要性。因为一个新思路成功的实践将意味着增加百万计甚至更多的戒毒受益者。不可否认的是,这种在国家法律和传统文化之间寻求新的结合点的禁毒戒毒模式已获得有目共睹的成功比率。

现在我们正在进一步进行学术调研,扩大各界的支持力量,一方面巩固业已成功的高戒毒率,一方面设计在大小凉山地区众多家支中(依照我们拍摄的电视片《虎日》方式)推广这一卓有成效的民间戒毒经验。预计这项经验将在中国西南地区,乃至整个中南半岛的山地民族中有重要的推广与示范意义。(那里广为流行盟誓、习惯法和相似于彝族毕摩宗教师仪式的多种文化成分。)

这也证明了,在履行项目工作中,人类学理论和方法论优先指导调研对大面积(大小凉山及其边缘大约将有二百万受益彝族人口)防治艾滋病工作的有效性,以及对拍摄一部影视人类学片的时机、其学术目的与应用性的良好把握。

家支开展同类戒毒工作必须有地方政府的积极倡导和组织。就是说,先在民间发现自组织经验,后由地方政府出台组织和倡导都是必要的。这是人类学协调和整合古今社会文化关系寻求社区顺利发展的重要学科经验与实践。后来的事实证明,这一经验与实践是正确的。直至2002年末和2003年初,正是到了需要地方政府出台推广应用这一模式的时刻了。

五、对1999年家支禁毒戒毒自救行动的最初理解

在彝族民众自发禁毒戒毒的1999年仪式发起与实行过程中,其自身

和主位的考虑及其解读是：不道德的毒品贩卖和吸食危害了彝族人的生命和未来。使人敬畏的家支、毕摩、习惯法和仪式一致反对、诅咒和警示毒品的诱惑，家支（家族）的人们只要联合和分担，就能最终战胜邪恶。

的确，1999年的嘉日家族并非束手无策。凉山彝族聪明敏锐的头人和德古们的禁毒仪式成果，表明他们乡土性聚集力量的有效性。即戒毒意识必须达到群体认同的一致性才能在各种场合下抵御毒品的诱惑。为了达到如此效果，他们用小社区中人们对宗教仪式的依赖心理，将反对毒品的社会活动整合到人们的仪式活动当中去。从仪式的象征意义中让族人了解对毒品问题的处理成功与否，直接决定着族人的生存与未来发展。

同中国城市社会颇为不同的情形是，在凉山乡土社区的国家权力触角尚须跨越某些族群文化的鸿沟方可实施。然而，在面对毒品的强力危害和需要不失时机地进行群体自救的当下，如果传统文化的资本——习惯法和民间仪式的力量可以奏效的话，（这和地方政府的缉毒行动希望奏效的目的不矛盾）地方政府又何乐而不为。事实表明，凉山彝族用传统的家支力量与习惯法的约束方法禁毒，有力地阻止了海洛因贩毒者利用这种地方政府—家支之间的权力缝隙乘虚而入。

嘉日家族的仪式性戒毒原则和相当多的戒毒所不同。在戒毒所的吸毒群体中，他们首先是瘾君子然后才是正常人；在族人眼中，他们首先是正常人，然后才是瘾君子。戒毒所中被戒毒者罪人一样的待遇，将他们与正常人对立起来，这种对立结构正是吸毒者最为强烈的心理感受，同时也正是这些亚群体牢固存在的理由之一。在凉山的家支戒毒期间，被戒毒者仍和家支族人生活在一起。在小社区中，亲人的关怀，族人的期望和认同等信息通过仪式活动传递给被戒毒者，让这类亚群体认识到他们仍然是大群体中的重要成员。他们仍然是父亲的儿子，妻子的丈夫，孩子的父亲。他们永远不会被剥夺作为人的权利与尊严。这也是这里戒毒高成功率的原因之一。

嘉日家族1999年的尝试性的禁毒仪式显示的有效性进一步说明，小社区人民自发而起的反对毒品的活动，某种意义上是对今日国际禁毒组织和各国中央政府禁毒实践中发生的形式主义问题，以及热衷于对抗性反毒行动的一项改善性实践。在禁毒工作中不分贩毒者和吸毒受害者、不分城市乡村、不分第一第三世界、不分民族地区，仅仅从单纯的缉毒行动出发，并不能使任何地区的禁毒有稳固的效果。来自凉山地区的批评意见是：小社区人民的自救行动有谁注意过？全球各地存在的华而不实的禁毒戒毒和艾滋病防治项目有谁过问过？有谁思考过对待吸毒者（尤其在一些戒毒所）的社会歧视行为和复吸率高的关系？而实际上，社会的改良应是一个内外关联和上下关联的系统工程，社会的丑恶现象只能在社会与文化的整体运作中才能得到根本治疗。

1999年的禁毒仪式最先是由嘉日家族发起的。仪式当天虽然有金古和吉伙两个家族的人员参加，但是他们不是仪式的发起者。也就是说这个仪式最初只是在金古家支中的嘉日家族中发起，到了2002年，仪式才扩展到整个家支。改革开放以后，国家政策放宽，民间信仰有了一定的自由，但是人们对举行盛大仪式还是心存顾虑，所以金古和吉伙两个家族在1999年可能只是观望者。

六、2002年的"虎日"隆重仪式何以呈现？

2002年的"虎日"，金古忍所家支完成了解放以来最为盛大的禁毒戒毒仪式。那么，在地方政府体制下，民间的"虎日"何以得到默许而呈现？这涉及对人性与文化的不同观察，以及对家族内外关系的一系列看法的差别。

1. "推出去"，还是"内部消化"——与政府的协商

家支禁毒活动并不是在真空中产生和运转。虽然族人会采取一些戒严措施和舆论，但他们针对的只是贩毒者，其目的也是为了争取外界的支持和了解。所以，考察家支禁毒社区与外界的关系有助于了解家支禁毒活动在特定场景中的主题切换和文化调适。

正如上文所说，1999年的禁毒仪式受到了政府的关注。但是政府对这样的民间活动也没有什么把握，从执政的角度而言政府排斥任何形式的家支家族活动；从感情上讲，民间自发的禁毒活动又恰恰是政府所希望和提倡的。由于体制上的原因，政府和家支在互动的过程中态度试探性多于信任。

在访谈中，嘉日家族最有威望的德古嘉日万格有这样的评论：1999年嘉日家族的禁毒仪式后，政府对这个仪式进行报道和对相关人员的嘉奖象征着政府已经从家支的手中接管了民间禁毒的任务。随后，家族的禁毒活动有所松动。到2001年下半年，有4人复吸，而这些人员都是在家族的同意下外出工作而复吸的，复吸地点都在县城。这就说明复吸已

经不再是家族的责任,而是政府的问题了。①

事实上政府和家支在禁毒的问题上并没有利益之争,相反他们都在谋求一种最为有效的禁毒方法。充分发动群众让人们广泛参与才是禁毒斗争取得胜利的关键所在。如果仅仅只是依靠强制戒毒所的力量,一方面戒毒所的收戒能力有限,不可能将所有的吸毒人员全部收戒。到2002年3月,宁蒗彝族自治县境内大约有1500人的吸毒群体②,而该县唯一的戒毒所的满员收戒能力只有120人。我们采访该戒毒所时,已经收戒了118人,意味着还有1302人流散在社会中。这些人员对县内还是县外都是潜在的治安隐患。同样,禁毒斗争不仅需要大量的物力也需要大量的人力,政府缉毒工作的涉及面太大,有限的警力根本无力应付汪洋大海般的贩毒分子,再加上执法工作中的有关法律程序,很难有效处理零星贩毒分子。其结果,人们对政府的禁毒工作产生了怀疑。

在宁蒗,强制戒毒所的收戒时限以前只是3个月,2002年3月份以后延长为1年。收戒期满后,这些人必须回到社会中去,政府没有能力对他们进行有效监督,谁也不能保证他们不再复吸。有关方面的资料表明,从戒毒所中出来的人员的复吸率高达99%。退一步说,我们就算不去关注复吸率的问题,要将所有的吸毒人员全部收戒,假定没有任何新滋生的吸毒人员,要将1500人全部收戒也需要10年的功夫。或再建十数个新的戒毒所,这在政府的财力上也是一时做不到的。所以,在大小凉山地区,是把吸毒者推到戒毒所里去,还是留在家支内部监督教育,是一个社会选择与文化选择问题。人类学家的调查看到,家支不需要花钱建戒毒所,只是把吸毒人员的戒毒过程溶解在凉山五百多个家支的无数分散的村寨中,戒毒者不复吸的奥妙就在于此。不仅如此,凡是实施禁毒戒毒的彝族家支分布范围内,贩毒分子无处藏身。

2. 文化的标尺——毒品何以打击姻亲关系

"家族越分越远,姻亲越合越亲"。这个谚语从婚姻的角度凸现了姻亲在核心家庭中的作用。与姻亲关系的好坏,不仅关系到家族的荣誉,也关系到家族的责任。而与姻亲家族的关系则体现在婚姻的牢固与否,与某个家族联姻成功的标准不在数量而在质量。如果与某个家族联姻20对有2对离婚,它的成功率就不如10对有1对离婚的联姻。比例上两个

---

① 根据嘉日万格的谈话录音整理。
② 数字来源于宁蒗县政法委2002年的统计报表。

家族的离婚率是一样的,但是后者离婚的数量比前者少,所以它就比前者成功。在这里彝族人采用绝对数量作为衡量的标尺。然而,近几年以来,彝族社区因吸毒而导致的婚姻纠纷越来越多。沙力坪嘉日家族从1998年到2002年,因吸毒而起的离婚案就有三起,其中一起几乎导致流血冲突。毒品在某种程度上加剧了姻亲家支的冲突,带来了更多的社会问题。所以,金古忍所家支的禁毒活动一开始就受到了姻亲的赞扬和支持。1999年的仪式中,临近的姻亲携酒前来祝贺;2002年的仪式中,更有许多姻亲家支强烈要求将自己家支中的吸毒人员参与到金古忍所的戒毒仪式中。

同样是德古嘉日万格在访谈中有这样的表述:"有一个很奇怪的现象,我们举行了99年禁毒仪式之后,我们的人有复吸者,而临近姻亲家支中的吸毒人员却完全戒毒成功(举了一些例子)。也许这就是谚语'家有好猫,造福三村'的真正意思。不过,这倒是个启发,如果所有的家支都养着一个好猫,那我们彝族地方不就没有了耗子了吗?"①。

嘉日万格为我们设想了一个无毒社区的可能模式。所有的彝族家支如果将自己的社区管理好,毒品问题迎刃而解。然而,谁又能理解在他思考的背后会有什么样的经历呢?

1999年的禁毒仪式开始后,嘉日家族范围内可以说是一尘不染。但是,嘉日家族无力顾及其他家族的势力范围。社区只不过是特定人群和特定地域的结合而已,是社区之间的互动构成社会的存在。互动是人的互动,能动性就是互动的效能,没有人际交往就没有社会可言。嘉日家族的99仪式,在当时的时空环境中,是一种孤立的行为。他们在癌细胞已经扩散的器官上切割出一片真空,周围却仍然是毒品泛滥的天堂。毒品虽然不再会明目张胆地流入该社区,但吸毒者仍然可以在社区以外找到毒品。社区以外实则是其他人的势力范围。

3. 家支禁毒戒毒减缓了周边城市的压力

从1997年到1999年,大小凉山周围的地区对彝族流动人口颇感头痛。攀枝花、丽江、大理、昆明、成都等城市集聚了上万凉山籍流动人口,这些人当中就有不少的吸贩毒人员,他们在当地的活动为该城市的治安带来了很大的压力。我们曾采访过某劳教所,仅仅在1998年,该所就关

---

① 根据嘉日万格的访谈录音整理。

押了99名凉山籍彝族女劳教人员。① 这在我们国家的劳教史上是一件前所未有的大事。这些劳教人员基本上无人会讲汉语,管理人员无法与她们交流,也不知道她们想什么和说什么,再加上强烈的族群认同,行动上经常有集体趋向,加大了管理工作的难度和强度。

我们估计在同一时期,因吸贩毒而被关押的凉山籍彝族人员在全国不会少于600—700人,因为我们访问过的几个劳教所就有近400人的档案。然而,劳教人员最多不会占流动人口的5%。也就是说在1997年至1999年,凉山籍的彝族流动人口在上面的几个城市可能就有12000至14000人。如何看待这些人,引发了许多值得思考的问题。

无论如何,毒品给彝族人民带来的已经不仅仅是吸毒者个人的痛苦,它已经在这个民族高傲的前额上刻上了永恒的标记。面对无情的歧视和责难,彝族人选择了家支禁毒。在金古忍所的实践中,可以不让戒毒者外出,想方设法将自己的吸贩毒人员消化在自己的社区,就是保证他们不复吸的关键所在。所以,家支禁毒在很大程度上可以缓减周边城市的压力而不是加强。然而,何时城市的成功的禁毒工作来援助凉山广大乡村呢!

七、"虎日"行动的内部动力何在?

1. 尊严的含义——家支(族)与吸毒人员的互动

《玛姆特依》用"猴子靠森林,彝人靠家支"这样的训诫将彝人紧紧编织在家支网络上。② 每一个体在这个网络中都必须承担自己的义务,当然他们也可以享受自己的权利。

吸毒人员在禁毒活动中是家支管理和控制的对象。他们有责任维护自己在仪式中所许下的诺言。如果有人复吸,家支就会按照事先的家规对其采取必要的措施。家支又有保护和帮助吸毒人员的义务。在戒毒期间,家支不仅要负责戒毒人员的安全,也要负责他的生活。一方面,家支有权将吸毒者控制在家里,另一方面他们还要尽最大的努力让他们融入正常的生活。对于族人而言最大的担忧就是戒毒者复吸。复吸意味着自己食言,面对复吸他们只有两种选择:一是将生死的权利交给复吸者自

---

① 数字来源绝对可靠,但从保护报道人的角度出发,我们隐去有关报表。
② 《玛姆特依》是彝族传统的道德典籍,类似汉人的《道德经》。

己,让他们选择,二是将复吸者交给政府而投入监狱(戒毒所)。在彝人的传统意识中,坐牢并不可怕,可怕的是家支主动将人送入牢中。这在性质上比被家支开除更为严重,可以说这样的人已经没有人的尊严。他已经被宣判了社会死亡。而如果选择自缢行为,虽然以牺牲自我为代价,但是这样的人在彝族文化中仍属在尊严中死去,他同样享受英雄般的待遇和尊重。当然金古忍所家支在"虎日"仪式中为每个戒毒者都安排了三名保人,意在家支成员可以更为有效地关心、帮助和监督戒毒者,以防止自缢的可能。

吸毒者并不是完全丧失理性的人,他们也有自己的价值判断和选择。既然自杀和坐牢都不可取,那么为什么不选择戒毒呢?成功戒毒不仅会赢得生命,而且他们也会赢得尊严。当然这同样也是家支禁毒盟誓的最终目的,家支与吸毒者之间的互动围绕着一个永恒的主题——尊严。①

2. 仪式与族人的关系

本文中的仪式并不指单个的事件,而是指一系列互相关联的事件集,我们更倾向于将他们理解为社会事实的过程。1999 年和 2002 年的两次盟誓活动都包含了许多小仪式。这些互相关联的小仪式又构成另外几组大仪式。而不同身份和角色的人对于这些仪式的心理感受是不一样的。当然,这样的差异恰恰就是仪式整合族群心理的多元性所在。在这里我们碰到了两个问题,考察彝族人的禁毒仪式需要 V. 特纳的"微观"分析法还是格尔兹的"宏观"分析法?如果将仪式简单地分为时节仪式和通过仪式②,那么在戒毒这样的事件中实践的仪式应该怎样分类?

V. 特纳的研究突出了仪式中的价值。人们在仪式中体验了最为感动的情怀。仪式将社会生活中由于不同的个人体验而形成的差异结构融成一种反结构,这种反结构消解了所有的不平等,从而加强了群体的凝聚力。③ 这种分析方法表面上暗含了从个人到群体的不同分析层次,然而群体的体验只不过是个人体验同质化的结果而已。所以,这样的分析还是停留在个体层次上。

格尔兹在分析巴厘人的斗鸡仪式中从一个宏观的角度解释了巴厘人的宇宙观。人们在仪式中获得自尊和权利,在仪式中接受意义,在仪式中

---

① 彝语中有一个"shuot"的概念,近似于汉人的"信"。
② 庄孔韶主编:《人类学通论》,太原:山西教育出版社,2000 年,第 402 页。
③ Victor Turner, *The Ritual Process Structure and Anti-Structure*, New York, Ithaca: Cornell University Press, 1966, pp. 95—96; p. 103.

确立自己在宇宙中的地位。① 仪式在这里展现的是人与宇宙的关系,与外界的联系。这样的研究取向虽然发生在群体层面,但也忽略了个人在仪式中的可能的感受。

在金古家支的禁毒仪式中,仪式可以了解为一系列互相关联的过程。这些仪式发生在家支、个人和家庭三个不同而又紧密相连的层面上,由于仪式的对象不一样,它们的象征和意义也不一样。

3. "虎日"仪式细部的不同角色张力

历史上选择虎日举行仪式,其本身就将仪式发生的语境置放在战争的图景之中。因为虎在彝族人的文化中意味着勇敢和凶猛,虎日自然成为彝族人出兵的最佳选择。所以在虎日举行禁毒仪式已经象征着彝族人将禁毒当做了战争。在战争状态下,仪式的类别与层次也不同寻常。

在整个盟誓活动中,有祭祖、喝血酒、盟刻和转头四个前后联系的仪式。请注意这四个仪式的参与者和对象都有差别。

祭祖:杀牛祭祖,取胆占卜,宣布盟誓是这个仪式的主题。仪式的对象是整个家支的所有祖先,整个家支全部参与。这就是格尔兹眼中的仪式,它将金古家支和他们逝去的祖先联系起来。同时也表达了彝族人祈求祖先帮助和要求正义的愿望,强化了族人的凝聚力和尊严。当然,彝族人认为这样规模巨大的家支活动中,人们也可以同逝去先祖的灵魂相集。

喝血酒:这个仪式的对象为吸食毒品的戒毒人员。仪式由毕摩念经,经文以诅咒和祈祷为主。毕摩把猪和鸡的血融在酒里,让戒毒者喝下。经文中会念道:"喝了这碗神圣的酒,如果你要复吸,你就会像我手中的鸡一样死去,永世不得回归祖界。啊!我的祖先,让您的孩子们的眼睛比太阳亮,脑袋比石头硬!"②。毕摩在这里仅仅只是祖先的代言人,而伸张主义的权力仍然掌握在祖先们的手中。这个仪式针对的虽然是个人,然而融在血酒中的却是尊严和死亡,他们的背后是全族人的眼睛和严厉的家规。

盟刻:事实上,这是一个宣战仪式,由家支的头人们来执行。先在一个巨石上刻上象征着永恒和不朽的"十"字符号,然后用一只鸡作为祭品,希望祖先能保佑和支持他们,将所有胆敢在这个家支的范围内贩毒的罪人绳之以法。这个仪式仍然以家支为主体。

---

① 格尔兹:《文化的解释》,上海:上海人民出版社,1999年,第五编。
② 根据录音整理。

转头：这是一个普通而又重要的仪式，融诅咒、招魂和祈祷为一体。仪式的范围只发生在核心家庭里，彝族人在逢年过节的时候都要举行这个仪式。在虎日盟誓的语境中，这个仪式反映了个体家庭与家支之间的关系。

如果把这四个仪式中的家支、核心家庭和个人紧紧联系在一起考察，祭祖和盟刻的仪式发生在家支层面，表达了家支作为一个血缘群体与外界的关系。无形中将禁毒的意义同家支的繁衍和生存联系起来，同时，也把未来禁毒斗争中的风险均匀地分配给任何一个个体，以另外一种方式表述了对于社会失衡的恐惧和反应。社会变革没有瓦解彝族人的家支制度，从另外一个侧面说明彝族人的社会保障仍然十分脆弱，彝族人将风险化整为零最为有效的办法就是依靠群体的力量。这同样也可以解释为什么彝族人在毒品传递过程中可能借助家支网络的构成。

喝血酒的仪式发生在个体层面上，但是，对于这个仪式的风险也不仅仅是由个人承担。在访谈中，毕摩阿余木呷有这样的担忧："如果这些人不遵守诺言，遭到惩罚的不仅仅是他们自己。我曾经为另外一个人举行过类似的仪式，因为他违背誓言而导致他的父母在一个月之内相继去世！"① 列维·斯特劳斯认为，巫术的效应主要来自三个互补的方面：第一，巫师相信他的技术的效应；第二，病人或受难者相信巫术的威力；最后，共同体的信仰和期望始终像一种引力场一样起着作用，而巫师和受术者的关系便存在和被规定于其中。② 在这里，共同体不仅是维持信仰的引力场，同样也可能是巫术的受害者。因为，共同承担风险是彝族人实践巫术的信仰基础。所以，用巫术的非道德力量来压抑人的生物性，似乎在这里建构了人类生物性与文化性之间的象征通道。

对于家支与核心家庭之间的关系，转头仪式表现得更为明显。家支把家支层面上的危险化约给个体，那么个体家庭希望这样吗？为了尽可能转嫁危险，个体家庭必须不停地祈祷，并诅咒有可能发生的危险，务必将自己家人的灵魂招回来。这里面就出现了一种张力，家支与核心家庭之间的张力。但是，危险是存在的。如果没有危险的话，核心家庭就没有举行仪式的必要。然而，仪式的目的就是要消除危险。那么，存在的危险他们能消除吗？他们只有通过转嫁的方法才能避免可能的危险。所有的

---

① 根据录音整理。
② 列维·斯特劳斯：《结构人类学》，上海：上海译文出版社，1995年，第178页。

核心家庭互相转嫁危险,这就是所谓的互动,而互动的最大边界应该就是家支的血缘边界。所以,家支、核心家庭与个人之间的危险转嫁产生了责任和义务,而这样的责任和义务在禁毒的话语中就是消灭毒品和帮助吸毒者戒除毒品。换句话说,在金古家支的禁毒仪式中,意义产生于转嫁危险的恐惧中,其家支在战争状态下的运作张力也就融合在漫长仪式的程序之中。而所有的仪式在这里非常奇妙地扮演了意义之火的摩擦部件及其过程。

八、"虎日"仪式的人类学要义

1. 行为与社会文化因素

毒品问题本身并不是一个孤立的个人问题,它是人类社会所滋生的由政治、经济、文化发展水平的不平等以及价值观念的差异所导致的一个全球性的社会问题。因此,在区域性禁毒戒毒的关注点不可能只关心个体行为,学术研究与应用项目实践也如是。帕克注意到"艾滋病发现的最初十年,多数社会科学的研究只关注个体人群中同 HIV 传播有关的行为,忽略了更为广泛的社会和文化因素。到了 1980 年代,人类学家们开拓性的作品提出了文化在塑造与 HIV 传播和预防相关的性行为方面的重要性。从 1990 年代起,强调文化分析已经促成一大批关注结构性因素影响艾滋病传染的人类学研究。社会不公正和政治经济对 HIV 和 AIDS 的影响也显得特别重要。目前的许多研究试图整合对文化和结构的同等关注来为众多个体行为研究范式提供一个新的选择"①。本文涉及的中国凉山彝族"虎日"戒毒仪式研究正是人类学这类选择的新的回应。彝族人的家支禁毒模式是理解文化多元最为有力的个案支持。他们的选择是全球化背景下的自我表述,从毒品问题的解决方案中,彝族人的自我实践对于人类的禁毒斗争无疑是来自一个地理区域的重要启示。

笔者在有机会评估中英艾滋病防治项目中国四川和云南两省 12 个重要项目并查阅数十个相关项目报告,以及直接参加上述两省的人类学田野工作的过程中,发掘了凉山彝族民间自组织禁毒戒毒仪式的人类学价值与示范意义。他们调动传统地方文化资本中的组织、仪式、法理、行

---

① Richard Parker, Sexuality, Culture, and Power in HIV/AIDS Research, *Annual Review of Anthropology*, 2001.30:163.

为、象征及意义的文化要素,借以解决令人困扰的现代社会问题。既在学术研究上中规中矩,也不可避免地转换到学术成果的应用方向。

凉山彝族自组织的社会文化行为,包括民间仪式、习惯法、传统道德与教化等的实际运作过程,很好地尝试和现代法律、道德与教育的原则整合。这是一个族群内外对话与协商的过程。终使我们发现他们的综合的社会文化动力的成分及其意义。那是由族性与族群认同、家支自组织运作、家族尊严与个人自尊、虔诚的信仰、族长与族众的舆论约束、使人敬畏的仪式程序(包括"毕摩"的威严)、习惯法的法理服从、盟誓的地方有效性、民俗道德的内化、亲族保人的监督教化等合力可以异乎寻常地、有力地提升家支成员(包括作为同胞的吸毒者)的戒毒毅力,从而战胜人类身体的生物成瘾性,达到戒毒的较高的成功比例(从1999年一组的64%到2002年一组的87%)。

而且,令外来者(特别是那些考察过强制性戒毒所,并对那里的人际关系结构留有不良印象的人们)感动的是,"虎日"仪式过程中的吸毒者仍然是这个家支群体的平等的弟兄姐妹。你可以从影片中看到瘾君子与正常人的角色并不是对立的,彝族家支所营造的这种人际环境,是一种区域性族群理解与接受的特定的文化环境。无疑,它是瘾君子戒毒的自觉性与稳定性的重要源泉之一。

彝族社会中的家支头人和德古们已经把自己的文化触角延伸出来。虽然他们并没有意识到"虎日"究竟是传统还是创新,但他们的确在彝族的社会文化变迁中实践着新的方向。布鲁克·G.斯柯耶夫认为现在"人类学的人文主义维度在艾滋病研究过程中也涉入其中。诸如以社区经验为基础的艾滋病防范措施,患者及其家属活生生的经验在结构和能动性的缝隙里射出了一丝丝人文光环"[①]。彝族社区的德古们不正是在文化与结构的缝隙中寻找他们的人文精神吗?

这种逻辑可能让人产生一种误解,政府在这里已经失去了作用。其实不然,国家和政府正在面对一个更为庞大的工程——通过国际合作来禁止毒品的生产、流通。他们动用大量的财力、物力来发动这场斗争。也许国际社会间的这种合作的意义更为深远、更为重要,金古家支和嘉日家族的反毒实践也并不能回答所有的问题。但是,他们自发的禁毒戒毒仪

---

① Brooke G. Schoepf, "International AIDS Research In Anthropology: Taking a Critical Perspective on the Crisis". *Annu. Rev. Anthropol.* 2001.30: 335—361.

式被认为是家支成员彼此尊重、一致对外的征战,因为只有在战争仪式的话语中才能找到合理的解释。然而,可悲的是,这些族人尚不知道是谁发起了攻击,因此,他们将矛头指向了毒品。他们为了扭转群体的颓势,不得不动用自组织的传统,用强大的家支家族力量来维护自己的生存权利。也正因为如此,家支的古老群体在当代中国仍是不可等闲视之的。因为他们的成功或许会导致轻视或无视国家权威与政府力量。不过,人们又有理由反思,这同毒品传播的危害性相比,凉山彝族家支的民间禁毒戒毒行动,显然具有相当的区域合理性。于是我们看到了这样的参与观察与研究结果:那些理论上可求而实际生活中难遇的、又是人类学老生常谈的社会文化整合的愿望从此得到了认可的机会。

2. 文化的力量寻找和科学不同的方法论思路

最后,笔者要特别强调的是,在解决戒毒、艾滋病防治问题上,一般都是医生和公共卫生专家在做工作。"虎日"民间戒毒模式的重要发现是:从人类学整体性(先天的生物性和后天的文化之合成)研究的原则出发,我们在解决人类的社会问题时,科学的思路和方法论不是唯一的。我们还有第二个思路和方法论,即人类学家采纳的不是自然科学的方法,而是从文化及其人性(文化底色上的人性)的出发点,寻找另一种综合的、难于量化的文化的力量,让它提升为人的坚强的毅力,在一定条件下,战胜人类药物的和生物性的成瘾性。

平常说有钱人抽好烟,钱少抽差烟。那里的山地少数民族农人收入菲薄,他们从境外通过层层倒手得到的廉价海洛因纯度不高,里面掺了许多其他的东西(如头疼粉等)。而且他们主要是口吸而不是静脉注射。所以我们的思路是,医生的科学思维是考虑对静脉吸毒者的药物替代、手术等方法,而我们的人类学则思考和发现了另一种途径。这一民间戒毒模式——借用诸种文化的力量同生物成瘾性较量,经过几年考察,终于在这部分人群中稳定地获得了较高的戒毒成功率。在方法上,一科学,一文化,可谓异曲同工。其后者,正是针对那些在广阔地理面积上的有巨大人口基数的低收入农民的口吸者。要知道,这一大面积的口吸者正是未来的针具使用者的前身;因此,"虎日"模式能够覆盖西南山区这部分可抑制毒瘾的口吸人群,并在精神和行动上战胜对上述毒品的依赖,对今后中国卓有成效地禁戒毒和防治艾滋病的工作十分重要。

因此,人类学给出的是一个文化的诠释,其诠释的意义在于,在科学以外,还有一种可以如愿以偿的成功的文化力量可以运用。

所以,通过调动和激活小凉山彝族古老的文化资产,整合整个家支、家族的力量:其尊严与诚信、族群认同、信仰仪式、伦理与责任、习惯法和民俗教育等诸多文化要素的力量来战胜人的药物依赖性和生物成瘾性,从而达到并保持戒毒的高成功率,一直保持至今,这是人类学学科在中国本土的重要理论与应用性实践,并为寻求其他地理区域的本土防治经验提供思路。

九、"虎日"仪式的应用性转换

毒品(这里主要传播鸦片和海洛因)作为特殊的商品,有其特定的运作过程,从生产到流通到消费,已经形成了一个比较稳定而牢固的市场,再加上为了各种目的而直接或间接参与这个市场行为的各种群体。这个市场已经发展成为一个行规缜密的世界。随之,也毫无疑问地促成了另一个以消灭它为目的禁毒行动。然而,所有这些活动的实践主体和客体都是人类自身,是人施之于人的社会活动,毒品在这里只不过充当了某些社会问题的物质载体,是物化的社会问题。从以上视野中折射出来的焦点,很自然落在人类群体间以互动为主要色彩的图景上。这在客观上要求毒品生产与禁止、贩卖与缉查、吸食与戒除之间的斗争要建立在探索人类的生物性、社会性,生活方式与文化缘由的深刻问题上去,而不只是归结到就事论事或头疼医头、脚疼医脚的应对行动上去。即使是禁毒行动与防治艾滋病的国际合作,也应同样重视包括人类学在内的诸种人文社会学科知识的运用。因为人类的各种行为都在他们的研究视野与理论涵摄之中。我们欣赏业已存在的国内和国际合作中各种禁毒与防治措施。然而,应用性实践仍可进一步考虑社会问题背后的族群心理与认同、民间控制机制、传统组织、习惯法与仪式等文化资本的力量,从而选择切合不同地域不同族群的不尽相同的禁毒与防治艾滋病的行动。

"虎日"仪式就是这一类不寻常的禁毒戒毒应用性实践。这一成功的自组织行动的进一步发展,显然不可缺少地方政府的支持,于是族群内外的沟通无疑是重要的。人类学家的族群内外穿梭,是为了"辨识与理解当地的决策程序。帮助当地居民与计划执行者都能了解与适应当地的结构,以期更能满足当地居民所表达之发展需求。"①同时,这一沟通还包含着,如果凉山彝族动用和激活自己的传统法律资源来调整自己的生活卓有成效,那么这也意味着,这样的举动也是他们在国家法律和传统文化之间寻求新的结合点的尝试和需求。

当然,这种族群内外的沟通的努力是多方面的。例如小凉山彝族曾和地方政府协商如下的问题获得了成功,即希望政府同意将吸毒人员(包括已收戒人员)交给家属(家支范围内)管理。政府有关职能部门用与他们签订协议的方式将管理权下放,让他们充分利用家支家族的亲情来监督和感化吸毒人员。一旦发现复吸现象,家支家族必须将复吸人员送交有关职能部门。这种协商成果的好处在于政府并未失去对家支组织的管理和控制,更重要的是家支家族集体向政府负责,可以避免政府及其缉毒机构在高山峻岭的广大天地间疲于奔命的困境,从而真正做到对县府辖区的宏观管理。成功的内外沟通,地方政府在政策上给予了特别支持,将戒毒人员的监督教育工作转交给了家支。

这一应用性的人类学实践和政府缉毒的目标是一致的,得到宁蒗县各族人民的支持,也推动了地方政府以实际行动支持彝族人的禁毒活动,鼓励和支持在彝族聚居村落推广"虎日"禁毒模式。2003年5月召开的全县人大、政协会议有议案要求通过"宁蒗民间禁毒基金"的成立,该报告的原文肯定人类学家在凉山倡导的"民间戒毒工作起到了建设性的作用,我们认为这一模式适合我县的县情,有必要在全县大力推广。考虑到我县财政困难的实际情况,我们建议成立民间禁毒基金,每年从县内享受财政工资的工作人员的工资中每人集资2元人民币来支持和推动民间禁毒的工作"。现在,这一体现"虎日"文化动力促进族群内外关系沟通的成果已经实现,政府走向前台具体支持禁毒行动将使更多的地方人民受益。

十、新的推广性应用:开发影视人类学

人类学的特有之处是发掘带有文化底色的人类本性和一个社会独有的组织形式及行事方式。人们发现那些情感、象征、隐喻、直觉、信仰、认

---

① Michael C. Howard, *Contemporary Cultural Anthropology*, HarperCollins College Publishers, 1993, pp. 370—371.

同等人类特性并不能完全由科学能解释。因此,人类学前辈们一直在探索着各种表达的可能性,诸如小说、自传、诗歌等表现形式都发挥着各自优势来表达人类社会丰富的文化形式。其中,人类学家发现可以透过镜头所建构的图像寻求对文化的另一种理解方式。同时,不同于文字,影像的描述、分析、交流和解释构成了一种独特的人类学表现方式。文字和影像之间的不可替代性,促使我们在对一个调查点的研究基础上同时采取文字和影像手段,建构对于文化的理解的价值。

从福建闽江流域到三峡库区的文化遗产保护再到对于北京的新疆街历史人类学的系列研究中,笔者这些年来一直致力于人类学的这两种研究和表现手法的整合尝试。我们认为文字与影像的双向作品的理想过程是:由一位(几位)受过正规人类学训练的学者先行完成田野工作,待分析整理出文字材料,确定有价值的选题后,再和摄影师(或由人类学家本人)重返调查点进行拍摄。① 这是因为缺乏事先细致而足够久的田野作业,人类学家根本不可能真正达到发掘当地人的主要情感、行为动机以及目标的人类学最深意义。② 况且,影视作品虽然拥有文化展示的独有特点,但尚不能代替人类学的全部研究要求。因此,在田野工作基础上,实现文字和影像作品并举是我们长期以来的所追求的实践形式。《虎日》及其相应的田野工作和文字作品也是遵循这一模式的成果。不同以往的是,应用性的研究取向使得影片《虎日》从开始就不仅仅局限于作为表现某种观点、声音的手法或者是一种展示给拍摄对象以达到知识的反馈(feedback)的手段。在这里,拍摄对象不仅以评判者这个身份参与到影片中来,更为重要的是作为一个积极的、主动的发起者、示范者和推动者的全面参与。从而,我们不仅强调的是参与者与对象之间的互动和分享,更为重要的是地方性知识经过人类学家进一步阐释和发掘后如何让更多的人受益。前面,我们已经讨论了影片《虎日》所展现的仪式作为地方彝族自发实施民间禁毒的有效方法背后的人类学意义及其内在动力、实现机制、应用价值和目标。因此,我们接下来需要讨论的是影片《虎日》古

---

① 诸如真实电影、直接电影,观察电影、参与电影等对人类学影片制作产生重大影响的制作理念虽然在制作影片时对于介入程度的要求不同,但它们的共同点都在于遵循拍摄对象的活动而不是依照脚本指导拍摄对象的原则。

② 人类学家马凌诺夫斯基在《田野日记》中写到:"我探究人类学最深的意义何在? 就是要发掘当地人的主要情感、行为动机以及目标。"参见 Bronislaw Malinowski,1967, *A Diary in the Strict Sense of the Term*. Introduction by Raymond Firth. London: Routledge & Kegan Paul(Reprinted in 1989 by Stanford University Press).

老仪式在项目应用推广中的可能性和价值,进而阐述影视人类学的应用意义。

1. 影视展现:传统文化资本与人类学理论连接的桥梁

由于传统人类学研究对象大都地处"蛮荒",许多研究对象没有自己的书写符号。因此,影视手段这种形象化的直观语言在人类学中作为文化展现的手段,不仅可以在人类学者与观看者之间建立一种直接的交流,其优势还在于能够跨越不同族群间语言和文字差异,将人类学知识反馈到那些"目不识丁"的研究对象中去,以实现"分享"的人类学理念。因此,我们考虑采用具有人类学视角的影视示范片的形式来展现并推广小凉山民间戒仪式"虎日"模式与电影作为交流媒介的能力密切相关。

彝族聚集的川滇大小凉山地区群峰耸立、江河纵横,交通困难,并在一定的自然地理范围内呈内部封闭,文化内部整合特征突出。许多腹心地区的彝族同胞不仅不懂汉语,甚至连彝文都不认识。比如凉山州昭觉县的一个村有60%的人听不懂汉语。① 因此,在这些地区采用汉语和汉文资料的(无论是人类学还是其他学科的)应用研究和推广工作收效甚微。另外,由于彝族社会文化及风俗上的独特性,脱离其文化场景制作的宣教片即便是配以彝语配音或彝文字幕也是不可能被当地人所理解,更不用说主动接受了。② 因此,根植于彝族文化传统的仪式行为通过人类学影视表现形式不仅易于为彝人所理解,更为重要的是符合彝族社会口承传统的特点。

采用观看影片的形式的优势还在于避免了其他形式可能造成的羞涩感和强迫感,能够激发观者的参与性。这种家支场景的移动性示范使有着共同的家支文化背景的头人们所喜闻乐见并倍感亲切。当那些彝族头人们面临同样的处境时,人类学影视示范片中的"虎日"仪式提供了一条他们乐于接受的方式。"他们能做的我们也能做"是许多头人观后脱口而出的话。并且,由于中国西南川滇大小凉山的农村地区缺乏各种文化娱乐活动,影片对于以家支为主体分散居住的村民们而言具有很强的吸引力和号召力。从而,应用项目可以通过影视形式实现点面结合多层覆盖的效果。考虑到在川滇大小凉山及其边缘地区生活着大约有528个家

---

① 见中英性病艾滋病合作项目:《基金项目过程评估报告》,2002年,第131页。
② 试想取材于现代纽约的禁毒和艾滋病防治的科学题材即便如何具备科学严谨的说服力或者生动形象的感染力,但这对于另一时空文化的彝人而言,又有什么意义呢?

支所属的众多家庭和 200 万人口,"虎日"仪式的影视应用研究是人类学从当地人喜闻乐见的日常生活中寻找到一个切入点,进而发掘其中历史文化意义,采用符合当地文化表达传统的适宜表现形式使之应用于更大区域的成功案例。

2. 视觉思考:仪式场景的文化空间

在这里我们有必要强调的是,"影视人类学注重的并不是影视本身,而是渗透并且编码于影视中的涉及文化的一系列关系"①。同时,人类学也可以通过影视来建构这种文化关系。示范应用片《虎日》使用了叙述性认同和描述的现实主义策略,通过一系列丰富的文化仪式场景来解释历史文化资本如何在当下场景下被激活以及其中所渗透的各种文化力量。"虎日"仪式场景是由仪式过程的线性形式所构成。这些形式是特征化的仪式过程。诸如仪式场景时间、地点、仪式细节和行为反应象征性表达了家支血缘群体的认同、恐惧以及文化抗争力量。从而在一种线性的仪式形式中,家族和小家庭共同点燃了仪式的意义之火并在确立各自的关切点。其中,情境化仪式气氛是仪式的相关画面,这种画面通过嵌入在仪式之中,并且通过间歇的仪式的主持人——也是家支头人的声音表明当毒品问题导致一个家族面临生死攸关的紧要关头时,采取家族自卫性的盟誓仪式的必要性、紧迫性及其深层的意义,进而在仪式场景中获得了某种文化认同——吸毒者的戒毒决心和吸毒者所在家族与毒品抗争的不可动摇之决心。

"虎日"仪式中各种象征的、隐喻的、直觉的因素和情感反应,或许极易令其他文化或族群的人费解,甚至会误解。正如 Christina Toren 认为的那样,电影观众不可能真正理解影片中仪式的意义,这种仪式经过岁月的流逝已经铭刻在参与者的身体里。② 这也是人类学在影片之外同时提供文本分析的价值所在。但对于本影视示范片应用的对象——川滇大小凉山的彝族同胞而言,这些经过影像所展现出来的仪式内容,所传递甚至是细节末梢的含义都是耳熟能详,如同一种自我经验、个人经历的具体化。因为那些仪式行为的文化意义早已经流淌在他们的身体之中,根植于他

---

① David MacDougall,"The Visual in Anthropology", in *Rethinking Visual Anthropology*, ed. By Marcus Banks and Howard Morphy, New Haven and London: Yale University Press. 1997. 胡鸿保,姜振华译:《影视人类学——人类学的扩展》,载《南阳师范学院学报》,2003 年第 2 卷第 8 期。

② Christina Toren, Making History, "The Significance of Childhood Cognition for a Comparative Anthropology of the Mind", *Man*(NS.)28(3),1993,pp.461—477.

们的头脑的深处。从而,观看仪式使他们也跟随仪式过程经历了一次灵魂的"虎日"仪式。所以,仪式场景中具有的文化空间使他们意识到古老的习惯法和仪式唤起的族群力量仍是可以启用的重要文化资本。古老仪式从而重新点燃了意义之火。

3. 仪式场景的影视意义

仪式场景的表达方式、体验方式,某种程度上是一种视觉化的仪式性表达。包括仪式中诸如仪式空间、仪式过程、仪式行为等都是例证。但人们是在具体直观仪式中体验了最为感动的情怀。仪式中,参与者的深度体验完全与仪式合二为一。"虎日"仪式中,德高望重的老头人披着"寿衣"走到众人面前说:"只要我们紧紧地握着自己的家规,就是立即死去也值得了……在这里,罂粟的枝叶茂盛,果实累累,这是一个邪恶的魔鬼,我们应把它铲除。这是一场战争,彝族人生活中的一场战争"(见影片《虎日》)。这一视觉化的仪式行为和飘荡在山谷之中的饱含深情的劝诫充分传达了在人性与历史的深度关照下彝族家族头人对于毒品由痛恨到至死抗争的决心。老人无声的生与死的宣战把彝族头人面临毒品对家族造成威胁时的情感和情绪反应表现得淋漓尽致。又如隐喻盟誓的猪胆、牛胆,象征永恒决心的"十字",仪式中被物化情感形象随处出现。显然,仪式中交流动作学、空间关系学以及与人体动作交流(例如姿势、情感、语言符号)等都有着深刻的影视意义。如何找到一种语言,能够隐喻性地和经验性地贴切反应仪式场景中的这些特征?人们发现,图像具有历史重要性的原因之一是它具有隐喻和联觉(synaesthesia)的功能。因此,影视媒介也许可以称得上是对事物的"诉说"所能采取的最佳方式。① 影视语言通过隐喻、共鸣、认同和视觉的转换即用人们通常熟知的方式建构知识体系。这些特点在仪式和影片中是共通的。"这样,视觉媒体提供了感知别人的途径,它不像纯粹的文字表达,需要'心理的或动觉的'以及解释的种种反应。②"影片的语言从而具有一种可称之为"厚描"手法,细节能被详尽地表现。因此,仪式场景中的影视力量决定了利用影视方式还原仪式场景中的影视意义,揭示仪式的隐喻,分析符号的象征意义是一个不错的选择。

---

① David MacDougall, "The Visual in Anthropology", in *Rethinking Visual Anthropology*, ed. By Marcus Banks and Howard Morphy, New Haven and London: Yale University Press. 1997. 胡鸿保、姜振华译:《影视人类学——人类学的扩展》,载《南阳师范学院学报》,2003 年第 2 卷第 8 期。

② Paul Henley:《民族志电影:技术,实践和人类学理论》,吕卓红译,未刊稿。

在赋予参与人行为意义与激发观看者的作用方面,电影也特别有效。这是通过展现这些经历情感的、心理的和共同文化背景的认同而达到的。这种认同凝聚在共同的起源和血缘纽带的象征与意义上,通过影片所提供机会让来自不同家支的人彼此互相认识,并透过本族群的仪式文化含义延续并传承对于控制毒品的共同精神与目标。因此,应该注意的是"虎日"仪式本质上根本不是简单的行为培训,而是意识、意义的感染;不止是仪式功能的考虑,更是仪式象征意义的考量,即关注的是对于意识的"唤起"(evoke),而不是仪式的简单"模仿"。

我们所追求的目标并不是简单的示范模仿,而是彝族先行者率先勾沉、激活历史文化资本,在人类学应用研究的协助下,学习者重新点燃意义之火。用现代项目的话语是:扩大受益者的培训作用。在提升参与者"激活"传统文化并"唤起"观者的意义之火的重要地位时,视觉展现的独特魅力,必然导致我们对视觉表现倾以更大热情和关注,这样视觉这种感觉方式就自然而然的被纳入人类学范畴之中,或者说应用它。

当年,人类学家罗宾森(Soctt S. Robinson)博士和学生用人类学影片记录墨西哥南部一个大型水利工程时,从影片制作到提出主张,实现了参与观察结合影视记录并最终达成社区与人事之主张,体现了应用人类学的原则①。今日,我们在川滇大小凉山的田野工作中发现了"虎日"仪式的学术和应用之价值,从而实现了从文字学术——到关注影像——再到把电影人类学的学术表现努力引向人类学应用性的一次重要的尝试。

那么,可以十分清楚地看到,作为人类非物质文化遗产的仪式,包括那些业已尘封的各种民俗事项,在一定条件下可以跨越时空在当下被"激活",使学院派的学术诠释工作转为发现具有应用性意义的文化的力量,并逢时逢场景转换成应用性的行动。毫无疑问,人类学和民俗学都有机会把非物质文化遗产的研究转向积极的应用性方向。

进而我们有机会把捕捉非物质文化遗产最为直观的动态影像记录工作(是文字作品不可替代的另一种文化表现方法),也从纯粹的诠释性意图转换到直接为受益人服务的示范性应用新方向。

(原载《广西民族研究》2005年第2期。)

---

① Michael C. Howard:《文化人类学》,李茂兴、蓝美华译,台北:弘智文化事业有限公司,1997年,第663页。

中国性病艾滋病防治新态势和人类学理论原则之运用

卷入性病艾滋病防治工作及相关公共卫生与医学的多种项目以来,笔者经常考虑的问题对象已经不是传统的宗族运作与游耕周期之类,应该说,问题的取向有了非常大的变化。然而,人类学的原理仍然是基本的出发点,当我们不断丰富自身的田野经验以后,就会发现在把握艾滋病防治工作新态势时,人类学理论对那些特定的高危人群的防治工作有其明显的应用性成效,也是发展现代人类学的不可多得的契机。

一、经性途径传播艾滋病比率首度超前:锁定新的重点研究对象

关于中国性病与艾滋病预防与控制工作的众多调研,展示了多角度的各阶段数据供我们思考,从而可以不失时机地捕捉那些变动中的重点研究与关怀对象。

1. 艾滋病传播重灾区:初起防治重点对象

2005年在河南省总共动员了50万人进行血液检测,已经查出18500名现存艾滋病患者(不包括死亡人数),如果加上原来查出的6500例(有的已经死亡),河南农民卖血感染艾滋病事件披露至今,该省至少有25000人由于卖血感染了艾滋病病毒。[①] 而《艾滋病承诺宣言》的同类数据则认为超过3万人。[②] 扩大而言,经获得的数据显示,河南省农民在卖血过程中的HIV流行率为18%—40%,湖北是4%—10%,湖南是2%—6%,安徽是1.5%,陕西是1.6%—3.9%,山西是1%—5.5%,可以说是

---

① 景军:《艾滋病与乡土中国》,马寅初人口科学论坛:聚焦农村人口健康,促进农村发展,2005年。
② 国务院防治艾滋病工作委员会办公室:《中国2005年〈艾滋病承诺宣言〉报告》,2005年。

非常严重。①

近年来,由于不断重视对上述省份"艾滋村"等患者的关怀工作,国家提出了九项重要措施,其中就包括"巩固采血管理成果,杜绝非法采供血活动",以及"认真落实对艾滋病人的救治关怀措施"等。全国各地积极投入力量帮助河南,医疗和研究人员在采供血重灾区深入调查,及时执法与决策,例如河南省制定了地方性艾滋病防治法规,并在社区治疗等工作中取得了成效。这样,数年来,以非法采供血引起大面积艾滋病病毒感染的颓势已经得到控制,这是中国防治艾滋病工作初起呈现的第一轮重点对象人群。

然而,今日中国的艾滋病病毒传播态势和主要对象群体已经发生了变化。

2. 艾滋病传播与防治重点对象之新变化

据2005年底统计表明,中国的艾滋病患者和艾滋病病毒感染者中经采供血途径被传染者占10.7%,母婴传播途径的只占1.4%。显然,这两种传播方式所占比重较小。然而,值得警觉的是经注射吸毒传播艾滋病病毒者占44.3%,而经性传播的已经占到43.6%高位,几乎不分伯仲。众所周知,注射毒品(世界各地吸毒群体都有共用针管的嗜好与习惯)容易传播艾滋病病毒的道理很容易理解,然而,总是被轻视的经性传播途径传播艾滋病的比率正逐步上升。如果进一步对新发生的艾滋病病毒感染者加以统计,很不幸,2005年经性传播感染艾滋病病毒的比率已高达49.8%,第一次超过了因注射吸毒而感染艾滋病病毒的比率48.6%。就暗娼的群体评估和统计,他们的HIV感染率从1996年的0.02%上升到2004年的0.9%。其中云南、重庆、湖南、广东、广西、四川等省(区、市)的部分地区的暗娼人群感染率超过1%②,已经超过联合国艾滋病规划署界定的高流行水平。这些数据的新的变化显示出,经性传播的方式传染艾滋病的机会已经超过其他途径,而且HIV感染率大增。

如果我们把河南采卖血问题看成是引起艾滋病的密集感染的一个突发性社会问题的话,那么当下经性途径传染艾滋病的人群(主要是商业性服务者、嫖客、多性伴者和高危职业群体等)比率达到如此高位一事,则表

---

① 景军:《艾滋病与乡土中国》,马寅初人口科学论坛:聚焦农村人口健康,促进农村发展,2005年。

② 国务院防治艾滋病工作委员会办公室:《中国2005年〈艾滋病承诺宣言〉报告》,2005年,第10—13页。

明后者之累计性、蔓延,以及难于在短时间内阻止的特点;就是说,前者事件的处理得力尚容易及时制止,所谓"急诊"救治,而后者则相当于加重的"慢性病"之谓,既不能着急也不能拖沓。为此,学术界对"小姐"与嫖客(以及其他买/卖性个人、多发高危职业群体和多性伴者)等的分类考察与研究实为必要。

二、考察"小姐"的流动方式:"作为文化的组织"

我们研究宗族也好,研究刀耕火种民族的游耕生计—文化系统也好,实质上都是把他们看成是"作为文化的组织"(organization as culture)①,而不是讨论一个组织一般意义上的文化,这是人类学和其他姊妹学科的重要不同之处或是其相当侧重的部分。这样我们一下子就清楚了现在不少研究流动人口的文章为什么分不清究竟是社会学的,还是人类学的,抑或是政府官员和记者的调查报告的原因。

这样就不得不提到农民进城的文化含义。人类社会 15 世纪开始凸现的农民进城是都市化进程的必定步骤,因而也带有各自的文化烙印,或曰农民流动的文化表现。例如早年德国人有着强烈的文化认同观念,这是指在传统文化与同乡感的影响下,农业劳动力转移以在家乡附近的小城间与近邻的乡村之间流动占主导地位。德国人口流动大多数情况下是个体的流动,群体流动或同乡团体流动者较少。在德国历史上小城镇多、分布分散②,所以说剩余劳动力的分布也是相对均匀的。而法国的情况则与德国相反。法国流动人口过分集中于巴黎,在 1891—1911 年就有 116 万人移居巴黎。③ 法国城市化早期进入的城市的新劳动阶级像中国农民工一样实际上保持着与农业社会的密切联系。④

就中国而言,施坚雅和其他作者⑤都对中国传统城乡连续性作了探讨。他们认为城市化级别越高,宗族越难合在一起;而同样是乡土化的地

---

① Susan Wright: The Anthropology of Organizations, Routledge, 1994; A. M. Ervin: Applied Anthropology, Pearson Education Inc., 2005.
② 王章辉,黄柯可:《欧美农村劳动力的转移与城市化》,北京:社会科学文献出版社,1999 年,第 171—172 页。
③ G. 齐默尔曼:《都市化时代》,爱尔兰根:费舍尔出版社,1996 年,第 16 页。
④ 庄孔韶:《人类学概论》,北京:中国人民大学出版社,2006 年,第 237—248 页。
⑤ 包括施坚雅、贝克(Baker)、格拉姆、福伊希特旺(S. Feuchtwang)和(K. Schipper)斯普伦克尔单、施舟人等人的观点。

方,利益便有更多的同质性。① 我们看到在中国城乡连续体底端,宗族、姓氏团体(含地方姓氏联合体和乡村集体单位)的血缘与地域观念具有持久的传统,上至政治文化,下至宗族文化都对集市、镇和城市的形成和发展起制约作用。② 如是,我们联系到至今数十年间中国农民的进城方式,一方面,国家和城市政治政策体制的因素具有决定的意义,一方面,新的大面积开放的市场经济也是农民流动的主要推拉杠杆。中国农民在体验政治变故和经济发展的双重经历之中,一直保持着来自乡土的地缘、亲属所形成的社会文化网络的纽带或退或进。直至今日,农民进入城市表现为"拖进城市中的乡村尾巴"的形象比喻,也证明了古今中国城乡关系连续性的文化特征。

我们已经知道,中国城市的农民建筑工人、装配工、装修工,乃至餐馆工、保姆群体等,相当比例的人员由同乡同村同姓同宗的背景从家乡出走,大至形成大同乡的"浙江村""河南村";小至安徽省、四川省诸县一级(乡、村)的"小保姆"和餐馆工群体。而农村青年进入城市娱乐业、理发业等的出走特征,应该说与上述装修工和"小保姆"的方式带有同样的文化烙印。这当中可以分辨出来的以各种原因步入色情场所的女性,在出走农家的初始也大都循着上述同样的方式,这其中颇有不同之处在于部分有拐卖(部分拐卖也有同乡"杀熟"行动)之嫌,以及同乡同宗同村和同学秘而不宣结伴出走的方式。由于今日卖性者称谓颇多,歧视的或俗成的,如妓女、暗娼(非公娼制下)、商业性服务人员、性工作者、"小姐"等使用起来因国别、地域、见解等不同而意见不统一,但本文不得不选择其一,即带有暗喻意味的"小姐"一词用于行文之中。

我们如果观察中国小姐的流动特征,可以看到一种第一级别的大流动群体,如北京的东北小姐和广州、深圳的四川小姐群体,实际她们来自东北和四川省的诸多地方城乡,这是属于大规模的跨省大流动小姐群体,移动半径有时长达两千公里;还有一种是第二级别的流动群体,她们主要是各省内乡镇村的农家女从四周流动到当地中心市县。根据笔者在关于四川省某市色情业小姐的一个调研项目中获知,Y城的小姐大都从遂宁、内江、潼南、乐至、资阳十余周边市县农村流入,每次移动半径多在十数至数十公里以内。第三级别的小流动群体是指那些在色情业相对集中的街

---

① 施坚雅:《中华帝国晚期的城市》,叶光庭等译,北京:中华书局,2000年。
② 庄孔韶:《银翅》,第457—458页。

区(或曰红灯区)内外的小姐妹流动组合,属街区流动或短途市内外流动。

让我们再来看小姐们入行的文化特点。属于上述第一级别的大流动群体和第二级别的流动群体的小姐的入行方式都有明显的熟人帮带特点,血缘、地缘性明显。细说其中大致的关系,可分出同乡、同乡的近亲和远亲,还有同乡的熟人、同学、朋友等。这些亲属、同乡和熟人的关系网络成为她们进入市县入行的主要纽带。以我们对Y城小姐来路的问卷调查,上述方式入行的占到58.33%的高比率。考虑到一部分"小姐""不愿意谈自己是怎么进入性行业的原因,也主要是由亲戚或同乡方式带入过程中不乏一些乡土难言之隐(如永远也割不断的乡土各类联系)。究竟是感激(有时帮助了家庭经济困难)呢?还是憎恨(其风尘无奈与苦痛经历总是让人记起当初自己毫无准备地被乡里熟人带入色情场所后造成的人身心理伤害)呢?因此,一些人特别回避这类问题,或者干脆说是陌生人带来或自己找来的。① 显然,我们可以认为,实际上由同乡、亲戚带来入行的小姐比例大大高于以下图表的比例。

表1　Y城小姐入行方式

Y城的小姐入行方式	人数	百分比(%)
亲戚带入	4	8.33
非亲同乡带入	24	50
自己进入	10	20.83
陌生人带入或其他	6	12.5
不愿回答	4	8.33
总计	48	100

不仅如此,这种入行特点还有其持续的连带关系性。这种帮带的动力源虽然脱却不开巨大的城乡人口流动大潮,不可否认也直接来自那些地方生计凋敝与城镇性服务的商业需求。在调查工作中,我们看到色情业老板总是要求小姐们从自己认识的老乡及其关系网中物色新一轮的小姐来源。而经常的做法是,当小姐们自春节探亲归来的时候,便有来自故土的同宗、同乡和同学的小姐新人加盟,误入和不情愿地(贫困和家庭疾病等直接缘由等)进入性服务业,这种由亲情和乡土传帮带出的小姐流动

---

① 根据四川省Y城A街区调查访谈。

人群便实现了。

第三级别指那些从事性服务小姐的小流动群体。例如笔者调查过的在广西、云南和四川的一些色情街区,显然不同程度地受到同一地点、街区场所老板的操控,但人身依附关系并不明显。相当多的色情场所表现出老板、老板娘"类家族(长)制"的特征,对外麻烦有老板出面摆平,而对内则服从约定俗成的行规,并总是和色情业小姐频繁更换的商业需求相适应。此外,这些非法场所的色情与隐秘特点,造成了老板不断收编的流动小姐们之间的商量和交流比较多(包括针对自己老板的应对策略、摆脱各类待客困扰、生活苦衷和姐妹性事隐私、大道小道信息传输,以及大小流动的商讨和决定等),她们常常结伴依存,也联合做场所转移,选择脱离一个老板,又进入另一个老板经营的场所。应该说,在上述色情业街区内外的中国小姐流动群体,不同于西欧城市本地妓女的更多和更明显的个体性,尽管在妓女合法的西欧城市她们也有行业组织(商业或工会组织),然而对照之下,那不是人类学意义上加以观察的"组织"形式。而四川的小姐在她们第二次乃至接续的流动过程中,大多选择与从业姐妹结伴转移。虽说小范围的城内转移比较常见,但也不排除姐妹联合远距离转移甚至跨省转移。在这不停的流动生涯中,说得来的姐妹关系既有乡情来路,也有同行要好的姐妹,这正好表现了血缘、地缘和业缘交融引起的"作为一个文化的组织"的延续与变迁。例如Y城的姐妹就参与了川妹子一拨一拨地向深圳流动,从而变化为第一级别的小姐大流动群体。当一些年过后,我们已经可以在深圳找到来自四川省某地——如Y城小姐参与性服务的聚集地。

中国乡村汉人小姐所在地和发生地之间明显的血缘、地缘和业缘关系,决定了我们在防治艾滋病工作过程中的"干预"方式本身,当作外在力量介入特定群体的一个文化过程来看待[1],Y城小姐群体的流动性和行内生活是有特征可循的。要想有效地解决艾滋病防治问题,除了相信医疗救治的未来科学成果外,显然应"从对行为本身的关注转向行为发生的文化情境以及组织这些行为的文化象征、意义和规则上"。[2] 四川小姐组织不仅追随着中国农民入城的巨大潮流,而且有其秘而不宣的特点;其中

---

[1] 李楯:《艾滋病在中国——法律评估与事实分析》,北京:社会科学文献出版社,2004年,第124页。

[2] Richard Parker, "Sexuality, Culture, and Power in HIV/AIDS Research", *Annual Review of Anthropology*, 2001. 30: 163—179, 2002.

同宗、同乡、同学、同伴等的结合方式,显示了汉人社会的乡党组合的多种传统。因整个国家非公娼制的大背景,小姐群体不得不呈现地下或半地下状态,为性病艾滋病普查和治疗工作带来相当不利的条件,包括我们的人类学调查同样困难重重。一方面我们要寻找小姐的组织与流动特征,另一方面提出针对性的政策回应根据,以及设计有效的文化与应用实践。当我们把小姐群体过程的文化特点了解透彻之后,寻找相应的组织(例如小姐流出地的妇联和输入地的妇联)对组织(有案可查的同一乡土籍贯的小姐流动聚集群体)的行动方案是有价值的方式。例如,四川和深圳两地妇联联手对在深圳的四川省局部县乡镇村的小姐加以宣教和预防治疗培训可谓有的放矢;以及地方妇联和医生深入色情业街区组织小姐们的联络与联谊系统工作,从而能准确掌握小姐在一个城市进出流量,很明显,掌握一个地方小姐群的流入和流出数量,是当前中国性病艾滋病控制性防治的关键。这样,人类学家也在通常田野调查之后除了完成他们的文化诠释以外,不容置疑地卷入了他们的应用性的有价值的文化实践。

三、生物性—文化性的整体性原则应用之一:仪式的智慧

吸毒是一个社会麻烦,而戒毒又难有成效。人类学研究的出发点何在?众所周知,人类学四大分支学科中的体质人类学和文化人类学,正是基于对人类存在的生物学基础以及族群与文化关系的系统性和整体性探讨,其中,体质人类学是连接人类形态学的科学性与生物性的主要分支学科。也就是说,既把人当做一个完整的生物系统加以研究,又要对不同人群的文化系统予以联系性的必要考察,即生物—文化整体论(bio-cultural holism)。为做到这一点,我们就必须把生物和文化两个半偶族维持成一体。这样我们才能既看到人们行为中的生物学动机又看到其文化动机[1],"人类的生物属性与文化属性是需要同时并举方可获得共同发展"。[2] 这就成为我们考虑人类问题的原则出发点。

就当今世界上应对人类毒品成瘾性的实践中,业已存在的常见办法,如以毒品之替代品(如美砂酮)或直接用手术治疗,显然,其基本的方法

---

[1] W. 高斯密:《论人类学诸学科的整体性》,张海洋译,《中央民族大学学报》2000 年第 6 期。

[2] William H. Durham, *Co-evolution: Genes, Culture & Human Diversity*, Stanford, Stanford University Press, 1991.

论是针对人类生物性的科学主义的出发点。然而,科学主义原理的出发点和效果不断受到来自忽视人性与文化方面的多种质疑。① 而同样,惩治性戒毒(如戒毒所方法)同样忽视人道主义,歧视现象严重,不能很好地运用人性与文化资源,简单生硬,或治标而不治本,难以持久。然而实际上,上述戒毒办法的缺陷正是认识不到人类成功戒毒的途径也可以来自文化的力量。

在我们的调查点,云南省宁蒗县跑马坪乡(人口千余)首次发现海洛因毒品是在1994年,到1997—1998年毒品传播扩散加快,1999年已有22人染毒。在很大程度上影响了彝族的家庭生计和地方社会治安。面对毒品的危害,小凉山的彝族人如何应对的呢?这是一个严峻的时刻,我们发现小凉山家支头人动用了紧急磋商的家支自救机制。

1999年初,嘉日家族举行了由二十多位头人和"德古"参加的禁毒筹备会。会上完成了对该家族吸毒人员的调查;对该地区贩毒人员调查并举证;宣布某日举行嘉日家族禁毒盟誓动员会议。根据彝族的历法和习惯法,如果是和外界的力量宣战的盟誓仪式一定要选在"虎日"。这次战争仪式的对象被头人们认定为毒品本身,禁毒和戒毒宣誓不可反悔是喝血酒的象征性主旨。

1999年11月30日嘉日家族召开禁毒动员会议。第二天全体族众集合在神山面前,举行嘉日家族禁毒盟誓仪式,主要仪式程序是:讲解毒品的邪恶,并由"德古"宣布向毒品宣战;由毕摩念经以求先祖的保佑;被戒毒者22人轮喝"决心酒",并对祖先发誓;家支集体仪式完成后,分别到每一个戒毒者家中完成家庭戒毒仪式。事后多年,1999年禁毒仪式的22名吸毒者中至今有14人戒毒成功,占64%。他们不再吸毒的时间已经超过6年;而且那里家支仪式涵盖的乡村面积同时成为无毒社区,毒品贩子难以入内。此表明小凉山这个地方的家支、信仰和习惯法在聚集力量上的有效性。

2002年,彝族头人们决定开始一次新的"虎日"行动,以便进一步把虎日戒毒仪式的范围扩大到整个家支范围。在我们多年的人类学追踪调查基础上,终于获得了一个直接参加民间习惯法与盟誓仪式过程(并拍摄电影《虎日》)的机会。2002年这次虎日仪式记录的16人戒毒盟誓者(14

---

① Richard Parker, "Sexuality, Culture, and Power in HIV/AIDS Research", *Annual Review of Anthropology*, 2001. 30: 163—179, 2002.

人戒毒成功)的成功率至今高达87%。

上述小凉山彝族人成功的戒毒禁毒行动,我们已有详细的论文加以总结。① 他们动用古老的文化资本——信仰与盟誓仪式、习惯法、家支组织、尊严与诚信、族群认同、教化与道德约束等文化的力量战胜人的生物性的成瘾性,将人类学的人类研究的整体性(先天生物性和后天文化性之整合)原则展现在我们的面前。本人特别要强调的是,在解决戒毒、艾滋病防治问题上,一般都是医生和公共卫生专家在做工作。"虎日"民间戒毒模式的重要发现是,我们在解决人类的社会问题时,科学的思路和方法论不是唯一的。我们还有第二个思路和方法论,即人类学家采纳的不是科学的方法,而是从文化底色上的人性为出发点,寻找另一种综合的、难以量化的文化的动力,让它提升为人的坚强的毅力,在一定条件下,战胜人类的成瘾性。因此,人类学给出的是一个文化的诠释,其诠释的意义在于,在科学以外,还有一种可以如愿以偿地成功的文化动力可以运用。

四、生物性—文化性的整体性原则应用之二: "乌干达现象"与中国实践

我们在戒毒禁毒的工作中运用人类学的整体性原则,所抽绎出的诸种文化的动力之有效性证明了禁欲与戒欲所呈现的人类提升毅力的可能性,那么,挖掘区域文化力量的潜力就是可能的和可行的,这是人类文化多样性的事实使然,只不过不同区域文化的智慧需要不断挖掘和发现。

以此类推,有必要联系我们的课题和研究生课程讨论的 ABC 原则和"乌干达现象"②,这是我们这类研究工作的进一步引申,而且这实在是当前世界性防治性病艾滋病工作中耐人寻味的问题。

国际艾滋病防治工作的 ABC 预防原则,即戒欲/禁欲(Abstain),忠诚(Be faithful)或在 A 和 B 不行的情况下使用安全套(or use Condom if you cannot follow A or B)的设定在大多情况下已经成为官方原则。这是说它

---

① 相关论文为:庄孔韶、杨洪林、富晓星:《小凉山彝族"虎日"民间戒毒行动和人类学的应用实践》,《广西民族学院学报》2005年第2期,第38—47页;庄孔韶:《"虎日"的人类学发现与实践——兼论"虎日"影视人类学的应用新方向》,载《广西民族研究》2005年第2期,第51—65页。

② 刘谦涉及四川泸州色情业的博士论文将进一步对A,B和C的关系与设定做美国、乌干达和中国的比较文化述评。

的合理性的一面；然而似乎还有在国际项目实施过程中不甚合理的另一面需要后面再加以评估。关于 ABC 的内涵，根据笔者的进一步分类，世界各地人类的戒欲/禁欲和忠诚的思想与行为颇受不同文化理念的支持，然而这些表现基本上属于人类文化和区域文化支持的自律的可能性和可行性，这既是可望的，也是可及的。比如说，不步入色情场所、不实行多性伴、年轻人推迟性行为年龄和婚内忠诚等就属于自律的行为范畴；同样，上一节提及的戒毒或杜绝毒品的自律行为也属此列。而针对那些属于 C 的人群的方法是指对那些做不到自律和被认为是不可救药人群设定的防治方法，即根据安全套的物理阻隔功效割断病毒通过性传播的可能性。当然，这是可能的。但笔者的见解是，A、B 原则的设定重视了人类自律的可能性的文化与人性关注，而 C 原则的基本出发点则属于针对那些"不能自律的人群"引出的"万全"防治对策，是人类自救方式中的下策和并不光彩的防治策略底线。

关于安全套的推广使用应如何评价呢？我们以 1986—1991 年的非洲国家乌干达为例。起初，他们的防治工作是以促进减少性伴、推迟年轻人性行为时间和禁欲为主要教化内容。"由于多妻制的存在，劝导人们坚守一个性伴是有问题。乌干达项目开始使用'零花心'和'在家花心'的提法，来解决这个问题。这一提法意味着，无论是多妻制还是一夫一妻制的人们，都应当对他（她）们的配偶（们）保持忠诚。"[①]这样，在乌干达1991 年以前的艾滋病低流行期，全国安全套使用率仅为 5% 或更低。来自赞比亚的工作和数据也表明，有时安全套并没有起到重要作用，而安全套以外的那些促成基本行为改变的多种干预活动也可以降低艾滋病的流行率。

然而，Edward C. Green 已经提醒人们注意，最近 UNGASS（United Nations General Assembly Special Session）决定推荐唯一与行为相关的安全套使用作为官方指标一事势必影响全球的艾滋病防治工作，而且，非常不幸的是，UNGASS 关于青年的艾滋病控制项目中，并没有禁欲、推迟性行为和减少性伴方面的指标。这意味着安全套使用是 UNGASS 的唯一关注。[②]

---

① Edward C. Green, *Rethinking AIDS Prevention-learning from Success in Developing Countries*, Praeger Publishers, 88 Post Road West, Westport, CT06881, 2003, An imprint of the Greenwood Publishing Group, Inc, COPYRIGHT @ 2003 by Edward C. Green.

② Ibid., pp.11—15.

既然人类基本行为改变是可能的,那么,为什么却很少有人意识到这个问题呢？Edward C. Green 分析的一个历史原因是：当初在非洲或资源贫乏的国家设计干预方法时,唯一现成的干预模型是在美国同性恋人群中开发出来的,进而推行全球。这就是说,安全套推广"全球化"不分高危人群和一般大众,也不论区域文化与国别文化是否接受；这一所谓"万全"的人类自救下策,换一个角度也可以说,其实质是试图以科学主义方法的"绝对性"扫除人类自信的文化基础。虽说在所谓高危人群中实施安全套教育是有益的,但倘若没有对一个地方文化的深入理解就开列全球通用的灵丹妙药是难以奏效的。何况地方人民一旦对形式主义防治项目产生反身理解还会造成问卷和统计中的不实之词,到头来鱼目混珠还得再行验证,岂不是自欺欺人。

因此,我们可以说,单纯推广安全套的做法以科学主义、绝对性和简单化(所谓国际性的"一刀切")无视人类及区域人民自信和自律精神,其中隐含无视小国或小民族文化生存的尊严的大国霸权主义,不仅如此,还包含着全球特定商业垄断(公共卫生与医疗用品)与项目援助的有条件性相关。例如起初乌干达的本土做法是主要将对全民的 A、B 原则的宣传,以及那里民族自己的策略和应对方法。即使一夫多妻制,他们的总理 Museveni 根据自身民族结构的特点,强调对多妻婚姻的忠诚,强调面对面的沟通,并利用宗教组织和学校教育,在那个资源匮乏的国度使防治艾滋病干预活动卓有成效。只是到了 1992 年起乌干达才不情愿地答应国际社会推广安全套,而也是从那时起,其疫情下降,表明前期工作的有效性。[①] 令人遗憾的是,1998 年在日内瓦召开的第七届世界艾滋病大会上,乌干达专家发现 AB 策略的实施对遏制艾滋病很有效,但他却在那届大会论文中,只提到安全套的有效性,问及原因,他很不好意思地说："我们接受美国的资助,当然他们更有兴趣听到安全套。"[②]

根据乌干达的实例和在中国多年防治艾滋病工作的对比研究,可知在不同国家和地区,特别在第三世界的 AB 工作具有很大的潜力,利用文化资源调动地方人民的自律精神和寻找地方自律的不同的做法,不仅不麻烦,反而很容易唤起众多志愿者。在中国,利用现成的寺庙、学校、妇联

---

① Edward C. Green, *Rethinking AIDS Prevention-learning from Success in Developing Countries*, Praeger Publishers, pp.11—15,153.
② Ibid., pp. 217—218.

等组织对各类人士进行自律的教育不仅涵盖人口面积大,而且可以节约大量经费,挖掘本土化的做法事半而功倍,何乐而不为! 即使是对那些所谓的高危人群,也要根据不同的文化特征、群体组织情况,以及不同场景寻找相应的方法。尤其需要注意的是,推广安全套工作的不同时期,需要根据同时并举的自律性教育效果,不失时机地挖掘该高危群体成员并非泯灭的自律精神、不断促使他(她)们脱离色情业(场所)、不实行多性伴和扶持返回婚姻等的自律行动中去。即是说安全套阻隔的科学办法不是唯一的,在更广大的民众中间提升自律的教育仍然是目前国际国内防治艾滋病项目的首要的然而是非常薄弱的环节;尤其在各地寻找那些不同文化特色的、大面积成功的自律教育方法是恢复高危人群自信力的重要出路。两种办法相辅相成才能最终解决人类特定疾病的困扰,赢得健康美好的生活。

五、临终关怀工作的多样性文化观察

由于艾滋病这种疾病尚属不治之症,死亡率高,在那些特定的吸毒共用针管群体、采供血感染艾滋病特定地区,以及经性行为感染 HIV 病毒的多发群体可以看到类同的濒死现象,因此对上述人群临终关怀的工作实属重要。然而,当我们观察到地方医院实施临终关怀的过程以及我们检索医疗与公共卫生界关于临终关怀的著述,就会看到医学在多年积累了重要的科学救治程序外,在同样关注到人类普遍伦理的重要性以外,更多关注的和使其受益的是那些大中城市社会,而未能特别强调地方性的与特定族群的文化与民俗伦理,以致多样性人群的临终关怀工作难以落到实处。

以中国为例,大中城市具有大比例的无宗教信仰者,然而一旦遇到不可知现象的时候,他们也会以各不相同的办法寻求寄托;但现代都市人的人生大多受现代商业市场经济之左右,在竞争的人生过程中,死亡被视为失败。因此,垂危者在心理上采纳不接受濒死的态度,临终与死亡成了社会忌讳的话题,相当一部分人对死亡存在恐惧和痛苦。在现代社会,死亡越来越多地发生在医院,医生、家属和病人都不惜一切代价抗击死神,常常出现人为延长死亡过程的情形,致使患者临终时的急救带有极大的痛苦,甚至在有的时候不当地采用如切割气管、使用呼吸机等延长生命状态的做法,实际上大大侵犯了病人的尊严和人格。而且,人们越来越认为死亡是孤独的,因为城市的危重病人最终死在不许探视(或被规定的、数天间隔的、很短的探视时间）的监控室的陌生环境和陌生人中间,不能得到亲人的安抚,带着"治疗"的折磨之痛遗憾地死去。在某种意义上说,所谓"安乐死"等多种见解之出发点之一就包含着探讨和解决人类死亡过程的品质问题。我们看到,当代临终关怀的医学书籍比较过去已经越来越多地思考医学救治和仁爱精神之结合的具体办法。

"临终关怀"一词译自英文 Hospice,原是欧洲中世纪设立在修道院附近为朝圣者和旅行者提供休息、照顾和治疗的地方。现代的临终关怀则是一种特殊的公共卫生保健服务,是由医生、护理人员等多学科的人员组成的团队,为没有治愈希望的临终病人及其家属提供全方位的舒缓疗护和心理关怀,使临终病人能够舒适平静地度过人生最后阶段。病人家属则可通过关怀得到情感支持,维持和提高身心健康。①

今日世界卫生组织(WHO)主张对人类临终时采用安宁和缓之医疗方法:"肯定生命的价值,而且将死亡视为一个自然的过程;它不刻意加速、也不延缓死亡的到来;它在控制疼痛以及身体的症状之外,对病人的心理及灵性层面亦提供整体的照顾;它同时强调来自周围的支持,不仅支持病人积极地活着直到辞世,也协助家属,使他们在亲人患病期间以及丧亲之后的心理反应都能有所调适。"尽管上述意见已经涉及人类心理与灵性,但区域文化与族群风习仍没有被强调,以致全国各地医院的医生(医学院就少有区域文化课程)难得理解他们所在医院所服务的地区的文化与习俗。

就中国的不同地域、族群、信仰的文化中,都有其固有的临终哲学与仪式习俗。例如从信仰上大略而言,中国西北的伊斯兰教,东北的萨满教,西南的小乘佛教和多神崇拜,南部的民间信仰,中原地区的佛教、道教等都有不同临终关怀理念、仪式和程序。又如从族群上观察,中国西南部大小凉山的彝族人患病,首选并非医院,而是请宗教师"毕摩"做仪式;彝族人死在外面,被认为难以被祖先认同,为此住院的彝族病危者常常还没有履行医疗上的临终关怀科学程序,病危者早已被家属悄悄运回家中。就是说,相当多的地方调查经验显示医学科学的临终关怀原则常常落空,而区域文化中关于生死的哲学、信仰和民俗仪式率先得到地方民众的认可而被率先实行。所以说,了解不同文化的临终关怀思想,从不同文化的临终关怀行为与习俗中汲取文化资源,将临终关怀的文化原则与医学原

---

① 中英性病艾滋病合作项目:《临终关怀手册》,2004 年。

则有效整合,应是建立符合区域民俗伦理实际的、可操作的临终关怀本土模式的重要基础。

例如,彝族人的生死观来源于祖灵信仰和毕摩文化。在这个信仰体系中,人们认为个体在死亡之后,通过必要的送灵仪式他们就能同自己逝去的祖先们生活在一起,死亡只是另一个生命的开始。所以彝族人能极为豁达地看待自己的生命和死亡。魂归祖界是所有彝族人的精神归宿,死亡只是进入另外一个世界的物质准备。因此,接受和理解死亡成为彝族人宗教实践中所有仪式的主旋律。当然,他们的临终关怀自然也成了回家的另外一种仪式。

彝族人临终关怀最大的特点就是它的仪式性。根据嘉日姆几(杨洪林)的研究,一般采取这样的步骤:生病——占卜——仪式——医院——占卜——仪式——死亡——仪式。自从生病的那一刻起,人们就选择用占卜来寻找自己的病因和补救措施,补救措施的实现靠宗教仪式的实践。毕摩和苏尼掌控所有的仪式,他们将病因解释为来自鬼神祖三界的非人格性力量对人间平衡的扰乱,因此要用仪式来恢复平衡。占卜之后的仪式如果没有效果,人们会将病人送到医院,那里可以说是拯救病人的最后的物质希望。如果医院不幸宣布病人临终,剩下的仪式基本上都是直接针对死亡举行。在彝人瞑目之时,有一特殊的宰羊仪式——"断气伙伴羊"。这只羊必须是种绵羊,它的用意是陪伴逝者前往祖地,并为主人繁衍成千上万的羊群;而送灵仪式是彝族社会中逝者死后向活人社会延伸的必须享受的特殊权利,彝人将到达祖地视为人生的最终目的,而且,选择最有威望的毕摩为自己送灵不仅仅只是临终者的意愿,也同样是活着人们的义务。这样的权利关联着死者向生者的权利,生者对死者的义务,基本上可以理解为彝族人临终关怀实践的主题。①

随之,问题在于当临终关怀的事实开始呈现的时候,急需考虑的问题是如何将地方文化的信仰、仪式、习惯同医院的医疗救治相结合,这是需要加以跨学科和跨行业整合解决的问题。我们注意到在中国广大的版图上,儒家重生安死、道家生死达观、佛家往生极乐,诸种思想之文化逻辑如何从其意义层面转述为临终关怀的实践程序,仍须做颇多努力。我们注意到台湾佛教界的一些努力就属于这种转换。佛教认为死亡既然是"往生",乃"舍此投彼"之意。生命乃是由色身及灵魂(神识)构成。物质性

---

① 嘉日姆几:《试析凉山彝族传统临终关怀行为实践》,彝族人网,2005年。

之色身必随因缘而变化、死亡,精神性之灵魂(佛教谓之神)则是由原有生命形态,转化为另一生命形态,而并未死亡。

在台湾地区各大医院,有许多僧尼在默默地从事临终关怀工作。圣严法师认为,人的过世,不是丧事而是喜事,是庄严的佛事,应替亡者诵念"三皈依文"、进行临终助念。当代佛教界一般强调通过助念,尽量使临终者正念分明,得以往生净土,反对使用气管插管、做心脏按压、电击等方法作无用的急救,甚至不主张注射强心剂、吗啡等药物延长死亡过程、减轻临终痛苦,这会扰乱临终者的正念,妨碍其往生。临终助念既能帮助亡者往生极乐世界,又能使亡者家属受到温馨关怀,帮助其解除悲痛、安定身心、种下菩提善根,还能广结人缘、积累功德,帮助助念者自己往生极乐世界。

基督教的生死观基于原罪的观点,基督徒相信耶稣是救世主基督,获得上帝的宽恕,就能"永生",死后在天国,亲人会再见面的。而且未来的世界是上帝的世界,比当下这个世界更美丽、更光明、更幸福,因此死亡是不可怕的,死亡是永生的开始。当然,中国目前最多的临终关怀还只限于教会信徒内部,这又分为教牧人员的引导和关怀,以及普通信徒对患者及其家属的关怀。以基督教的哲理建立起来的临终关怀,信守以下原则:对临终患者进行"全人""全家""全程""全队"的照顾,透过团队的关怀,让临终病人及其家属得到身、心、灵完整的医疗和照顾。基督教神职人员在临终关怀的团队中,特别在其"灵性及宗教信仰关怀"上有着独特的地位和功能,而且基督教和医学的长久的历史性联系使得临终关怀的医疗程序和仪式活动之结合早已形成传统。

因此,医疗与公共卫生意义上的临终关怀研究应和哲学社会诸学科相结合,共同从哲学、医学、法律、生命伦理学和宗教的角度认识临终关怀的观点,以及各年龄段对临终与死亡的态度,临终病人的心理状态,对不同年龄临终病人及家属的辅导技巧,丧葬礼仪及习俗等。在 HIV/AIDS 病人生活的社区,要加强艾滋病的健康教育,提高社区人群的认知水平,减少和消除歧视,改善感染者和病人的生存环境。

从 2002 年起,笔者参与的中英性病艾滋病防治项目关于临终关怀手册的编纂项目就是以人类学家(带领其研究生)和医生、公共卫生专家携手调研,课题组在研究报告的基础上,尝试写出临终关怀推广手册,旨在提供临终关怀过程中可操作原则与方法,以帮助基层医护工作者、艾滋病和癌症以及其他临终病人及其家属、社会工作者和其他普通人,使其处变不惊,积极协作,为没有治愈希望的临终病人及其家属提供舒缓疗护和心理关怀。尤其强调的是,参与和卷入艾滋病临终关怀事项过程的人员须不断了解和理解不同民族、不同文化、不同信仰的人们的生命哲学、风习、仪式、情感与心态特征,使每个临终病人都能舒适平静地度过人生这一重要阶段。通过这一研究工作,各界人士都进一步认识到把普遍的医学科学与区域的多样性文化联成一体看待人类的临终时刻,人本的和仁爱的精神才能落到实处,从而实现世界各地的垂危者都能步入人生平安幸福的旅程。

（原载《二十一世纪》,香港中文大学中国文化研究所,2006年12月。）

可以找到第三种生活方式吗?
——关于中国四种生计类型的自然保护与文化生存

一

在有人参与的生态系统中,人类学关注包括区域人类诸族群和动植物种群在内的生物——文化多样性整合性存在的研究,或对其失序状态的改善研究。对于前者,涉及人类学家擅长的、对相对静止的经济文化类型的描述,特别是对20世纪那些较少受大规模现代"开发"和市场经济冲击的区域社会而言;后者则是对那些因不当干预而造成的文化生态系统紊乱的地方提供理论解释,以及有益的应用性建议。

关于中国生计类型的划分,最流行的是20世纪50年代由前苏联民族学人类学家切博克萨罗夫和中国人类学家林耀华共同研究的分类成果,他们按"经济文化类型"划分了中国和东亚地区的多种类型。[①] 由于各民族的经济发展方向和所处的自然地理环境在很大程度上决定各民族的物质文化特点,这就使具有相近生产力水平和相类似地理环境的不同民族可能具有相近的经济生活和物质文化特征,从而构成相同的经济文化类型。除了他们划分的狩猎采集业、农业、牧业等大类以外,还有分区的亚类别。例如中国东北地区少数民族的森林苔原驯鹿型、游猎型,北部和西北草原游牧型,西南部存在的山地游耕型以及南北汉人社会的稻作和麦作类型等。这一经济文化类型划分就其生物多样性的表达来说,虽受学科限制而略嫌单薄,但已经关注生态环境及其文化形态的有机联系,其分类背后的"历史民俗区"旨在说明区域生态——生计系统中生物多样性和文化多样性之间在历史上的有机联系,因此这一分类系统对地方发展至今有借鉴作用。

---

① 经济文化类型和历史民族区的概念由托尔斯托夫、列文和切博克萨罗夫提出,后来切博克萨罗夫来中国,和林耀华教授共同以此概念对中国版图进行经济文化类型划分。参见列文、切博克萨罗夫:《经济文化类型和历史民族区》,《民族问题译丛》,1959年《民族学专辑》;林耀华、切博克萨罗夫:《中国的经济文化类型》,载林耀华:《民族学研究》,北京:中国社会科学出版社,1985年。

半个世纪以后的今天,生态人类学以及相关学科共同创造了新的研究成果,对在不同生存环境中不同族群的生计方式及其相关的思维与行为方式的关联有了新的认识,其中生物—文化的多样性整合的规则得到了一些重要的理论成果,成了对日后区域社会经济发展成功或陷入困境的重要评估标尺,如果从切—林分类范式中抽出那些如今已有新的理论发展的生计类型看,游猎、游耕、游牧和农作四类最为引人注意,这四种生计类型占了中国版图面积、人口和民族的大多数。而且这四种类型的人类居住地都被不恰当地干预过。这就属于人类学对上面提及的生物—文化多样性系统失序的改善研究。

20世纪50年代,斯图尔德(J. H. Steward)的文化生态学研究通过三个步骤考察有人参与的生态系统,"分析生计系统与环境之间的关系;分析具体生计技术与行为模式之间的关系;分析行为模式影响文化其他因素的程度"①。而后来的研究对斯氏将生计行为置于首要地位的观点提出质疑。

20世纪中后期,人类学家继续热衷于对采集狩猎、牧民和当代农民社会的研究,但已经注意到"清晰地理解简单文化中的人类生态学后,生态人类学就能够更深入研究人类对于环境衰退、城市污染和其他当代环境压力的反应"②。

人类学家在关于人与自然关系的研究过程中,从早期对环境的关注,对生计方式的解读,对人们如何感知世界的研究,以及对人(文化)与自然对立或非对立性的跨文化理念加以比较,使我们通过人类学的田野工作,从基本的生计方式过程出发,观察各个地理区域族群文化的历史与认知方式特点,以及他们相似的或不同的哲学基础,以便中肯地理解一个族群的文化的内涵,或运用这一理解完成其涉及该地区发展的应用性建议。

近年来,日益深入的国际环保工作与相关项目经常出现在生态环境遭到侵害、人民的生活方式处于困境的地区。这些地区的生计活动失去活力,文化体系也岌岌可危,已难以提出一般的所谓良性发展问题,而是表现为对那里人民的文化生存窘境的关爱与卓有成效的合作改善行动。为此,这就一定需要考虑依靠本地人,因为"在保护的尝试中,本土人是有

---

① J. H. Steward, *Theory of Culture Change*, Chicago: University of Illinois Press, 1955, pp. 40—41.

② Emilio F. Moran, *Human Adaptability: An Introduction to Ecological Anthropology*, Boulder: Westview Press, 1982, p. 57.

力的同盟者。他们给保护带来大量知识、经验、道德及情感承诺;他们了解这些土地和生态系统,常常具有几代人利用土地的、与本地情况相适应的实践;他们也愿意密切关注这些土地将变成为什么样,将有什么生物在其中生活。我们应为他们与其家园保有情感和精神的关联,尊重地方族群生命的中心价值观,因为我们看到他们自己的生活方式和认同已经危如累卵"①。

二

在我们所理解的切—林氏的中国经济文化类型中,森林苔原驯鹿型被认为是最具传奇性的生活方式之一。例如,历史上中国东北部的鄂温克族长期住在针阔叶混生林带,林地密布着苔藓植物,是驯鹿群啃食的天然"饲料"。他们游猎和放养鹿群,一年一个移动周期,其大家族组织正是适应了这种灵活的游徙生活方式。鄂温克人熟知驯鹿的辎重、转移和奶制品等的实际价值,好的生活经验与群体意识无形中规定了苔原承载驯鹿数量的习惯标准。在居住地,驯鹿不仅作为彩礼交换互惠,还是人与神之间的重要媒介。② 鄂温克族的游徙人群与驯鹿种群和谐地相依为命,创造了自身的积极的生命价值。可以说鄂温克族的小生境系统整合了动植物种群、地方族群的物质与精神文化的整体。这样的森林生态环境,在最近几十年间却因森林大面积被砍伐而消失,而附着地表的苔藓植物减少殆尽,随之,驯鹿业也难以为继。社会的发展颓势造成少数族群心理及社会病症,酗酒和非正常死亡比例增加很快。③ 狩猎游徙的鄂伦春族和鄂温克族一样,还遇到了从民国时期的"弃猎归农"政策:解放后和"大跃进"时期,以及直至今天,地方政府仍积极贯彻定居政策。但事实是定居的思维与行动在游猎驯鹿民族生活中造成文化中断,出现"弃农归猎"或因不熟悉务农而使生活无着,甚至酿成高酗酒和高自杀率的严重后果。

总之,在中国东北部主要为满—通古斯语族的森林狩猎和苔原驯鹿

---

① Stan Stevens (ed.), *Conservation Through Cultural Survival: Indigenous Peoples and Protected Areas*, Washington DC: Island Press, 1997, p. 3.

② 参见任国英《满—通古斯语族诸民族物质文化研究》,沈阳:辽宁民族出版社2001年版,第181—187页。

③ 参见上书,第260—264页。

类的民族共同遇到了社会发展与文化生存的困境。主要表现还在于：（1）从清代、民国以及解放后，政府数次推动上述少数民族下山定居的失败的努力，均源于定居优于传统林中游徙生活方式的"进化论"影响，以及外来价值观的强力跨文化实践。（2）在游徙与定居之间若即若离的生活状态，使得小民族陷入了社会文化生存的窘迫状而不能自拔，文化中断状态不能弥合，心理与社会问题丛生。（3）即使是小民族同意或接受的社会发展试验（如新的定居试验），也需要讨论文化中断—文化适应的"过渡期"选择问题。比如，笔者就曾参与由政府官员、学者、驻京国际组织以及当地居民参与的多头对案讨论会，讨论鄂温克人的定居方案，评估政府对少数民族新的定居计划与行动。

三

对中国西南部众多山地民族的游耕业（有称刀耕火种）的理解一直存在问题。一般的报道多认为二者相联系，误解了来自新石器时代就发明的最简便、经济和对林木植被更新最具适应性的耕作方法。人类除自身繁衍外，还需要将与自然植被和动物相关的物质文化及精神文化累世传递下去。因此，拉帕珀特①（Roy. A. Rappaport）在新几内亚的游耕研究更注意了文化信仰、人类行为和生态系统之间具有复杂关联网络的理论。② 生态人类学必须注意生物性因素和文化性因素内在关系的研究。笔者在1980—1983年在云南省的5次田野考察，也证明有序的游耕业是那里最简单、最经济和最具适应性的农作形式。③

笔者发现那里存在两种游耕方式：频繁迁徙的前进游耕型和螺旋游耕型。前者是在人口稀少、地域广袤的环境下，人们顺山脊从北到南寻找

---

① 参见唐纳德·L.哈迪斯蒂：《生态人类学》，郭凡、邹和译，北京：文物出版社，2002年，Rappaport, R. A., "Nature, Culture and Ecological Anthropology", in H. L. Shapiro (ed.), *Man, Culture and Society*, Oxford University Press.

② Roy. A. Rappaport, *Pigs for the Ancestors*, New Haven, Yale University Press, 1968; Rappaport, R. A., "Nature, Culture and Ecological Anthropology". in H. L. Shapiro (ed.), *Man, Culture and Society*, Oxford University Press.

③ 参见庄孔韶：《中国西南山地民族人类生态学研究》，载《人类学研究》，北京：中国社会科学出版社，1986年；庄孔韶：《民族生态学的基本问题》，《民族资料摘编》1987年第2期；庄孔韶、张小军：《留民营——中国北方一个汉族村落的社会文化变迁》，中央民族学院民族研究所，1984年；尹绍亭：《人与森林——生态人类学视野中的刀耕火种》，昆明：云南大学出版社，1999年。

新的处女林实施砍烧农业,获取一两年的最佳作物产量,不等地力耗竭,随即迁移,所弃山林不久即林木复生。20世纪50年代的苦聪人(拉祜西)即是这种类型的代表。螺旋游耕型为多数交叉居住的山地民族,他们已经难觅到广袤无主的林地,而是在一个个被限定的族群居住地中由集体智慧创造出有序的循环烧荒法,常常成螺旋状或相似的、逐一排定的砍烧顺序作业。这种方法保证了不会毁林,林木亦可轮流复生。例如笔者考察的西双版纳山地基诺族曼雅寨的游耕周期为13年,龙帕寨为7年,并由习惯法与族群规范认同①,他们万物有灵的信仰保证了基诺族居住地的生物多样性和文化信仰原则相互整合起来,构成那里人民传承已久的生活方式。② 而毁林烧荒(媒体几乎一致认为等同于刀耕火种)则发生在20世纪50年代以后在不与少数民族协商的前提下硬性划分国有林范围,虽保护了部分林木,却切断了山地民族的螺旋游耕序列,结果林木难以复生。后又因人口递增、口粮不足,导致无奈的地方人民开始无序地毁林烧荒,终酿生活之苦果。

似乎一些新型的生计替代办法,包括定居、开荒务农、引种中草药等,均因不能预估生计活动变动引起的周边生物环境的改变、忽视逐渐累积的水土流失灾难,以及出现生活不适应和文化中断而引发心理障碍与挫折。这些替代办法都属于不理解山地民族有序游耕的智慧所在,以外力将中原汉族社会贯彻多年的"以粮为纲"的重农主义政策强行切入古老有序的游耕生态系统。人们瓦解了游耕系统的传统运作,却有没有恰当的良性系统替代,既没有地方族群"迅速"适应的生计方式,也没有文化制度的有机衔接,结果有破无立,致使游耕者的生活无所适从。在这里,我们对得到的新的知识阐释如下:

1. 有序的游耕方式是人类集体智慧在生态适应性上的良好选择,硬性而无根据地打乱原有人类生态运转系统是错误和不足取的。

2. 在已经打乱了原生的人类生态系统的情况下,如何重新安排国家政策(须考虑国有林的林地权和地方族群的主体性与选择权)?在不当政策贯彻多年从而导致生活方式不可逆的情形下如何重整生物—文化整合构架?这是一个许多地方面临的问题,其实质是在两个硬性接续的文

---

① 庄孔韶:《基诺族"大房子"诸类型剖析》,《中央民族学院学报》1981年第2期。
② 庄孔韶:《中国西南山地民族人类生态学研究》,载《人类学研究》,北京:中国社会科学出版社,1986年。

化不适应状态下,哪些是可持续的(如神山崇拜、游耕小循环设计等),又有哪些是需要重新适应或应对的(如新生计方式与民俗文化、文化心理适应性准备,以及市场经济规则大量进入等)?

3. 对于仍保留刀耕火种的少数村寨,在尊重其民族传统生计方式的同时,建议地方政府充分估计当地游耕族群不得不趋向定居的未来,务必在帮助其发展新生计的同时,让他们在生产生活方式和文化心理上有一个缓冲的空间。如果不给文化变迁适应一个相当的试验期,就会造成了长期文化生存的窘迫状态,因此如何规划新的生态社区也是人类学和多学科合作项目的基本出发点。

四

牧业民族要保护草原过人类与畜群和谐共生的游牧生活,而农业民族却要除草耕作过定居生活。这样,从古到今,人类社会形成了农牧两大区域:不同的动植物种群分布和不同的物质与精神生活方式。然而,中国历史上两个相对分开的巨大的牧业和农业区划(以蒙、汉两族为主)在20世纪共同卷入了越发频繁的交流与互动。

游牧民族的习惯法和成文法中最重要的内容是保护草原、水源、牲畜以及伴生的游牧社会文化风习。叶子奇的《草木子》中说:"元世祖思创业艰难,移沙漠沙草于丹樨,示子孙勿忘草地,谓之誓俭草。"20世纪初开始的"移民实边"和开垦内蒙边地,使那里失去了大片牧场,从西部到东部,多起保草抗垦的民间运动可以说是族群之间不同文化价值观思维与行动的直接对峙。

蒙古族文化价值观体现在他们认同由游牧人群—牲畜—水草连接的游牧社会生态系统。草场的出草量大于畜群的啃食量时,牧民就不需要倒场轮牧,出草量小于牲畜啃食量则需要轮牧。畜群越多,草场的载畜率越低,所需草场面积就越大。由于人口压力日趋大增,耕地扩大而牧场减少,再加上农作改观后腐殖土层薄,地力不高产量低,造成三年就丢荒,丢荒后地表又快速风蚀,致使草原沙化严重。如今内蒙古 2/3 的旗县和 60% 的垦殖农田受到沙漠化威胁①。其他的影响性因素包括内蒙农牧民的薪柴过度采伐(主要是沙蒿、沙柳、乌柳、柠条等植物)。一个五口之家

---

① 参见古尔格勒:《游牧文明史论》,呼和浩特:内蒙古人民出版社,2002年,第168—174页。

每年需要采集挖掘40亩地,即10万户就要毁掉400万亩野生小灌木植被。内蒙阿拉善盟原来1700万亩的梭梭林现在只剩不到700万亩。牧场植被减少的原因还有开矿和修路等的巨大占地。在内蒙农业垦殖的一个世纪,还出现了蒙古族语言使用减少、蒙汉通婚引发习俗和婚姻家庭生活方式的巨大变迁等。生态环境过度与文化交错导致在蒙汉交汇地带双向文化中断现象,远没有达到文化相互适应的状态。

在长江源头的高原牧场,那里的藏族普遍具有动物与人类同生同长的理念,加之藏传佛教的影响,牧民们世代"惜杀惜售",不追求经济利益最大化,却要保持心灵的祥和平静①。但上个世纪根据国家的安排,扩大畜群规模,致使藏族深植内心的草场—牲畜—牧民的和谐生态共同体的链条被击垮。音调不定的政策变化使牧民手足无措,"上面总是说,牧民要多养牛羊,牛羊多了,说破坏草山;牛羊少了,又责备牧民不好好放牧。最后我们自己也不知怎么做了。"人与自然之间,不仅是依存和攫取等功用性关系,还存在着通过时间建立的文化联系。生活在特定环境的人们,以自身千百年绵延的文化理念及行为同当地环境达成协调一致。当这种文化关联被外来文化冲击直至断裂时,生态环境恶化和本土文化的存在危机都将是难以避免的。显然,生态恶化背后包含着族群与环境之间的文化断裂。因此,我们可以反思国家发展的导向过程,即忽略地方人民的主体性地位将招致人类与自然关系失序,并因生态环境恶化的结果直接牺牲牧业受益人。

笔者的理解是:(1)农耕哲学用在内蒙古草原,百年农业垦殖换来那里的沙漠面积不断扩大,沙漠前锋直逼北京,这是跨文化价值观实施之恶果的物化表现。(2)上述蒙汉族际交往过程,削弱了语言认同和族群认同,家族制度(包括赡养制度和继承制)也发生了巨大变化。一般认为,走退耕还林、还草、还牧的道路才能根本改变内蒙古人口与环境恶性循环的被动局面,但实际上逆向的回转补救行为常常难以实施。这意味着游牧哲学将无可挽回地和牧草一样被压挤,而被该游牧哲学限定了的草场生计观与信仰方式,在农耕社会毫无用武之地。(3)对藏族游牧生计和信仰整合呈现的良性人文生态系统的任何触动,都需要和那里的人民平等商量。如何把外在针对大自然二元对立的"开发"的思想与行动

---

① 刘源:《文化生存与生态保护——以长江源头唐乡为例》,《广西民族学院学报》(哲学社会科学版),2004年第4期。

放缓,寻求藏族自身认同的安居乐业模式,是国家制定西部发展战略与政策实施需要优先注意的问题。

五

人们最少提及的是汉人社会的农耕系统问题,以为相比上述少数民族地区的生态环境要好些。实际上,汉人社会广大农村和城市都在20世纪后半叶遭受了所有制巨大变更与大型基本建设的影响。"以粮为纲"政策的大面积实施极大抑制了多种经营,粮食单产提高的代价是农作物品种单一、自然灾害(气候和病虫害并存)频生。与世界上许多国家的农人一样,汉人社会也在走如同美国超级市场的垄断性的品种减少/集中的过程,生物—食品品种多样性的商业限定已经在中国的超级市场里呈现。在人类受益和受害于化肥和农药的同时,水泥沟渠的普及摧毁了古老田埂栖息的无数动植物,由此消失了无数传说、崇拜(如水神崇拜)和人类生活陶冶的天然对象。上个世纪华北的农民在政治意识形态的动员中"向大自然开战",又学习科学控制的各种方法,在使农作物品种减少和产量受益的同时,也无形中铲除了许多节气和民俗。科学和信仰实际上难以互为替代,二者是可以并行不悖的认知理念。所以今日汉人社会再次"复兴"了民间信仰。新的信仰和旧的神明是在提醒区域文化存在的文化整体性,因为现代物质社会的功利需求不是唯一的,而心理与精神需求将在急剧的社会变迁过程中经过整合而重新显现。例如,在华北农村和北京城里与"四合院"和"大杂院"构成的街道——胡同——院落邻里系统伴生的小型哺乳动物黄鼠狼、刺猬和飞蛾等多种昆虫等,随着楼群丛生与树木减少而消失,也随后丢失了北京城乡农民和市民共有的、与古老庭院共生的花鸟鱼虫情趣,丢失了多种自然传奇故事与信仰崇拜(如"小脚娘"——黄鼠狼信仰)。这是农村所有制变动与单一作物政策长期实施、城市建筑与家庭邻里系统配置剧变引起的生态区位失序的结果之一。

汉人社会文化的濡化受到现代社会建设的空前的挑战,城市被动性搬迁和楼群人际的疏离感加剧,动摇了家族伦理与道德传统,农村家族制度和村落之间的关系因所有制长期变动不已而尚未找到良好的协调运作机制。现在西化的物质精神文化在中国的进程从20世纪初的浮在表层到今日西化城市系统搬用而引发的两种文化的激烈角力之时,尚未看到本国良好地调动了自身文化精粹的深思熟虑的设计与规划。这种文化中断的主要原因之一就是民众所栖息的传统城乡生态系统被打乱,本土文化退缩而人类学意义上的生态文化适应尚未呈现。这说明,中国城乡社会文化的整合的确任重而道远。

六

在人类不同宇宙观、政治运动、科学与市场经济行为等外力干预下,切一林氏经济文化类型的原生和理想型系统状态大多已经面目全非。所剩一些地理区域硕果仅存的原生文化生态系统的研究,如中国各地的神山系统研究,这对当地信仰者来说是理所应当的族群宇宙观与行为方式的统一,而对外在者——那些终于理解了生态惩罚的严重性的俗世人们而言,神山系统对植物和动物种群的慈悲关爱仅仅是一种意外的结果与侥幸。因此,今日关于神山系统的多种研究的意义,在于警示那些总是轻率地开发大自然的无知世人。

今日的世界性与国别性的生态与环保机构及其众多项目为扭转全球生态系统颓势贡献了力量。然而由于各个机构宗旨与人员专业组成的差异,造成一些区域性的生态与环保项目偏重于自然科学和动植物生态学的视角,而对由不同族群文化、社会问题引发的症结之观察不够深入,尤其是一些项目缺少对当地人的主动咨询,忽视了当地人的主体性与智慧。因此,这样的项目常常是项目基金停止的时刻就是生态环境治理结束的标志,所谓治标不治本。也就是说,基金没有用到实处,当然项目也就没有持续性之可能。

实际上,上述生态系统失调地区的问题还包括文化生存的问题,也就是说,那些植被被破坏、动物种群濒临灭绝等情形,总是和那里人民的生计衰微、心理病症、文化认同迷失,以及各种社会问题相伴随。所谓文化生存是一个弱小族群在现代化的过程中,因其生计与文化前程受到损害,故必须想方设法保持其文化传统的权益。经常的情况是,在外部环境的干预下,人们起来维护自己的文化特征和文化认同,从而保持作为一种文化的独立性。从这个意义上说,它比"文化保护"更为主动,是文化主体内在的主动性推动的挽回生计与社会文化颓势,是主体性的生存和发展①。

当上述四种传统生计方式被外力干预后出现不可逆情形的时候,一种情况是一个族群古老的生计与生活方式消失了,另一种情况是人们设计和推行的生计与生活方式难以成功。那么,人们可以找到第三种生计与生活方式吗?

笔者曾在中国西南部的山地社会进行调研,那些曾经游耕的山地族群已经渐渐处在半游耕乃至完全定居的状态,但文化适应并未成功,目前他们已能合理运用沼气和太阳能,大概是气候炎热和日照充足地区转换新生计和新生态系统的最有希望的办法。那里的经验是,一种新技术的合理选择极其巧妙地纳入传统游耕与农耕社区的新的生态系统中,其成功的标志之一就是该系统的新的良性循环以及同地方文化的合理整合。根据笔者在华北和新疆的调查,20世纪80年代的华北农村太阳能系统试验,有时拆掉了农民世代喜爱的热炕系统,因此整个系统试验受到以老年人为代表的部分抵制;在同一年代,新疆地区的一种"节柴炉"忽略了维族人民祖祖辈辈习惯的烤馕功能,也遭遇了实实在在的技术推广的"文化挫折"。现在,中国广西的山地社会的沼气系统推广成功,不仅没有遇到阻碍,而且获得了新生计系统中容纳的新文化的要素。这是一个对有破损的族群文化生态系统做"填充"式的、成功的技术系统支持设计②。但不要忘记,其设计的思路已经考虑到当地人民的民俗生活特点,所节约的单位时间又为新的生计、新的文化赢得了机会。一般说来,现代人类环保的努力常常和商业市场的原则相抵牾,但沼气技术——文化系统的成功建立则获得了一个新的文化的良性整合。同样,在昔日游猎、游耕和游牧地区也会发现新的文化—生态系统的新的适应方式,而任何新的系统规划也必定以地方人民的文化主体性与文化适应性为前提和结果。在帮助其发展新生计的同时,有必要让他们在生产生活方式和文化心理上有一个缓冲的转换时空,这是一个必要的适应时期。其间,地方人民始终不是被动的,而是积极主动地参与进去。

---

① Stan Stevens (ed.), *Conservation Through Cultural Survival: Indigenous Peoples and Protected Areas*, Washington DC: Island Press, 1997; Reyhner, "Cultural Survival Vs. Forced Assimilation: The Renewed War on Diversity", *Cultural Survival Quarterly*, Jon. 2001 25.2.

② 庄孔韶:《重建族群生态系统:技术支持与文化自救——广西、云南的两个应用人类学个案》,2004年"中日生态移民:实践与经验"国际研讨会。

显然,重构一种变化了的新生计生态系统就不得不开展改善旧有系统失序状态的研究。从文化中断到文化适应,恰当的技术支持和促进文化的整合是缺一不可的。其中,地方族群的主体性地位之保持是最重要的前提,而寻找生计方式与文化心理上的转换时空是文化适应的必要过渡期。这包括可能成功的第三种生活方式之巩固,以及可能失败的结局的重新认识与反省。

(原载《社会科学》2006 年第 7 期。)

中国西南游耕民族的大家族与干栏长屋

——1979—1982 年的田野考察实录

在住房的人类学分类中,长屋(long house,又称"大房子",但应与亦称为"大房子"的公房相区别)是颇能引起人们兴趣的。

东南亚和中国南方古今流行的一种竹、木、草、藤结构的住房,称为干栏,并有多种别称,"西南中国栅居(指干栏)大都长方形,大小无定制,离地亦有高低",①干栏"大小随其家口之数"。② 长屋,顾名思义,是干栏中较大较长者。上层住人,下层饲养牲畜,地板与四壁多用竹片铺成,屋顶覆盖茅草或野芭蕉叶等,楼架多用木料。长屋长度达数十公尺者并不罕见。例如我国云南西双版纳基诺族曼雅寨,在 20 世纪初,有长屋共住一曾祖父及其后裔,凡 68 人,共同实行大家族经济。③ 20 世纪中叶的龙帕寨,干栏长 35 公尺,内有 27 个小火塘,住一个父系大家族,共 125 人。④ 泰国北部哈尼人一个长屋住至少 20 人。⑤ 越南塞当人,一个长屋曾住 100 人之多。⑥ 克钦人(景颇族)的长屋分布在云南西部、缅甸和印度阿萨姆邦,直至北纬 24°都有其踪迹。⑦ 从狭义的范围,仅代表父系家族公社住房的长屋主要分布在中南半岛、云南和中印边境两侧。屋内居住面分为有隔间与无隔间两种,有隔间的一种近现代甚多见,屋内中央纵列走廊,每一隔间为一小家庭居住,长屋两端有门,门外有晒台。

我国西南山地民族多有相似的生存背景。那里的植被有热带雨林、季雨林、常绿阔叶林、混交林等。不同海拔(从谷地到高山)地区蕴藏的丰富的植物资源为用木、竹和茅草等做主要原料的干栏住房奠定了物质

---

① 戴裔煊:《干栏——西南中国原始住宅的研究》,岭南大学西南社会经济研究所专刊甲集(第三种),1948 年。
② 同上。
③ 据笔者 1980 年春赴云南基诺族地区考察笔记。
④ 同上。
⑤ Bernatzik, 引自 F. M. Lebar 等, *Ethnic Groups of Mainland Southeast Asia*, New Maven, 1964.
⑥ Hichey, 引自 F. M. Lebar 等, *Ethnic Groups of Mainland Southeast Asia*, New Maven, 1964.
⑦ E. M. Loeb. "Social Organization and the Long House in Southeast Asia", *American Anthropologist*, N, S, Vol, 49, 1947.

基础。干栏住房是我国南方、也是我国西南地区最为常见的住房类型。无论出自何种系统与语系的民族,由于漫长历史时期各种原因造成的移民、相间居住与文化交错,原住民以及汇集到西南山地、坝区的诸大小族群很大程度上保持或接受了干栏住房传统。有的地方性族群并没有接受这种传统,或因地方性地理、生态环境(土壤、植被、岩石等)限制形成了各自的建筑风格,但仍能看到不同文化之间的借鉴。然而不管哪种住房类型,大家族形态的山地民族特有的生活方式必然对建筑的格局产生影响并形成自己的传统,但这种传统并非是一成不变的。

西南山地民族有操游耕农业(或称刀耕火种业、迁徙农业)的悠久历史,粗放的游耕业是新石器时代的发明。这是人类适应热带、亚热带森林生态系统的产食方式之一。在相应的生态环境中,如西南广阔的山地民族居住地,该生产方式一直延续至近现代。

据笔者田野考察,西南山地民族有两种不同的游耕方式,①直接影响了人们的居住生活。

频繁迁徙的山地民族——前进游耕者,失去了改善宅居条件的机会,这是其一。当某些民族处在下列前提条件下:1. 仅有简陋的砍伐工具;2. 可任意占用(使用)的土地很多,且人口密度低;3. 消费水平极低时,往往会产生前进性游耕方式。笔者认为这应属早期游耕方式,以频繁迁徙为其特点。游耕者考虑寻找新的林地,不仅是为了以刀耕火种方式增加食物来源,也是为了获得新林地上的野生块茎、坚果、野生动物等天然食物。这多表现为采集狩猎、半游耕的混合生态适应方式。他们的人口密度低,人工植面面积很小,不至于影响更大范围林地的生态平衡。他们以最简陋的工具,最小的劳动支出获取一两年的最佳作物产量,随即迁移(甚至不等地力完全耗竭)。例如云南苦聪人(拉祜西),经常沿山脉走向寻找新的处女林,并在有水源的地方建简陋住房。有的苦聪人在森林中常年游弋,甚至不返回故土。也有因山地民族历史上形成分层居住的特点,土地狭窄(只能向前),没有上下开拓的余地,只好避开其他民族顺山脉走向不断迁徙。上述情况表明,森林广阔,人口稀少,以及外界人为形成的土地压力能促使游耕者为寻找新林地而前进,不可能在一个地方久留。即使该居住地竹木繁盛,也无法在住房建筑上加以最大限度的利用。

---

① 庄孔韶:《云南山地民族(游耕社区)人类生态学初探》,中央民族学院民族研究所,1982年3月。

人们必须考虑人力与能量消耗的价值,因此,凡频繁迁徙的山地民族的住房均难得改善,往往十分简陋。苦聪人的住房高不过3米,室内居住面积为4米×3米,至少容纳十五六人。细树枝,竹皮编墙壁,屋顶覆以茅草、野芭蕉叶,住房寿命一般仅一两年。尚使用原始的擦竹取火方法取火的苦聪人既然不能久留一地(每次迁徙的距离仅半天到一天的路程),也就无从使住房建筑水平得以提高。

半定居、定居的山地民族——螺旋游耕者获得了改善宅居条件的机会,这是其二。在近现代,同样是西南山地少数民族,人口密度增加,工艺技术(工具的质与量)也有了进步,因此,多数山地民族的游耕方式已经发生了变化。一些族群因各种原因相邻杂处,已无法继续开拓新的林地,使得某些族群的游耕范围不得不局限在一定地界内,渐渐形成了他们传统的生存天地。由于技术与智力的开发,他们创造了许多延长土地使用年限的方法。例如滇西北独龙族,实行人工造林的方法改进游耕技术。他们注意到叶片肥厚,枝条生长迅速的水冬瓜树,其灰烬是上好肥料,大面积引种水冬瓜树可以在较短的时间周期内获得植被繁茂的效果,因此可缩短土地休耕年限。显然,独龙族的水冬瓜树林地已被改造为仍实行刀耕火种的半固定耕地。这样,独龙人便可以有选择地确定地点建立家园,改造游耕技术,减少迁移,形成半定居的局面。西双版纳攸乐山的基诺族采用多种经营方式,各村寨根据占有土地之多少,逐渐在生产中确定了不同的游耕周期。如曼雅寨周期为十三年,龙帕寨为六至七年等。各寨地界清晰,寨辖区内火山地均依次循环使用,游耕行进以螺旋式为其特征,从而使基诺族有了相对定居的可能性。20世纪中叶,基诺人的村寨至少都有数代人的历史。部分哈尼族地方族群不仅保持了游耕旱地作业,而且以开辟山地水田获得成功而在山地民族中得到称赞,他们从此获得了长久定居。

一个世纪以来,西南山地民族生产新技术的采用,对游耕地的改造是显而易见的。生产力的提高,不仅促进了传统游耕农业方式的改观,而且也推进了村落、住房和公共设施的建设。生产力的水准、游耕农业的不同方式,制约了住房建筑的规模与发展水平。到20世纪中叶相当一部分地区山地民族已转入半定居和定居,修建了半永久式或永久式住房。由此可见,任何一个山地民族,其建筑的改良(即使是模仿)与发展都必须以定居或较长期居留一地为前提。半定居或定居的山地民族最终获得了改善居住条件的机会,使族群的集体智慧与力量得到发展,从而各山地民族一代一代积累经验,创造了不同风格的住房体系。

建筑是一种空间的语言,它能向我们表达些什么呢?

让我们回到滇西北的住房建筑体系中去。该地区的干栏长屋传统还可以在一山之隔的察隅和珞瑜地区以及印度阿萨姆山地族群中看到,但形制有所不同。独龙族历史上曾有"居山岩中"①的记录,而独龙人后来发展起来的干栏长屋——"皆木玛"的原形尚可在狄子江流域(独龙江一小支流)看到。我们引述一段夏瑚的记录:"该处山多蕉竹、董棕、藤竹之类。房屋概以竹构成,楼离地三、五尺不等,上覆茅草,聚族而居,中隔多间,每间即属一家,每房屋有多至十余间、二十余间者。且多结房于树以居,如有巢之民者……有就地以居者,必其族大丁繁也……其粮食闾旅同种同收,共取共食,无分尔我,惟盐布首饰各项,各人所得者,即父子兄弟皆难分用。"②该记述表现的大家族住干栏长屋还具有抵御人、兽之患的功用。从根本上分析,该记录表明的大家族生活是以生产力低下、土地共有为前提的。"有亲属关系的家庭组成的大家户在生活中实行共产主义,是自然而然地从这样的土壤中产生出来的。"③

关于房屋的格局,摩尔根曾根据印第安人的资料判断:"每个实行共产主义的群体,为了方便和经济起见,可能包括一所房屋内的全部居民;一所房屋内的居民也可能分成若干较小的群体;不过据推测,大集体的可能性较大。"④这一判断是较为中肯的。云南基诺族的无小家庭隔间的大房子同生活中的原始共产制是协调的;它的另一类型——龙帕寨式大房子(大家族)内部萌芽的个体私有制倾向,决不是小家庭隔板造成的,而是在于公有土地被分割。一段时间内,在"皆木玛"式干栏中生活的独龙江、狄子江流域的族群,并未因隔板而影响生活中的共产共食制便是明证。同滇西北碧江县遥遥相对的高黎贡山西侧的山地"俅帕",其传统的住房(见图1)也是带中央甬道的干栏长屋。住房长度达25—45米(20世纪40年代)。厨房在一个角落,父母房间一定在厨房隔壁,客房与厨房相对,仓库与伙房各在对角的房间。全家族吃大锅饭,绝无分灶现象。亦有较小的干栏住房,仅一侧有走廊,有如独龙江上的"皆木玛"。

---

① 雍正《云南通志》,卷二十四。
② 尹明德等著《云南北界勘察记》之附录二:夏瑚:《怒狳边隘详情》,云南史料丛刊,云南:云南大学出版社,2001年。
③ L.H.摩尔根:《美洲土著的房屋与宅居生活》。
④ 同上。

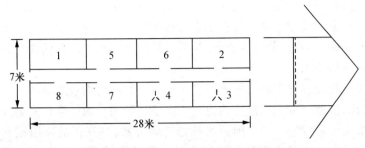

图1 "佣帕"——干栏住房居住平面图
1. 仓房　2. 客房　3. 家族伙房　4. 父母居室　5—8. 小家庭居室

在喜马拉雅山南和横断山脉西侧，众多的山地族群中亦多见长屋，例如海门道夫先生记录了尼休人（Nishi，即他所谓的米里与达夫拉人的总称）的长屋与家族生活。① 独龙族"皆木玛"式住房在僜人地区也偶有所见。察隅和珞瑜地区许多游耕族群中，在服饰、语言、居住、婚俗等方面很容易找到与怒江流域族群的渊源联系。仅以僜人地区为例，他们同阿萨姆山地部落文化、印度次大陆传统文化、通过缅甸僜人同缅甸山地与平坝族群文化、沿横断山系和诸山口同怒江流域族群文化，以及同毗邻的北部藏族文化之间构成一张交流的网络，因此该地区的文化交错现象异常突出。有迹象表明，僜人中的一个支系——格曼的祖先曾是从缅甸方面来的移民，另一支系——达让的发祥地则是在它的西部。由于格曼和达让长期的通婚以及因杂居引起的融合，这两个支系的语言和文化正明显趋于统一，从而形成今日僜人的族群共同体。

在西藏南部的僜人地区以及印度阿萨姆邦的山地民族中多见我国火车软卧车厢式的干栏长屋，不仅适应于父系扩大的家族居住，也适应于多妻制大家族的需要。不能不指出，一夫多妻制已成为该地区的文化特征之一，例如米什米人、山区米里人、达夫拉人等许多山地小族群中，长屋、多妻与家庭奴隶制在近现代是伴生现象。以尚存的行共产制生活的父系扩大家族（如僜人中）分析，该地区长屋与大家族的共产共食原则相吻合。因经济的交往，即该地区同印度和我国西藏日趋频繁的交往，以及商品经济急剧发展造成了显著的贫富分化。世系群间以牛做聘礼的单纯的劳动补偿原则和以妻姐妹婚习俗为标志的婚俗，都在新的社会背景下打

---

① Christoph Von Fürer-Haimendorf, *A Himalayan Tribe: From Cattle to Cash*, 1980. 又见，吴泽霖译：《阿帕塔尼人和他们的邻族——喜马拉雅山东部的一个原始社会》，1980 年。

上了商品经济的印记。大量买妻与蓄奴并使干栏住房任意加长,表明了该地区社会的发展走向。蓄奴多妻家族狭长的干栏建筑中容纳了少数人财富的膨胀、父权与阶级压迫,已与干栏长屋之原形所表现的初民共产共食原则格格不入了。

我们转而叙述景颇族的干栏建筑特点。我国境内景颇族各支系即景颇、载瓦、浪速、茶山、波洛等的建筑特点是一脉相承的。今日景颇族各支系在中国云南、缅甸、印度阿萨姆等处广为分布,其迁徙的原因虽有躲避战乱、瘟疫之故,其主要原因应认为是由游耕农业寻找新的处女林引起的。例如,盈江县大幕文碘汤寨景颇族(茶山支)地处高黎贡山支脉南木山余脉上,六代人以前迁来时只操单一的刀耕火种旱地农业,荣姓祖先为清道光年间迁来建寨,迁徙路线为片马——拖各——茶山河(腾冲境)——巷允——帕欠——跌水——碘汤。人口繁衍与不断开拓新的原始森林是迁徙的主要原因。碘汤寨的景颇人曾叙述祖先因战争引起迁徙的背景,然而不能不考虑占据新土地这一因素。景颇族的迁徙与相对几代人定居一地是常见的。迁徙也带着先辈的文化传统,尽管有时产生了一些地区性文化变异。我们应从干栏住房寻找景颇人各支系的共同文化因素,记述正在变化之中的干栏建筑格局,并从尚存的公共长屋中发现大家族中初民共产共食的传统。

景颇族各支系的干栏住房相仿,为低干栏建筑。楼上住人,楼下养小家禽家畜(鸡猪之类),但从不养牛一类的大牲畜,因干栏下层高不足一米。大牲畜栏一般设在门前一侧。房顶均为两面坡、茅草顶。干栏尤以木结构为多,竹多用做较细的檩、椽等,竹篾巴做墙壁。无论是缅甸巴莫左近山区的克钦人,还是阿萨姆的新颇、卡苦人,都在干栏建筑上保存着同一民族共同体的古老文化传统。

云南景颇人中保存长屋传统最突出的是盈江县卡场(大山支),此地至今尚无公共客车线路,因此传统文化痕迹清晰。过去,卡场大山支各家占有土地多为游耕地,水田很少。人们只需在盖房时给山官帮工,并无向山官交纳实物贡赋(官腿、官谷)的情形,与另外一些景颇人居住地区有所不同。村寨头头也不由山官指定,而是群众公推,由办事公道者担当。每年由寨头主持祭祀和春播。

一个寨有一个姓,也有一个寨五六个姓。土地、森林全属山官辖区内各寨占用。已产生贫富分化。

景颇人干栏正门有一木梯,正门左侧下方为仓房兼大牲畜(牛)棚,该建筑为一竹木结构的两面坡、茅草顶小干栏,楼上放置粮食,楼下饲养牛马。舂米、纺织活动均在正门前。由于景颇族缺少像有些使用高干栏建筑民族那样巨大面积的晒(凉)台(从一层顶和二层居住面伸展开来,具有为生活与家庭经济之需的"庭院"的功能),二层居住面离地面很近,所以景颇人的家庭生计活动均在门前,形成一个并不设围墙的院落。父系大家族长屋的居住格局表现为楼内通道与楼顶纵轴线一侧形成的大厅融为一体,轴线另一侧居住面划分有小隔间,各兄弟小家庭各据一间。以前有划为9小格至12格的干栏长屋(即长屋纵向长45—60米,宽7—9米),现在尚可见到7格的长屋。

过去景颇人一家20余人者不鲜见。大家族既可由父亲当家,也可由母亲当家,完全视其持家能力与热心与否而定。甚至也有由能干的女性领导生产与家务。大家族内统一分工,不按小家庭派活。全家族有统一仓房。仓房有的离住房有一段距离,以防失火四处波及。家族长之妻安排某个儿媳做饭或儿媳们依次轮流做饭。男人的地位高于女人。过去男女分开吃饭,女人在厨房(图2,A)吃,厨房一般设在各小隔间正中,兄弟几人围坐家族总火塘就餐(图2,B)。总火塘不够用就在一侧另设灶C。屋内还有一猪食火塘D。唯父母可以在自己房间里吃饭,有时父母吃饭也分别到男人和女人的就餐处。女人们围在一起随意吃,不采取分食办法。男人们则每人固定一份。过去,女人要用竹篾托盘给男人围坐的火塘处送饭,饭用芭蕉叶包裹或用大竹筒碗。女人遇家族内男人时要身躯前倾,以示尊敬。男人有权在家族总火塘处吃饭以及景颇人的祖先祭祀传统均体现了父系继嗣的原则。不过同居共爨的大家族共同体原则并未完全丧失。

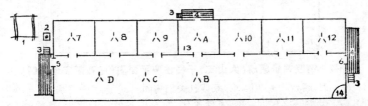

图2 盈江卡场景颇族(大山支)干栏居住平面图(庄孔韶实地绘制)

1. 牛栏 2. 舂臼 3. 梯 4. 晒台 5. 入口 6. 出口 7. 老大家 8. 老二家 9. 老三家 10. 老四家 11. 幼子家 12. 父母、未婚女儿房间 13. 家族伙房 A. 女人吃饭处 B. 大家族总火塘 C. 附加火塘 D. 猪食火塘 14. 祭祖处

铜壁关大山支景颇人的社会经济发展略快于卡场,故尚存的大家族规

模明显变小,表现在长屋内小家庭隔间减少,因而干栏长屋形制相对变小。笔者选用两幅实地绘制的干栏长屋居住平面图(图3、图4)加以说明。

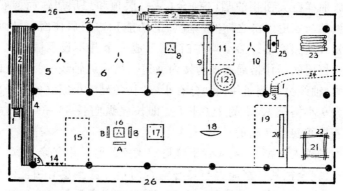

图3 铜壁关景颇族(大山支)干栏住房平面图(庄孔韶实地绘制)

1. 梯　2. 晒台　3. 前门　4. 后门　5. 家族老人房间　6. 老二一家房间　7. 伙房　8. 做饭火塘　9. 双层搁架　10. 老大一家房间　11. 铺位　12. 粮囤　13. 祭祖处　14. 悬兽头处　15. 未婚儿子住处　16. 待客火塘　A. 主人座位　B. 客人座位　17. 方木桌　18. 大铁锅　19. 少男少女幽会处　20. 单层搁架　21. 牛栏　22. 牛栏门　23. 柴堆　24. 走道　25. 手臼　26. 长虚线框为两面坡屋顶涵盖面积　27. 柱

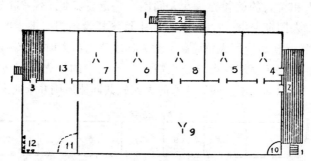

图4 铜壁关景颇族(大山支)干栏住房平面图(庄孔韶实地绘制)

1. 梯　2. 晒台　3. 门　4. 家族长夫妇房间　5. 老三一家房间　6. 老二一家房间　7. 老大一家房间　8. 家族伙房,女人进餐处　9. 男人进餐处、待客处　10. 祭鬼处　11. 粮囤　12. 悬水牛角处　13. 少男少女幽会处

铜壁关大山支的两面坡竹楼为茅草顶,多用三根立柱,原木砍来均不加修整。楼上隔间依已婚男子数目而划分,长辈或家长房间(无论大山、小山、茶山、浪速支)均确立在靠后门第一间。老二、老三诸兄弟家房间位置不固定。铜壁关大家族内老大家多安排在进正门第一间。老大若分居

他处,老二家替补老大的位置。伙房通向楼外有一门,只限于女人出入。门外为一小晒台,有木梯通向楼下,外来女客只能在伙房内过夜。走进干栏长屋后,不得径直从后门走出去,中途必须停留一会儿,因为这里的习俗规定,只有死者才被不停留地从一个门移至另一个门抬出。长屋后门外有一狭窄凉台。大山支干栏设前、后门,平日均开启使用;而茶山支、小山支干栏设有人门、鬼门,平时使用人门,仅献鬼时才启用鬼门。有的长屋内还设有少男少女幽会娱乐用的房间,串姑娘也在此处。少男少女会面时要带酒给长屋的家族长喝,意思是请老人正视这一对恋人的现实。如果大家族人口众多,还可在一列隔间的对面大厅内再设小隔间。盖房时木柱、竹竿都要顺序排列,不许粗细端混杂排列,为的是求得新房中同居共爨的大家族未来一切顺遂。

现在,景颇族家庭多为三代人扩大家庭,干栏长度很少超过20米。笔者在大山支干栏住房中作客时,看到年轻的女性穿戴入时,新买的银饰佩在不同质地的各色衣裙上,甚为夺目。如同服饰一样,干栏内的布置也有了变化。室内摆着直径一米余的新铁锅,制作了大方木桌,上摆有瓷碗、盘之类,钟表、收录机都是景颇人先辈未曾享受过的。年轻人更喜欢睡木床,只有一些老人还席地而坐,困了便倒在火塘边一睡到天明。然而,旧风俗毕竟在时刻改变,新的生活已经来临。

德宏傣族景颇族自治州三台山的景颇族(小山支)住房(图5)也是两

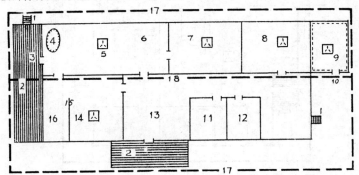

图5 德宏州三台山景颇族(小山支)干栏住房平面图(庄孔韶实地绘制)

1. 梯 2. 晒台 3. 前门 4. 粮囤 5. 待客火塘 6. 客房 7. 老大一家房间 8. 老二一家房间 9. 家族伙房(位于地面上) 10. 伙房门 11.12. 未婚者房间 13. 厅堂 14. 老人房间 15. 隔板 16. 什物堆放间 17. 长虚线框为两面坡屋顶涵盖面积 18. 房脊垂线(注意:不在中央)

面坡低干栏类型。下层围有竹栏饲养猪、鸡,牛亦是栖居在住房旁的小干栏内,下层为牛棚,上层为青年男女幽会处(雨季时)。

粮囤设在干栏长屋内,伙房另盖在楼一端的平地上。三台山的景颇族(小山支)与崩龙族交错设寨。崩龙族信佛,景颇人却未受感染,信鬼和祖先崇拜是他们主要的原始宗教内容。这里大家族极少见,只有极少数景颇人借鉴了崩龙人高干栏的建筑形式(牛栏移入楼下)和汉族的山墙构架形式。随着生活水平的提高,有的景颇人住房已改为瓦顶,也有下层加高后安排住人,成为名副其实的两面坡二层楼。这无疑是汉族和崩龙族文化的影响所至。

解放前,我国西南山地各支系景颇族中大小家庭并存。沿边境一带的长屋系列,从建筑的空间布局仍可反映久远过去广泛的大家族共产共食生活的传统。有的多妻者大家族住房颇为长大,其内涵已有如僜人,父权取代了大家族过去的民主原则。

现代景颇人仍行幼子继承制,儿子成人结婚从父母家分居出去已司空见惯,三代同居家庭日渐稀少。

我们上面提及崩龙族(现称德昂族)的住房,崩龙人的干栏大房子也是不可多得的民俗建筑。

三台山崩龙人的干栏(图6)在解放后的变化不大,已婚儿子分家与

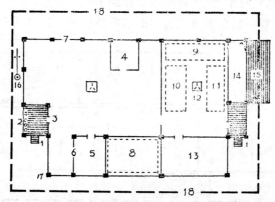

图6 德宏州三台山德昂族(红崩龙)干栏住房平面图

1. 梯 2. 竹节水桶存放处 3. 门 4. 已婚二儿子家睡间 5. 已婚大儿子家睡间 6. 竹篾隔板 7. 竹篾围墙 8. 长方体谷箱,直达地表 9. 男孩睡房 10. 主人待客坐席 11. 客人坐席 12. 火塘 13. 老人、未婚子女睡间 14. 杂物堆层 15. 晒台 16. 脚臼 17. 柱 18. 长虚线框为四面坡屋顶涵盖面积

不分家并未成为一种人人需要遵循的社会习尚。一般来说,一家人至多20人。分家亦无确定的长子或幼子财产继承制。同哪个儿子过晚年完全依老人的愿望,崩龙人以敬老、养老为其美德。佛教的影响早已深入各崩龙人村寨。

崩龙人住房为四面坡稻草顶,草厚达20—30公分,大约五至十年需更换草顶一次。在山顶俯视崩龙人村寨,映入眼帘的一座座竹楼顶呈椭圆形,是因四面坡稻草顶接口处不出棱角之故。竹楼下层既养猪鸡,又栖大牲畜牛马之类,所以崩龙人住房必是高干栏、且围有横杆。一望即可看出同景颇族住房的明显区别。崩龙人善种竹,竹楼质量颇佳,不能不认为其建筑受到傣族文化的影响。现代景颇人干栏略长,而崩龙人干栏四壁长宽相差无几。一般长不超过20米,宽为13米左右。

为寻找崩龙人干栏长屋的传统应离开三台山去镇康县。在三台山有红崩龙、花崩龙、黑崩龙支系,附近尚有白崩龙。镇康县毗邻缅甸,该处木厂和彭木山区境内主要是花崩龙。过去大寨乡的崩龙人还保留有父系家族公社形态。在崩龙人地区,设计与建造房屋是一种非常受人尊敬的手艺。尤其是建造大型干栏住房,是很隆重的亲族集体的事,宗教色彩浓厚。崩龙人的口头传说中至今尚有盖大房子情节的描绘。盖大房子不仅需要梁、柱结合的合理布局,且需要众多人的合作,砍伐雕凿颇费工时,血缘共同体的互助义务是完成巨大建筑杰作的前提。

崩龙人大家族住房(见图7)内每一小隔间为一小家庭卧室。半个世纪以前大寨乡的达当家有近90人,四代同居。干栏长47米,宽17米,房内大小隔间分列左右,两个火塘烧饭做菜,一个火塘烧水。达当是家族

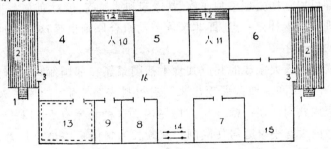

图7 镇康崩龙人大家族干栏住房居住平面图

 1. 梯 2. 晒台 3. 门 4. 投靠者房间 5—9. 小家庭房间 10. 家族煮菜、煮猪食火塘 11. 烧饭火塘 12. 客房 13. 粮囤 14. 食器搁架 15. 堆工具处 16. 通道

长,家族大事由达当主持商议。工具由集体统一打制购买,农活实行男女分工。媳妇们轮流做饭。棉、麻分配以小家庭为单位,按人头平均分配。

随着工具、农业技术的进步,商品交换助长了大家族内小家庭的独立倾向。崩龙人大家族内私有制开始萌发。一则反映在大家族整体经济被削弱,出现了大家族内另外组织的小家庭土地伙种和个体经营,大家族经济成分呈现多元化;一则妇女制作的麻织品在汉人与傣人中获得销路,而渐渐私蓄货币和饲养牛马。因此,有时个体家庭虽依照传统暂不脱离大家族住房,也已不再合家共产共食。

值得注意的是崩龙人大房子里尚有非亲族成分,各小家庭经济各行其是。一般来说,血缘共同体的解体表现在居住上的特征,是一个村寨各姓住宅杂居,但各世系群的杂居,还不至于渗入到大家族住房之中。崩龙人大房子非亲族成分一例,可以说明地缘关系的萌芽并非本着一种模式。崩龙人非亲属的合居是耐人寻味的。

崩龙人社会互助之风甚浓,不仅在亲族内,也扩大到非亲族之间。大房屋内依旧保留有客房的设置,给予任何无靠者以栖身之处,世世代代承继着好客的习尚与初民共同体人人具有的淳朴美德。从崩龙人大家族居住体制可以明显看到小家庭仍是软弱的,不能单独应付生活的艰难,而需要在大宅户中取得庇护。这便可以加深理解崩龙人大房子建筑格局的内涵。摩尔根在谈到印第安人纯血缘大家族长屋时说,他们的"好客风尚和在生活中实行共产主义,这两个原则是理解这个建筑的关键"。① 他正是以此观点去表达长屋建筑同印第安人社会制度相协调的见解的。那么,我们同样可以这样去理解独龙族、基诺族和德昂族,但对崩龙人非血缘大家族的理解应再补充一点,即非亲族劳动组合原则也是这里山地民族社会存在的基石之一。

镇康崩龙人大家族的共产共食生活图景还在邻国缅甸的密支那、昔董、滚弄等掸邦许多地区展现出来。有材料表明②缅甸的崩龙人也习惯于一个家族共同住在一幢干栏大房屋内。这种长屋有5—12个小家庭,然而长屋内没有小家庭居住隔间。家族长为集体户中最年长者,集体生产与消费均属一个共同体。说明我国镇康县崩龙人大家族生活并非是

---

① L.H摩尔根:《美洲土著的房屋与宅居生活》。
② 缅甸纲领党中央组织委员会:《缅甸联邦民族文化风俗习惯》(掸),《东南亚资料》1982年第1期(李考骧摘译)。

个例。

在人类学考察中,基诺族的长屋——"大房子"颇有探讨的价值。大房子不仅巨大和修长;而且因其内涵同父系家族公社结构的演化密切相关,已引起国内外学者的浓厚兴趣。

大房子里面的中央纵向甬道有四个火塘(约在1908年时),纵向一头门内有一家族总火塘。各代兄弟们及其妻子儿女等面积居住在甬道两侧。老人们喜欢同未婚子女们住在一起。大房子曾经历过A型阶段,因人口繁衍,火塘相应增加,后演变为B型布局(见后文图8,A型与B型),但无论是A型还是B型,父系大家族的生产生活方式都是一样的。各大家族都行父系制,土地在形式上都属姓公有,实则每年由各大家族协商分种,社会生产、生活的基本单位仍是大家族。

同一大家族的生产、生活用具属集体所有,铁制工具由大家族统一置办。一般来讲,每个男人必须齐备三种铁器:大砍刀、小刀和镰刀。根据整个家族人口和劳力状况由家族长安排打制铁器的类型与数量,如本家族无人会打铁,就请别人代制,报酬由全家族统一支出。弓弩、箩筐的制作也如是。大房子及其各种设施、仓库都归家族集体所有。

大家族全体成员共同参加农业生产劳动,所收获旱谷等统一堆放在大房子外设置的"小竹楼式"仓库里。白腊车家族的主妇和各辈妻子们轮流掌管68人的伙食。每天需要多少粮食,由值日的妇女到仓库里去取用。往往较年轻的妇女们承担的家务多些,例如带小孩、舂米、砍柴、采野菜、背水(基诺族仅妇女背水)、做饭等。

大房子内四个火塘,其中两个烧饭,两个煮菜。整个大家族成员无论男女老幼都一同吃饭。饭菜自己打,随便吃。家族长由年龄最大者担当,受到各辈人的尊敬,有时一人单独进餐,佳肴软食还常常留给老人和小孩。若打到野兽亦是大家族共食,成年人聚在一起吃喝谈笑,每个小孩都会得到一份嫩肉,等等。

同姓各家族之间常实行互助,同姓不婚是他们的传统原则。

这就是说,至少在七八十年以前,基诺族的大房子里还居住着父系大家族。其特征是:土地共有共耕,即从姓公有地上占有一部分,由整个家族成员共同耕作,生产、生活资料归大集体所有,因而劳动产品也由大家族全体成员共同消费。基诺族的父系大家族不分长幼和睦相处,保持了原始平等的原则。这是典型的整体经济——民主型家族公社。

马克思特别肯定的农村公社两重性之一的家庭私有制,在上个世纪末的基诺族多数居住地还不存在。原因主要在于基诺山可耕面积大,人口又稀少。例如曼雅寨世代行刀耕火种业(游耕业),使土地循环使用,周期为13年,既保持地力,又使林木不至毁之一炬。土地从不连种(即第二年不安排第一年种过的地)。这样,地多人少且土地耕种不固定,因此不会发生土地争执,加之强大的血族制度、生产资料集体所有与共同消费原则亦使私有现象难以萌发。

此外,基诺族的大家族与世系群在土地制上表现为形式上的姓公有制,实质上则为大家族轮流占有耕地。白腊车及其后裔68人的父系大家族才是一个真正的经济和生活的实体。当生产力水平并没有新的明显提高时,大家族的兴旺并不受共居一地的不同血缘集团的影响。联系南斯拉夫的扎德鲁嘎(Zadruga)来看,父系大家族确实具有很强的生命力和稳固性。只要地缘因素刚刚萌芽的农村公社无力干预父系大家族对土地的占有,平等、共产与共同消费的父系大家族特征就会继续保持很长时间。

到20世纪30年代以后,保甲制度与傣族土司制度合流,动辄派款,强征粮茶,使村寨会议参与了寨内一些行政事务,具有了诉讼惩罚、纳粮纳税的职能。但是血缘集团仍然占据举足轻重的地位,村寨头人召集的家族长会议,既是一个超血缘的村寨组织,同时又是重视血缘传统力量的设置。

先进生产力的影响由交通较方便的边缘村寨向山里缓慢推进,铁质工具虽简陋,但已经较为普遍。实行了每年两次的田间管理。劳力强、土地多的大家族有明显兴旺的趋势,反之,则家族生产生活呈现不景气。少数人单独承担生产、维持生活有了初步可能,汉族商人和高利贷剥削在基诺山亦稍有介入。一系列变迁在基诺山上留下了明显的印记。

我们在下文中将引入中外闻名的龙帕式大房子并予以剖析。

龙帕寨大房子的格局与内涵同A型和B型大房子大有不同。20世纪中叶,在龙帕寨有四个姓:阿抽昨、阿俫俫、奥侧和阿说昨。共有大房子11座。每座大房子为一个父系大家族。阿抽昨姓的一座大房子在20世纪中叶曾住同一父系祖先及其后裔达125人之多。大房子宽7排,长18排(约13米×35米)。一端进门处有一家族总火塘,中央纵列甬道共27个小火塘,每个火塘对着一个小家庭的居住隔间,即全家族共由27个小家庭组成,各小家庭等面积居住(见图8,C型)。

这时期的家族土地形式上仍为姓公有,土地轮种6—7年可循环一次,周期较曼雅寨短。每年由寨父寨母占卜播种日期,全寨统一出工。虽

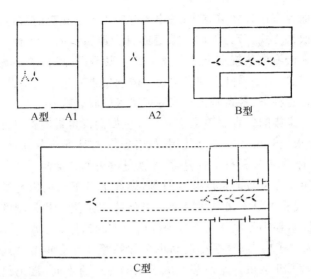

图 8 基诺族 A 型、B 型、C 型大房子居住平面示意图（庄孔韶绘）

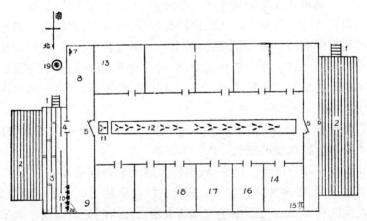

图 9 基诺族父系大家族干栏住房平面图（庄孔韶实地绘制）
（C 型细部一例）（**15 米 × 24 米**）

1. 木梯 2. 晒台 3. 板台 4. 入口 5. 门 6. 出口 7. 挂芒锣处
8. 青年跳舞娱乐处 9. 念鬼处 10. 挂兽头处 11. 大家族总火塘 12. 小家庭火塘 13. 未成年子女房间 14. 家族长房间 15. 模拟小竹楼，家族长祭祖处
16. 长子一家房间 17. 次子一家房间 18. 三子一家房间 19. 手臼 20. 兽骨堆积处

然家族长仍像过去一样，要为家族所属各小家庭安排耕地，但耕种形式已开始有变化，出现了少为三四家，多至十一二家的姓公有共耕方式；分到

各户的土地也有伙种共耕方式;各户还有属于自己私有的耕地,常采用三四户私有伙耕方式,劳力强的小家庭亦有少数私耕的。私有土地是由外寨买来。由于习惯法规定土地抛荒不到年限不得种,有的年景会出现人多地少的现象,于是异姓之间借地还工的现象也发生了。除此以外,诸家族内没有公有牲畜,牲畜是由小家庭或诸家庭联合喂养。

先前大家族的共食制不见了。平日主妇们仅负责准备自己小家庭的饭食,每个火塘只由各家自己使用,虽各家庭同时下地劳动,但已是各家自备饭菜,唯有年节和打来野兽时,才恢复过去的共食制。

在每年寥寥可数的家族共食时刻,燃起平日不用的家族总火塘。不过,这只是代表了重演父系大家族古老传统的愿望。共食制的象征性恢复并不足以阻挡小家庭从大家庭中分离出去的趋势。

C型大房子中,宗教祭祀活动也愈加频繁。每逢年节、婚丧仪式、播种收获都离不开祭祖。龙帕寨大房子纵向为东西走向,楼上西北角的家族长住处上方,就有一个模拟"小竹楼",楼内铺有松软的攀枝花和红布,是家族长希冀祖先安息的祭祀处。新年时,楼上东北角是家族长与家族内老人们集体念鬼的地方。东南角挂有芒锣、牛皮鼓,大房子里的青年人在这里跳舞唱歌,互相祝愿家族团结幸福。不难看出,这时期的宗教与娱乐活动都离不开维护家族统一的目的,并深深地打着家族血缘联系的烙印。家族长仍享有威信和尊严,各小家庭好吃的饭菜,习惯上都要送给家长一份。

大房子从A型、B型演变为C型,充分反映了基诺族父系大家族、世系群与农村公社职能的变化。

父系大家族被削弱。过去A、B型大房子的共同劳动变成了C型的共耕、伙耕和私耕多种方式。从大家族共同消费制变成了个体消费制,也明显地反映在C型大房子中小家庭的火塘与住所的分立布局。大家族经济显然已呈多元特点。以往A、B型小家庭之间甚至无明显的隔板,而现在小家庭间多有隔板并等面积划分,这是C型大家族的某些小家庭已具有单独承担生产及个体消费能力的表现。同时小家庭自立与私有的倾向开始萌芽。例如各户已有私有的少量茶叶地;有的小家庭还从外寨购入土地,实行私有伙种等。既然是私有地,那么土地上的农产品当然归主人私有,即使是公有伙耕或是私有伙耕,这种现象也是不容忽视的,因为大家族内诸小家庭的联合,久而久之造成了若干股小的团体力量,松懈着大家族的传统性与一致性。平日,虽还保持着家族内生产与生活互助,然而已无法阻止小家庭贫富分化现象的自然发展趋势。例如前述曼雅寨的卓巴姓,解放前私有地越来越多,以至劳力强、善操副业(编织、木活和铁活)的小家庭可以以此特长代工换地,首先得以富裕,甚至有些小家庭竟能安排单干的轮种山地。龙帕寨的异姓借地,20世纪初还是借一还一,解放前夕则出现了加倍偿还的不合理现象,导致了一些家庭的贫困化。

世系群职能也被大大削弱。农村公社职能逐渐加强的结果,许多事由村社会议出面处理。涉及经济问题时,因父系大家族是真正的实体,所以在家族内由家族长负责解决。这样,世系群职能常常徒有虚名。例如姓公有地实为诸大家族分割循环占有。虽规定姓公有地不能出卖,由于某些家族在外购地,也等于破坏了姓公有地的统一性。

可见,村社职能的加强与私有现象出现使世系群、家族的血缘关系在C型——龙帕式大房子阶段受到很大破坏,这时村社的地域性更为显著,这是同A、B型阶段比较而言的。那么,龙帕寨是否已具有典型的农村公社特征呢?否。因为某些大家族中小家庭的经济独立及作为主流的村社集体所有制这二者在龙帕寨均不够明显,原因就是以血缘为纽带的各大家族还具有较强的生命力(虽已被削弱),还没有打乱村寨内的血缘联系。虽有小家庭分立倾向的干扰,还未能导致大家族集体经济的瓦解。不过,个别现象所代表的趋势已十分明显。有时小家庭之间利益冲突导致了大家庭内激烈矛盾,打破了大家族先前平等、和谐的气氛。这类现象在解放前夕的基诺族为数不多,但终于发生了。个体劳动的可能性与私有现象迅速侵蚀着传统的血缘团体。C型大房子正是反映了父系大家族生活的最后一幕。

总之,对基诺族诸类型大房子的剖析使我们扩大了探索的视野,对搞清父系大家族的结构与特征、对搞清萌芽状态的村社性质及其演化趋向具有双重意义。这就是学者们对基诺族干栏住房的兴趣所在。

父系大家族干栏长屋传统还可在部分布朗族地区,即云南西双版纳、巴达和打洛等处见到。布朗族干栏住房外观形同傣家茅草顶四面坡干栏:木架、竹墙,楼端有晒台。小家庭住房一般分里外间,里间较小,存粮、放杂物,外间设有火塘,家人在火塘边歇息,围坐吃饭、聊天。有的家庭还在干栏入口处设一锅台。父系大家族居住的干栏大房子门外设有一小干栏,上为储粮仓房,下设牛栏。巴达的曼迈,布朗山的曼峨、曼糯等地,较为典型的一个"卡滚"(三—五代同父后裔大家族)住房中,以小家庭数目划分居住面积或居住隔间。大家族经济一元化,充满和睦气氛。火塘、晒台、仓房场是公用的,大房子全体成员共同经营土地与各项副业。

曼迈寨的达翁家为四代同堂,即是一例。达翁家在20世纪中叶曾繁衍到44人(图10)。在家长达翁领导下实行整体性大家族经济。土地、茶叶地全家共同占有。所收获农产品全家共有,甚至猪、鸡均共同饲养。家族劳动分工亦不以小家庭为单位。长子负责管理水田、鸡、鸭;次子负责种旱稻;三子——茶叶地;四子——玉米地、棉地、养猪;主妇与长女负责全家族饭食。杂项农活、砍地、除草、收割、种鸦片均全家集体出动。

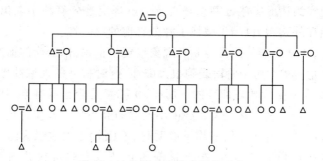

图10　达翁家大家族成员谱系表

大家族住房格局的变迁在于个体经济逐渐扩大比重所致。大房子里个体家庭经济日趋独立倾向的标志是火塘数目增加,原公共仓房中也增加了小家庭隔板,遂产生了布朗族第二类大房子类型:在大家族内以个体生产、个体消费为主,但家族互助习俗、对外事务的整体性依然如故。干栏大房屋中小家庭隔间已不通达,新的隔离篾巴墙结束了达翁家模式的同居共爨、其乐融融的集体生活。每小家不得不各开其门,各立其梯。同居共爨的大家族住房演变的另一趋势是有些小家庭渐渐搬出大房子,大家族内小家庭(隔间)数目也随之减少,干栏建筑的规模自然也缩小了,我们在布朗族居住的村寨更多地看到的是由个体家庭干栏住房群构成的世系群或大家族(滇西北的怒族部分居住地亦如是),分居分爨,但"卡滚"仍保存有对其亲族成员经济、对外事务和血缘、思想意识上的联系。

布朗族社会各居住地社会发展不平衡,行一元化经济的大家族团体——同居共爨的大房子也有;同一居住地上大小家庭(大、小房子)共存的情况也有;完全由核心家庭构成的"卡滚"共同体也有。可以认为,在布朗人中间,不同于同居共爨大房子的其他"卡滚"居住类型都是个体经济取代大家族经济的演变过程在宅居格局上的反映,家族公社从来不是仅仅循着一种方式走向瓦解的。

云南拉祜族住房亦为四面坡竹木结构的干栏建筑。孟连、澜沧、耿马、双江和西双版纳勐海一带的拉祜族保留有完整的家族公社形态。云南澜沧县糯福区的大家族内包含有几个至十几个小家庭,有数十人,甚至百人之多。这里的家族长可为男性,也可为女性,盛行从妻居住婚制。家族长主持祖先祭祀、管理经济与分配、维持家族整体的团结,对外则是家族的代表。拉祜语称大家族为"底页","底页"内各辈小家庭称为"底谷"。

一些村寨既有母系制大家族,又有行双系制大家族,也有父系制的现象。有的大家族保持整体经济——民主型特征,实行全家族共同生产与消费;有的大家族内则共同生产、消费与个体生产、消费两种形式并行,属多元经济型大家族。还有的大家族内基本上以个体生产、消费为主,农闲季节才共居于公共大房屋内。"底谷"一般有两个居址,一个在村寨家族大房子里,一个是在较远的游耕旱地上,盖有临时住房"班考"。农忙期间各"底谷"离开大房子到各"班考"去,但每月要回家两次祭家神。起初,这类住房分布不带有个体家庭分化的性质,仅是为了生产、生活的方便。粮食、财物都要集中在一起,全家族共同享用。然而"底谷"临时住房"班考"为后来的经济个体化以及小家庭脱离大家族独立生存创造了便利条件。

拉祜族大家族(大房子)解体循着三条途径展开:大房子里的父系大家族成员范围越来越多地排斥旁系亲属,从而大家族及其住房的规模变小;大房子被通道堵塞、分割,小家庭经济的独立性加强;散居的"班考"住房形式成为"底谷"脱离大家族的起点。

被周围阶级社会与商品经济因素干涉的初民共同体已难于产生先前自组织的社会发展过程。因此,对近现代拉祜族大家族的聚合与离析应加以多种因素分析。解放前夕,拉祜族一些大家族公共住房中,粮食生产由全家族共同参加,但为小家庭分别管理。粮食以外的其他副业生产与收入,则以小家庭为单位安排与支配。因此,劳力的差别,牲畜饲养的多少与优劣,货币与动产的积蓄都推进了集体经济分化,个体经济日趋成熟。然而,拉祜族的大家族没有骤然离析。应该说,在大家族整体经济被分割的情况下,传统与血缘的聚合力不会马上消失,因为血缘集体的协作力量并未在经济活动中失去效力,尤其在天灾或遇意外之时,分散的大家族成员多有重聚现象,其缘由已不难看出。此外,解放前,土司每年向拉祜族征收门户钱和各种名目的摊派,也延缓了公共房屋与大家族的解体。解放后,一旦苛捐杂税取消,个体家庭的生产积极性得到发挥,脱离大家族的行动也付诸实施。所以,拉祜族大家族的分化与解体、干栏大房子的消失是20世纪中叶以后才完成的。

上述若干民族都存在有大家族公共住房(干栏大房子、长屋)。大家族公共住房的造型与结构无论有何种地方性特征以及如何变化,追溯其公共住房的地方性原形,都能发现同初民的共产原则相符合。摩尔根断言,从印第安人长屋的"设计和布局来看,可以推论大家户过共产主义生活"。① 建筑是一种空间的语言,它能将社会结构的重要特点——亲族共同体的初民共产制原则凝固在干栏长屋的空间之中,因此,长屋建筑的社会意义与实质,便被摩尔根一语破的。最后,我们试做如下初步结论:我国西南山地民族中,凡是有大型干栏公共住房的地方都能发现大家族(家族公社)形态和初民共产制原则。干栏居住长屋已成为与家族公社形态伴生的居住传统之一,这种传统不仅是我国西南山地民族的,而且也是属于更大的地理范围——至少是中南半岛(以及东南亚)的许多民族所有的。

然而,西双版纳哈尼族的一些支系(如吉坐、鸠为支、阿克支等)中,大家族却有与上述诸民族不同的居住体系与传统。

他们的住房分地面建筑和干栏两种。两种住房均有类似的居住布局。一个父系大家族一般要盖一个中心房屋——母房"纽玛",并依照大家族内已婚小家庭的数目,环绕"纽玛"盖若干小房屋——子房"纽扎"。母房较大,分为两半,用竹篾巴隔开。一半称"包楼",住男性成员;一半叫"尤玛",住女性成员。"包楼"与"尤玛"各设其门,男子进出"包楼亥"(门),女子进出"尤玛亥"。"包楼"与"尤玛"内设有火塘,女性一侧火塘供大家族烧饭做菜用,全家几代人都要到这一侧就餐。如人多,按男先女后次序。母房供家族长夫妻居住,全家进餐和商议家族事宜亦在这里。哈尼族母房中备有待客的床铺,这和具有干栏长屋居住传统的上述其他民族有共同之处。在母房周围除了为已婚夫妻建小房子外,尚为适婚年龄男子盖小房,以备择偶之用。

父亲或长兄担任家长,主持大家族生产,负责工具配备,掌管钱柜

---

① L. H 摩尔根:《美洲土著的房屋与宅居生活》。

种粮、棉、菜蔬,饲养猪、牛、鸡都以大家族集体为单位,分工合作。早晨起来,媳妇们负责为男人烧洗脸水、舂米、做饭。家务多由家族长之妻或长媳安排。有的大家族不容小家庭副业独立,纺线织布用的棉花要按小家庭人口分配,小家庭饲养的猪必须背回母房"纽玛",供全家分享,甚至孵化的鸡仍要归母亲与长嫂支配,纳入全家整体消费。这类大家族的特点是分居共爨,住宅群别具一番风貌,但其家族公社初民共产制传统的本质是相同的。

我国西南山地游耕民族在转入半定居和定居之后,他们在建筑上的才干也在逐渐发展着。互助与好客的习俗在某种程度上促进了生活资料的最终平衡,缓和了生活中的贫困与艰辛。独龙族的干栏长屋和哈尼族的小房屋群代表了两种大家族宅居体系,但这只是建筑风格的不同,其建筑的构思同样是单纯的,共同反映了西南山地民族家族公社形态原生结构的本质,即初民经济的制约性,共产协作的必要性以及亲族血缘的聚合性。

在表现住房传统的多样性与建筑格局的变迁方面,哈尼族是值得提到的一个民族。粗略地划分一下:西双版纳的哈尼族,例如爱尼、雅尼等支系(包括境外的阿卡、窝泥等)中为竹木构架(竹篾巴墙与木板墙两类)、茅草顶干栏住房,上层住人,下栖家畜;其北部、东北部的豪尼(布都、黑窝泥)为典型的全平顶土掌房;白宏(布孔)以及其他支系地方群体中更多见到茅草顶兼平顶土掌房等类型。每幢住房一般为二层,下层饲养牲畜家禽,堆放农具、柴草,上层住人,二楼顶楼(茅草顶下阁楼)存放谷类瓜豆等。也有正房移至一层,养鸡、猪处偏于耳房一个角落,二层储粮食物品等。阁楼上也可安排孩子们去住。总之,哈尼族住房建筑在我国境内分布区为北土掌、南干栏。共同点是下层饲鸡、猪,上层住人的特点以及编茅草排盖顶的工艺。相异点为北部土基筑墙,兼有泥敷篱笆墙等多种方式作为过渡,南部的竹篾巴墙,体现了哈尼族迁移史上文化变迁的痕迹。

在住土掌房并较好地保存了大家族生活特点的民族中,自称白宏的哈尼族支系尤为典型,并与周围其他支系——如豪尼人有强烈的对比意味。

白宏人大家族住茅草顶兼平顶土掌房,其建筑程序与工艺较为繁杂,过去完全缺少建筑民族学方面的描述。

建房时的占卜是必不可少的。家族长在测得自己家的吉日后,等到这一天夕阳西下之前,由家族老人拿一个鸡蛋、几粒米、一个碗来到巫师测定的建房地点,老人喃喃自语:"我儿子在这里要盖新房,请天地祖宗多助力。"然后把米粒放在地上再用碗扣好。这时家长要面朝东叩头,起身后再向东方行礼。

第二天清晨要赶忙去观看,磕头后把碗掀开,看米粒在不在。一般情况下米粒不会移动,于是确定了建房地点,那放米粒的地方即是未来新房中正房的中心处(家族饭桌处)。偶有米粒不翼而飞,大概是蚂蚁等昆虫搬动,就得再请巫师重新选建房地点,占卜后再行最终确定。

破土动工也要算好日子,例如家族某个吉日良辰、儿子生日之类。这一天当然不能遇上丧事或火灾,而是一个晴朗的、使人赏心悦目的、一切顺遂的吉日良辰。亲戚朋友赶来帮工,主人只备饭菜。大家对这种人人都会经历的协作劳动完全不计较报酬。

盖房要打地基。墙基用沙石、石灰石(稍加修整)砌起,从地表下半米处开始,至地表上半米处止。土墙便从石基上立起来。

较为讲究的土墙用砖坯砌,这就需用红泥土制成 $1 尺 \times 0.6 尺 \times 0.4 尺$ 大小的干砖以备用。或用木夹板定型并上下冲压泥土的方式立墙,这种墙里外平整、光滑、美观。最简便的方式是用一团团的稀泥巴垛起,结实耐用,只是外观略逊色。经济条件不甚好的人家常用此法立墙。

白宏人住房房头朝东,正房面北,以表示向哈尼人祖先北部发祥地的崇敬。一般住房(图11、12)一层为正房、刹子和耳房组成一个建筑联合体。只有正房上方设有二层,二层顶上覆盖茅草顶。刹子相当于正房前厅,与正房前墙连接;耳房与正房西侧连接并与刹子沟通。刹子与耳房上方为坚固的平顶(做阳台或晒场)。如果从西面看,白宏人住房宛如一个厚大的台阶矗立在地表上。

住房是木构架。一层顶上密布细圆木,仅正房顶上便有36根。圆木("勒楞")上再依次覆以木板层(或粗竹片层)、细竹、茅草层或松枝层、泥土层("米白")和砂性土层("米砂")。砂性土经打入泥土层后晒干,形成坚固平顶,且不会干裂渗水。

正房上方茅草顶为两面坡,铺顶与西双版纳相似,先用"哈依"草打成草排,然后依次叠压,布满楼顶,这显然是与云南和中南半岛典型干栏茅草顶建筑文化一脉相承的。二层顶封泥后再设两面坡(或四面坡)、茅草顶的阁楼,又称"封火楼"。"封火楼"有冬暖夏凉和防火的效能,并构成哈尼族人民的建筑风格。

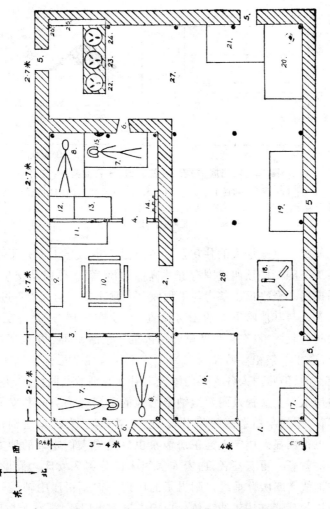

图 11　哈尼族（白宏人）住房居住平面图（庄孔韶实地绘制）

　　1. 宅门　2. 正房门　3. 父母（家长）房间门　4. 长子家房间门　5. 窗　6. 三角窗或圆窗　7. 女床　8. 男床（男女床均注意头向，男人床不能与正房纵向中轴线叠压）　9. 供桌　10. 饭桌（0.35 米高）　11. 未婚子女房间　12. 衣箱　13. 米柜　14. 挂锄头处　15. 供祖先处　16. 二儿子家房间　17. 柴堆　18. 火塘（闲谈、烤火用，对正房门）　19. 三儿子家房间　20. 泥砌平台（上柴堆，下饲鸡、猪）　21. 贮猪草处　22. 饭灶　23. 菜灶　24. 猪食灶　25. 壁橱　26. 柱位置　27. 耳房　28. 刹子　＊正房一般为 3—4 米×9—11 米

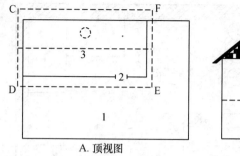
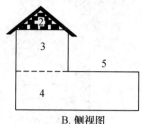

A. 顶视图　　　　　　B. 侧视图

图12　哈尼族（白宏人）住房图（庄孔韶实地绘制）

A：1. 平台（凉台、晒场）　2. 仓门　3. 正房茅草顶纵向中轴线　4. CDEF连线为茅草顶涵盖面积　5. CF、DE边缘设有竹水道

B：1. 茅草顶　2. 阁楼　3. 二层（仓房，亦有住人）　4. 一层　5. 平台

顺便提一下豪尼人的住房。其特点是正房二层上亦是平顶，较白宏人二层顶坚固。楼顶四边围有五寸高的边沿，雨水可以从楼顶四角的竹管水漏排出。全平顶土掌房与平顶兼茅草顶土掌房的区别不过如此。

白宏人与其他哈尼人的正房设置（无论在二层，还是一层）很相似。中央大间为堂屋，设有供桌和就餐用饭桌。东面一间必是长辈居住，设有祭祖处，逢年节祭祀。西面一间为大儿子一家住。虽说各地区哈尼人住房类型不同，但哈尼人各支系均体现出男女有别的共同特征，并能反映在居住格局上。上文提及西双版纳哈尼人的母房分为男间和女间，且有男门、女门。中南半岛泰国的阿卡人①也有男火塘、女火塘之别，床位的性别划分也很明显。白宏人连正房饭桌也只是男人们吃饭的地方，而女人则在耳房就餐。更有甚者，白宏人房间床位分男床女床。假设正房纵向有一中轴线（或房脊垂线），则男子的床位一律不得压中轴线（女床则可以），所以男床必在中轴线一侧。白宏人男人出门死亡，女人必睡男床位，不得使男床空床。老人不在时，长子要睡父亲床位，仍表现出哈尼人明确的男系继嗣原则。

未分家的二儿子、三儿子家等均安排在一层刹子内的不同位置。

灶（饭灶、菜灶、猪食灶）在耳房角落。刹子内有一火塘正对正房门，家人常聚在此处取暖、商量事、聊天。火塘的热气流可直通达正门（正房）。一层耳房处亦贮柴草、饲猪鸡，二层主要贮粮用（红河地区二层多

---

① 黄来钧：《泰国的阿卡族与瑶族》，《东南亚资料》1981年第3期。

住人、鸡猪置于楼下）。二层顶上、茅草顶下的阁楼既可存草又可让男孩子们去住。阁楼两端镂空垒压砖坯,炎热季节唯阁楼上凉爽异常。刹子和耳房顶上的平台形成一个空中小场院,晒粮、歇息、纳凉无不相宜。

白宏人的茅草顶兼平顶土掌房经久耐用,我们可见到住了50至100年几代人享用过的住房,至今不必修缮（除草顶定期换草外）。

墨江的部分白宏人,坚持自己的古老社会组织与共产制生活习俗。这在较为低下的社会生产力水平上,且族群本身仍具有对内与对外的一致性时,往往容易促成一种有益于本族团结统一的内聚力与传统。虽说外界社会在变化,他们却仍竭力以不变应万变,这种墨守陈习的内聚力与传统至今还在起着明显的作用。这里我们不能不提到白宏人的大家族生活传统。

在哈尼族诸支系中,白宏人是长久保持大家族制的典型之一。他们行刀耕火种旱地作业,并经过世世代代辛勤劳动创造了山地水田（梯田式人工植被）系统,这有益于使白宏人走向长久定居,也促使他们的住房建筑水准大大提高。由于他们使用简陋的生产工具,从事繁重的体力劳动,加上多种经营等原因,这就使得白宏人社会的任何一个社会经济单位需要较多的劳力,又因为哈尼人重世系（父子连名与祭祖在哈尼人中是极为突出的）与血缘团结,便造成同父系大家族多世代聚居不散的社会现象。

白宏人大家族生产由父亲或长子负责,家务由母亲、大儿媳安排,实行大家族整体经济,统一生产粮食,统一饲养家禽、家畜、统一安顿家族消费。白宏人不存在或不允许（晚近以来）小家庭的独立经济地位（客观上与主观上）,并以尊敬长者的传统教育以及家长对晚辈和全家族成员的公平态度来维护白宏人大家族的兴旺。大家族注意到了一切细节,晚辈结婚完全不用自筹家当,家长早已考虑周全,为每个当婚与当嫁的青年男女们准备好了用品与嫁妆。

大家族人口自然增殖后如仍不分化,就必须考虑扩建大家族住房。白宏人一般是在原房址旁另建同样规模与格局的茅草顶兼平顶土掌房,这一点倒是很新奇。据白宏人说,他们必须这样做,因为这样可以防止因住房好坏不一而造成家族成员的不和睦。这委实可看做是传统均平思想在住房建筑上留下的印记。直到今天白宏人外出归来,买回的东西要分给大家族每一个人而不仅限于自己小家庭成员。这样,长久形成的风尚、传统与措施都在阻止大家族的分化或力促大家族的聚拢。看来,无论古今，只要生产力水平尚属低下，而且在某一地方社会经济生活中确实需求的情况下，大家族确是一种能在外界社会发生变革的情况下保存下来的、稳定的、亲族劳动与生活的组合方式。

一个民族的古老的大家族传统在当代如何演化？我们高兴地获得了现代墨江白宏人和豪尼人家庭构成的最新情况与粗略的对比数字，这使我们对古老大家族形态的现代命运与发展深感关切。目前白宏人大家族中的亲族成员阵容已大大缩小，但仍是可观的，扩大的家族比重颇大。例如，白宏人最后一个大型父系联合家庭（那哈公社）——同父系五代同堂（曾祖父、祖父、父亲、儿子、孙子家同居共爨，计95人），直至1975年曾祖父去世时才分化为五家。这个大家族由曾祖父主持，设有一间公共仓房，每天安排二人轮流为全家族做饭，二人喂猪。95人中有30个全劳力，是家族农业的主力。曾祖父逝世前，分家的安排已协调就绪，继续保持了一种民主与平和的分化传统。

一般来说，白宏人在当代小家庭化的潮流中仍是最保守的：每家15人以上的仍占10%；10—15人的占50%；5—10人的占30%；5人以下的占10%。相比之下，友邻豪尼支系的家庭情况是：每家10人以上的占5%；5—10人的占60%；5人以下的占35%。很明显，白宏人三代人在一起生活的时间比豪尼人长得多。在经济生活上豪尼人与白宏人的区别在于他们多住在河谷地带，以种稻为生，人口密度大，技术、经济与文化都发展较快，因此，豪尼人在经济上容易自立，随之便产生小家庭化的趋势。这种趋势似乎很早就发生了。而位居半山腰的白宏人在技术经济水准上尚未发生质的变化，没有一种新的生活方式与新的文化传统替代，因此，大家族形态仍能在规模大为缩小的情况下存在下来，当然大家族的结构与相互关系方面的古老传统也传承下来，小家庭化的前进趋势尚显得缓慢。

从住房传统变迁上着眼，豪尼人历来的全平顶土掌房（因平坝处缺少茅草之故），如今随生活水准和文化的提高，建筑内外要求更为讲究，而唯有白宏人仍喜欢保持住房那种庞大的气势。如果说白宏人与豪尼人有什么共同之处的话，那就是他们的建筑有时喜欢紧靠在一起修建，人们串亲戚走朋友大可不必在楼下走正门，纳凉的人们在二层平台上便可以从一家走到另一家，这也是哈尼族支系中的一则生活趣闻呢！

当前，生产责任制贯彻之后，哈尼族的生产与生活日新月异，预示了这个民族各支系即将出现一个经济、文化的新的变迁。然而，白宏人未来经济文化的发展与大家族生活的古老传统两个社会与文化因素将会怎样相互作用？大家族形态在过去乃至当代社会中的演化有何种联系与区别？尚缺少贯时的比较研究。联系我国实行生产责任制后部分少数民族地区出现的大家族重聚现象究竟如何认识？均是摆在我们面前有待解决的课题。

尽管我国西南山地民族社会发展的步伐尚属缓慢,终于亦开始纳入当今世界小家庭化的潮流之中。无论是干栏住房,还是木构建筑,或者带有交叉文化痕迹的其他建筑形式,都将因核心家庭(或许有可能保持最小型的三代人同居的扩大家庭与主干家庭)化的发展以及经济、文化与生活水平的提高而变得小巧、精致、舒适、美观,同时,将继续继承本民族住房建筑的风格与传统。随着社会经济的发展,20世纪中叶以来,我国西南山地少数民族的父系大家族形态(包括世系群共同体)加速解体。随之,传统的各类住房(公共长屋、房屋群等)也改其形制,以适应新的生活需求。

最后,我们将出示滇南基诺族和滇西北怒族现代小家庭住房图(图13、14)来向读者表明,三代同居的小型扩大家庭和核心家庭是我国西南山地民族当前的主要家庭形式与发展趋向。鉴于世界上其他经济发达地区在小家庭化进程中出现了种种社会问题,我国民族学、社会学的研究工作尤其应密切联系文化生存的实际,在促进技术、经济新发展的同时,关

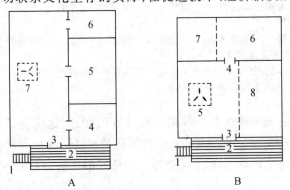

图13　现代基诺族小家庭干栏住房平面图(庄孔韶实地绘制)
　　A. 龙帕寨一小家庭住房类型：1. 梯　2. 板台(晒台)　3. 门　4. 客房间　5. 主人家房间　6. 储物间　7. 火塘
　　B. 中寨一小家庭住房类型：1. 梯　2. 板台(晒台)　3. 门　4. 主人寝室门　5. 火塘　6. 主人一家铺位　7. 储物位置　8. 客人铺位

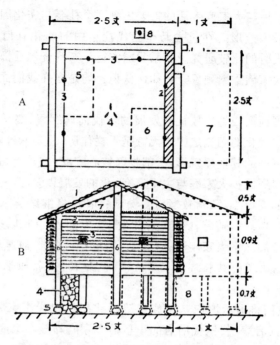

图 14　现代贡山一区怒族小家庭木垒干栏住房图

A. 居住平面图(距地表 2.3 米)

1. 门　2. 木搁架(高于门框)　3. 木搁架(距地板 1.3 米)　4. 火塘　5. 父母铺位　6. 未婚子女铺位　7. 已婚儿子一家房间　8. 手白

B. 外形图

1. 石片顶　2. 松木垒墙　3. 窗(0.4 米×0.4 米)　4. 填充石块　5. 柱石　6. 柱　7. 薄泥层上储粮草　8. 牛、猪栏

注：A，B 均为核心家庭住房图,虚线轮廓为扩大家庭住房图,在原核心家庭住房右侧添加一间,木柱位置重新排列。

注那些曾具有大家族生活传统的少数民族的变迁,这应包括狭义的家庭与居住习俗的变迁以及广义的社会与文化的变迁。希望即将失去的古老传统和未来建立的新传统之间能有一个良好的衔接,以益于民族与社会的健康发展。

（此文的编纂集合了作者于 70 年代末至 80 年代初所亲历的生态人类学田野考察的多幅图例及相关成果：①《基诺族"大房子"诸类型剖析》,载《中央民族大学学报》,1981 年 2 月；②《中国西南山地民族父系大家族与干栏住房》,载于林耀华、庄孔韶著：《父系家族公社形态研究》,

西宁:青海人民出版社,1984年,第151—182页;③《云南山地民族(游耕社区)人类生态学初探》,见《人类学研究·续集》,中国社会科学出版社,1987年。)

长江三峡民族民俗文物保护及其实践

——兼谈人类学、民族学之角色呈现

一、长江三峡文化遗产的保护与紧急调研

（一）水漫三峡

随着长江三峡水利枢纽工程正式开工,以及沿江 22 个县市陆续受淹,那里绵延数千年的名胜古迹已越来越引起世人关注,而蕴藏其中的（地下和地上）中华文化遗产的命运,更为海内外所瞩目,因为长江文化也是世界文化的重要组成部分。

据已知的时间表,三峡工程施工总工期为 18 年,与此伴随的移民工作前后将持续 20 年。1997 年 11 月大江截流后,坝前水位达 90 米,湖北省秭归县等城镇首先受淹。2003 年,三峡电站首批机组发电,坝前水位涨至 135 米,淹没区扩展至四川省的涪陵,有 13 个市县全部或部分处于水位线之下。2009 年三峡工程全部竣工,蓄水位高达 175 米。淹没涉及湖北、重庆两省市的 22 个县市（区）,受淹陆域面积 632 平方公里,需移民安置的人口逾百万。①

在三峡库区,淹没线以下文物考古遗址的历史可上溯至 1—10 万年以前的旧石器时代,发现有古人类遗迹和遗物。新石器时代,大体以瞿塘峡为界,分布着东西两支考古文化系统。巴人是我国历史上出现较早的古代族群,早在商代的甲骨文上已见诸记载。夏商有廪君之国,西周峡区东部立有夔子之国。其后,兴起于江汉的楚国开始向三峡的东部扩张,巴人被迫西迁。经战国时楚、巴、秦征战,秦终灭巴。今日三峡库区范围刚好与秦时巴郡和南郡（以瞿塘峡为界）相合。昔日巴楚在三峡地区争夺

---

① 关于三峡工程、水位提升、水淹及其移民,可参阅官方材料：北京周报社编：《1991 年三峡水利枢纽——治理开发长江的关键工程》,北京：新星出版社,1991 年；长江水利委员会：《长江三峡工程初步设计水库淹没实物指标调查报告》,1993 年；国务院：《1993 年长江三峡工程建设移民条例》,《人民日报》,1993 年 8 月 23 日。另有三峡工程库区文物保护规划组：《长江三峡工程淹没及迁建区文物古迹保护规划报告》,1996 年。

与文化交汇,留下了丰富的考古材料证据。秦汉及以后一段时间的考古遗存继续表现巴文化的浓厚特色,而自东汉起中原文化因素渐强,三峡地方土著文化逐渐发生变化,但崖墓、悬棺仍保持地方风俗。随后的唐、宋、元、明、清历朝都留下了重要文化遗产,有的涉及新的工艺,有的涉及建筑,有的涉及民俗生活方式;与历代名人相关的地下地上文物,也是这一地方的文化特点,早已成为古今三峡人历史情结的重要根据。三峡峡区内外的土家族至今仍从古代巴人的渊源、史影和文物象征物中寻求今日的族群认同。的确,至今在寻求解答之中的巴人等古代族群之谜,以及与此相关的今日三峡地方族群之关系问题,均须对长江淹没区做考查以及对现生族群做学术调研加以解决。

(二) 人类学与民族民俗文物

现在世界大型工程多有人文社会学者卷入其中,这既有文物保护,也有与工程伴随的移民及社区重建问题。这里并不是指行政官员在工程过程中的相关事务与协调工作,而是指学者,例如人类学家,他们按照自身学科的理论完成学术的和应用的调研课题,因为工程过程亦是社会文化过程。这不是可有可无的,而是人类文明建设系统完善的标志。现在,人文社会学科角色的必要性已越来越明显,然而,并不是所有工程项目的决策者都认识到这一点。目前在国内,一般从外援工程项目中可以看到有以雇佣或以课题形式卷入的人类学、社会学家的身影。在国内工程项目中,以往文物保护事宜有明文界定,故只有考古和古代建筑学家有机会在工地工作,而人类学等学科调研的重要性被提出以及学人之积极切入之田野工作只是不久以前的事,然而,这已代表了一个时代知识理解的进步。

人类学、民族学作为引进的新兴学科在中国只有不长的历史,大学人类学、民族学系的知识传播相当有限,远没有达到使很多人(例如政府行政官员、基本建设工程负责人、企业与公司经理以及教育教学系统决策人等)明了的程度,但毕竟已有人注意到了。长江三峡工程库区文物保护规划组(组长俞伟超教授)就在现代文物知识不断更新的情况下,设计了包含人类学在内的多学科合作调研项目,只不过这是在社会上相当多的人士缺少人类学知识的情况下,把人类学相关项目恰当地纳入民族民俗文物保护规划之中,并且此次在三峡规划民族民俗文物保护方案亦属首次。这是中国人类学者和文物保护规划人员推广当代世界文化遗产保护新知的重要努力。

民族民俗文物是指一个文化地理区域内现在生活着的地方族群使用和利用的传统民俗物品及各类文化资源。它包括有形文物,如民居、绘画、服饰、工艺品、人工器物等;无形文物,如表演、音乐等。民俗文物还特指一年内周而复始的风俗活动,其使用和利用的民俗材料及技艺。根据文化遗产的现代意义,民族民俗文物和考古文物、古代建筑等历史文物具有同等收集、保存和记录的价值。

1964 年的《保护和修复文物建筑及历史地段的国际宪章》使历史文物的概念扩大,还包括"能够见证某种文明,某种有意义的发展或某种历史事件的城市环境和乡村环境。"1987 年通过的《世界文化遗产公约》进一步强调了文化遗产保护的人类学意义:"文化遗产的重要性在于它巩固了个人的和国家的文化认同"和对少数民族与地方见解的尊重。该公约还阐述了包括民俗文物在内的人类文化遗产的四大价值:

真实性。

情感价值:惊叹称奇,认同性和延续性,精神的、象征的,以及崇拜的特性。

文化价值:文献的、历史的、考古的、古老和珍稀的、古人类学和文化人类学的、审美的、建筑艺术的、城市景观的、风景的和生态学的,以及科学的价值。

使用价值:功能的、经济的、教育的、社会的和政治的价值。

上述价值的"保护"曾是一门人文主义的学问,导致了考古学、文化人类学、古人类学、历史学和美术史学的研究。现在,文物保护包含这些重要学问的贯通,是科学、管理、文化活动与国际合作。文物保护可以制止人为、自然的资源浪费,使之被社会更长久地享用。

民族民俗文物虽由现今的人们使用和利用,但它们带着文化和技艺传承烙印,是地方诸族群集体智慧和文化传递的物化与非物化的典型,是古今文化关系的重要证据和说明。因此,不仅传统意义上的地下考古文物、地面古代建筑属于文物范畴,而且过去忽略的地上民族民俗文物和考古文物共同构成了人类文化遗产的整个系统。如果忽视民族民俗与文物的收集,在本质上将降低考古文物以及人类文化遗产的重要价值。

文物的含义应包括地下考古文物、地面古建和地上民族民俗文物的见解是十分重要的,而且古今地下地上的文化联系经常是同作为其生成基础的区域环境相关的。例如学术界经常征引的《威尼斯宪章》(1964)关于文物建筑的概念,即它不仅包括建筑物本身,而且包括与之相关的环境。这应是相同的意思。城池、民居、道路、族群、生计、工艺、人事、信仰、艺术等,共同构成了地方人民的生活方式,古代、近代和今天概莫能外。因此,在对古今地下地上文物与文化遗产做保护性发掘、加固、搬迁和收集外,还需要有一个综合调研计划。如在三峡峡区,以该地整个生态与人文环境为基础,对大江及其支流的重要社区与族群的民俗生活及其居址转换做紧急性记录与调研。而人类学家的相关课题正是在民族民俗文物保护的规划中实现的,并且在这个专题策划中出现了以人类学家牵头协调的多学科合作研究态势。可以说,在长江三峡文化遗产紧急性调研工作中,人类学家克服各种困难和阻力已真正切入进来。随着人类新知对文物概念的深化理解,终于跨越了学科壁垒,加之中国长江文化的古今关联性背景,为中国区域人类学的发展提供了新的实践基础。

(三) 三峡民族民俗文物及其分类保护

三峡民俗民族文物的保护性调查与收集工作并不以现行行政区划为局限,而主要考虑:生态环境——区域工艺发生——社区集体智慧的人地关系;不同历史时期地方族群意识、族群认同和造就区域民俗传统的关系;考察民居聚落形成、宗族、家族和人口构成、历史性迁入与迁出的社区过程研究;大小传统在峡江地区的具体表现等。为此,三峡库区文物保护工作具体包括民族民俗文物的收集工作,还应有多种手段的记录工作,以及将人地关系、古今关系、族群关系、社会经济关系等不同学科角度的合作调研工作。

根据近年来多次实地考察,我们已大体了解三峡峡区民族民俗文物分布、分类,论证了民族民俗文物保护的重要性。[①]

三峡地区生态环境条件和人文传统造就了那里特有的生计方式、居址格局、衣食交通等物质风俗;宗教信仰、婚丧礼仪和人伦道德等精神风俗;宗族制度、岁时节令、人生仪礼等社会风俗;以及深入民间的神话传说、歌谣故事、俚语行话等口传风俗。高山峡谷型地貌、以河流船运为主的交通方式以及以"坝"、"坪"等小平地为特点的农耕生产方式,山地林

---

① 后文根据三峡工程库区文物保护规划组:《长江三峡工程淹没及迁建区文物古迹保护规划报告》,1996年,庄孔韶、潘守永执笔。

果种植及渔猎作为生活的来源在人们生计之中扮演着重要的角色,形成了有别于他处的区域人文景观。

峡江地区纵式序列的巫山山脉支配了呈南北向的文化分布:横穿的长江、清江则使东西面区域传统得以勾连,纵向与长江交错的诸多支流沟通南北,构成以长江为中轴线的大河流域文化景观。自宜昌至江津之间的狭长区域内形成了极富地方特点的大小城镇,这些城镇聚落是审视本区空间地理和民俗传统的着眼点之一,对理解本区的历史文化过程有重要意义。

三峡及其周围地区是现今土家族的主要聚居地,也是土家族的起源地。石柱、巴东等地至今仍保留有浓厚的土家族民风。沿几大支流深入到乡民生活的细部,可发现许多传统农作及渔猎的生活图景:吊脚楼、吞口屋(撮箕屋)、天井屋、大三间等依山构筑的房屋;传统手工作坊如制陶、织染、磨面、榨油、土法酿酒等仍有较多保留;舟楫与背篓是交通运输必不可少的用具,也勾画了别有一番风貌;山地农作的实际场景则限定并规范了农具文化,而传统农具的延续仍相当突出,如锄、镰等柄与器身的夹角与其他地理区域农具便迥然有别;衣食与家居生活方面兼具南北特色,亦显现出东西交汇的特点;主食为包谷(玉米)和稻米,辅以红苕(红薯)和洋芋(马铃薯),味重辣,"无辣不成席";狩猎在传统上是山民生活的来源之一,围猎则是盛行方式;捕鱼以家产为单位进行,渔具种类繁多。境内的土家族在明代以前多被限制在高山深洞中,有所谓"蛮不出洞,汉不入境"的禁令。虽经清代"改土归流",传统风俗在深山地区仍多有保留。

在人生礼仪方面,十分重视婚丧嫁娶。土家族盛行"哭嫁",迎亲须先祭土王庙(或向王庙),女家则佯装拒纳。婚俗用品很讲究,从婚床、衣柜、衣饰到饮食器具,乃至"洞房"布局装饰,均按老例实行。当地人信奉"死当狂歌",遇人亡故,亲人围棺而舞而歌,击鼓伴奏,通宵达旦,是为"跳丧"(有"坐丧"、"转丧"之区域变种)。因端公信仰盛行,凶死者要由"梯玛"上刀梯超度之。一般亡人之家也请道士超度亡灵。秭归、巴东一带的偏僻乡村可看到道士、端公们作法用的器具,如法号、法锣、水陆画、刀梯等等。在墓地的建设上比较注重,墓地石刻千姿百态、内容丰富,不乏匠心之作,细心收集,当是重要的民俗文物资料。

峡江地带寺观庙宇众多,除已列入保护规划的白帝庙、张飞庙、屈原祠等重点文物保护单位外,民间供奉的山神庙、水神庙、土地庙、城隍庙等中小型寺观亦应选择典型予以保护。

在文化艺术方面,竹枝词颇有传统,唐代诗人刘禹锡受三峡人文传统影响曾作多首《竹枝词》,影响较大。三峡民间盛行"喊山歌",田间劳作兴唱民歌,乐器多用"响器",叫"打锣鼓",有"薅草锣鼓"、"栽秧锣鼓"等。故明人有谓:不问男女,不问老幼良贱,人人习之,其谱不知从何而来,真可骇叹。三峡作为"无时不歌,无事不歌,无处不歌"的歌乡,民间音乐、歌舞文化尤为发达。兴山音乐体系及所谓"汉族"创世史诗《黑暗传》的发现,已向世人昭示了"大三峡文化"的无穷魅力。

1995年4月,规划组委托我负责三峡工程淹没区及迁建区的民族民俗文物调查与规划。1995年5月、8月、11月,该课题组专家学者三次计20人次,进行了约3个月的田野调研工作,勘查了库区内民族民俗文物的整体情况(包括质量评价、数量估计及区域分布等),获得相当丰富的资料。

根据国内外的研究成果以及我们多年来的实际工作经验,并结合三峡库区的具体情况,将三峡地区民族民俗文物大致分为如下几个方面的内容:

1. 反映土家族及其他地方族群(包括乡村基层社会)社会历史、政治组织、族群关系等方面的实物或文字资料。

2. 反映土家族及其他地方族群区域性经济生活或生产活动的实物(类同或相异,如农牧渔业、各种手工业生产工具等)。

3. 各种生活方面的实物资料,如居所、服饰、饮食、婚丧、岁时、节庆等方面的资料。

4. 各种精神生活领域的实物及文字资料,如宗教、信仰、仪规、礼俗等方面的资料。

5. 各种文化艺术活动的实物及文字资料,如音乐、舞蹈、民间戏曲(唱腔、剧种等)、口传文学、绘画、雕刻、民间技艺(如陶工塑艺术、缩织艺术、扎纸艺术及其他地方民间特艺)。

6. 其他。

我们多次赴三峡考察,已发现如下民族民俗文物的不同类别:

1. 典型传统民居:(1)木结构吊角楼,分茅草顶、树皮顶、板瓦顶、木板顶几种,以巴东楠木园等地为代表;(2)木结构(穿架子)作坊;(3)砖木结构四合院小聚落,此类亦可放在历史文物中保护,但应同时保护好聚落的小环境。

2. 典型生产工具：(1)渔猎工具有渔叉、鱼钩、渔网、鱼荃、鱼筒、小船(划子)、火枪、夹子、弓弩、套索、牛角号等；(2)农耕工具有刀耕火种残余的钩刀、钉锄、尖木棒、翻地的短辕犁、双齿锄、拔秧的秧马、打场的风车、磨米面的目(石)磨以及收割镰；(3)手工业分制陶、酿酒、榨油、土法织布等，工具种类繁多。

3. 典型生活用具：(1)衣饰上女性的大褂、长裙、花鞋、围头等常服及礼仪性服饰(婚服、丧服及其他特殊用服饰)，男性的对襟短衣、青布头帕等，儿童的服饰；(2)饮食器具有铜吊壶、铁鼎锅、石杵臼、油茶罐、咂酒桶(竹吸管)、旱(水)烟袋；(3)家具陈设有雕花桌椅、几案、多宝阁、雕花大木床等；(4)交通运输用具有木船、各式背篓(背架子)等；(5)宗教信仰方面的器物有一般民众挂的吞口(木雕)、照妖镜、桐堂(包括天地君亲师牌位)、各种神佛像(雕刻或绘制)，道士端公、巫师用的各式法器，与宗教信仰有关的文续、符签等文字或图画资料；(6)其他，包括香袋、玩具、绣品等等。

4. 文学艺术活动典型实物：乐器有鼓、锣、跑、牛角、土号、木叶、咚咚喹、长号、唢呐等，傩戏有傩面(脸子壳)、戏衣等，民间"花会"之类有皮影、堂戏及踩莲船，恩公方面的典型用具，口传文学及歌谣俚语等方面的早期抄本(或印刷珍孤本)，民间特艺典型器。

5. 其他，如反映基层社会组织谱系的典型族谱，在乡民社会生活中起重要作用的人物(集团组织或个人)或反映重要历史事件(或历史变革)的有关实物。

6. 古今地方文人笔记。

经调查和科学测算，依上述分类法，每类文物征集1000件(套)，以每套两件计，共需征集两万件(套)。

三峡地区历史上一直没有大规模的工程，明清之际虽有较大规模的移民，但较其他平原地区而言，民俗传统有较多保留。至少在宋代以前三峡(及湘西地区)是中原沟通大西南的通道之一，所以这一地区说"官话"，而江汉平原则说"土话"。站在历史大背景关注地貌与生态，以及古今族群居住与移民史来认识三峡地区的民族民俗文物保护工作，会得到许多新的认识。

从整体而言，三峡地区属于经济不发达地区，相当多的农村社区仍属"传统社会"，民众与外界的交换(或称互动)相对较少，传统民俗文物长久存留。三峡工程对整个三峡地区的影响无疑是巨大的，也是前所未有的。生计方式的改变导致经济生活的变更,由之引发对传统物质文明的全面冲击。当然,精神生活的冲击也许会更大一些。从这个意义上讲,对三峡库区民族民俗典型文物的搜集与保护不仅仅是对物质文化的保护问题,而且也为未来发展提供对过去和今日生活方式的理解。世界上大小工程无不将此类工作作为重点问题,这也是现代社会发展承前启后的积极认知态度。

(四)影视、影像等手段的记录与保存

近年来,随影视和影像制作品质快速提高以及多媒体技术日新月异,为记录、保存和展示社会文化变迁过程提供了更为广阔的天地。那些为人类所倾心的自然文化景观和有意义的人类生存行为不仅需要文字记录,而且还要在空间和时间上给以影视和影像的表现与安排。然而对地球上即将消失的人类文明印记,如三峡淹没区文化遗产,更是有必要限时给以描述、存档与研究。伴随人类大型基本建设而从事地方文化保护性行动,已成为当今先进国家大小工程活动不可缺少的组成部分。

事实证明,由不同分支学科发展出来的各种影视理论有益于记录和表现古今人们的空间与时间活动。我们已确定以人类文化与地球环境交互作用为重心的古今关联系列作品,加以历史的、新闻的与人类学的多学科视角安排摄制,再实行同步的专业摄影与文字解说,旨在透过影视画面深刻理解人类生存适应的思想与行为。其中,文化遗产资料存档、办博物馆和出版书刊、专题影集、录像带和视频光盘等,将是三峡中华文化遗产保护的几类重要成果形式。①

依据当代摄制理论和以往的经验,我们乐于采纳先研究后拍摄的基本工作程序。摄制组的主要成员首先是人类学家和影视专家,至少专业策划的合作者要有相当的文化古迹与民族民俗拍摄经验,还需要考察他们的历史、考古与民族知识。先研究的含义是,编辑和摄像需研究三峡地区古代文献,阅读考古学报和民族民俗知识,然后参加三峡主要地区的田野调查工作,从对古今生态人文环境的认识到地方文化的濡化与涵化过

---

① 参阅 Meda, Margret, "Visual Anthropology in a Discipline of Words", in *Principles of Visual Anthropology*, Paul Hockings, ed Mouton & Co. Rouch, Jean, "The Camera and Man", in *Principles of Visual Anthropology*, Paul Hockings, ed The Hague: Mouton. 胡台丽:《民族志电影之投影:兼述台湾人类学影像试验》,台北:《"中央研究院"民族研究所集刊》第71期,1993年。庄孔韶:《影视和影像制作的人类学定位》,《民族研究》1996年第三期。

程,在书本知识和实践经验两个方面做准备;后拍摄的含义是,摄制小组必须在做好知识准备的前提下设计拍摄方案,考虑如何运用影视语言和多学科影视理论,旨在做好文物古迹和文化遗产的保护、记录和存档,并有系统地做库区古代与今天的文化过程影视展示。

本摄制小组规划了 30 部涉及民族民俗文物、传统生活方式、技艺、工艺过程和文化展示等方面的录像片计划。淹没区的专题片并非平铺直叙的介绍片。根据现代制作的传统文化片统计,在 30—70 年代欧洲诸国拍摄的 315 部之中,器物制作、生活技艺(如制陶、农具、烧窑、盖农舍、染坊、鞣革、织土布等)、农作(烧荒、犁耕、收获)、生活方式(如婚礼、牧场迁移、家庭等)、宗教活动(如蜡烛朝圣、圣灵降临)和艺术(如舞蹈、刺绣等)占70%,而中国民族志电影从 50—70 年代一直偏重社会发展阶段,直至近十余年才转向不同族群的物质文化与精神文化,这一转变使中国记录传统文化的出发点得以和世界合流。尽管影视人类学和其他纪录片理论各有见地,例如情感与简单故事背景的片子和具有历史与学术知识背景的族群生活片子,其图像与解说的处理便有所不同。而且,存档的知识性设计与具有更大艺术构想空间的片子设计也存在一定差异。但把影视作为保存那些正在消失的文化的一种手段则是共识。

1995 年在北京影视人类学国际会议上,播放了瑞典考古学家安特生(J. G. Andersson)本世纪 20 年代在中国北方和西北考古旅行的电影记录,涉及当时的中国城乡风貌、塞外风光与环境、考古活动、发掘所见民居、民众服饰,甚至还有当时同地方官绅会见的礼节等,弥足珍贵。它告诉每一个时代的学者,影视记录考古发掘现场和社会文化风俗,记录考古现场周围古今延续性的生活居址及其环境,具有文字不可比拟的作用。如果我们把民族民俗文物、居址和环境中所包含的人地关系考虑进去,如果再把地方社区古代和今天的生态、族群和文化的连续性和变异性考虑进去,那么我们将对某种文化获得更为深刻的综观和体会。这样,影视手段会给历代学者的文字分析提供一个永久享用的直观的准备性资料。

现在本课题组拍摄了一部纪录片《水漫三峡》(60 分钟),叙述水淹前三峡沿江市镇乡村人民最后的生活故事,也展示了人类学考察小组在三峡的课题选择过程与田野生活。其他重要纪录片《三峡巴文化寻觅》《峡江号子》、《白虎之歌》、《三峡丧舞》、《赶仗》、《山田》、《古城终记》、《民间作坊系列》(10 种)、《傩蜡》、《彩灯和灯舞》、《三峡食俗》(5 种)、《川楚盐道》、《三峡年节系列》(8 种)等,已做了策划和拍摄安排。

二、新的方法实践：古今关联与多学科知识整合

（一）三峡文化研究新方法及其实践

人类学家卷入长江大河流域文化调研，面对着漫长地方历史过程的许多关联性知识，在规划调研中发现的若干综合课题，也预示了多学科知识整合的必要性。笔者考虑的是，如果以人类学知识为中心将会发展出何种有重大意义的课题，以及如何开发具有预测性的值得发展的学术策划。

另外的问题是来自人类学撰写文化的理论，他使人类学关于人性的研究和文化的研究重新加以反省。简单而言，人文社会学科研究中，实证的方法论一直在应用之中，不失为重要的有效途径。但在何种情况下何种程度上是可以完成重复性证明的呢？其复杂性明显地来自人性与文化中包含的非实证与非逻辑的思维行为以及撰写过程。于是，我们的新的思路是：社会科学研究的实证的、逻辑的过程同人类情感的、直觉的以及不可复述的观察与思维方式应作为另一种方法论融入人文社会学科研究的调研与撰写程序中去。然而，两种思维与方式过程有合也有分，或是混生的。

（二）DNA—历史—考古—人类学联手

社会科学最紧密关系的若干学科如人类学、民族学、历史学、考古学、民俗学、文学与影视理论等对中国文化研究分别已有了自己的研究系统，但学科壁垒仍局限学者的思路，因此，多学科科际整合性研究乃是推动21世纪中国人类学研究的有效途径之一。此外，自然科学的相关学科如生态学、遗传学之发展，为文化研究提供大小生境的背景材料以及微观遗传物质DNA密码，从而在地方族群古今文化关系论证的基础上进一步找到连接古今人类的遗传关系。以新的"共同对话语言"——DNA获取可比性的实证证据，显然，90年代快速发展的遗传学为中国传统文化研究注入了新的活力。

中国历史与文化进程的特征要求我们注重古今关联方法和多学科科际整合方法的新实践，长江三峡沿岸淹没区的限时性调研刺激了这一方法实践的快速进行。现在人类学家邀请分子生物学家进入长江三峡田野

现场做抢救性调研和取样分析,已开始取得成效。

长江三峡峡区在古代一直是人类活动比较频繁的地区之一,文献记载汉代之前影响较大的族群就有巴、楚、蜀等等,谜团最多的当数巴。《华阳国志·巴志》记载:"其属有濮、賨、苴、共、奴、獽、夷、蜑之蛮"。见于《后汉书·南蛮西南夷列传》的则有巴郡南郡蛮和板楯蛮,其引《世本》:"巴郡南郡蛮,本有五姓,巴氏、樊氏、谭氏、相氏、郑氏。"从历史上看,今日渝鄂长江峡区内外以巴人的活动时间最长,势力也最大。后来,巴灭亡后,其地居民在融合和变迁中仍然延续下来,包括古今史料、族群与地名中有案可查的若干大姓族人。

多年来发掘的众多古代遗址显然有古代巴人留下的痕迹,如巫山大昌镇西北的双堰塘遗址,有浓厚的巴文化特征;涪陵小田溪墓地发掘出土了错金编钟和虎钮錞于以及带铭文的戈等;巴东县西瀼口战国墓群 M8 出土了柳叶剑;开县余家坝出土了全套巴式青铜兵器;云阳李家坝遗址(2区)发现了大型巴人墓葬群。①

研究这些"痕迹"的内涵和意义,方法是多种多样的。最主要的方法就是考古学,但由于考古资料本身的局限,如它的不完整性、意义的隐藏性以及今日人类学上的文化交流与涵化观的物质交换表现等,要达到对文化遗存,如对墓葬与陪葬品内涵的准确解释是不容易的。历史文献对照法是另一方法。但文献记述是有选择的,越古越不完整,或语焉不详,或疏于记载。若加上研究者对文献收集、理解和认识上的差异,其争论是不可避免的。民族志类比法为第三种方法。但由于"时空"的阻隔,易于把类比研究简单化。

具体而言,巴人后代与谁相关? 古代悬棺的族属以及沿岸众多墓葬主人的族属等问题,今日长江峡区内外的现生族群和一些特定的大姓族人从何而来? 一直是争论颇多而又难以解决的问题,几乎是困扰历史学家、考古学家和人类学家的"千古之谜"。

DNA,即脱氧核糖核酸,是所有生物(除少数 RNA 病毒以外)的遗传物质。人的 DNA 大约由 30 亿个核苷酸组成。俗话说:"种瓜得瓜,种豆得豆",这就是指一个物种之所以是这个物种,完全是由它的遗传物质 DNA 决定的。在生物进化的漫长历史过程中,代代相传的就是遗传物质

---

① 三峡库区文物保护规划组:《四川省文物古迹保护规划报告》,第 18、21 页;高大联:《三峡工程淹没区云阳境内试掘获重大成果》,《中国文物报》第 45 期,1994 年 11 月 20 日。

DNA。DNA既有高度的稳定性(遗传性),决定物种的特性,又有一定的变异性,导致生物不断进化。因此,生物进化的痕迹深深烙在DNA的核苷酸序列上。亲缘关系较近的生物,其核苷酸序列亦相近(同源性高),亲缘关系较远的生物,其核苷酸序列差异较大(同源性低)。因此,通过分析DNA分子某一片段的核苷酸序列,可以使我们得到生物亲缘关系的信息。80年代中末期以来,对古代生物体遗骸中DNA的研究又成为一个新的热点,它可以使我们获得已经灭绝的物种的DNA序列,通过与现代物种相应序列的比较,可以相当准确地确定它们在进化中的位置。

同样,从DNA分子角度研究人类的进化和迁移,亦可提供许多新的有益线索。一般说来,两个族群类似的基因越多,他们的血缘关系就越亲近。而且,人的DNA有两个特殊的部分:线粒体DNA和Y染色体DNA。线粒体DNA只由母亲遗传,而与父亲无关。因此,一对夫妇的所有孩子的线粒体DNA与母亲的相同(除非有突变发生),而与父亲不同。因此,分析人群中线粒体DNA,可以使我们得到有关母系进化的线索。Y染色体则恰恰相反,只由父亲传给儿子。因此,分析Y染色体DNA可以使我们获得有关父系进化的线索。综合这两个方面的信息,就可以使我们得到人类进化的较完整的信息。80年代末以来,这两个方面的研究在不断进行。例如,1993年科学家对中太平洋地区的古代玻利尼西亚和美拉尼西亚人的骨骼DNA的研究表明,美拉尼西亚人更有可能是玻利尼西亚人的祖先,而非先前认为的东南亚人。①

从1995年起,庄孔韶课题组做的另一项调研是利用史料、考古发掘成果与民族学知识,对长江三峡的悬棺及不同时期的墓葬做了多次考察,并对古今人类关系做调研布点。例如对相关调研点的某些悬棺、新旧发掘墓葬遗骨、牙齿做分批取样DNA分析;同时对三峡地区内外的现代族群和地方相关姓氏群体做活体取血的DNA分析。这样,90年代快速发展的分子生物学技术成果得以和历史学、考古学、人类学、民族学一直关注的古代巴人等和今日地方族群的关系的研究成果相结合,首次找到可以"对话"的共同语言。我们设计了长江三峡古今人类DNA采集检测分布点计划,并邀请中国医学科学院国家遗传医学研究中心两位博士参加此项工作,他们在1997年3月成功对巫山县某地的悬棺遗骨和牙齿做了

---

① Wilson, DC. & Michel Goossen, "Human B-Globin Gene Polymorphisms Characterized in DNA Extracted from Ancient Bones 12000 years Old", *American Journal of Human Genetics*, 57, 1995.

DNA 分析，初步报告已完成，这在全国尚属首次。现在，来自庄孔韶课题组支持的研究资金和其他研究资助将进一步推进对已采样的其他点的骨牙和活体血样做 DNA 分析与对比，这将为长江三峡地方古今人类群体关系提供重要的实证根据与结论，新的报告将由人类学家、考古学家与分子生物学家联合执笔发表。

（三）把音乐研究成果在人类学中扩展

三峡地方学者王庆沅发现的"兴山特性三度音程体系"，表现了古今三峡一些地方族群音阶中存在的一种 345 音分的特殊音程，它不同于阿拉伯体系的中立音。这种奇特的音调可能是荆楚古音的遗存。

其证据是很有趣的，也是非常难得的。一个偶然的机会，获知福建省永安市清水乡丰田村的大腔戏亦难辨调式，不好记谱。音乐工作者深入到福建山村，获知丰田村 76 户 374 人多为熊姓。他们至今保留着族谱，因南宋时（1127—1279）避乱自江陵（今湖北）辗转来闽西山中，并在族内口传从家乡携来的特殊音调。转瞬间 800 年过去，语言已同江陵各异，但民歌调却保留下来。是为荆楚古音存活难得一例。

谁还知道这种"怪调"古音吗？北宋大诗人苏东坡写道："余来黄州，闻黄人二三月皆群聚讴歌，其词固不可解，而其音亦不中律吕……土人谓之山歌"。这里指出了今日鄂东黄岗人当时唱的山歌音亦"不准"。更有趣的是，著名的曾侯乙编钟也有"兴山特性三度音程"，然而，该出土编钟已有二千四百年的历史。

随后的思路是：三峡峡区内外何处还有古楚音？何处的古楚音保存较好？初步田野调查表明，的确是三峡峡区内外交通闭塞的大山中保留的古楚音较为完好。同是山歌《上茶山》，兴山（山区）的三度音最纯，宜昌县雾渡河已有变化（山区平原交接处），而江汉平原上就面目全非了。人们坐在城里总说古今长江提供了舟楫之便，真是这样吗？我们的研究小组多次考察三峡发现，如果以古代大小木船做出现场估计，大概长江的天堑与阻隔作用倒是我们最深刻的印象。稍入峡区山里，我们住上一段时间，我们完全相信古今时空的差别有时并不显得遥远。这就是深山文化代际完好传递的可能性体验。的确，我们亲自听到了保留在严格仪式化情境中的三度音，今日土家族人田间唱的"薅草锣鼓"，以及湖北秭归丧礼歌赞腔(何昌林也认为和福建丰田(洋)村大腔戏唱腔"十分相像"①)和来凤的"哭嫁歌",都有这种古楚音。民间小竹管乐器"冬冬喹"也可以测查这种三度音体系。

"兴山特性三度音程体系"的发现者兴山县王庆沅先生的重要成果以曾侯乙编钟音阶测试、三峡地方民歌中的同一三度音体系现象,有助于人类学古今族群分布的新判断,于是我们的研究生和本科生的大规模普查,将对地方族群山歌、传统乐器做分析,以古楚音今日存留之事实获取同今日不同地方族群关系的新证,同时会推导出另一个学科——文化地理学专题的姊妹篇。

(四)三峡移民过程的人类学研究(以巴东、奉节等5县为例)

湖北省秭归、巴东县和重庆市巫山、奉节、云阳县是三峡工程提升水位最先受淹的一批县份,需首先迁移26,867人,而该五县在今后十余年间,还要陆续移民数批,总计达392,359人。这一巨大的移民工作带给人类学家一个较长的分期观察机会。

此次三峡移民同中国以往工程移民以及外国类似工程移民具有学术研究的对比意义。我们考察的是补偿性移民方式的不同社会、生计与文化原因,以及长江三峡现行开发性移民方式对先前移民方式转换的原因和实施效果。② 开发性移民在理论上是强调资源开发与经济发展,但实际上其前提仍是生活设施之补偿,以及如何有效使用应如期到位的移民经费来调整地方产业结构,选择和培育支柱产业,是按比较利益原则,但还应思考开发的潜力与社区发展的长远观点。虽说此次移民在总体上是农人和城镇人比例各半,并分别定有移民政策,但三峡是否会借城镇重建的机会(两个城市、11个县城、25个建制镇和89个场镇需要搬迁。)因势推进劳力之非农化和人口城镇化,是中国城乡转型设计及其过程的一个

---

① 何昌林:《屈原村丧礼歌赞研究——〈诗经〉、〈楚辞〉、〈田横挽歌〉之咏唱》,香港中文大学中国音乐资料馆香港民族音乐研究会编《中国音乐国际研讨会论文集》,山东教育出版社,济南,1990年。

② 辜胜阻、李珍:《三峡库区开发性移民的思路与对策》,人民日报1994年12月12日;朱农:《三峡工程移民与库区发展研究》,武汉:武汉大学出版社,1996年;Shipman,George A,"The Grand Coulee Dam Area,Final Report and Recomm endation Regarding the Town of Coulee Dam". Simmons,Alexy,"Historic and Archaeological Resources in the Okanogan Irrigation District Cernea", Michae M,"Poverty Risks From Population Displacement in Water Resources Development",Harvard Institute for In-ternational Development,Harvard University,Cambridge,Massachusetts,1990.

优先观察点。我们可能还遇到城市人类学流动人口和城乡迁移的理论。① 但这种限时性的工程移民过程的背景不同,即发生在现代中国城乡转型的大背景之下,又有自身发生的不可抗拒性;而在最近现行调查发现的中国农人移民态度上的"主动性"与"被动性"表现,可能有助于对中国移民过程的普遍心理状态以及地方族群思想与行为之内在关联提供分析和可能的理论。实际上在移民过程中,中国人家族成员关系、户口登记方式和此次移民政策规定的实施过程,是人类学同时也是社会学擅长解释的问题。我们将在移出地和移入地做详细的合作性田野工作,以求发现中国家族传统原则在当代区域性、群体性移民过程中具有何种情形的适应性和变通性。

顺便提及,长江三峡峡区的古代移民情形仍在史料和民间中可以查询和调研。这似乎和今日的移民活动无关,但只要经历几次三峡实地考察,我们仍会发现古人和今人思维与行为的关联之处,可惜历史移民的考察更多的是分析移民浪潮的动因、移动走向,以及和政治、生产关系的联系,而移民之群体、家族及其人事也是饶有兴味的事呀。②

(四)社会科学方法论与文化展示

如上已列举了若干已进行的和已设计的多学科科际整合性研究课题,其中,这类课题结果的预见性总是使人振奋,例如,探讨三峡古今族群遗传关系与文化关系的课题即是。此外,古今关联的方法在三峡也实在是多有所用,大概正是中国大河流域厚重的历史文化底色所致吧。

笔者看到在三峡调研之前,在了解古籍和考古遗址的情况下,人类学的田野考察是非常重要的。例如三峡段支流大宁河的考古与生态人类学对比研究,涉及古今工艺水准,人类心智和生存适应的人地关系问题,这导致人们重新认识大河流域及其支流文化异同的原因,包括确认了大宁河沟通南北文化的作用过程,以及河运、栈道和盐道开辟动机及其背后的文化意义。这一思考的构架将对清江流域考古人类学和地方文化与传播产生影响。

巴东县有民间作坊近十种,其中传统制陶术居然和5000年前新石器

---

① Peterson, W., "A General Typology of Migration", *American Sociological Review* 23 (3), 1958, pp. 256—265. Frank, K. A., "Friends and Strangers", *Journal of Social Issues* 36(3), 1980, pp. 52—74. De Jong, G & R. Gardner, *Migration Decision Making*, New York: Pergamon Press, 1981.

② 张国雄:《明清时期的两湖移民》,西安:陕西人民教育出版社,1995年。

时代的快轮和泥条盘筑工艺逼似,令人们对古代文化的长久停滞产生了新的兴趣。大昌人留下的水平打铁风箱,推拉用力均匀,作用加倍。其实这种风箱至迟在宋代已处于实用阶段。正是这类风箱样品,英国使团(马嘎尔尼伯爵 Earl George Macartney 为首)在 1794 年 9 月将其带回国,遂将双动活塞风箱推广,英国风机为整个欧洲钢铁工业提供了技术保证。①此例意在说明古老的民俗技艺是地方人民世代集体智慧的产物,发现它并转为社会现代化的动力,是民俗文物巨大价值的体现。因此,"为了明天,收藏今天",终成为国际博物馆协会的口号,这不是偶然的。

  自从照片和电影(以及后来的录像)普及,人类在书写文字系统之外又多了影像作品表现方式。而文字和图像所携带的信息之差别,决定了当代文化展示理论发展的不同途径。笔者认为长江三峡文化遗产保护与研究的成果形式应反映上述两种表现途径,即文字和影视作品并重。前者包括论著论文等作品,后者包括照片、反转片、录像和多媒体作品。在文字作品中不仅容纳调查者的专论,还包括地方文人古今笔记以及考察者的笔记,以表现长江三峡文化多学科研究成果和多视角记录成果。在多数情况下,实证的调研早已表现在文字作品中,而人类文化表现的非逻辑思维,如直觉思维过程与不可用文字叙述和复述过程的思维与行为,则尽可能考虑贯通其意识、无意识与直觉思维过程的展示方法,使用民族志、随笔、游记、诗作与诗论,以及其他文本形式、影视方式加以多态展示,改变一般地方文化研究的单纯著述方式。撰写长江三峡文化多学科合作论文与收集三峡古今文人笔记是最近两三年调研之后的作品形式设计,同时,包括录像系列、数字虚拟软件作品系列,以及传统的反转片、照片系列。本人只是希望利用文字与影像手段尽可能多地记录和收集即将沉入水下的三峡文化遗产。人类学毫无疑问地关注人类人性与文化的造物,并做社会文化变迁的史记,而且这也是中国文人的责任。当我们在书本知识和田野调查之间做古今关联性思考,以及在多学科之间寻求互补知识转换,大河流域的人类学便有机会得到新的发展。

  (原载《中央民族大学学报》,2000 年建校 50 周年专号。)

---

① 潘吉星:《从英使马嘎尔尼访华看中国传统科学技术之西渐》,《传统文化与现代化》,1995 年第一期。

人类学与中国教育的进程

——文化连续性、文化比较和文人角色

"迎接21世纪的挑战"这句口号的象征意义,因对20世纪工艺与社会高速变化的体认,以及世纪之交突发的国际金融危机带来的警觉而变得非常实际。除了有专人去重新估价现代国际金融系统之外,各国教育制度再一次面临反省和质询,以寻找学校面对社会发展与重大变故的因应之道。由于教育过程相对的长程效果,重新判断与规划教育系统至关重要。无论是美国、欧洲、日本,还是中国内地和香港特别行政区都意识到教育刷新的必要性,然而不同的文化背景、政治体制和社会政策,决定了各自教育过程的差异。①中国教育的前景与人类学息息相关:人的本质的转换与文化的传递始终处在人类学的双向观察之中,而跨文化知识的沟通与理解、文人角色的呈现将在中国教育的进程中不可或缺。

一、古代教育的人类学眼光

古代中华帝国曾以其完善的科举制度著称,这一选拔制度的构想原出自儒家尊贤有等的原则。另外,通经便可以飞黄腾达,于是鼓励了儒家经书的传播。《汉书》在邹鲁已有民谚:"遗子黄金满籝,不如教子一经。"所以从汉以前的乡举里选制到唐以后的科目考试制,在民间影响极广,产生了巨大的儒学社会教育的效果。

儒家文化的传递是被规划了的。两汉时第一个传播层次是通过都城太学、各地方(秦以后置36郡)的郡国学校在各级城市中传播,以及通过私家讲授在城市与乡村的上层中传播。通过这类渠道,儒家文化得以在城市乡村的上层得到传播。第二个传播层次是由城市、乡村上层传至城

---

① 关于东亚社会教育改革情境的总体讨论,请参见 Goodman. Roger. (2001) "The State of Higher Education in East Asia: Higher Education in East Asia and the State," *Ritsumeikan Journal of Asia Pacific Studies*, (8): 1—29;对中国考试制度的批评和对日本高等教育的批评颇为相似,请参见 McVeigh Brian J. (2002) *Japanese Higher Education as Myth*. Armonk NY: Sharpe.

市、乡村的下层。① 儒家文化一向重人伦、齿德和权威。所谓齿德俱高的人士、教师乃至地方官都是儒家文化传播的媒介。理学家朱熹不仅作《四书集注》,宣扬礼教,还利用教育机构做儒学、理学传播的渠道,他并且注意到该学说在民间基层的传播,关注了家礼、族谱、乡约和读约的具体生活环节,教化黎民百姓。② 所以说,古代学校教育并不能完全用现代认识的眼光评判是非。应该说,在那个时代,学校作为整个社会教化系统的一部分,很好地履行了把古代政治、伦理、哲学纳入正规与非正规教育过程之中的使命。可以说规划了的教育一直是中国文化传播的车轮,但并不排除社会基层多元民俗文化的诸种教化方式。

中国传统教育尤以政治化特点最为显著。早期有"学而优则仕",后来董仲舒提出"教,政之本也;狱,政之末也"③的教化之术,朱熹的《大学》是"修身治人的规模"④,都有传统的政治色彩,显然政治被置于教学的首要地位。在形成从官学中选拔帝国官吏的制度后,便确立了中国传统教育中政治为重的突出现象。政治与伦理相关,而政治和伦理又寓于教育的观念与行为之中。古代和现代中国带有明显的文化承继性,例如下文将要讨论的教养方法和课程变更等都是古今文化关联性观察的重要园地。

问题回到绵延古今的科举制和通经术上面,古时考试虽重文采却崇古过甚、限定颇多,极为束缚人的才智发挥。虽然我们完全可以从古代一些大教育家语中找出像"学而不思则罔,思而不学则殆"、"教学相长",以及"如有可疑,虽或传以为圣贤之言,亦须更加审择"⑤一类话语,然而实际的情况则并不如此,因为儒家礼俗的差序格局已先行决定了教学过程的单向性和不平等性。随之,我们须关注的是儒学理念长久传递以及对人性的转变作用,即指儒学世代渗透上下铸成古今族群大抵一致的集体意识与无意识文化成分。其外在的表象是:通常的情况下,该群体表现较为接受被动式的教学过程。这本质上是一种族群性的约束性文化表现。其实从东亚儒文化圈的婴幼儿养育术上已可见端倪。

---

① 卢云:《论文化的传播与文化区域的变迁》,《复旦学报》,1986(3);庄孔韶:《教育人类学》,哈尔滨:黑龙江教育出版社,1989年。
② 高令印、陈其芳:《福建朱子学》,福州:福建人民出版社,1986年。
③ 《春秋繁露·精华》。
④ 《语类》卷一四。
⑤ 《朱文公文集》卷三十一。

二、婴幼儿初始训练的差异

古代中国婴幼儿的养育术也是适应那个时代的文化使命的。欲观察中国内地的正规教育体系特征,对婴幼儿的文化观察也许是首位的,因为它处于族群惯习的基础部分。笔者通过对大陆城乡婴儿养育的长期观察,以及从1989年其后4年余对美国西海岸城市婴儿和幼儿园的直接观察,加强了对两国的婴幼儿养育方式差异的理解。这涉及从古代相沿至今的文化现象,因本论文字数所限,如下的描述仅是笔者对比观察的第一手强烈印象。

中国母亲在婴儿每次换尿布以后都会精心地依程序重新包扎好"蜡烛包",蜡烛包要裹得严且紧。这一方法不仅在代际间传播,而且也在邻里同事的妇女间交流。让婴儿的脚蹬散蜡烛包的母亲是要被婆婆和女友取笑的,遇到这种场合她一定要在别人的当面指点下学会标准的包裹法。如今,医院的产房已不给新生儿包裹,但有些产妇(特别是来自乡村的产妇)回家后又恢复绑缚。这种方法使婴儿身体机械地成笔直状,婴儿在哭喊时手脚只能挣扎而不能自由伸展,这样就直接限制了胸肺部的发展。相比较白人婴儿完全不裹缚,行趴状睡眠,显然,"蜡烛包"里的婴儿身体明显活动不足。

其实,中国人从怀孕期就重视胎教,胎教特别包括"不欲令见丑恶物"[①]、"居处简静"、"调心神,和性情,节嗜欲,庶事清净"[②],以及孕妇忌出席丧礼[③]等,均强调不激动和安静是妇人胎教的重要内容。乃至从婴儿出生几个月的初期喂养训练方式看,寻求安静和无微不至的呵护非常突出。中国母亲们谈论乖的婴儿是以生性安静为标志。她们喜欢长久地在婴儿一旁守护着,因为就继嗣的意义而言,婴儿平安是至为重要的。逗婴儿笑是中国父母及其亲友最经常的乐趣,而在婴儿哭闹时,中国母亲会迅速地奔赴过去干预,一直哄至婴儿哭泣中止并安静下来(哭泣还是一种不吉利的文化现象),亦是另一普遍文化行为。

一项对美国、爱尔兰白人婴儿和中国婴儿气质的跨族群研究结果表

---

① 晋·张华《博物志》卷二。
② 唐·孙思邈《千金方》。
③ 宋·陈自明《妇人良方》。

明,四个月的中国婴儿对刺激行为的反应水平与躯体唤醒水平相对于美国波士顿和爱尔兰都柏林的婴儿较低。①而同种婴儿群体内差异性小,从而被提示儿童气质可能有遗传上的差异。②似乎这一美、中、爱三地跨文化研究得出遗传角度的结论尚需推敲,但从中国母亲从胎教环境的培植以及从婴儿降生后几个月内的训练方式看,教养文化的约束性及其对婴儿气质的影响显然是不容忽视的。

笔者对北美母亲和婴儿的重语言交流(不管婴儿懂不懂),以及对儿童独处睡眠的训练留有深刻印象。实际上,家庭居室多寡并不是该行为的重要前提。此外,现代美国婴幼儿普遍使用"尿不湿"(一种吸附性尿布商品,最近十年中国亦开始流行),一些美国母亲因此更加不在乎儿童自我控制小便的时间和年龄。然而,即使是和20世纪上半叶美国的年轻母亲相比(根据在美国西雅图对老年白人妇女的访谈),中国母亲也远较美国母亲愿意更早地训练婴儿自我控制大小便,以及更乐于卵翼式的养育。显然,中国人初期训练方式一开始便使婴儿经常处在被约束、看管以及父母、子女相互依存的文化关系之中(独生子女的社会实况加强了这种代际依附性和紧张性,因为万一独生子女夭折将导致绝嗣),不管传统文化的背负者——中国双亲们是否意识到这一点。

作为一种文化的表现,"蜡烛包"现象不是孤立存在的,这种约束性教育文化有其明显的延续性。十余年前对上海15所幼儿园的调查发现,园内每天有47条常规限制儿童活动。从早上8点到下午4点一刻总共495分钟的幼儿园作息时间中,真正属于儿童的自由活动时间才25分钟。③如今这种占据儿童自由活动时间的现象大有好转,但"管"人和控制儿童活动的思路至今没有根本的改变。有文章这样描述当今中国东风幼儿园四岁班准备饭时的场景:

> 来,我们看看谁坐好了,程林怎么了?——他坐好了吗?谁知道他哪里不对了?
>
> 他的手应不应该乱动呢?看看林萍,看她坐得多好!看她怎样

---

① 类似的调查结果见 Freedman, D G. & M. Freedman. (1969) "Behavioral Differences Between Chinese-American and American New-borns", *Nature*, 224: 1227.

② 王玉凤,沈渔村,张劲松:《中国儿童气质特点》,北京:北京医科大学和中国协和医科大学联合出版社,1997年,第87—109页。

③ 郑美玲:《更新教育思想,促进幼教改革》,载《中国人民大学报刊复印资料:幼儿教育》,1986年第4期,第4—6页。

把手放在后面的。①

这反映了相当比例的大陆幼儿教师热衷实行的"管"和控制儿童(限制儿童身心发展,尤其在一些幼儿园安排集体同时上厕所是该现象的极端例子)交流的普遍现象,"所有参与对孩子进行社会训练的人,都限制孩子并要求他们讲话、具有控制和克制力"②。一些教师和指导者认为"应该让儿童熟悉管制和制序",这样"课堂就容易控制"③。他们至今仍对上述控制集体性秩序的行为和思想加以推崇。

在知识的传递方面,单向灌输导致儿童处于被动和受容的状态,这仍是今日幼儿园的常态。在中国从幼儿教材到高中教材都配有教师辅导书籍,这本来有益于教师在学生课本基础上发展知识,但读死书的惯习阻止了灵活的思维,书本提供的答案成了唯一的依据。例如在幼儿园的常识课上,教师问儿童"笋像什么"? 孩子们分别回答像"火箭"、像"蜡烛"、像"一支笔"等。而教师则不满意,她非要孩子回答像"宝塔",因为这是教师参考书和教案上准备好的答案。④ 这无疑是限制幼儿丰富想象力的典型例子。

虽说一些家长和幼教老师并不认为有独立思考意向和有进取心的儿童是不好的,然而现行教育系统往往限制了孩子们的积极性与主动性。当然原因是多重的。例如认为只有纯粹的一致性才能培养集体主义与合作的精神,其实重视个性的充分发展反而有益于推进集体与合作的事业,这个道理有时受传统文化的过滤后反而将集体主义与个性发展看做是一对矛盾了,因此便重前抑后,在教养设计上(时间安排与活动内容)排斥了个性发展的机会。另一种情况是父母有限地肯定子女发展的独立意志,但在父母与子女的关系上又不希望自己的子女发展这种自由与独立的倾向,这仍是前述父母、子女依附性文化的延续。处于传统汉人社会的母亲们,她们在人与人的关系(世代关系与社会关系)的矛盾中又在重新模塑新的一代。在独生子女政策之下,父母之爱掌握得不好便过剩了,只

---

① 吴燕和:《自我与集体:幼儿园里的中国儿童社会化》,《中国社会科学季刊》,1996年第2期,第66页。

② 彭迈克(Micheal Harris Bond):《难以捉摸的中国人——中国人心理剖析》,香港:牛津大学出版社,1993年,第16页。

③ 同①,第65页。

④ 郑美玲:《更新教育思想,促进幼教改革》,载《中国人民大学报刊复印资料:幼儿教育》,1986年第4期,第4—6页。

求小心谨慎地让婴幼儿发展,婴幼儿的教师也唯恐为此承担重要责任,因此不能放手让幼儿活动,千万别出事的保护主义教养与溺爱,恰恰和传统汉人社会的依存性教养文化合拍了。文化的、社会的、管理的、认知的、职业道德的多重因素都造成婴幼儿处在一种不能充分自由发展的制约之中,这便是问题的症结。①

三、中小学正规教育惯习与症结的文化关联性

十几年前笔者开始讲授教育人类学课程至今,在课堂上就中国教育惯习与症结的文化关联性做过广泛的讨论。以下三个方面的问题是经常讨论到的,其中,对中小学的回顾性个案中表现了明显的文化持续性。

(一)总体应试制度没有改变

根据本人从20世纪80年代讲授教育人类学以来的观察,中国大中小学教育状况未见根本改善。学生有多年被"约束"的经历,希望教育加快改革,然而缓慢的行动使人失去信心。这些矛盾情境常常发生在学生的体验中:"有时我的思想好像向前走了好几步,但蓦然发现我又返回了原点。比如我希望改变那种约束性的、无生气的课堂教学,但我又习惯于那种无生气的、约束性的课堂教学;我想对上一代人(家长与教师)的某些观念与判断提出异议,可我却欲言又止了。"②

现代中国的发展急需创造性思考与行为的人才,但现行应试制度下的教学活动不能向学生经常提供参与创新的机会。中国传统政治与教育文化不鼓励自由发挥见解,只是唯书唯经唯上,连写文章的格式都规定好了。所以从孔夫子以后两千多年间,无论太学还是私塾,均恪守呆板规矩和死记硬背的学风。

这一教育传统在当代的反映之一是注入式与报告式课堂教学。尽管多年来不少教师选择过启发式教学并在一些场合获得良好效果,但就目前大多数学校而言,启而不发的教师状态或根本排除课堂讨论的状态则是普遍的。自由探讨的教室空气受多方要素牵制,如在教学进度上有明确规定,如某些敏感问题须回避,如教师的知识结构不能应付广博的提问

---

① 庄孔韶:《教育人类学》,第193—194页。
② 根据佟云课堂口述。

等。由于升学气候的严峻,可以不客气地说,若增加了这种自由教学讨论的时间便会影响教学"进度"和"系统性"会考的成绩,因为考试在很大程度上是唯书、唯纲(教学大纲)。更有甚者,近几年来有的学校和有的科目竟圈定考题范围,如明确说明在20或30道考题(预先备有标准答案)中选出几题为考题,助长死记硬背的学风。很明显,这种不当的应考制度必须彻底改革。①

我们使用教育人类学的原则发现,传统的约束性教育文化内涵依然在今日的教育进程中存在和延续着。结束性教育文化是当代教育中若隐若现的被动性教育观念与行为,它产生于根深蒂固的中国传统文化基础之上,而这种观念与行为作为一种文化滞后力量侵入人们意识与无意识的深层之中,现代国家意识形态与教育制度的许多内容与此不无关联。一直受到抨击的应试教育就带着明显的约束性,如中国师生中通行的模拟考试、经验性押题、背答题、记题型等都是为了应考。如今,应试教育的现有模式达到浪费精力、有害于青少年身心健康发展的地步,已引起全社会的关注。应试教育的知识保守性、重复性和仿效性,限制和损害了学生把大面积获得的知识转化为智慧的机会与条件,也决定了社会吸收英才的不平等状况。

(二)仿效的危害

从20世纪50年代以来,中学作文课上最为常见的范文教学法的示范性总是被引到鼓励杜撰的方向上去,尽管教师的初衷并非如此。笔者经历过的某些最不可思议的事例显然具有文化的连续性。记得五六十年代的中学语文课本选有鲁迅的文章《一件小事》,文中是说几十年前"我"乘坐黄包车,见车夫帮助老人之举而大受感动的故事。后来这篇文章被引申为人人要做好事的道德教本与文学范文。随后多年,中学的作文课甚至高考都出过同类的作文题。于是以无意中在路上"捡钱包"并想方设法把钱包交还失主的一类范文被学生们竞相模仿,以至于在一个四五十人的教学班中,有时竟有三分之一的学生在同类命题作文时编造各种"捡钱包"的故事。

中国古代就流行的孔子学说背诵法,在近40年来仍是中国学生的主

---

① 对中国考试制度的批评和对日本高等教育的批评颇为相似,请参见 McVeigh Brian J. *Japanese Higher Education as Myth*. Armonk NY: Sharpe, 2002.

要读书方法之一。其问题在于,为了显示有漂亮的结构的文章却掩盖了编造和伪造故事的道德问题。无独有偶,大约40年后的1998年的中国高考语文作文,有一部分考生为提升文章的"真实性"和"无可怀疑的感人肺腑的力量",仍然依照传播的范文框架杜撰所谓某考生走进考场之前遭遇其"父母"先后不幸亡故的凄惨经历。据一位当时参加高考阅卷的教师回忆说:"起初看到这篇作文觉得太感动人了,给了好分数。谁知随后接连又看到类似的'双亲接连病故'的神话的仿制品,才明白受骗了,由此阅卷老师们的内心深感不安。"

上述事例表明,教育的症结首先在于:学习应是一种创造性的实践,而死背和临摹式的学习与应考不过是重复性和仿效性的、不产生新质的陈腐教育实践。然而这类事例延续半个世纪至今仍能在中学语文课上大行其道,很明显是为了好分数。但这本质上的危害有三:露骨的功利主义,以形式牺牲内容,以及滥用允许"虚构"的文学手法。因此,我们可以预见的这类教学行为的后果是:功利主义的教育将不能使学生保持持久的学习动机。而且,不仅如此,一旦"分数第一"和应试教育走到功利主义的极致,已不只是讨论是否压抑了学生创造性的问题了,而是关涉对国民道德原则的无视,成为未来欺骗的思想与行为的源泉。

(三)"学校复制社会"

"是控制教室吗?真难为了中小学教师。现在一个终日奔波的教师往往有的早晨6点至晚自习止都置身于学生之中,辛苦异常。他们必须完成两大职责才能在学校立足:一是课要讲好,二是要会当班主任。有时会不会当班主任非常重要。我在12年的中小学历程中,遇到几位出色的教师,他们严格要求,以身作则,了解每个同学的心思,给了我们每个同学发展的余地,所以他们和颜悦色地指导我们,我们心悦诚服地接受他们的教诲。"(根据李方方课堂口述)

然而也有的教师用体罚来控制教室的安静,可以不顾个人尊严地讽刺挖苦,可以强迫收看日记(有时被迫撰写),可以依靠向家长告状(动辄打电话请家长),可以依靠单方面的班干部汇报而决定对学生的奖惩,可以利用青春期男女生界限去获得教室的安静。五六十年代学校内青少年男女间界限分明,互相羞于接触,这一时期中小学教师经常用男女分行入座的办法以减少说话机会,保持教室安静。最近10年学生的男女观念迅速变化,上述控制教室的方法已经失灵。上个月笔者访问一些小学五六年级学生,他们说:"已经没有老师这样排座位,这样没用,老师有别的办法。"

守纪律在我们的文化中包括服从师长——俗称听老师的话,在很多场合却牺牲了同学的发言权与分辩的机会;我还发现,班干部一开始就在模仿管理者的身份而非公仆,他们的腔调是大人式命令主义的,虽然有时还有些不自然。我认为凡是班主任、班长、组长和同学之间约束性层次分明的集体,就不会做到人人畅所欲言,那么班集体守纪律的表面现象就是虚假的。这里有传统文化的约束吗?传统约束性文化(例如家长式的"管、卡、压"人治现象和趋炎附势的社会习性并存)不是也已经在孩子们的班级里提前呈现了吗?"'学校复制社会'的人类学原理就是从这里开始的吗?"(1986级的学生李方方的教育人类学课程作业已经看到这一点),然而我们究其本质,实际是社会/文化规定了学校的模式。

看起来,学校好像是一块飞地。有的教师总想方设法在学校与社会之间构筑一道围墙。约束性文化此时出现了。它要以某种理念去排除外在的各类思潮,然而外在的层出不穷的思潮仅仅在校园里被封锁,在校外或同学走向社会时仍不能避免接触。在现代网络信息通达的社会,约束性的教育只会压抑学生的思路。然而,单纯限制而不给予解释和鉴别将导致教育的失败;如果仅仅主观上认为是正确的说教,而教育者却未能与相关的不同见解加以对比和引导,那么学生不能心悦诚服,也将是教育引导的失败。显然,实行应试教育体制下的封闭式教育的学校,一定造成学生群体思想和行为的被动性。文化约束性的教育后果是人格将被扭曲,知识难于转化成智慧,这样,可预见的后果一定不能适应已经开篇的21世纪的科学、人文与社会需求。

四、大学现行体制改革的艰难性

通向大学的道路上须一路拼杀,真正进入大学的只占同龄人的很小部分。这少数"幸运儿"是值得称羡的。然而,他们的成功是以学生中有13.9%的心理和行为障碍问题者(1994年全国4岁—16岁少年儿童心理健康调查数据[①])和大量的名落孙山者(一些人的考试成绩并不差多少,

---

① 刘林平:《爱的误区——中小学生成长问题备忘录》,北京:中国人事出版社,1997年,第152页。

只是名额有限)为代价获得的。

真的熬到了大学,又怎么样呢?这些学生以全副精力与身心损耗,以"题海战术"和经历无数考试这些最不经济的方法为代价换来的知识如何发展呢?这首先要看学校的体制现状,以及实行大学教育改革的基础条件。从1978年至今,以农村改革的家庭生产责任制为先导,改变了昔日平均主义的人民公社体制;改革渐渐演进到企业改造,例如引入高科技、学习现代管理、不同程度地精简机构与裁员等以适应市场竞争机制。然而到目前为止,大学改革的步伐迟缓,即使冗员精简也明显晚于政府各部委的改革。又由于学校是国家意识形态的重要领地,因此改革的举措亦非常谨慎。就目前的大学体制而言,首先是未变化的知识选择系统和人事制度无法使大学的教学与科研充满活力;其次才是跨文化信息交流过程中的文化整合性问题。这是中国大学教育改革遇到或将要遇到的两类不同的问题。

(一) 80年代知识选择系统

经历过严酷的中学高考竞争进入大学的学生大多松了一口气,至少在大学的多系科情境以及教科书极为有限的划一情况下,的确松懈多了。这似乎也是可以做比较讨论的。例如对美国大学的一般观察,中小学显得比中国"松懈",而进入大学、研究院后则严格得多。相反,中国的大学则较为轻松。这种"轻松"是一种如释重负的感觉,因为这里再也不会有如噩梦般的统考了,即使是参加"托福"考试也远较中学统考单一。有些学校校风较好,有些次之,大学生只是在不同的大学和不同的校风影响下做自己该做的事。留级和不能毕业的学生实在是不多见的事。这就是中国大学生的幸运。

但这种幸运是否真切,那要取决于大学知识选择系统的优劣。在"文化大革命"时期的大学自不待言,"文化大革命"后的课程设置方面属自然科学的系科变化明显,特别是应用性学科。一些学科已经卷入到大市场经济之中,教学科研可以不同程度地贯通,特别是进入研究生阶段以后。而人文社会学科只是在20世纪80年代的"文化热"时期才开始被带动起来,但陈旧的、稀少的课程因校内外、国内外交往的几率太低而改观不大,各校教改只是局部的和零星的,而且在现行体制下常常难于持久。1995年一位在宜城工作的大学毕业生批评母校的课程设置"稀少和收益不大,而且教学拖沓、方法陈旧"。

以中国的某大学人类学系为例,究竟有多少因素制约那里的教学活动呢?经历"文化大革命"对人文社会学科的摧残而复苏的人类学,到1984年的教学调整后,增加了一些专业课,在当时似乎已经不错了,但有限的课程仍使知识的含量很低,而且校定公共课包括大量政治意识形态教育课,是各系不能改变的。公共课中包括政治意识形态与思想教育的课程共556学时。在公共课范围内还有体育、外语、高等数学、计算机、行政管理学等,共802学时(此数字尚不包括总共3个星期的军训练课和劳动课)。除此之外,正式的专业知识性课程仅有21门,共1576学时。如果不计算田野调查和毕业论文撰写16个星期,人类学系大学生4年8个学期总共上课2934学时。①

一看便知,上述课程设置虽已比"文化大革命"时期有了进步,但问题仍很大,即专业基础课和专业课数量太少,常见和必需的基础课和专业课明显缺失。有的课程冗长,连续授课4学时的课程有16门。从中小学延续下来的注入式教学仍是大学主要的教学方法。甚至由于大学很少有中学那种逼人的统一教学进度压力,以致照本宣科的课堂生活令人厌倦。由于大学各系科差异大,上述专业知识性课程中的9门本是选修课,但实际上因教室调度的人为困难,最终归于必修课。这种情况在中国许多大学存在。许多大学至今没有很好地实施选修课计划和学分制。其根本原因在于开课内容贫乏,冗员充斥(该大学现有不到800名教师,行政人员、职员及员工1200人,学生4000人),以及大学管理问题丛生和部门不能整合。从大学体制的系统性运转以及学生选课的灵活性上看,显然和现代教育的标准差距太大。在这样的学校系统与课程安排下,学生的质量一定存在问题。

(二)90年代的大学体制状况

上述大学体制状况,特别是人文社会学科的发展,一方面受到改革开放后市场经济对大学生质量选择的压力;一方面在与国外大学交流与学术接轨方面仍谨小慎微,其反映是20世纪50年代视一些从西方引进的人文社会学科为"资产阶级的"人有些至今仍处在大学的重要岗位上,他们以专业非专业化的方式进行学科搅局,以致学校当局并不能有力地制止"文化大革命"极左言行对教学科研的干扰。因此,一些学科的教学活

---

① 某高校学院教务处,1991年。

动与论文撰写仍能发现用政治化的非专业话语卷入学术论坛的不正常现象。无疑,当今学校体制下实施现代教学改革与学术创新活动仍然存在阻力。

政府机构和大学的改革较工矿企业改革滞后,原因在于这些部门涉及"旧体制核心部分和环节,是改革成本最高、利益摩擦最大的部分",因此已有学者提醒,"避重就轻的改革将社会成本后移,因而越往后改革成本与困难越呈加速递增态势"①。例如大学目前面临的改革过程大受旧体制的牵制,行政层级职责界限长久不能确定,一些大学行政官员不熟悉现代大学的结构与功能,因人设事,教育设计明显具有随意性。人事制度既然保持巨大的变通性,那么教师队伍的优化与减少冗员便成充饥的画饼。

大学改革实施的问题还在于行政领导机构"既是改革的组织者,又是改革的对象"②,这种双重身份使得各级管理部门某些人出于自身利益,往往对人际政治平衡颇多兴趣,却对简政放权、深化教学改革、重建学术规范等漫不经心,甚至设障。近年来,中国官场最流行的现象之一是人际关系、部门关系的"磨合"性处理法,这是体制职能无力和官员不负责任的明显表现。"官本位"以及人际关系依附性之积累与培植,削弱了人们勇于表达个人见解的独立性,使很多规章制度都可以被随时变通,助长了学校内部的不协调、互相制约和部门霸权主义。教学改革带来的对旧体制变革的要求,也因"磨合"行为而同样被削弱,这就是中国大学体制滞后性对教学改革的根本性干扰。

众所周知,学校教育不是单纯的认知、职业与经营术训练,诸学科基础理论教育的远程意义提醒大学课程设置须谨防成为实利与功利要求的陪衬。然而,事实上从人类学在国家学科分类位置数次变化的不定性看,教育当局对人文社会学科仍有认识上的理解障碍。常见的情况是,学校当局认为不能马上应用的学科知识就是无用的,只提出招生和就业的困难,却不重视教师培训和课程的重新设计,这仍然是功利主义作祟,也是明显缺乏治校能力的表现。

应提醒的是,"文化大革命"后自 1977/1978 年起招收大学生、研究生,随后建立了学士、硕士和博士学位制度,以及恢复了年度性评定讲师、

---

① 徐艳玲:《中国跨世纪改革中的滞障因素》,载《山东大学学报》,1997 年第 2 期,第 26 页。

② 同上,第 24 页。

副教授和教授职称制度,这些对推动大学教育与科研发展起了很大作用。这些制度理应始终如一地严格把关,但近年来各种名目的进修班、研究生班等多有设立,结业、毕业证书措辞含混,学位授予工作存在不少问题。而大学职称评定工作中以权谋私和行政裁决的问题更大。学位授予和职称评定工作的不严格状态对个人似乎是一件"好事",却会极大地降低国家教育标准的信誉,其后遗症造成的混乱将难以预估,对大学的发展有百弊而无一利。①

说到今日学生的看法和做法,中小学的情况是,学生在全国统一教学大纲的约束下,不得不疲于奔命地追随高考的目标。而大学生则不然,起初大学包揽毕业生分配,大学生有恃无恐地端起这个"铁饭碗"。既然课程没有意思,又没有改变的可能,向学校行政当局提意见也收效甚微,于是就消极对待,例如晚上就去电影院或去谈情说爱消磨时间。然而,近几年情况骤变,在国家已不包揽分配的情况下,学生开始对教师的课程质量提出许多新的要求,例如向系主任反映要求撤换某位不胜任的教师,否则不去上课等。由于中国文化中师生原本就处于不平等地位,因此学生的这类抵触行动一定是到了忍无可忍的地步。

一些学校教师、一些教科书未能向学生解释社会上和学校里的许多现象,学生厌倦冗长的说教课程,他们不喜欢学校教育的某些陈旧性、刻板性与约束性②状态。比如,学生希望增加选修课的类别,但管理部门怕打乱了班级听课会增加负担,教室分配部门甚至嫌麻烦而不予配合。这不就是现行体制下人为的阻滞问题吗?当教师难于中肯地解释学生希望了解的社会、文化和人的问题时,学生便从网络媒体或在同侪团体中自行寻找和选择答案。很明显,学校里那些没有吸引力的解释就是没有吸引力的教育,就是失败的教育。在当今公共媒体、市场经济与新知识迅速传播的影响下,大学的状态已到了非改不可的境地,学生则成了学校教育改革的重要推动力量。

---

① 近来对其他国家高等教育体制下关于审查文化(audit culture)的讨论和本文作者的看法有很多共同之处。请参见 Shore, Cris and Susan Wright. "Audit Culture and Anthropology: Neo-Liberalism in British Higher Education", *Journal of the Royal Anthropological Institute* (N.S.), (5): 557—575(1995)和 Strathern, Marilyn (ed.) *Audit Cultures: Anthropological Studies in Accountability. Ethics and the Academy.* London: Routledge (2000).

② 庄孔韶:《教育人类学》,第189—208页。

(三) 课程改革的尝试

1994年年底国家教委敦促中国大学教改的讲话①,明显是社会发展与社会需求压力以及学生推动下的明智选择,实际上造成了大学教学更新的一个有利契机。1995年某大学规定公共课(必修课)中与政治意识形态相关的课程比20世纪80年代的同类课程授课总学时减少了56%,这也为系定基础课和必修课提供了新的空间。

利用这一契机,我们对照了美国、中国香港和内地的人类学/民族学课程,特别考虑到中国本土的相关知识,设计了系定课程4年8个学期(一个大学生的本科生学习周期)的实施方案。与20世纪80年代的专业知识课程21门相比,现在已增至58门(基础课达26门,专业课达32门)。本文是想让各国同行了解中国人类学课程改革的艰难进程以及修改的空间究竟有多大。(1)从"文化大革命"时期的文化虚无主义学校状态、全面实施政治说教,发展到20世纪80年代的第一次课程选择系统,政治课程仍占相当比例,传统基础课占据过多,人类学专业课稀少;(2)发展到20世纪90年代第二次课程选择系统,校定政治课程比重下降,来自学科发源地的课程和本土化的课程并存。包括人类学所含的各种基础理论课19门(占33%)、分支学科13门(占22%),以及人类学视角下的中国本土问题课程17门(占30%),及其他9门(占15%)。

第二次课程系统的设计似乎和美国一些名牌大学的同系课程并不差什么,甚至还周密地考虑了本土文化的重要内容。但教学过程中发现的问题表明仍需要大学当局的全力支持。如若做到名副其实,以下几个问题需要解决:首先教师培训工作任务繁重。除了获得高级学位的教师可以独立授课以外,多数未获博士学位的教师(在中国,博士学位的授予工作80年代才恢复)在职读学位和出国进修的工作并不能配合进行或进行缓慢,亦不能短期见效。虽然一些课程较为成熟,这样的课程可以介绍国际国内前沿的研究成果以及个人的研究,但另一些课程教学质量却有待提高,这涉及数十年间多次社会变故造成的教师训练不正规,教学品质不佳,以及冗员和非教员充斥大学的事实。其次是教室效应问题,即教师不仅要熟悉人类学的基本原则,而且需要身体力行。似乎人类学教师应比其他学科的教师更了解如何转变古代中国流传下来的师生不平等的教学

---

① 周远新:《国家教委关于普通高校课程体系改革的报告》,清华大学打印稿,1994年。

状况,然而在教室的表演仍以教师的"填鸭式"为多见。应该说教师"启而不发"的原因,或是政治敏感问题难以启口,或是教师固执于多年照本宣科的讲授法,或是教师没有提前安排学生阅读,学生被动性地上课,或是教师知识贫乏,根本不安排学生提问等。相比而言,一些教师的研究生教学和部分本科生课堂的讨论效果较好,一些课程过程比中小学进步了。笔者曾利用一个时代契机迅速切入的课程改革实验,已经三年有余,完成了一次重要的大学田野实践。然而,在多年来中国社会与教育积重难返的环境下,笔者认为,如果没有根本性的大学体制改革,而在这之前欲寻求大面积的教学更新,显然十分困难,这关系到学校惯常体制的承受性(例如如何应对保守政治意识形态的压力;旧体制利益与改革行动的矛盾,即前面提到的如何解决"既是改革的组织者,又是改革的对象"问题),教员的质量与素养,以及在教学领域转换某些传统观念的教师行动觉悟问题。

现在,大学人类学课程改革已告一段落,然而笔者在学校田野工作最终发现,中国现在大学体制下的滞后性力量和社会急速发展势头下的改革要求并存。因此,一方面,在一定时机尚能发现教学改革的可能性,以及实施后的不可逆转性;一方面,由于大学体制的被动性以及在大学行政官员和教师中间缺少对现代教育原理的研修与理解,竟少有共同的教育学术话语可依,而是今天你说了算,明天他说了算,于是教育的方针与方法总是具有不确定性,教育的事业总是处在颠沛流离之中。

中国的教育园地在数十年间经受了颇多的变故,教育思想和教学体制总不成系统。代替现代化大学管理的仍是由行政官员"管"的人治办法。这种环境下的教育改革行动明显与政府的改革相类似,艰难异常。可以设想,如果在一个大学连改革的标准和规则都建立不起来,或者指导改革的"足球裁判"不懂法或不执法,那么学校的场域便会处在盲人骑瞎马的混乱之中。

自从改革开放的政府政策实施20余年来,市场经济与对毕业生的新需求刺激了学校的教学改革。一种情况是,只要事情越少涉及体制大盘利益或盘根错节的大学人际网络,教学改革的"小气候"便越可望获得,虽说这种"小气候"非常被动且不稳定。另一种情况则是,教室行为的改革和科研方式的新组合方式已不可阻拦,例如一些现代教学理论的主旨在教室里已受到学生的拥护,一些教师在部分本科生和研究生课程范围内贯彻新教法,师生之间活跃讨论的情况并不少见(同时,照本宣科的

"填鸭式"教学在另外一些教室并存);另外,大学系所和学者个人的国内与国际学术交流已越来越开放,以个人主持的课题或课题组的研究形式增加,这大概是打破以往的"大锅饭"政策的最好和最具效率的研究活动形式。这些教育过程和教育场域的"小气候"是一种积极的发展状态,除非触及大学惯常体制和盘根错节的大学人际网络。在目前学校体制下,只有促成和发现了这种"小气候"形成,我们才能在上面长篇的铺垫性论述后探讨跨文化的诠释与本土化学术论题,这就是中国人类学深入本土实践与研究的艰难性之所在。也正因为如此,中国本土先在的教育传统与惯习在步入现代的进程中的适应性转换、暂不可逾越的教育体制的变动正是人类学观察的过程和场域。即中国的教授和学者一面自身处在大学制度改革的艰辛之中,一面卷入国际国内学者共同关心的研究课题,包括人类学家寻求上述"小气候",边做教学改革,边做教育人类学的田野观察。也许在中国的这种观察刚好是讨论来自学科发源地的知识如何在本土转换,以及发现和创建区域人类学新知识的机会。

五、今日的人类学者:在教育和社会中间

人类学所探讨的课题从荒远的部落社会渐渐卷入被现代交通与快捷媒体连接的眼前社会,如若没有这一转变,它早就会像一幅老照片一样挂在墙上了。

世界上各地理区域的教育制度都在为配合社会化的前程而努力。然而商业和市场的力量、政治与行政的干预经常扭曲教育和学术的原则,前者可以导致以就业能力的预估限制人文社会学科的人才培养,造成实际上的"承认学术界是为市场服务的"[1],以及"普遍地用经济或商业术语来对待和处理知识创造问题"[2];后者可以造成"似乎学术界没有行政人物就不能生存,而没有知识分子,它却可以照样生存"[3]的局面。文人的这种愈发软弱的地位更使其人微言轻,但知识的慧眼还可以进一步看到,政

---

[1] Agassi, Joseph. "Financing Public Knowledge", In Ruth Hayhoe (ed.) *Knowledge Across Cultures: Universities East and West*, Hubei Education Press and OISE Press, 1993, p.92.

[2] Weiler, Hans N. "Knowledge, Politics, and the Future of Higher Education: Elements of A Worldwide Transformation", In Ruth Hayhoe (ed.) *Knowledge Across Cultures: Universities East and West*, Hubei Education Press and OISE Press, 1994, p.18.

[3] 同[1]。

治文化中古今传承的人伦秩序、礼制和民间应世惯习则从潜移默化的婴幼儿初始教育中获得了肯定,一直延长至小学、中学和大学,并最终从教室复制出了一个个现实的大小社会。而作为文人的人类学家、教授恰恰走在这一社会化的进程之中,其人的本质的转换和文化的传递过程就在我们自身发生,并在我们对外在世界的研讨之中。

批评使人进步的教育原则同样适于对待社会,大概正是上面提到的若干原因的约束性造成知识分子过去通常是社会的批评家,而现在他们却环顾左右而言其他了。一些文人更表现了趋炎附势的卑微、懦弱的心态与行为,他们"期望得到比他们已经得到的更多的尊重和名望,但他们求助于现存权势对他们的评价却导致了对现存权势的保守价值标准的承认"。① 应该指出,在中国的大学校园,相信和沉溺于沉瀣一气的所谓人际"磨合"状态将一事无成。在学校体制改革的艰难变动过程中,"对于权威与传统应该存疑"②,而积极地提出问题和质疑才是摒弃保守价值标准的前提,也是改革得以进行下去的必备条件。

人类学的研究本质上也是质疑,而不是迷信和遵命,即在教育导致人的本质转变的理念探索中提出问题,例如如何从儒家教育传统的政治约束性中转换出人的肯定与人的发展的契机;在社会文化传递的过程中提出问题,例如在业已开盘的中国经济与政治体制改革中探讨如何降低社会成本与代价,尽早造就一个开放和分享的学习的世界。

人类学的学习不是别的,而是不断创新和提出主张。现代人类学从学校的研究连接社会文化的研究,从纯学理的论辩到社会运作的质疑,都会展示现代文人的角色分配。人类学家兼收并蓄不同文化的胸怀与涵养,决定了他们无论在底特律、法兰克福还是在西安,都应始终携带着批判性的卓然特立的风骨。

(原载《民族教育研究》,2000 年第 2、3 期。其英文版本"Anthropology and the Progress of Chinese Education: Cultural Continuity, Cultural Com-

---

① Agassi, Joseph. "Financing Public Knowledge", In Ruth Hayhoe (ed.) *Knowledge across Cultures*: *Universities East and West*, Hubei Education Press and OISE Press, 1993, p.88.
② 萨伊德,单德兴:《论知识分子:萨伊德访谈录》,见萨伊德:《知识分子论》(中文版),台北:麦田出版社,1997 年,第 163 页。
Said, Edward W. *Representations of the Intellectual: The 1993 Reith Lectures*. New York: Pantheon Books, 1993, Chapter 5.

parison, and the Role of Scholars", 收录于 *The Making of Anthropology in East and Southeast Asia*, Edited by Shinji Yamashita, Joseph Bosco, and J. S. Eades, Oxford and New York: Berghahn, 2004.)

第三编

方法论说

文化的直觉论

直觉思维不仅是中国哲学的主要思维方式之一,也是古代众多哲人所采取的认识方式,而且这种思维及其伴随的行为程序还构成中国民众(主要指汉人社会)的生活方式的重要成分。现代哲学家多注意直觉主义高度发达的中国先哲经典分析而少涉及民众直觉思维与行为之分析,这便给中国现代人类学研究之深化留下了空间。文化的直觉是针对中国田野工作场景(也包含阅读、理解和选用直接与间接得来的资料、文献)的一种体认的方式。当具备了中国文化关联的能力和对人伦相对性之理解,田野工作者还须有文化体认的能力。隐喻之贯通和直觉之呈现有一个只可意会不可言传的过程,实现这一瞬间觉悟的直觉能力构成中国人处世的重要条件,也是人类学家对中国文化整体性认识的思想来源之一。直觉,这是一个以往被忽视的文化精灵。应该说,没有领悟到直觉主义的调查选材和问卷结论很难被人信服,或者在人类学论坛上感觉某些结论及其解释真伪难辨,使人不知所措。

中国人宇宙观与哲学因教育与教化之持久的传播,所推崇的是天人合一和知行合一的自觉境界,中国人不认为宇宙是外在的,而认为宇宙本质和人的心性相通,因此中国人的最高理想是融合我与非我达天人一体之自觉。同时,人们总是在生活实践中不断反省自己。无论思想家或者老百姓都习惯于体悟,即透过身心之经验体察,长此以往得以了悟,了悟加以进一步修养与行为的实践,以求至善,至真与天人和谐。一般而言,文献中展现出来的中国文化的直觉思维传统是由哲人记录下来的。

智与仁的直觉

孔子哲学认为必须发现一个大的原则以贯通所有知识,即所谓"一以贯之",而这一以贯之的大原则即是仁。一以贯之是思的工夫所达到的,而其直觉的基础是博学。孔子的著作中,关于仁和礼的论述多达几十处逾百处,但他从未对这两个字做过明确的界说与完整逻辑的论证,再加上中国传统哲学的概念习于类比和场合表现,以及在古文句式上缺乏系词来辅助判断,以至词的概念表现很大的不确定性和朦胧特征。如是今人真的想获得对仁或礼的完整的逻辑论证与界定也是非常困难的,这是由于纯逻辑的论证过程不能完全复述体认的复杂直觉思维过程,因为仁便是一种直觉过程的肯定,然而是一种文化的直觉。孟子的著作重人生哲理,发挥了孔子的思想,认为仁义根于人性,"尽其心者知其性也,知其性则知天矣"。尽心知性是人生活最高境界,也是反省内求以领会宇宙根本原理和进入万物皆备于我的玄远圆满状态的途径。这一途径亦是直觉。

现代有两位学者由孔孟之直觉引出新意。一是梁漱溟在《东西文化及其哲学》中,把孔子的仁、礼对民众的直觉训练点明了。他说,"人类所有的一切诸德,本无不出自此直觉,即无不出自孔子所谓仁,所以一个仁就将种种美德都可代表了"①。那么,孔子之礼乐意义是什么呢?"礼乐不是为别的,是专门作用于情感的,他从'直觉',作用于我们的真生命"②。故仁和礼乐制度的实质是模塑民众相似的文化直觉思维与行为模式。一是牟宗三用直觉指康德的 Anschauung,他是从康德的"智的直觉"(Intellektluelle anschauung,Intellectual intuition)出发而用孟子的思想来重新加以解释。他指出人可以成圣,人虽有限而可无限,由道德意识所呈现的道德本心,就是一自由无限心,而本心的明觉发用——德性之知,就是智的直觉,"当吾人说'本心'时即是就其具体的呈现而说之,如恻隐之心,羞恶之心,是随时呈现的,此如孟子所说,见父自然知孝,见兄自然知悌,这不是从生物本能说,而是从本心说。当恻隐则恻隐,当羞恶则羞恶等等,此如象山所说,都是表示本心是随时在跃动在呈现的。当吾人说'仁体'时,亦是当下就其不安不忍悱恻之感而就之。此亦是其具体的呈现,此如孔子所说以明道之所说。这亦表示仁心随时在跃动在呈现,感通周流而遍润一切的。润是觉润,以不安不忍悱恻之感这种'觉'去润生一切,如时雨之润。是以本心仁体是一个随时在跃动的活动,此即所谓活动(Actvity),而此活动是以'明觉'来规定"③。如是,人在其有限的存在中,"智的直觉不但理论上必肯定,而且是实际上必呈现"④。牟先生不但使儒家传统中的德性之知得到进一步肯定,而且把在产生于崇拜上帝精神源泉的国度的康德哲学中没有被充分显示的人的智的直觉在中国哲学中

---

① 梁漱溟:《东西文化及其哲学》,上海:上海商务印书馆,1922 年,第 127 页。
② 同上书,第 141 页。
③ 牟宗三:《智德直觉与中国哲学》,台北:商务印书馆,1971 年,第 193 页。
④ 同上。

得到发扬,牟先生关于智的直觉的解说脱离了纯粹的抽象性,把智的直觉的主体机能同中国人的文化实践结合起来,表现了中国精英与大众的共同哲学基础:"虽亦体证到人的有限性,然人心虽有限却通无限,乃无天人之间的暌隔"①。

道德的直觉

宋明人生哲学的道德原则论述颇为深透,这是和那个时代儒家思想制度相配合的反映。有几类哲学方法论有异曲同工之特征。如北宋邵雍讲观察事物非以目观之,而是"观之以心","观之以理",是一种深化之直觉法,而且他的方法惟其是一种直觉法,所以能"以一心观万心,以一身观万身,以一物观万物,以一世观万世"而无所不知。② 邵雍乃至后来的张载都认为直觉以道德修养为基础,邵雍的"情则蔽"和张载的"德盛而自致"都是说道德修养推动了"穷神知化"的直觉,也可以说中国人的道德修养是自觉的天人和谐、知行统一的基础。从部分至整体之直觉观来自程颐。他说,"自身之中至万物之理,但理会得多,相次自然豁然有觉处",他的直觉主义是"观察事物既多后,乃觉悟到通则,不是精密归纳,而是恍然的觉悟"③。朱熹也强调"积习既多,当自脱然有贯通处,乃是零零碎碎凑合将来,为知为觉自然醒悟"。这种从部分至整体的觉悟是程颐、朱熹直觉方法论的共通之处,然直觉兼采用了理智、辨析,值得一提的是程、朱无不重视道德修养和穷理的关系,尤其后者是最著名的理学集大成者。

还有内省和心的道德直觉法之阐述亦十分丰富。和观物直觉法不同,陆九渊纯粹强调义理之在人心,"思则得之","一上皆是,一明皆明"的顿悟工夫。其思想源于禅宗的"内外明彻,识自本心",他的直觉法是以内省达到宇宙本根及人生准则之理的方法。④ 王守仁的相似之处在于"万事万物之理,不外于吾心,而必穷天下"。他深刻推论在于阐明心与良知之关系,即"心者,身之主也,而心之虚灵明觉,即所谓本然之良知

---

① 刘述先:《牟先生论智的直觉与中国哲学》,见牟宗三先生七十寿辰论文集编辑组:《牟宗三先生的哲学与著作》,台北:学生书局,1982年,第755页。
② 张岱年:《中国哲学大纲》,北京:中国社会科学出版社,1982年,第544页。
③ 同上书,第549页。
④ 同上书,第522页。

也",而不止依赖于外在之礼和圣人言上。这实际上是指内在的道德直觉境界之呈现,他们的直觉法与孟子相近,其内在道德之良知为近代知识分子修养的崇高觉悟之标志。可以说,道德修养之直觉法既论及于哲人著作中,又融于民众生活之中,从而构成文化思维的主要范式之一。

当然不排除中国先哲直截体悟的影响,如老子《道德经》开篇便说道是不可以言说的,他是以体悟道为根本,庄子在《天下篇》中谓老子"以本为精,以物为粗",是说老子实不看重对事物的知识,而专尊崇对宇宙本根的直觉认识。[①] 而庄子的"体道"和"睹道"不仅突出了直觉法,《外篇 知北游》还特别强调"无思无虑始知道",这已是发展至纯粹的直觉之道。

中华晚期帝国清朝开始出现反直觉思潮,与不依赖物的直觉体悟相对。王船山强调由感官与外界事物相接触而引起的思维活动,颜元认为读书致知只是一端,主张习行并重的体验,他也反对直觉。戴东原的冥心求理是直觉,但却重"剖析至微"。这三人之方法论已反映了唯物观与近代思想在中国的影响,但直觉主义作为数千年的文化思维与行为方式已在文人乃至民间有相当的濡化与模塑,故在一个大社会的思想阵地前沿,在学术上文人的直觉方法论虽已开始不被公开接受,但为精英和大众共有的文化直觉主义却一直存在于从古到今的日常生活之中,其中围绕着儒家道德之知的文化直觉是社会生活方式之主流之一。

以上古今文人论述的直觉主义因时代而有差异,但在中国这个以天人合一宇宙观,道德与人伦秩序为精髓的文化系统中,相当多的哲人离不开探讨人生目的、道德修养实践、直觉的体认和觉悟的关系。而不同时代一脉相承的礼义的传播、教化与重新解释造就了中国人娴熟的"智的直觉"——文化直觉主义的生活方式。中国的文化直觉主义不仅是上述哲人的,也是大众的。人们数千年来不断充实的天人合一观,作为主流之一的儒家道德要义(佛道在中国之存在均整合了儒家的道德要素)和严格的古代与现代人伦制度成为人们道德导向与个人修养的主要基础。人们习惯于以一种径直的主客观融合的整体思维方式体认和顿悟周围的世界(自然界的、社会的和人事的)。由于中国道德传统之稳固性,故人民的直觉认知在相似的场合具有类同性反应,即传统的、恒定的道德体系(在不同意识形态下,传统道德哲学均变通地存在)旨在敦促人们在个人修养

---

① 张岱年:《中国哲学大纲》,北京:中国社会科学出版社,1982年,第531页。

实践中确立人生意义,不断地融会贯通不同时代众多的道德知识和说教的含义,以至不断衍生出思维与言行上的意识、无意识、"觉悟"和直觉。还可以看到中国哲人和民众实践对道德原则的认知过程同时又是一个情感体验过程①,强调价值选择而非真假判断,这是一种知情意一体化的道德与人生价值追求过程,这个过程是一个不断体验、不断解释、不断变通,以及和周围世界不断协调的相对过程,不是绝对的逻辑与原则的过程。

人伦相对性直觉

儒家人伦秩序的教化在于提倡君臣父子夫妇朋友等名分之间时刻保持相对的本分与态度。这个社会就是推崇这种相对主义的人伦秩序以求得角色与名分定位,以求稳定人际关系网络和安定社会。现代中国社会的上下级关系、大小组织系统和新人伦关系格局表现了实践的道德与稳固的文化制度的一脉相承性。我称之为中国人伦相对主义基础上(同时代道德伦理知识,社会生活实践中的名分格局与生活体验)造就的直觉是最基本的文化特征之一。

就人类学家最经常的村落调查为例,村人和来访外人(如人类学家或其他人)的隔膜是不可避免的,但中国村人因群体特有的人伦相对性的整合方式,陌生人和人类学家从村人口中得到的信息便有不同的结果,初来者看到的只是一个个孤立存在的面孔,你找不到其相对的人际关系网络。由于村人不明了你的来历,故除非有如"你的孩子上几年级"之类的问题得到正确答案并不难外,特别是关于社会生活的敏感问题使有的调查者很难判断获得信息的真实性和信息含量是否充分。这在很大程度上是村民的文化直觉不能为来访者所识别,也由于调查者身份、参与方式、对对方文化的认识以及直觉认知能力几方面尚待整合,因此,如若对中国历史哲学知之甚少,只动用非关联性的功能与行为的分析思维,不熟悉中国文化思维的展示方式,指望只花十天半个月就得到深入的问题答案是不容易的。

我在闽东"金翼"黄村初到和几个月后的三次访谈与问卷(关于妇女生育数量意愿与男嗣偏好),在从生疏到熟识,从城市直觉体验转换为迅速熟悉乡村社会人伦关系与直觉表现(中国人城乡直觉转换较为容易)

---

① 高晨阳:《论中国传统哲学的直觉思维方式》,《文史哲》1991年第3期。

的变化过程中,曾先后有"只生一个好(男)","一男一女较如意","两男一女最过瘾"三个不同阶段的三种答案①。其实,仍是同样的村人,而且村人们不必事先沟通,便有类同的答案变化,应该说调查者与村人之间的关系是一个相对性整合的直觉过程。一个文化上敏锐的直觉者,不但会感悟从一男到一男一女答案的直觉变化过程,而且能领会为什么会超越了政府计划生育政策限制的两男一女答案仍是农民生活中可能实际获得的理想,然而又不会像民居四子设计格局那般无拘无束的奢望。这涉及一些要素,诸如农民对其生育愿望的政策限制,超生惩罚的规定与实际实行之可能,农民超生的比例,地方生育政策(包括惩罚)执行同农人生计、文化理想相互整合的状况。实际上,农人的体验之要素远超乎上述几点,农人的回答是其共同性体验的直觉之呈现,然而有些急躁的问卷可能会以第一、二个答案为满足。对调查者来讲,答案变化的时间过程中,村人和调查者人伦相对位置(外向内的某些层次变化)发生了认知上的渐变,当参与观察者同村人熟悉起来,且被认为外来者不会打扰地方人伦系统和角色名分均势或不会带来不可预料的危害之后,答案便会发生变化,否则便不会变化,因为直觉认知在变化的角色互动中发生了作用。实际上,我们只可能有限地指出发生直觉判断变化的一些因素,而不可能复述其直觉认知之全部动作。外来者对村人则有一个是否适应和识别其文化直觉的问题,这是人类学者能否大量真实地获得来自村人的信息之关键所在,当农人的直觉之变化和调查者的直觉领悟相对合拍时,卓越的观察和体认便实现了。

中国人向外人(本群体之外的人,如考察者、人类学家和外国人)传递信息含量与质量是有差异的。陌生人和临时考察人员考察某文化群体内部信息时,因被调查者的直觉和表现不同之谨慎,于是所提供的信息量、真实程度、清晰与含糊程度因对象不同而异。此外,询问者的身份与熟悉程度,被询问者的地方角色名分都会带来综合的直觉认知的差异。一般性问题(如教育程度)和敏感问题(如政治、生育)回答可信性便不会相同,其他由于人伦关系与政治因素混合存在而产生的警惕性直觉最为常见,这是一种持续的政治文化使然。一般地说,我们看到中国人由内向相对的外人传达的信息含量之递减与趋向模糊的顺序:例如学生生活中,一般是家庭＞同学＞教学班长＞老师;在成年人生活中,表现为家庭

---

① 庄孔韶:《银翅——中国的地方社会与文化变迁(1920—1990)》,第11章。

＞朋友＞同事＞上级官员；乡村生活中表现为家庭＞宗族＞村人＞乡镇人＞外人。这种历史而今的人伦相对性附着于缺少相互开放的社会化条件，因此人伦相对性一直是一种较为稳定的共同道德文化直觉的基础。无论城乡，人们习惯于对外人、记者和上级来访者"报喜不报忧"，"家丑不可外扬"和选择性介绍的群体认同性，由意识、无意识推动的文化直觉相当同一。相对于广泛的外人而言，中国家庭成员之间很少有顾虑存在，能够表现较多的真诚行为。① 大而言之，记载中的中国大家庭，宗族族体中则随其成员之间关系之亲疏造就了相当丰富的人伦层次性直觉。在现代社会中，因社会组织的层级性（及其名分）并深入至基层，传统文化中的人伦关系（如宗族、房）原则同新人伦关系（如阶级、内部和外部人）原则交错存在，延续多年的带有政治特征的社会生活使文化直觉的呈现得到发展和强化，例如有时外来者来到一个被事先安排的会见场合，其一般具有整体性的人伦相对性态势，于是类同的文化意识、无意识与直觉的反应是：因事先暗示与安排，人们不约而同地掩饰或放大某些信息。有时当调查者进入一个未被事先安排的场合，还可以发现文化直觉主义的两种反应：人们领会如何应付场面，即时直觉地放大或删除某些信息，或是人群中敏锐的直觉者压抑迟钝的直觉者的意见。乡村人对朋友是真诚的，但文化人类学家的学术研究实在是太深入了，以至于超越了一般客人该问的问题，因为文化的问题几乎无所不及，从人伦关系的互动乃至个人隐私，使刚刚开放的传统社会和一个人们曾谨慎生活的政治社会的人们颇不适应，作为一种敏感的应对，于是被调查者娴熟的体悟——文化的直觉便出现了。人伦相对性是中国文化直觉产生的基础之一，因此可能的情况是人类学家一般需要相当长时间的体验才会"破译"被调查者的文化思维与行为系统。

在人伦相对主义基础上的直觉呈现，本质上还是古今一贯的群体道德哲学之社会实践的反映，尽管不同时代使用的词汇不同。中国道德濡化的目的一直是维护群体的利益，调节好人伦相对位置以及个人与集团的关系成为道德说教的重要内容，对个人来讲，只有约束自己，提倡忠、孝、礼、义和忍；其现代表现是"狠斗私心"和"提倡识大体顾大局"的政治性群体道德；独立思考，自我实现的进取性品质却得不到推崇。近几年翻

---

① 黄光国：《人情与面子：中国人的权力游戏》，见李亦园、杨国枢、文崇一：《现代化与中国化论集》，台北：桂冠图书公司，1985年，第131页。

阅"国内的伦理学教材,我们所构筑的仍是大同小异的群体伦理学体系"①。道德哲学教化和社会生活体验,培养和塑造了人们道德内省直觉和天人、主客一体化直觉思维的行为模式,这是由文化意识、文化无意识和内心直觉连接起来的文化思维系统,其思维动作过程之言传与意会都是为了协调群体之整体生活。有学者阐明了中国人是"通过有意义的他人,自我获得了深化与发展"②。我理解这不仅是儒家自我的意义,也依然是步入现代社会中国人的自我的方式。一个良好的文化直觉意味着他善于建立社会交往。游刃于复杂的人际关系网络中以表现自我,发展自我,虽然该自我之发挥十分艰难。这在某种意义上是一种人伦关系和礼的艺术,是经常需要呈现的文化直觉的艺术。

将道德、哲学、教育和人伦关系整合实践熔为一炉是古今中国人思想与行为,修养与觉悟的几大促成要素,道德哲学中的人生论、内心反省、群体与社会一体化,乃至天人相协之道是人性道德哲学的社会实践和思想制度化。人伦关系的整合实践则是一种体验,在不同社会文化场合它起着培养巩固道德文化意识、无意识和文化的直觉主义的作用,因此这一综合修养将造就出做人的定向标准和类同的文化思维行为方式。

作为一种转换的文化直觉:群体、场合和特征

人伦相对性直觉之发生是道德哲学的社会实践之反应,它是一种体认性的社会性思维转换。一般来说,文化直觉的表现属于一种持久的,传统结构内的关联性的直觉。中国人伦秩序的稳定性结构贯穿了古代的仁及其一脉相承的现代新道德原则,因此直觉的转换仅仅在文化结构之内。孝子和"忠于领袖"的典型人物是由古今密切相关的道德所濡化了的人形成的模范,其动人事迹行为伴随的觉悟和"一闪念"的顿悟——文化直觉首先有教育模塑的基础,然后是思维的场合性转换。敏锐的文化直觉者常常是社会中具有强烈的合模要求的人,例如传统与现代道德说教均强调样板和榜样力量,如二十四孝图的主人公和因时因势涌现的当代英雄都是教育人类学上所说的模塑的"人的图像"。由一个时代政治、道

---

① 《光明日报》,1986 年 8 月 18 日。
② Tu, Wei-Ming, "Selfhood and Otherness in Confucian Thought", in *Culture and Self*, *Asian and Western Perspectives*, edited by Anthony J. Marsella, George Devos and Francis L. K. Hsu, New York and London: Tavistock Publications, 1985, p.249.

德、教育和宣传推动的榜样的力量并不总是无穷的,而是有限的,因为不包含人的发展之创新与推动社会文化结构之转型的意义,而仅仅在于其人的发展模式和社会行为的类比、模仿。实质上,上述榜样人物之文化直觉的产生仅仅是推动一种敏锐的场合性思维转换,敏锐的文化直觉含有群体性类同反应、场合性迁移的定式,人类学调查可能涉及城乡社区群体性、场合性的复杂的文化直觉表现,可以发现引人兴趣的一些特征。

知识分子之"先觉"

宋儒范仲淹《岳阳楼记》说:士当"先天下之忧而忧,后天下之乐而乐",这是宋代儒者规范自己道德行为的先觉精神。儒家当时对自己的期待之高是同喀尔文教徒一样的,喀尔文教徒认为自己是独蒙上帝恩惠者,而新儒家以先觉自居,他们是士,主观上高度负责,这种士的"宗教精神"是新儒的一大特色,这一思想影响了后世的"特殊精神"[①]。包括有数千万印册的刘少奇著作[②]在"文化大革命"中被重点批判,也因其标举范公"以天下为己任"的忧乐"先觉"精神。中国古代士和当代知识分子的一个共同之处在于接受了张载的"利于民,则可谓利,利于身,利于国,皆非利也"的宏大思想,即不但不许"士"本身谋利,也不许国家(即政府)与"民""争""利"[③]。中国士对人生价值的追求并不只需人们记住道德信条,而是期待对道德哲学与原则的洞察与直觉,这包括对道德原则与社会生活实践的体认;不仅如此,士的"天下为己任"还包括有情感体验成分,因此士之文化直觉是知情意整合的结果,在一定的社会历史形势下,当"利之于民"原则受到损害时,士之文化直觉便跃然而生。于是新儒家重建社会秩序先觉的呼声与经世表现,便是北宋"政治改革"和南宋建书院和社会性讲学的教化性行动。我们在80年代同样在中国看到了知识分子推动政治改革的大规模先觉性思维与行动之呼应,以及如南宋同样出现的遍布全国的带有自由学术空气的各类书院和讲座。不同的是,现代犹存的这一传统文化的先觉之直觉已从士的共鸣变为青年知识农民也能理解的觉悟,并从开启的现代民主思想中汲取了新的养分。中国士的文

---

① 余英时:《中国思想传统的现代诠释》,台北:联经出版事业公司,1981年,第330页。
② 《刘少奇选集》,1981年,第97、167页。
③ 余英时:《中国思想传统的现代诠释》,台北:联经出版事业公司,1981年,第330页。

化直觉及其经世行为一直源于一个建立完美的群体社会的道德理想,然而知识分子对时弊之慧眼与直觉共鸣之后,其"文化之修改"①将怎样进行是一个大问题。我们已从在野与当政的士所追求的、饱含直觉主义的大胆转折的乌托邦实践看到了文化的回复,以及文化直觉的不可遏止的逢时跃升。我们也看到社会转型时期知识精英的文化直觉的积极意义在于提供新的文化选择的途径,当科学与民主的思想融入一个民族的传统文化程式之中,文化的思维不是也会变迁吗?例如当前再度人为地进入修改文化的新时期,建立一个什么样的中国人现代群体原则才能适合人的"自我实现"的需要,才能步入社会结构的转型呢?90年代的中国社会又一巨大变化正在出现,于是人类学家将会在本世纪末开始面临更为复杂的中国社会文化调查的场合特征问题,你一边要熟悉和体验中国人和知识分子传统的文化直觉、觉悟及其伴随的行为方式,又要剥离出新一代人开始呈现的反文化以及重新修改文化的多元思维与行为方式。这将有一个包含世界观、价值人伦原则、思维与行为方式的新旧文化转换阶段,其间,文化的意识、觉悟程序也将得到改造。

写作与阅读的逻辑与直觉

中国古今哲人的直觉法反映在思想与写作上的特点是,"只重生活之实证,或内心之神密之冥证,而不注重逻辑的论证。体验久之,忽有所悟,以前许多疑难涣然消释,日常的经验及得到贯通,如此即是有所得。中国思想家的习惯,即直截将此所悟写出,而不更仔细证明之"②。如对于"仁,人心,义,人路也"这样的语句,我们不清楚它是一个判断抑或是一个比喻。③ 而后世哲人仍继续以类同方式一再阐述和注释仁、义和礼的非界定含义。东西文化交流中的一个现象是作为文化直觉与体悟终极结论之"仁"字难以找到相应的西文对译,只能勉强译之,然而相当多的看不到严密论证与推导过程的精辟命题与术语,如仁、礼、道、心、理、气等却获得了数以亿计的"心领神会"的中国崇信者,这大概就是直觉体认的魅力。林语堂认为,顾炎武的《日知录》三百年间所得之盛名也非来自逻辑

---

① 墨子刻(Thomas Metzger):《二十世纪中国知识分子的自觉问题——一个外国人的看法》,《当代》第74期,1992年,第69页。
② 张岱年:《中国哲学大纲》,北京:中国社会科学出版社,1982年,第8页。
③ 胡军:《试论中国传统哲学中的直觉思维方式》,《北方论丛》1990年第2期,第17页。

之论证,中国著作家只给你一段或二段论辩,便下结论。当你诵读他的文章,从不觉得它的发展已达到论辩的最高峰或天然的结论,因为论辩与证据都是那么简短,不过你可以感到一刹那的幻觉,觉得它已达到了结论。[1] 顾炎武的著作即有这种无多论证,却有贯通知识的体证之所获,撰书者和阅读者都拥有在同一文化中体验、体认与直觉之自信。

二十世纪五四运动前后,随西方科学输入,白话文之推行,文人的文章也从西方吸收了更多的逻辑论证方法[2],但现代中国文人作品论说方式仍不失传统色彩。例如40年代著名学者吴晗、费孝通等五人关于中国社会结构的论文集《皇权与绅权》之写法,包含了古今中国社会来自书本的和社会经验的说明,其中一些篇目既采纳了逻辑的论述,又有中国人习惯的体会性直截说明;另外,写作上很少依赖或不过分依赖于众多的注释根据,这样的文章中"有很多理论还没有足够的事实予以支持"[3],却完全为生活在这一文化中的中国人喜爱、接受和信服,尽管不是现代西方学术杂志上已成套式(洋八股)的论文结构。这本书可以认为是现代文人注意了论证逻辑又保持了体悟的写作方式。中国文人喜爱的散文、杂文更充满了含蓄、隐喻和直觉,如马南邨的《燕山夜话》[4]相当典型,为一个时代的中国人所深刻理解,虽然有时并不点破题,该书是事实、隐喻、借喻和具有时代性的文化直觉相结合的著名作品,似乎关心中国的人类学家应该选读,看看是否能贯通其中的隐喻与获得直觉,这是一个文化理解的测验。

我现在回来谈谈人类学家。如果中国呈现文化的直觉及其伴随的行为未被人类学家所意识和体认,其单纯行为的"逻辑性"分析表面上看起来环环相扣,实为偏离思维之轨迹,常见的现象是强拉文化现象与要素试图构筑逻辑的论证的大厦,看起来宏伟却是使人真伪难辨的海市蜃楼。因此涉及中国人思想与行为过程的人类学著作不能只有文化的"切片",没有整体综合;只见逻辑,不见直觉,只求预设理论去寻找逻辑过程的填充物,而无敏锐的直觉观察,这便会混淆结论之真伪。我的信条是,学会寻找逻辑之存在以及善于以文化的直觉对直觉。因此,关于中国文化与社会研究的常见的学术论文结尾的 Conlusion 理应既容纳逻辑的实证的

---

[1] 林语堂:《吾国与吾民》,台北:远景出版社,1977年,第79页。
[2] 孙中原:《论严复的逻辑成就》,《文史哲》1992年第3期,第80—85页。
[3] 吴晗,费孝通等:《皇权与绅权》,上海:观察社,1948年,第175页。
[4] 马南邨:《燕山夜话》,北京:北京出版社,1964年。

结论,也要包含文化直觉的体证。我尝试说明文化直觉思维的经常性及其社会生活意义,并强调做分析与逻辑的论述,也做直觉认知的记录、解说和撰写。我有兴趣于西方和中国人撰写中国社会与文化的人类学作品产生观察差别的文化思维的原因,也有兴趣于向作者和读者提出文化直觉的问题,如那些发自中国的国际报道中的问答,你是否发现了农人和市民运用敏锐的场合性文化直觉(依群体特征,访问地点和时间等)? 你能确认作者和采访人有把握对一些回答做敏锐的反向直觉认知吗?

文化直觉的社会性记录

文化直觉是在一种具有深邃的文化传统的族群中发生的一种类同性瞬间觉悟的思维方式。当直觉的判定确定下来,随后尚有一系列文化的行为,可以成为不可复述的文化直觉思维过程的社会性记录。我在这里特别提到 Skinner 在 19 世纪四川省的人口统计分析中发现的饶有兴味的数据问题。他写道,"我对 1812—1882 年不一致的分析表明,对 1812 年的人口数据的有意篡改是为了校正人口统计的异常现象,提高其合理性"①他还说,"对绝大多数县份来说,对这种变化的比率和趋向中的规律性唯一的解释是,1882 年以后(1887 年,笔者注)的所有数据都是拼凑而成的"。他在谈到数字篡改与拼凑的原因时写道,"官员可以通过对以前报告进行反馈得到一些理性知识。如果负责保甲数据统计的每个官员都知道他每年都须呈递报告,那么他主要关心的当然是怎样以恰当的方式去准备这一报告,即:遵循某种模式或某种为人所接受的经验"②。现在我跨越文化的时间和空间,观察 1958 年大跃进年代全国性从上到下公开的粮食产量超级浮夸风、虚报风以及当代一些乡村地区的人口瞒报背景③,可以进一步指明思维与行为的历史关联性,这一传统是农人的生活体验和官员的官场经验造就的具有古今传递性的共同的文化意识、文化无意识与文化直觉的文化思维丛。在这一文化思维丛运作之后随即完成的内外、上下级关系整体性整合过程,以及根据不同时代的政治背景、公务执行标准、官场哲学、人伦相对性制度与利益而发展出来的巧妙的有时

---

① Skinner, G. William, "Sichuan's Population in the Nineteen Century: Lessons", in *Disaggregated Date*, 1986, Vol. 7, No. 2, p. 46.
② Ibid., p. 27.
③ 刘书臻:《试析出生性别比问题》,《山东人口》1985 年第 3 期。

是违心的不诚实行为。显然,由一种文化模塑出的体证与文化直觉是当下产生的,然而是有用的,随后则是根据这一直觉的判断而开始按照某种自圆其说的"逻辑"编造一个被别人、上级或外人所接受的结果,尽管相当多的人在看到这一"杰作"之后心里早已凭反向的文化直觉判定这是杜撰的了,然而人们只是会意。"心有灵犀一点通",而少有言传。于是"统计"的数字便推出并被接受了。

Skinner 关于 19 世纪四川人口夸大和编造的事实与推理分析,导致他不得不对他以往的研究中引用的数据与分析加以重新修正,有鉴于一些人类学调查数据和材料可信性鉴别之困难,我总是愿意比较从不同方面得到的数字,这不仅是学者要有的科学态度,还涉及人类学家必须善于接受来自田野工作中尽可能使人满意的逻辑的或直觉的痕迹。Skinner 对四川人口数字问题的发现是很重要的,他开始注意到和开始解释的现象既是社会的,又是文化的。我则进一步注意的是人类学家如果能有长期深入的田野工作和对基层社会生活运作过程的体验,还会发现一种超越空间、时间的共同的承继性思维方式,如人伦相对性的文化直觉及其派生行为的本质的关联。这种关联的发现已经打破并将继续打破那些一直被人信以为真的沉默的历史。

教育过程之直觉

直觉之复制

使用在中国人的教育与教学上,孔子的博而约,有博学造就融会贯通之意。这里的关键是思考的功夫,在于发现知识的关联和促成直觉之省悟,然而古往今来中国士人难得有获得自由发挥见解的前提与鼓励,只是唯儒家经典和唯圣人言,其知识的关联,文化意识的模塑与直觉之顿悟均呈现在伦理定位与人际关系整合的理念前提下。孔夫子之后两千年间无论太学,还是私塾均习惯于呆板背诵默写教学方式,四书五经教条背诵之后,只能做不失主旨的发挥与解释,不允许离经叛道,故行文只有文笔特色,不见创新精神。上述古代学习风气之现代反映是学校的注入式(填鸭式)教学,重思考功夫的自由问答和 Seminar 式教学是稀少的。近 30 年来学校教师亦曾试图提倡启发式教学,但由于受大的社会总体环境影响,启而不发的教学状态仍是普遍的。实际上自由探讨空气受多方面因素牵制,如影响教学的全国统一进度,或某些敏感问题难以启口(政治的、人伦关系的),师生平等对话式教育同传统人伦原则不能合拍,以及有时教师知识水准不能应付广博提问等。在严峻的升学气候下可以说若增多了教学讨论时间,便会影响系统性会考的成绩,因为考试在很大程度上是唯书(教科书)为纲(教学大纲),甚至圈定考题,故而个人思考和自由讨论当成多余的事情或启发式教学不能广泛奏效,这是约束性传统文化习惯在现代社会中的延续。1987年一位在中国学校做观察的外国学者认为,中国"大学的入学考试对有创造性和富于想象力的学生来说很少有显示才华的余地,70%以上的中学考试试题都是根据教科书上的材料出的"①。在某些学校和场合,70%的估计实际是要保守得多。近年来城乡流行的"题海"复习应考战术,的确是一种试图达到从博至约的古老学习方式途径的变种,但现代教育的研究不赞成这种不经济的古老方式,因为教师只教学生做什么,而不教怎样思考,何况还受到先在的思想原则的限制,当然会影响超结构的关联的直觉思维的呈现。

那么注入式教学,死背应考乃至"题海"与圈定考题是教育的实践活动吗?是,但不是创造性的教育实践,而是重复性实践活动。这种教育实践不会创造,因为这种教学方式是以已经完成了的形式存在着。如果教育者在说教中提供有限的论点,受教育者只是寻找新的佐证,那也不过是仿效性实践。② 这两种教育实践是不产生任何新质的文化传递行为,它长于培养人们掌握一种钦定的、刻板的知识系统,意识形态的信条以及场合性迁移的政治意识与文化直觉。我们可以看到形式与内容脱节的上述学校教育实践在学校外的社会生活中反映了隐蔽的类同性的思维与行为方式。如某个会议的结论有时在会前,先行斡旋与协调,从而会议举行过程本身不过是存在的形式,是一种先于实践而完成的观念的产物。有时一些会议并不都会提前安排好,但与会者清楚局内局外人伦关系秩序,同样可获得某种整合性的结论。这时的场合性、整体性的意识、觉悟与直觉是有用的即时性的思维方式,但创造性的意识、觉悟与直觉则极难呈现。我这里涉及学校教育同社会生活之间尽是呈现同构的、重复性、仿效性、无新质的思维与行为方式,以及仅制造了场合性转换的意识、觉悟与直觉。

---

① 列文:《中国和科学教育:二十世纪八十年代的改革与变化》,中国人民大学报刊资料中心编:《教育学》,1987年第8期,原载美国《比较教育评论》。
② 庄孔韶:《教育人类学》,第292页。

教育与文化的修改

自从西学东渐的百余年间,中国人一直提倡直觉同分析性科学的结合,因为在某种情况下,重内省、体悟与直觉影响了对自然界和人类社会的科学的、逻辑的认识。特别是在社会生活中,既然原则可以被相对性人伦关系及其情感所调节和变通,那么社会性思维的逻辑形式和界定的概念便难以在该文化中得到肯定和推崇,于是直觉思维传统中的整体性、综合性、直觉性的长处便得不到人们的正确认识,既然一种文化中的特定的思维方式能够长久延续下去,一定是有它存在的根据,对此,一些西方学者已有比较性观察,他们特别注意中国人思维中的关联性、整体性与综合性认知方式。李约瑟(Joseph Needham)认为"中国的哲学本源是有机唯物主义",每一种现象都是按一定等级次序与每一种其他现象相联系的观念,在中国思想家中间是很普遍的。他用现代科学术语说,"中国人是一个倾向于场理论的先驱"①。那么整体性、综合性、关联性的直觉思维方式的补充应是逻辑思维。爱因斯坦(Albert Einstein)中肯地论及这两种思维传统相结合的益处根源于"从特殊到一般的道路是直觉的,而从一般到特殊的道路则是逻辑的。"②这大概也应是现代教育的重要思想原则之一。显然,中国未来的教育和学习应是一种创造性的实践,那就必须提倡对自然界、自然与人、人与人关系上的分析的、实证的和逻辑的认知,并同传统文化的综合性、整体性和直觉性认知相结合,这是一项重要的结合性的文化修改。实际上本世纪以来,许多中国人走出学校校门,在科学课题上把从他们的老师指导下获得的传统的综合性、直觉的认知能力同分析性、逻辑的认知手段加以结合,是相当出色的。然而在社会生活中,以人伦秩序为前提的相对性、整体性直觉则是继续作为一种人们娴熟的社会思维方式保存着,这两种认识领域是正面与负面的不同的结果,于是我们从前者注意到中国传统"天人合一"思想在对待天、地、人生态系统运转中的巨大意义,也从后者注意到教育与社会的一个共同课题是,提醒人们认识并实行将政治同人伦关系原则分割开来,由不断完善的立法来限制人事判断上的人伦相对性原则,以及排除人们对传统的文化直觉主义的

---

① Needham Joseph, *Science in Traditional China, A Comparative Perspective*. Cambridge, Massachusetts: Harvard University Press, 1981, p.1.
② 爱因斯坦(Albert Einstein):《爱因斯坦文集》,上海:商务印书馆,1979年,第三卷,第491页。

单一根据。

已有一些学者提倡以直觉的结构性思维来弥补西方人逻辑思维之不足。如布鲁诺（Jerome S. Bruner）①强调了直觉之转换的见解以应用于教育之中。

和中国文化相当不同的美国,如何寻找一种方法能有效地向新一代传授那些迅速发展的知识呢？在20世纪40年代以前的美国学者很少从事那种能训练学生掌握复杂知识的基本结构的研究工作。然而后来的研究证明,在最适宜的条件下做教材结构理解的学习会使人"学会怎样去学习",这已不是侧重于传统的"官能"（faculties）训练中的分析、判断与记忆能力,而是训练学生学习学问的结构,就是以允许许多别的东西与他有意义地联系起来的方式去理解它。简单地说,学习结构就是学习事物是怎样相互关联的。② 而理解基本的结构与关联的意义便在于学习一个模式,使学生通向训练"迁移"（transfer）的大路,从而学习不只应是知道把学习引向何处,做一般的习惯和一般的联想的伸延,而是做基本原理和观念的迁移,这才是教育过程的核心。

布鲁诺从如何教授基本结构或者如何提供形成基本结构的学习条件,谈到转换处理知识使之适合新任务,以及直觉思维这种仍是结构的直觉认识方式,以重新激起我们（教师、学生、家长乃至教育的决策者）对教育的兴趣和热忱。他的"直觉思维总是以熟悉牵涉到的知识领域及其结构为根据,其思维者可能实行跃进、越级和以某些方式采取捷径"③,而涉及的这类问题借助西方人熟悉的逻辑与分析是无法解决的。他强调结构的教育与学习过程是旨在使教育者和受教育者充分利用其智力,从而使一个国家在当代和今后复杂工艺与复杂社会的环境中处于有利地位。无疑,布鲁诺提倡的直觉的转换将作为一种文化手段,弥补西方传统思维方式以有效地认识自然与社会。总之,以教育与教学过程为起点,人们均意识到长于逻辑的、分析的和实证的西方文化同长于综合与整体性直觉思维,以及场合性直觉转换的中国文化互补性的现代需求。我的确在布鲁

---

① Bruner Jeromes S., *The Process of Education*, Cambridge, Massachusetts: Harvard University Press, 1977.
② Ibid., p.7.
③ Ibid., p.58.

诺的书和其他的美国教科书中看到了对学生直觉能力的新的肯定性强调①,也看到了无数中国教科书对科学、分析、界定和立法的强调。十分有趣的是,前者对直觉主义(虽然和中国传统的体悟性直觉有某些差别)的倡导并没有在他们的社会生活和人际关系方面表现出介绍与应用的兴趣,而后者的科学、分析与规定性的倡导却非要卷入这个具有深入的文化直觉与人伦相对传统的社会生活范畴不可。

隐喻(Metaphors)与直觉

人们一般只是在研究文化中的自我时论及隐喻,而隐喻的意义实际上更为宽阔,只不过具有广泛表现的隐喻在每一种具体文化中有着不同的存在。隐喻的本质就是借助彼一事物来理解和体验此一事物,然而这里的隐喻已不只是作为语言现象和修辞手段,而是人类思维的基本特征之一②,我注意到中国文化中具有整体性关联的文化意识与文化直觉过程中如何发现隐喻的泛文化意义,以及中国式隐喻的链环如何关联。

Smith 列举爱情"一经产生就处于隐喻性关联的体系之中,它们与隐喻的关联可以被看成是由于内涵上的一致性,而不是由于逻辑的连贯性",这是一个良好的抽象性表达。如果稍具体一点解释,可以说爱情一经产生就处于由隐喻性关联的体系之中,它导致了思维过程中可以用语言表达的爱的意识和难以复述其思维过程的爱的直觉。毫无疑问,爱情具有文化共性与文化个性。在共同的生理、心理、环境诸因素外,还有共同的文化隐喻,如某些显示忠诚的隐喻造就了不可言状的共同的文化直觉,而另一些爱的文化直觉则依赖于不同的文化价值标准特有的暗喻。如生辰八字或面相含义中的暗喻是被特定的中国文化解释的,算命先生的解释依照其文化规则连接了一系列相关的暗喻和体验的直觉性解说,而发生在男女当事人之间难以复述的爱情之贯通与直觉远比算命先生丰富得多。男女主客位相互交流而发送和接收的文化的隐喻,有时便导致

---

① Bruner Jeromes S., *The Process of Education*, Cambridge, Massachusetts: Harvard University Press, 1977;Ornstein,Allan C., *An Introduction to the Foundation of Education*, Chicago: Rand Mc-Nally College Pub, Co. 1977.

② Smith,M. Brewster, "The Metaphorical Basis of Selfhood", in *Culture and Self*, *Asian and Western Perspectives*, edited by Anthony J. Marsella,George Devos and Francis L. K. Hsu, New York and London: Tavistock Publications,1985, p. 73.

了爱情生成的决定性的意识与直觉。

世界上诗的隐喻不是也有文化的共通性吗？是的,然而中国古诗的文化个性何在呢？由于中国古诗篇幅、句式、字数与音节的简洁特征(同时也是做诗的一个局限)造成根本就没有如英文诗那样长于描写的余地①,这就是说中国诗留给自己的回味的余地更为宽阔。诗人同诗意境(人与物)浑然一体,主客位整体性贯通的宇宙观意识、体悟与直觉便油然而生。"采菊东篱下,悠然见南山。山气日夕佳,飞鸟相与还。此中有真意,欲辩已忘言"。陶渊明(或读者)不正是使自身处于对世界的直觉之中吗？中国诗人还善于透过用词的双关、多义的暗喻,引导出联想和内心感应的直觉,中国诗中暗喻的文化意义在译成另一种文字时,显得尤为突出,如杜甫诗句"清辉玉臂寒"之"寒"字,目前所知的几种译法虽然是英文中的佼佼者,"由于西方语言中较为严格而特殊的词语和句法结构,很难在译文中保留汉诗的这种多义现象,译者往往不得不从几种可能的理解中选择一种"②,因此难于如汉诗那样反映出作者的全部文化寓意,包括暗喻的贯通与内心感应之直觉。如果涉及善用隐喻更为费解的李商隐诗,他的无题类或泛题类作品的某些句子,即使尚可直译,其循意象的破隐解释也相当艰深并须小心③,更不用说为古文中更为深奥却常见的"仁"字做注了,即对一种场合性诗意境的文化意识和直觉的理解,以及对更大范畴的符号的文化含义和直觉理解决不能简单化。

其实我在这里提到诗的隐喻不在于文人作品评论,而在于指出隐喻之贯通与直觉的理解的训练已是中国城乡可见的又很少讨论的文化濡化方式。例如,福建古田县镇乡从古至今(20世纪曾有中断)的诗社(多文人参加)活动和"盘诗"活动(一村村民同另一村村民隔陌对诗,如黄村内外),虽诗句和文人的雅俗有别,但均善隐喻入诗,并成为限时贯通隐喻,限时构造诗句的竞赛活动。诗社、盘诗和正月十五灯谜活动(多用诗形式)均是隐喻识别训练的群众性文化活动。

隐喻使用的历史可以溯源于夏、春秋时代的瘦词、隐语,还有魏晋时

---

① Tay, William, "The Substantive Level Revisited: Concreteness and Nature Imagery in Tang Poetry", in Special Issue on East-West Comparative Literature, *New Asia Academic Bulletin*, 1978, Vol.1, p.137.
② Ibid., pp.141,142,148.
③ 颜昆阳:《李商隐诗鉴释方法论》,台北:学生书局,1991年,第218页。

期开始出现的谜语,间或也使用隐语和隐喻。① 在我们的文化中,隐喻、暗示使用在文章和民间会话中,并不是少见的。

中国历史上隐语、谜语游戏不妨认为是一种训练文化思维贯通的生活方式。夏商周瘦词成为官宦文人的高级消遣游戏,春秋战国则在隐语基础上产生了一种进谏讽喻统治者的隐语"在上者肆行贪虐,下民不敢明谤,则作为隐语,以寄怨怒之情"。② 隐语的特点是不把本意直接说出来,借用具体生动的事物或故事隐喻或暗示,让人猜测意会,有的还含有深邃的寓意,较为费解,不易捉摸的瘦词更容易被人们所接受。那时,群雄崛起,列国纷争,君权确立,有些政客游说各国,均不直言,常用隐语劝说君王,有的当权者也以隐语测验自己的臣民的智慧。③ 隐语是一种隐喻的语言,文字手法都是借言此而寄寓于彼,大者以兴治斋身,其次弼违晓惑,"盖意生于权谲,而事出于机急"以及"振危释惫"④。隐语之重要的社会功能,似乎在现代中国社会中仍能体现。后来的谜语则有些不同,谜语保持了隐喻暗示的特征,多为训练关联的智慧,以找到其中隐语的答案,如古今流传的老少皆知的"东一片,西一片,到老不相见"是"耳朵"隐语,也是谜语;"远看山有色,近听水无声,春去花还在,人来鸟不惊"的谜语是"图画",这是较流行的隐语诗;而"小时大,大时小,渐渐地,不见了"是人体"囟门"的隐语性谜语,则猜想略有难度,故中国人古今猜谜首先成为一种获得知识的智力开发活动,培养从众多隐喻的链环中发现逻辑、结构性思维迁移以及意识和直觉呈现的文化能力。

我从爱情和诗,说到隐语和谜语,贯穿了使用隐喻和直觉训练在中国文化中的广泛性。这种文化的训练和实践并不仅只限于此,从福建临水宫请香通俗诗签⑤以及中国节日遍布城乡的对联中都能发现或明或暗、或难或易的隐喻诗句形式,这是中国人民俗化了的文化行为,甚而至于北美中餐馆中幸运饼干(futurne cookies)中的话语也是一种大多使人愉快的隐语和暗示。

一个以人伦相对性为社会关系基础的社会,一个千百年来思维与言

---

① 赵濂:《谜语浅说》,北京:知识出版社,1985年,第4—8页;钱南扬:《谜史》,上海:上海文艺出版社,1986年,第1—17页。
② 杨明照:《文心雕龙校注》,上海:中华书局,1959年。
③ 赵濂:《谜语浅说》,北京:知识出版社,1985年,第5页。
④ 刘勰:《文心雕龙》卷十五。
⑤ 庄孔韶:《福建陈靖姑传奇及其信仰的田野研究》,《中国文化》创刊号,香港:中华书局有限公司,1989年,第97页。

论不能开放的社会,在诗文、隐语、灯谜中隐喻运用以外,人们还会在不断有自我参与的群体生活中实践、体验隐喻在认识中的作用,因为信息不明朗、不全方位开放的无数社会性场合,隐喻觉解的能力具有必要性,隐喻结构转换和贯通无数隐喻的关联以达成意识与直觉都是文化适应的需要。我在重访"金翼"黄村所经历的生活,已不难看到暗喻中意识与直觉的形态是多种多样的,以政治社会生活中最为常见。如50年代"亲不亲,阶级分",是当时排斥宗亲原则的隐喻性口头禅,为一般外来者所费解;大跃进时期的"人有多大胆,地有多大产",是以政治上乌托邦蓝图和群众的主观决心试图超越科学的隐喻性谚语与动员性口号。"文化大革命"初,报刊和电台发出的著名的政治性暗示"揭发睡在我们身旁的赫鲁晓夫",均获得了相当多的群众或快或慢的"体悟与诱导性觉解"。

至于每个人生活经验中值得提及的,如上下级事务过程中人伦秩序、场景性暗示、话语之隐喻均有助于推进直觉,而如果不了解中国文化的人伦结构以及地方人际关系的具体情况,一些社交程序与一些言说的句子内外含义(包括隐喻)便难于识别,其人类学的观察能力便在于能意会那些语言背后的含义。可见在某种社会场合,我们总是在试图理解实际上比我们听到、看(读)到和能说出来的更多的信息与含义,这其中包含着对明确的符号和不明确的隐喻的理解,因此文化可以认为是超时空的符号与隐喻的关联。在文化直觉产生前,在纷繁的信息成分互相运作过程中,有时呈现由暗示与隐喻构成的无数"中间站"现象,逻辑的与直觉的思维都需要整合主体所感受到这些或明或暗的信息。在中国古今一贯的伦理与组织性文化中,由传统道德哲学与文化制度模塑了一般文化意识和直觉思维定式,但这需要群体长期体验而共同获得,对个人来讲也需长期生活的体验才导致良好的破隐(喻)能力和文化意识与文化直觉能力。中国大社会中,正是人人把自我当做群体的一个部分,从而总是在整体性关系中把握自我并面对隐喻做出自己的人伦相对性的反应。

至于日常生活的礼仪节日,宗姓关系和房份中,不仅存在许多明显的象征性认同的事实,还存在民俗的暗喻。在某种程度上讲,中国文化中显著性的象征有时只是形式上的、礼仪上的,可以用语言、符号与文字表达的;而在含糊的隐喻中透露的信息有时才是实质上的、丰富无比的,只能心领神会的。如果容纳中国人整体性思维文化特征,那么暗喻已不止于由彼理解此的一般思维程序中的意义。直觉思维过程始终把思维主客体作为一个整体来思考和把握。当主体面临复杂环境时,它经过伴随着概念的关于场景与事物的完整形象,体验和体认做直接认知,迅速贯通暗喻关联,完成事物本质的总体性结论。中国文化直觉并不排除逻辑思维的基础,有时有所谓逻辑推理程序的压缩与跳跃,是指主体在大量思维实践中,对某些推理规则模式的迁移运用非常娴熟,以至形成一定的思维定式,它和非逻辑性的、多项展开的整体性直觉思维相结合,而直接得到问题的答案。有人特别强调一般思维意义上的直觉思维和逻辑思维的互补关系。① 这是一种共同的文化体验与体证,它为该文化多数人所理解并呈现类同的场合性觉解。因此,中国文化人类学的田野研究始终存在一个知识准备之后的新的方法论训练,要善于发现文化的关联,要善于发现隐喻的关联(文化的谜语)和实现文化的直觉,要善于从整体性思维方式去寻找田野行为的综合的相关要素。这一方法论意义是,在主要针对中国田野工作场合(亦含文献的关联等)的思维与行为研究中,文化的直觉发现同样是人类学探索的必不可少的组成部分。应该说,缺少文化的直觉发现便不能完成对任何族群的更为深入的认识。

(原载于庄孔韶著:《银翅——〈金翅〉的本土研究续篇》,台北:桂冠书局,1996年,第484—511页。)

---

① 孙伟平:《论逻辑思维与直觉思维的互补关系》,《北京师范大学学报》1991年第6期,第92页。

历史人类学的原则

一、人类学、历史学和民族史

人类学和历史学之间曾有不可逾越的界限,至少到本世纪中叶仍如此。但实际上,这两个学科在理论、方法论,或研究的主题上并非各自截然独立。人类学家伊文斯—普里查德关注文化变迁和历史,克娄伯则描述濡化与文化变迁的过程;而年鉴学派的历史学者对制度和社会的兴趣,比他们的同时代同行——那些热衷于政治事件或传记描写的史学家,其撰写更接近人类学。现在,"人类学转向"成了新叙述史的形式之一。其主要特点是促使历史研究关注人类学意义上的文化事项。这是指历史研究从传统上关注特定政治人物的思想和行动之政治史,转而关心那些普通人的态度与信仰。托马斯写《宗教与巫术的消亡》就是用人类学理论与例证进行比较,以说明人们对巫术的信念是怎样丧失的。近年来,中国的学者,例如明清史的学者下移至民国史料爬梳乃至参与当代的田野工作以寻求新的见解的根据;而人类学家则反观古史以寻求思维与制度的古今关联性与变异性。伊文斯—普里查德在四十年前就同意"人类学须在历史学或什么都不是之间做出选择",以及民族史家也赞同"历史学也须在社会人类学或一无是处之间做出选择",这是说他们共同预估了两个学科的必然走向。①

在谈到历史学和人类学之时,不能避开民族史的含义。在北美,民族史的方法是应用记录追述印第安诸部落的历史,记录包括诸印第安族群的调查材料和因印第安人土地权问题遗留的大量法庭资料,但上述记录多是有文化的非土著人留下的。这样,民族史被认为是"通常是为人类学家所研究的族群的历史"②,其传统做法是描述他们:编年叙事史、单独或特殊的事件,而时常是关于土著和欧洲人的关系。然而,外来人重建"没

---

① Krechlll, Shepard, "Ethnohistory", in *Encyclopodia of Cultural Anthropology*, edited by D. Levinson and M. Ember, Volume 2, p.423. American Reference Publishing Company, Inc.1996.

② Sturtevant, William C., "Anthropology, History, and Ethnohistory", *Ethnohistory* (13), 1966, pp.1—51.

有书写历史的族群的历史"是不完整的,"必须从根本上考虑所研究族群对事件的自身见解,以及他们对过去历史的文化建构方式"。①

民族史的问题还在于其名称。例如北美印第安人的历史—民族史研究如果换在多民族的非洲难以这样冠名。口述史家万森纳(Jan Vansina)认为,"研究未开化社会的历史与文明社会的往昔并无不同",因此,"没有必要为此创造一个特别的术语,如民族史。"②实际上英文民族史一词的前缀 ethno-来源于希腊语 ethnos,今天的含义是包括那些组成或并不组成民族的特定的人群。这样推说,民族史可以指任何一个民族或族群的历史;但实际上经常只是部落的民族史、少数民族的民族史,而世界上一些国家和地区的主体民族却几乎不提民族史。为此,已有人批评保留民族史一词会被一些族群看成一种"不公正的歧视"③。由民族史的术语及其实际研究的传统引出的问题仍然涉及上述人类学和民族史、历史学的关系与内涵,直到 ethnos 一词的传统界限消除为止。因此,我们再谈到人类学家和历史学家所做的工作,以及它们之间的沟通时,"历史的人类学"和"人类学的历史"的说法与内涵会被多数人所认同。

二、意义的历史(significant history)

人类的历史遗产(historical legacy)由其成员,家族的、亲友的、社区的、族群的,以其口传的、记录的、文献的传递下去,当世的人因受其影响而从他们的往昔寻找定位,获得该族群所期许的行为的价值观和世界观。然而,他们的关于往昔历史的认知并不是一个"客观的"过去,而是一种对他们的生活深具意义的历史。

苏珊·娜詹(Suzanne Najam)讨论了英国笛郡矿工在 1984—1985 年罢工中扮演的角色。由于矿工们居住在一个长久以来对激进活动始终负有义务感的地区,直至今日他们在主观上仍然可以在身份认同,以及对事件意义的构筑上,汲取到激进主义的影响,并将这一信念化为实践,进行持续的抵抗。她采访的一位矿工说:

---

① Schieffelin,Edward, and Deborah Gewertz, *History and Ethnohistory in Papua New Guinea*, Sydney: University of Sydney, 1985.

② Edward E. Evans-Pritchard, "Social Anthropology: Past and Present", *Man* 198, p. 424 (Sept.,1950).

③ Ibid., p. 425.

"我的意思是,1926 年的情形也是这样的。要到许多年后,你才能看出当时所发生的关系、意义,才能完全了解罢工的影响。也许到离现在五年、十年、或十五年后,当你回顾 1984—1985 年的罢工,还有它对英国社会所造成的冲击时,你才会知道它的意义。而他们当中很多人是不会知道的。但是我认为,等他们年老,他们将坐在儿孙辈间,然后说'我记得 1984 到 1985 年……'你知道我的意思。而且在他们的话里有骄傲,有尊严,你可以感觉得到,他们或许不会说出来,但你可以感觉得到。"①

作者援引的众多矿工的话语,是为了表明一种被认同了的历史遗产是如何潜移默化地被传递下去,然而"这种历史遗产与所谓的'历史感'不同,后者是一种不具焦点的理解,对于接收者而言也不具暗示;而前者即包含了理解世界的内在方法。在这层意义上,历史遗产是赠与后代的,是一份传达责任感和义务感的礼物。后代可以从这种历史遗产中汲取什么,系取决于他们想从其中得到或需求什么,以及他们所认知的义务感。它像是已经浓缩封装的历史感,提供这个社群对世界的独特诠释。"②

"这种历史诠释被视为'意义的历史'(significant history)。它是一种超越时间但具有关键认知的历史,他可以在不同时空下被动员,且对'情境的历史'的演出具有重大影响。当行动者试图理解他们的生命意义时,它提供了意义框架并充当行动的'文化演出剧目'。借由它在时空中的动员,历史遗产乃得以永存于社群之中。这代表着历史遗产的运用有助于意义历史的繁衍,并可透过各种持续性的关系,予以扩充和增强。"③

然而,意义的历史的繁衍取决于两个要素:1. 意义的历史的实质内容必须借由它与人们的生活实况的契合度,来与行动者保持持续性的关联。2. 必须有合宜的客观条件,这种历史遗产才得以延续。

三、人类学看历史:文化的镜头

对历史学家发现的大量珍贵文献资料和考证,人类学家的兴趣是他

---

① Najam, Suzanne, "Aye Tan the Fore: The Fife Miners in the 1984—1985 Strike". In *Interpreting the Past, Understanding the Present*, Edited by Kendrick, S., S. Straw and D. Mc Crone, Rye Field Publishing Company, 1990. 王幸慧等中译本:《解释过去,了解现在》,台北:麦田出版社,1997 年。

② George W. Stocking, Ir. *Victorian Anthropology*. New York: Free Press. 1987. pp. 14—15.

③ Aijmer, Göran, "Anthropology in History and History in Anthropology", South China Research Center, Division of Humanities, the Hong Kong University of Science and Technology, 1997.

们对过去的陈述和说明。人类学家可以同时是历史学家,但历史人类学不是简单地重复历史学家的考证过程并依次连接人类学的写作。当历史学家提供何时何地发生了什么,以及提供其在社会机制过程中的一系列问题的答案时,人类学家则是透过文化的镜头阅读他们的报告,并在头脑中提出(在田野工作时)引起该答案的一系列问题。一个涉及过去的群体社会首先不是将其看做是一个因果关系的链环,而是以某种方式造就的一个动态系统。人类学家对被说明过了的证据再加以思考,那是由概括的和比较的知识导引出的,而最终归结到这个动态系统和人类学的理论架构中去。

对那些没有文字编年史的族群来说,通过田野工作思考和体会他们的口头传统是非常重要的。口述史学家关注的问题可能是"究竟是什么重构的过去"? 或者是"什么是历史的真实和虚假的记忆——个人和集体的记忆怎样一致,以至什么是合理的解释过程"?① 然而口述人类学具有十分不同的意义。"历史的叙述有时是当代话语的一部分,其处理的则是现代的关系。政治的、经济的、宗教的和与陈述者居住世界有关的不同主张转换成历史的语言,陈述者由此获得一种新的力量。"② 人类学发现的事实是:历史无可挽回,但历史的陈述不会被垄断。例如,一个社区的当代政治通常以历史的外观出现,在田野工作中听到的很多陈述和问题都或多或少地导源于遥远的过去。人类学家一贯的动机是从那些书面的口传的陈述(包括那些远离重大事件的凌乱、分散、模糊甚至矛盾的陈述)中寻求人类的生活方式是如何组织起来的信息。

四、整体性研究的目的

这样,首先要了解人类学探索哪些不同的领域,然后可以明了人类学和历史学的不同以及两个学科的最终的互补性。

人类学探索宇宙论的领域。实际上,世界是一个人类想象中的世界和一个系列象征符号的丛集,然而它是可以被分享的。但人类学寻求文化的意义和模式背离语言的思维,即模式不会轻易得自田野报道人的陈

---

① Aijmer, Göran, "Anthropology in History and History in Anthropology", South China Research Center, Division of Humanities, the Hong Kong University of Science and Technology, 1997.
② 同上。

述和说明。人类学是从某些重要的象征中直接阅读和体会意义的信息。宇宙论秩序的意义不是由简单的感知,而是由体悟和直觉。探索文化的象征符号丛集与模式来自于人类学的"客位的"方法,来自该学科比较的与综合的知识,是超乎田野报道人的一般语义上的归纳。

人类学也探索"真实世界的事物"中实际运作的秩序。例如宗教现象所定位的领域即是一种由变化很慢的符号组成的整合系统。我们从群体的概念入手,因其参与共同的仪式而体现社会性,而人类学则是试图发现他们怎样以不同的方式组织和组合,实际上这种"客位的"组合类型诠释,在某种意义上仍独立于地方人民的观点。

人类学还探索话语(discourse)和互动(interaction)的领域。行动者个人的意图导致了有意义的行为,而且他会被同样的行动者所理解。话语的领域由语言的思维和言语支配着,它的结构是有意识的心智的结构。同时在进行的是不停的互动。根据田野报道人"主位的"解释,人类学家可以研究人类是如何解决他们的宇宙观和日常生活诸问题的,并依次构建他们的文化、历史与命运。

人类学就是这样总是把宇宙秩序、日常秩序和人类每个个体纳入整体性的研究之中。因此,人类学对待历史应集中形成宇宙论秩序的表象,以图重构一般。这就表明了人类学家阅读历史著作和观察田野生活同历史学家在目的性上的差别。

五、变迁的关注点

人类学家始终关注变迁的主题,时空的变迁包含了历史的线索。但变迁的因果关系不是我们特别注意的,文化变迁的速度等也不能用简单的因果关系的模式描述。而更重要的是社会怎样转变和在什么方向上转变。

运动是文化的特征。"起作用的方式和接受规范生活的社会惯例的方式通常有较深的意义,因为它们仅仅由于存在便包含了否定在内的多种替换。从文化上说,世界不仅仅简单的是我们直接经历的世界,而是构成存在的'一种方式',是从许多有用的替换中选择出来的。"①因此,一个

---

① Aijmer, Göran, "Anthropology in History and History in Anthropology", South China Research Center, Division of Humanities, the Hong Kong University of Science and Technology, 1997.

文化传统包含许多的"形态",它们各具预定性。

运动也是社会的特征。社会不仅在生态适应的过程中调整自己,也因技术改革而变化,还有,社会也必定有因文化传统的内在动力而引起的调整。例如对所谓"现代化"过程的观察就是一个例子。和现代性的简单期望不同,世界并没有像有些人想象的那样变得一致,仍有一些和现代性预设不符的特征并存着。

当我们看到历史的证据、结果和编年顺序之时,常常发现结果只与意图有很不清楚的关系。实际上,行动的结果可能对于构拟的计划只有微小的类同之处,为此,人类学观察行动的过程及其特性,他们丰富的民族志知识、经验和理论刚好能对特定历史时期、特定的地点和特定的文献做结构的、复合的解释。"在变动时期,文化认同比其他任何时候都切题……对历史文献和'民族志文本'的批判性阅读能够表明在历史叙述中的前后矛盾,揭示在文化认同生成过程中所包含的和排斥的力量。"①实际上,我们的意图是弄清历史资料的人类学意义,提供变迁的方向和轨迹。正是文化与社会的运动性带来了人类学看待历史和变迁的既是传统的、又是专有的观察。

根据上述理论与原则的解说,我们提供以下历史人类学的两个研究个案,以供思考:

一、萧凤霞在一篇名为《妇女何在?——抗婚和华南地域文化的再思考》的文章中对珠江三角洲的"不落家"婚俗做了探讨。② 在这以前,研究者对"不落家"婚俗的解释主要考虑的是经济因素。他们认为,19世纪当地缫丝工业兴旺发展、妇女取得一定经济地位时,妇女利用"不落家"与"自梳女"的风俗反抗传统婚姻。她们往往得到娘家的支持,因为娘家可以从她们的收入中获益。当时,人类学家们认识到,虽然在男权社会中妇女受到压迫,但她们也不懈地进行反抗,因此,人类学研究十分关注底层的声音。"不落家"婚俗便在这些人类学家的笔下成为妇女反抗男权社会压迫的一种形式。但是,从文化历史的角度出发,萧凤霞对此提出了不同的解释。

通过详细解读历史档案,萧凤霞发现,把"不落家"婚俗解释为妇女

---

① David Faure & Helen F. Siu (ed.) *Down to Earth: The Territorial Bond in South China*. Stanford: Stanford University Press, 1995, pp. 221—222.

② 见萧凤霞(Helen Siu):《妇女何在?——抗婚和华南地域文化的再思考》,张小军译,载于《中国社会科学季刊》,1996年春季卷。

的"婚姻反抗"有违历史事实。自清代中叶至民国,"不落家"婚俗得到当地社区的广泛支持,是一种十分荣耀的行为。在当地,尤其是上层家庭中广为流行。因此,用缫丝工业等经济因素来解释"不落家"的现象显然是行不通的。接着,她又通过追溯"不落家"婚俗在南中国少数民族中的分布以及珠江三角洲的垦殖史,将"不落家"婚俗置于当地居民分化融合以及国家权力切入当地社会的大背景之中。她提出,那些声称来自中原的家族很有可能本是当地原住民,在获得经济地位之后,利用一切可利用的文化资源,来与国家权力相认同,并且排斥可能存在的竞争者。"不落家"婚俗便成为这样一种文化策略,为这些当地精英以及后来的缫丝女工所利用。

以人类学的文化透镜对史料加以选择、分析与解读是非常重要的。通过精读县志中的烈女传,作者发现,"不落家"婚俗不仅曾经普遍存在,而且具有很高的社会地位。此外,作者还使用一些常被传统历史学者忽略的史料,如札记、传记、民间抄本等,再与田野志相结合,从中寻找蛛丝马迹。作者认为,过去的官方历史常常忽略那些无权无势、无法参与公众生活的人。而通过利用"非常规"史料,与田野工作相结合,可以发现非正式的社会经验中的许多细节。

该研究的另一特点在于其历史人类学对地方社会人们尤其是妇女的主观能动性的认识。早期对"不落家"婚俗的研究仅只考虑经济因素,却没有考虑这一风俗的历史脉络以及它的社会象征意义。萧凤霞的研究表明,对"不落家"婚俗必须从区域政治经济文化发展以及国家权力进入当地社会的过程中来分析。在该过程观察中,当地居民充分发挥其主观能动性,创造性地使用各种文化资源,来达到自己的目的。从历史人类学的角度出发,妇女并不像过去人们认为的那么孤立无援。"不落家"婚俗表明,女性在婚制方面拥有不少可操纵的空间,在地方文化的发展中起了重要作用。

在对南中国的一系列研究中,萧凤霞及其合作者们采用历史人类学方法,对地方社会的族群变化、文化变迁以及阶层分化等方面的研究独辟蹊径。评论认为,她们的工作突破了旧的范式,并与当代社会理论相呼应,从而使传统中国学的研究进入了新阶段。①

二、美国人类学家明茨(Sidney Mintz)的《甜蜜与权力:糖在近代历

---

① 见 Norma Diamond, Book Review, *American Anthropologist*, Vol. 99. pp. 221—222,1997.

史上的地位》是历史人类学著名代表作之一。此书基于田野调查、历史考证,在接受"世界体系"理论的前提下,对有关工业革命的传统的、被广泛接受的理论提出质疑。以往关于工业革命的论述,无不以欧洲历史为背景,无不以英国为中心。而明茨认为,工业革命的雏形在学者公认的英国工业革命一百年以前就已经在加勒比海地区出现,同时对欧洲工业社会的发展起了不可磨灭的作用。这一新奇大胆的论点有三个根据[①]:

第一,世界上的许多国家和地区在沦为殖民地之后,纷纷成为欧洲短缺物资原料的生产加工基地。加勒比海地区沦为殖民地之后,基于甘蔗园的制糖业一开始就是农业生产与工业作坊的集合,而作坊又逐步演变为工厂,劳工有严格的时间概念,细致的分工,早班晚班的轮换,技术工人与普通工人、糖厂工人与甘蔗园工人的区别。从生产关系上看,明茨认为这里的蔗糖业与后来英国工业革命的先锋——纺织业有许多雷同之处。两者之间较大区别是前者起先严重依赖从非洲运来的奴隶,而后者是由破产农民组成的契约工人和有身份的自由的劳工。

第二,无论工业革命起源于何处,它都不仅仅只是一场技术和生产方式的革命,而且是一场生活方式的革命。这一革命在饮食习惯的变化中最为明显。在加勒比海蔗糖业尚未兴起之前,糖在欧洲一直是奢侈品,无论食用还是其他用途(如用糖制作宗教性装饰物),一个人能有实用糖制品是一种高贵身份的象征。甘蔗园主在加勒比海的开发和糖的大批生产使这原来稀有、昂贵、短缺的资源成为大众食品,连同来自其他殖民地和半殖民地的食品(如咖啡、可可、茶叶、热带佐料),糖制品很快成为明茨所称的"廉价刺激食品"——一种英国工人和普通人的必需品,以及工业社会食品链中不可或缺的环节与内容。

第三,加勒比海蔗糖业的基础是"三角贸易",一边是买卖奴隶运至甘蔗园,一边是糖制品被输送到欧洲,一边是武器和资本流入殖民地,从而使加勒比海成为欧洲殖民体系(世界体系)中的重要成分、欧洲工业资本主义形成与发展要素之一。所以,从宏观层次上要了解欧洲的工业革命就必须了解欧洲的殖民史。从微观层次上要搞清英国工业革命之发端与进程就必要知道加勒比海的蔗糖工业历史。

明茨对糖的生产和利用在欧洲近代史的地位之研究有如下几个人类

---

① Sidney Mintz. *Sweetness and Power: The Place of Sugar in Modern History*, New York, Penguin, 1985.

学特点。我们首先应该看到,他关注的重要问题之一是人类生产和生活方式在一个特定的历史时期内特定的形态。人类学者对这类问题向来关注深切。他们的研究涉及了采集狩猎、刀耕火种、游牧社会、农业社会、工业社会、后工业社会,还有现在时髦称为的"信息社会"。殖民地时期的加勒比海甘蔗园和糖厂显然是农业和工业的结合、土地和工厂的结合。这种结合的历史背景并非源于该地区内部的、原有的生产方式之变革,而是发端于建立在殖民制度之中三角贸易、强权政治、欧洲霸权以及生产方式的改变。再者,明茨发挥了人类学多视角、跨文化、质疑欧洲中心论、维护弱势群体之传统,从一种食品的多重历史关联和层面考察一个至今还是不发达地区对发达社会及世界的历史贡献。他的分析建立在对蔗糖业的深入田野调查,对甘蔗生产工序的了解,以及对加勒比海地区文化的熟悉的基础之上。由于制糖业和甘蔗园在这一地区至今是其经济主干及许多普通人的收入来源,明茨对当地人、当地社会及文化的关注也就延伸到他们的生产、生活及其历史。

关于明茨对工业革命大胆立论的讨论由来已久,大多数结论属欧洲中心论观点,久而久之,好像没有什么异议、不再需要提出新观点。明茨的著作恰恰提醒我们不要认为那些曾被接受的理论一定就是正确的。倘若换一个角度或他种关注,我们可能会找到与众不同的而又有根据的解释。

(原载于《中国都市人类学通讯》,2000年第3期。)

"蝗虫"法与"鼹鼠"法

——人类学及其相关学科的研究取向评论

一、不同学科的"蝗虫"法与"鼹鼠"法

诸如人类学、社会学、民俗学等人文社会学科的研究都有一个积累性的发展过程，这主要是指通向更为广博的和深度的人类认知，大而论之，是对地球上人类各族群与区域社会文化的一览无余，并以对人类心物构成之深掘为目的，为此，对人类自身的综观需要无尽的面与点的考察积累与良好整合。

上述学科都已经历了数十年逾百年的努力，学科壁垒之形成主要是以其发生以来不同之理论基石、方法论与具体的方法奠定的。例如，在人类学的来源研究中，特定形成的田野工作（初始于无文字的部落社会，对应于传统的书斋研究），一直是学科的首要标志（尽管其他学科也做田野考察）。不仅如此，诸如调研的普同性（universalism）、整体性（holism）、适应（adaptation）和文化相对主义（cultural relativism）等则是人类学独创或既有的认识论基础。作为田野工作的收获，是以不同文体的各类民族志为重要展示结果。① 从早期人类学家开始，田野研究的理想之一就是通向跨文化的比较，以及最终实现遥远的人类综观。不过殊途同归的现象发生了，社会学和民俗学等许多学科都以不尽相同的思路走到了比较之路，而实现理想的人类综观大概就是到了学科交融的时代吧。

说到人类的普同性认识，默多克（G. P. Murdock）从全世界数以百计的民族志资料中总结出人类共有的六十余种文化要素以及相关的世界民族志样本。② 虽说这种设计被认为是"被割裂于文化系统之外"，但这具有巨大覆盖面的事象记录民族志的确推进了比较文化的进程和对人类共性的具体理解。在找到一个被普遍认同的文化抽绎法之前，人类学家对人类本性与文化之面和点的交互研究热情依然如故。

---

① 庄孔韶：《人类学概论》，第 4—7 页。
② 同上书，第 23 页。

从早期人类学传播学派的思路看,它和进化论同样是要建立人类文化的宏大历史图景。他们相信传播是文化发展的主要因素,认定文化采借多于发明,不同文化间的共性是许多文化圈相交的结果,以及得出文化传播会淡化民族差异的见解。拉策尔(F. Ratzel)还试图从地理条件的角度,把文化要素标成人类文化分布图,并尝试推测其历史的联系。① 格雷布纳(F. Graebner)还提出文化圈重叠部分的文化层现象,从而推算出文化层的时间顺序和文化现象迁移路线,而且他还提出了鉴别文化亲缘关系的形式标准和数量标准。② 他的文化圈和文化现象均展示在澳洲和大洋洲地图之上。拉策尔及其继承人的研究方法表现了科学理性和严谨求证的德奥学人风格。尽管传播论的局限性是不言而喻的,但他们开创的人类学田野民族志收集资料的方法,以及寻求人类文化传播的类别与形态的可能性提供了有益的实践。

这种大面积的人类文化特征及其分布概观,还可以在后世的苏联和中国民族学、人类学家的研究中体现,如列文、切博克萨罗夫和林耀华等分别或联合在苏联和/或中国领土上完成的"经济文化类型"和"历史民族区"图解——一个相互叠压又关联的系列民族志地图与研究论著;而中国民俗研究中出现的"民俗区"、"民俗亚区"和大河流域的"民俗带"等的民俗分布示意及研究古今皆有③;如若提到单项文化事象的大面积研究与展示可在早期芬兰的历史——地理法的史诗与传说研究成果中体现,他们通过对口述与文本的传播、分布,力求发现同源史诗与传说的不同文本、它们的类型与历史过程;单一事象研究的大面积展示成果更为多见,如由美国社会学家雷伟立近年来完成的中国出生婴儿性别比地图及其研究著作,属于社会学人口分析范畴。

可见,不同学科获取全球与区域人类认知的构想是相通的,不仅书本知识不能被垄断,田野工作也不完全是人类学的专利。如今民俗学、社会学等均通吃古今文献和田野调研,甚至部分历史学家也进入了田间陌头。想一想吧,这些学科都关注着地球上各个地理区域不同时空的人群,因此发现不同学科的研究课题有时颇为雷同也就见怪不怪。上述不同学科均呈现的大面积的研究成果,尽管时代不同,所依据的理论构想不同,但其

---

① 庄孔韶:《人类学概论》,第41—43页。
② 同上。
③ 王大建:《两汉民俗区研究》,《山东大学学报》,2004年,第3期。

终极目的却是相似的。

至于不同学科的精细与深度探索取向却有所不同,这主要受学科框架和方法理论进程的影响。和社会学对比而言,人类学从发生期就包含了对人类两大基本特性——生物性和文化性的整体性探讨,人性之模塑与(他者)文化的关注是其研究重点。在此基础上衍生出四大分支,包括体质/生物人类学、考古人类学、语言人类学和社会/文化人类学/民族学。因此,在一般意义上说,社会学不包括前三项。例如和考古人类学密切相关的博物馆物质文化研究,一度被认为是人类学与社会学相区别的主要标志之一。克娄伯(Kroeber)有一句被人广为引用的名言:"人类学家有博物馆,而他们(社会学家)没有。"①博物馆是收藏和保护人类物质文化的最重要场所,也是展示和诠释"异文化"的地方,从人类学早期,田野藏品就一直和以书写为主的记录民族志相辅相成。而值得提及的是民俗研究也包括藏品,各国各地区倒是首先建立"本文化"的民俗博物馆,在时间上早于人类学博物馆的出现。由于民俗志和民俗藏品总是携带有往昔的历史情感,巩固了个人、族群与区域之认同,它们伴随着民俗节庆与日常生活分享和延续了日益累积的文化资产。

传统上,社会学家关注西方工业社会,而人类学家先后调查部落与小农社会,也造成两个学科在收集资料的方法上的差别。社会学家倾向于使用问卷和发现其他可测定的资料。长期以来,样本分析和统计技术是社会学研究的基本知识准备;而人类学的统计并不普遍,尽管当代人类学在卷入现代国家的研究之后发生了变化。在人类学长期积累的田野参与观察方法获得的诸多理论指导下,做深掘的比较文化研究,这一偏重定性分析与诠释的研究是人类学的擅长。随着现代学科之间的进一步开放,人类社会文化研究的科学与人文主题在定量与定性的考量上的不确定性,一直游移在这两个学科之间。然而社会学的"向文化开放"(opening to culture)的运动②对于社会学家的惯常主题无疑增加了更为质性化的思考,例如关于族群性、地方人口与文化偏好的研究即是;同时,人类学家也进入城市与工业社会的主题,尽管他们关于国家模式下的城市移民(农

---

① Ira Jacknis,"Franz Boas and Exhibits: On the Limitations of the Museum Method of Anthropology", In *Objects and Others: Essays on Museum and Material Culture*, Edited by George W. Stocking Jr. , The University of Wisconsin Press, 1985.
② C. P. Kottak, *Anthropology, the Exploration of Human Diversity*, McGraw-Hill, Inc. 1994, p. 14.

民)心态和大众媒体角色的研究仍不脱离传统人类学的色彩,但可能的量化统计已经出现在研究成果中。

在涉及人性与文化的研究与应用课题中,特别是那些关于体质、医学、公共卫生、人性与人类行为、文化生态系统等的研讨中,即使是人类学和社会学面对相同的社会问题,其研究的出发点也不尽相同。例如,在设定问题的出发点时,人类学关于人的生物性和文化相互整合的整体论原则导致对人性—生物性—文化关系的综合性探讨,并使社会文化问题转入现代体质与生物人类学的方向上加以讨论。因此,人类学和社会学经常体现它们研究思路的叠压又分疏的特点,尤其在微观和深掘的研究之中。

人类学以外的民俗学和社会学,毕竟还是有不同的研究切入点和产出。大学一开学,从不同学科教授的指定读物就会发现社会学、民俗学和人类学的差别,主要反映在理论与方法的用法取向,以及量化和定性等的主张上。目前,人类学和社会学杂志的论文内容的比较上看,这两个学科相互之间也许走得更远了(不排除相近的主题和质性做法);而我们看得见中国的民俗学和人类学却又一次走得越来越近了,然而也仍旧存在带着老传统烙印的新民俗志和新民俗论。也许让我说,走得远和走得近自有其道理。

特别是民俗学,由于早就有民族学人类学取向,所以你会看到使用功能主义的早期论文,以及今日使用展演论、情境(语境)论和"深描"的诠释理论的民俗研究论文。不过,并不尽然。在民俗学者擅长的口传史诗研究中,跨学科理论之田野活用,笔者认为,即使是在古老的类型学上也有新的发现,例如两种口传艺人——"原文"型艺人和自由发挥型艺人[①]即是。而类型之发现表明进入了分析的开端。让我们对比一下非常相像的考古学,它们有"不能说话的"传统的器物类型学,然而石器的分类紧接着是考察它们曾经是如何使用的(有时通过复制的过程或重拟的方法)。[②] 这似乎和对死的文字文本类型学的研究相似,很少有特定的契机能获得如同对当世民间表演艺人的直接田野观察分类。当然,这一点是共同的。考古学、人类学和民俗学的类别分析均是为了进入诠释。例如

---

① 朝克图:《胡仁·乌力格尔研究》,北京:民族出版社,2002年;斯钦巴图:《注重原文型艺人与自由发挥型艺人——胡尔奇类型研究》,蒙古文学全国学术研讨会论文,北京:中央民族大学,2005年10月。

② 吕遵谔:《海城小孤山仙人洞鱼标头的复制和使用研究》,《考古学报》,1995年第1期。

同为干栏长屋的民族志考察类别却有不同族群的或不同生境的不同的平面配置和大家族结构变体。为了不使细密的类别记录民俗志、民族志让人觉得"浅薄"而流于学科的附庸地位,那么记录的框架和理论的总体把握就显得十分重要。关于前者,区域文化总是影响记录的框架与民俗细部的延伸方向;关于后者,理论之不断更新意味着记录总体框架和细部也不断改善。

在功能主义的早期研究框架之后,普洛普(В. Я. Пропп)的民间故事形态学①首先开启以民间故事分析形式、体系及其(形态学)成因,确立话语的个体意义。作者因多种民间故事同源,侧重于"起作用的角色"(人物)的当地形态,即故事变化(变体);同时提出不局限于形态,而尤其注重故事的结构,以及详细的要素和比较的分析式。他的形态学实际是关于形式与模式的结构功能构成及其传播变体之生成的学说——即由形态学代替类型学,这是从传统记录民俗研究细部深掘的值得称道的成果,使传统的民俗学史诗(田野与文本分析)大面积说唱记录民俗志研究得以新的理论框架的把握。然而,既然理论把握的优势和局限并存,那么,记录民族志、民俗志的理论把握,以及对任何细部记录的选择与定调都要小心。

一个学科成长的过程中,传统的研究线索与风格总是难以中断的,因此学科自身发展和对外开放与借鉴都是理所当然的进程。一个学科总是渐渐呈现定位(又在变化),如人类学和社会学。它们向其他学科开放的情况并不少见,作为学问人的个性而言更是这样,本来学问就是难以限定的。因此,在学科发展过程中开放和定位不是矛盾的。

笔者现在把文章继续回到和人类学相邻的人文社会学科的点面结合的主题上来。人类认识自己总是从面上的普查与感受来认识人类文化的普同性,因为人类从文化的"面"上的普查性理解之后才能更好地把握"点"的比较研究,否则不免会发生片面性评价,而最重要的是容易"忽视隐性之共同性"。② 以现在人类认识自己的学科知识积累来看,比较研究实施之前,大面积的普查民族志或民俗志是深度点状研究确定选题的知识基础,差异性的历史性原因不仅有跨越时空的,也有平面配置上的。因

---

① В. Я. Пропп, Морфология Сказки (Ленинград1928), 2 - еизд М.: Наука, 1969.
② 小岛璎礼:《展望比较民俗学》,《日本民俗学》第 200 号,第 275—295 页。转引自中国民俗网,周星译,1994 年 11 月。

此,一个国家或一个地理区域的比较研究与理论成果的质量,常常取决于所辖各个地方的学者和地方文人是否广阔而细致地完成了大面积的民族志与民俗志,这就是点面整合性研究的重要前提所在。

当你关注使用覆盖较大地理面积(相对而言)的、体现区域文化之宏大时空内涵的,或者认同某一偌大族群人口的认识框架的观察法、调查法和研究法,笔者都笼统比喻为辛勤可敬的"蝗虫"法。而学者(个体或群体)长期孜孜不倦地在一个调研点或相对较小的范围内挖掘和"深描"(例如解释人类学的常用术语)者则是执著可爱的"鼹鼠"法。我们从本文开始提及的对人类自身广而深的认知范畴评估,人类学及其相关学科大体都有各自的"蝗虫"法和"鼹鼠"法①,只是学科视角与方法不尽相同罢了。笔者对这两种不同的研究视角尝试给予不同的形象比喻,是想让诸位的理解能比较轻松。

二、社会学的"蝗虫"法大作:等待民俗学和人类学

去年,笔者组织了一场以中国汉人社会为主题的学术讨论会。这个会议的初衷就是实现跨学科学者的同台演讲。在人类学家以外,我们邀请了社会学家、民俗学家、历史学家、宗教学家以及影视民族志制作者等。我特别提到与会者之一,美国社会学家雷伟立(William Lavely)教授。② 他推动中国时空计划(CITAS)数据库的研制,专注于中国的人口出生率、婚姻和家庭研究,像这类主题,不也是人类学或民俗学关心的! 但他有他的做法。他的一项研究是基于大量的案例(A case-control survey [N = 1100])、随机访谈和相关官方数据,旨在考察中国周边农村县份的婴儿死亡率。最后得知这些地区女婴的死亡率竟高于男婴一倍,并且,当第二个出生的孩子是女婴的话,则溺婴和弃婴的情况常有发生。他和马森教授还利用1990年中国人口普查资料1%样本,分析了大约35万个出生资料,以观察儿童出生性比和婴儿死亡率,得出了重要的相关因素。他还绘制了中国出生婴儿性比地图,图中以深浅不同的颜色可以清楚地看到中国新生儿性比的分布概貌,这一中国人口分析的调研报告和地图系列,显

---

① 笔者关于研究方法的"蝗虫"和"鼹鼠"比喻的本意不包含人类对某些昆虫和哺乳动物特定的价值——益虫或害虫的判断在内。

② William Lavely, "Spatial Variation of Child Sex Ratios in China", For presentation to the International Conference on Studies of Chinese Societies, Beijing, November 4, 2005.

然属于笔者所谓的"蝗虫"法杰作。然而,由于我和雷教授有经常的交往,当地图上看到局部地区的颜色深浅度(及所根据的相应资料与数据)和当地实际情况明显不符的时候,他想到的是人类学家的参与(他本人也在中国有多次田野工作,例如在海南黎族地区考察出生婴儿性别偏好同经济变化的关系),如到相应的地区去专题研究那里的出生率和死亡率,以"鼹鼠"法补正。

这次学术会议的一个重要跨学科收获是,认同社会学和人类学两个学科联手研究的县级层位的学科交流意义。人口研究的"蝗虫"法成果的重要性在于,它除了提供自身学科的研究需求(如人口问题预测等)以外,还为人类学引出了区域文化与人性的家庭婚姻特点的问题意识,也为民俗学提供了男女性比过高的人口症结分布同地方婚育习俗的关联性思考。当然,人口学的高性比地图指出的未来中国特定地区的可能的人口症结问题分布,将考验人类学家和民俗学家旧日的民族志与民俗志的地理覆盖面与质量,即民间文化的研究在学术上是否达到了了如指掌的水准(广而深的诠释)?当一个可以预见的社会人口问题即将出现的时刻,人类学和民俗学可以作出及时的回应吗?随之,我们立刻想到的就是关于中国特定区域,如民俗学的特定的民俗区专题考察就有了确定的问题取向(如古今溺婴习俗在何种民俗区域盛行);以及,人类学擅长的童养媳存在的意义和性比的微妙联系也就找到了联系。不过,雷教授大面积的性比分布图不是肤浅之"蝗虫"之作,因为同时发表的论著对其依据的人口样本及各种选择的资料作了详细的评估与分析。这样,就该问题进一步扩展研究而论,探讨跨学科调研之交接点成了这次会议的重点。经过讨论,与会者人定位于县级(限中国,特别是和人口研究相关的课题)调研交接点,即社会学面朝下和人类学点朝上达成高性比成因专题调研合作之可能性,亦即"蝗虫"法(面)和"鼹鼠"法(点)有效结合的实用设计与行动。显然,我们也希望阅读民俗志的单个事象普查和民俗学家的专题研究成果,社会学的高性比区划和民俗区划具有内在的联系吗?这里,民俗学"蝗虫"法的细腻的普查成果显得非常重要。

三、"鼹鼠"察变:更改切—林的"中国经济文化类型"

和社会学的人口性比分布图相仿,半个多世纪前的列文完成了《经济文化类型和历史民族区》的专著①,而关于中国经济文化类型的划分,最流行的是20世纪50年代切博克萨罗夫和林耀华共同研究的分类成果。他们按"经济文化类型"划分了中国和东亚地区的多种类别、原则和关联性阐述。② 由于各民族的经济发展方向和所处的自然地理环境在很大程度上决定各民族的物质文化特点,这就使具有相近的生产力水平和相类似的地理环境的不同民族可能具有相近的经济生活和物质文化特征,从而构成相同的经济文化类型。除了他们划分的狩猎采集业、农业、牧业等大类以外,还有分区的亚类别,例如中国东北地区少数民族的森林苔原驯鹿型、游猎型、北部和西北草原游牧型、西南部存在的山地游耕型,以及南北汉人社会的稻作和麦作类型等。这一经济文化类型划分虽说就其生物多样性的表达受当时知识限制略嫌单薄,"中国的经济文化类型"已经关注到生态环境及其文化形态的有机联系。然而,很遗憾,中苏学者联手完成关于经济文化类型的论述与描图(带有中国版图范围的经济文化类型和亚类型图示)——这一多年影响中国民族学学人的学术努力,却没有像他们在苏联版图内完成经济文化类型和历史民族区的两相叠压的双重论述与图示,即缺少一个历史民族区的姊妹篇。③

然而其经济文化类型分类背后的"历史民族区"(有译"历史民俗区")十分重要。它旨在说明区域生态—生计系统中生物多样性和文化多样性(包括一些具体的区域民俗事项分布)之间的历史上的有机联系,这一涉及文化地理、民族学、人类学和历史民俗相关性分类系统图示,对思考过去、现在和未来的地方经济文化变迁问题仍有人—地关联性的比照作用。回想中国古代从司马迁起就有民俗区划,今人也有根据史料为两汉重构民俗区划,并探讨了环境甚至政治对民俗区划生成的影响。④

在《中国的经济文化类型》发表半个世纪以后的今天,生态人类学以及相关学科共同创造了新的研究成果,对在不同生境上不同族群的生计

---

① 莫·格·列文:《经济文化类型和历史民族区》,北京:民族出版社,1956年。
② 经济文化类型和历史民族区的概念由托尔斯托夫、列文和切博克萨罗夫提出,后来,切博克萨罗大夫来中国,和林耀华教授共同以此概念对中国版图进行经济文化类型划分。参见:列文、切博克萨罗夫:《经济文化类型和历史民族区》,《民族问题译丛》1959年《民族学专辑》;林耀华、切博克萨罗夫:《中国的经济文化类型》,载林耀华:《民族学研究》,北京:中国社会科学出版社,1985年。
③ 除了不显眼地在《苏联民族译丛》(有限的发行量)等处发表过关于苏联部分的历史民族区。
④ 王大建:《两汉民俗区研究》。

方式及其相关的思维与行为方式的关联有了新的认识,其中生物—文化的多样性整合的规则得到了一些重要的理论成果,成了对日后区域社会经济发展的成功或陷入困境的重要评估标尺。如果从切—林分类范式中抽出那些如今已有新的理论发展的生计类型看,中国的游猎、游耕、游牧和农作四类最为引人注意,因为他们占了中国主要的版图面积,以及人口和民族的大多数。而且这四种类型的人类居住地都被不恰当地干预过,因而要承受苦果。这就属于人类学对上面提及的生物—文化多样性系统失序的改善研究。如果我们在半个世纪之后不知不觉地翻看旧日的"中国经济文化类型"陈述和图示,才会觉得世界变化如此之快。这些辛勤的中苏民族学家描绘和绘制的民族志地图,由于地方点上地貌、生计和生存方式的急剧改观,已经到了重绘面上的经济文化类型陈述与图示的时候了,如果真要这样做的话。

  我们所理解的切—林氏的"蝗虫"法"中国经济文化类型"陈述与图示中,森林苔原驯鹿型被认为是最具传奇性的生活方式之一。例如,历史上中国东北部的鄂温克族长期住在针阔叶混生林带,林地密布着苔藓植物,是驯鹿群啃食的天然"饲料"。他们游猎和放养鹿群,一年一个移动周期,其大家族组织正是适应了这种灵活的游徙生活方式,鄂温克人熟知驯鹿的辎重、转移和奶制品等的实际价值,好的生活经验与群体意识无形中规定了苔原承载驯鹿数量的习惯标准。在居住地,驯鹿不仅作为彩礼交换互惠,还是人与神之间交流的重要媒介。① 鄂温克族的游徙人群与驯鹿种群和谐地相依为命,创造了自身的积极的生命价值。所以鄂温克族的小生境系统整合了动植物种群、地方族群的物质与精神文化的整体。

  这样的森林生态环境,在最近几十年间,却因森林大面积砍伐而消失,而附着地表的苔藓植物亦减少殆尽,随之,驯鹿业也难以为继。社会的发展颓势造成少数族群心理及社会病症,酗酒和非正常死亡比例增加很快。② 狩猎游徙的鄂伦春族和鄂温克族一样,还遇到了民国时期的"弃猎归农"政策;中华人民共和国成立后,直至今天,地方政府仍积极贯彻定居政策。但定居的思维与行动在游猎驯鹿民族生活中造成文化中断,出现"弃农归猎"或因不熟悉务农而使生活无着,甚至酿成高酗酒和高自杀

---

① 任国英:《满—通古斯语族诸民族物质文化研究》,沈阳:辽宁民族出版社,2001年,第181—187页。
② 同上书,第260—264页。

率的严重后果。

总之,在中国东北部主要为满—通古斯语族的森林狩猎和苔原驯鹿类的民族共同遇到了社会发展与文化生存的困境。主要表现还在于:(1)从清代、民国至今,政府数次推动上述少数民族下山定居的失败的努力,导源于定居优于传统林中游徙生活方式的"进化论"影响,以及外来价值观的强力跨文化实践。(2)在若即若离于游徙与定居之间出尔反尔的生活状态,小民族陷入了社会文化生存的窘迫状而不能自拔。文化中断状态不能弥合,心理与社会问题丛生。(3)即使是小民族同意或接受的社会发展试验(如新的定居试验)也需要讨论文化中断—文化适应的"过渡期"选择问题。如我们曾参与了由地方人民、政府官员、学者和驻京诸国际组织(含非政府组织)等的关于鄂温克人定居方案实施的多头对案讨论会,以评估政府对少数民族的新的定居计划与行动。①

不仅如此,在中国各地游猎、游耕、游牧和农业四大类乡土社会均被外力干预后出现不可逆情形的时候,重构一种变化了的新生计生态系统就不得不关注恰当的技术支持和促进文化整合。其中,地方族群的主体性地位之保持和尝试寻找生计方式与文化心理上的转换时空是文化适应的最重要的前提。

显然,切—林的经济文化类型中描绘的额尔古纳河流域的经济文化状态现在已经发生变化,那么,那里游猎、驯鹿、家族公社和桦树皮民俗文化何在呢?人类学上多次"文化中断"的100年间,植被志、生计方式、人口志、民俗志和民族志都随之会发生内容的改变,可见,人类学和民俗学都没有静止的知识,"鼹鼠"之屡次察变,将推动新的民俗志(图)和民族志(图)耐下心来慢慢完成。

四、"轮养制":"鼹鼠"在文化交会处与"蝗虫"对话

就中国汉人社会的农村家庭生活方式而言吧,早有人注意到一种父母在年老后定期或不定期在几个儿子家轮流吃住的现象。实际上在两千多年前的《汉书》(四十三卷)里就记载过十天一轮的轮值家族生活方式,而且是在一个富庶人家,至今看来轮养制和贫富关系不甚大。当笔者考

---

① 庄孔韶:《可以找到第三种生活方式吗?——关于中国四种生计类型的自然保护与文化生存》,《社会科学》2006年第7期。

察福建地方的"轮伙头"制的家族关系的过程中,主要是挑战西洋学界传来的几种主要的家庭分类构成:即核心家庭、主干家庭、扩大和组合(联合)家庭的确定内涵的分类标准。

问题刚好出在长期田野调查过程中遇到的人口普查统计。有人问到,当父母轮住到大儿子(如果有子嗣)家,大儿子家还算核心家庭吗?如果不是,按家庭类型分类法就已经是扩大家庭了。因此,当时的这一疑难问题最终以依人口统计标准时刻的家庭构成为判断基准。这样,笔者在福建的调查点上就出现了下列情况:

169个上报的核心家庭中有128个处在轮值状态,43个主干家庭中有8个为轮值时的统计分类,13个单身家庭中有5个处在轮值家庭生活状态中。① 以此类推,中国农村汉人社会大约有五分之二的轮养制家庭分布现象并没有在中国家庭人口统计中得到反映。进一步而论,来自西洋的流行于学界的切割式家庭分类法显然不适于汉族农村动态的轮养制家庭生活方式。这样,中国汉族乡村大面积的轮值制家庭就处在现代人类学的关照之下,但作为一种广泛存在的民俗之复杂成因仍是一个充满兴味的课题。

笔者这里的主旨并不是继续探讨轮值制家庭生活方式的成因问题,而是从一种大面积的汉族乡里民俗引申到20年前上课时的一个扩展的思路上。当时民族院校的学生90%是少数民族,我便在课上讨论少数民族地区有没有轮养制的方式,其思考因由是:几十年一贯的中国政治政策中所携带的汉文化的影响力究竟有多大?颇具感触的结果是:云南景洪部分哈尼族、景谷部分傣族、内蒙古元宝山部分蒙族、宁夏部分回族,以及土家族、畲族等都在20世纪中叶发生了轮养制。这样我们从轮养制事象隐约看到了汉人社会的边缘传播和互动效应。当然,我们最为关注的不是上述畲族和土家族,因为如畲族在历史上与汉族交往很多,一些地区早有轮值制记录和传说;我们兴趣在于那些家族构成与继承制和汉人非常不同的民族何以改变成轮养制的问题。

当时,我们的课堂讨论已经发现了一些重要的原因。如蒙族学生秦力一认为,蒙族行幼子继承制,多年来,由于一致的户口、土地(草场)政策推行,幼子难于有早年那样特殊的地位。加之20世纪50年代以来平均主义的口粮政策、公社体制未脱离传统大家族、大锅饭的文化哲学,有

---

① 庄孔韶:《银翅》,第333页。

汉文化的深刻烙印,对一些少数民族地区的幼子继承或长子继承习俗冲击很大,以致部分少数民族地区的人民转而实行轮值家庭方式。哈尼族学生王玉梅认为,在云南的一些地区,汉族知识青年落户少数民族村寨也发生了文化与习俗的改变情形,异族通婚者首先尝试了轮值和固定奉养的汉族家庭形式。我保留他(她)们的20年前的有关作业,是源于我一直存有的到那里去调查的念头,还有,就是二十多年来,那些实行汉人社会轮养制的少数民族家庭究竟是继续着,抑或是中止了他们的轮养制生活呢?笔者一直系心萦怀。

终于,笔者等到了一位对此有兴趣的博士生马威,开始了她的轮值制研究,并千方百计地找到了我在80年代课堂上的蒙族学生秦力一。现在,她已经初步完成了半个世纪前接受轮值制家庭形态的蒙族地区田野调查(秦的家乡),旨在寻找过去和现在接受轮养制的原因、变化和差异。尤其是蒙族传统观念融合进文化边际族群的轮养制,使笔者看到了文化采借与交融的珍贵的民族志场景。①

这使我们回来思考一个大面积的族群文化范畴的边缘呈现的实实在在的传播、采借、调适和涵化现象,人类学的"鼹鼠"工作刚好记录了在汉族大面积分布的轮养制习俗的边缘之扩展实况,即从此"鼹鼠"和"蝗虫"有机会在文化边缘相遇。那么,是"蝗虫"法的知识积累启发了"鼹鼠"去工作呢,还是"鼹鼠"法改变和扩展了轮养制的平面分布呢?

实际上,除了传播论之一的人类文化制度"埃及中心说"再也无人问津外,多数理论尽管有不足,但由于立论的视角不同,其价值仍会长久留存。例如传播论强调文化采借导致了收集民族志资料的系统方法,并从此确定了田野工作为人类学的主要收集资料方式。传播论所留下的详细的蝗虫式文化地理资料,为后人确定鼹鼠式跨文化对比分析(例如列维—斯特劳斯的结构分析即是)留下了大大有利于考虑调研选点的志书资料依据。

众所周知,当我们研讨某一学术事象(如宗族、轮养制之类)的时候,我们阅读针对这一论题的理论文章的时候,仅仅是试图理解该作者是如何运用某种理论而解读的,因此,研读不同理论视角的众多研究成果可以启发我们进一步推进对人类文化的深度理解。然而,当我们亲自动手研

---

① 参见马威:《中国北方蒙汉边际地区的轮养制研究》(打印稿),博士论文,中央民族大学,2005年。

究同类问题的时候,人类学家需要直接到现场参与观察,也需要阅读第一手的记录民俗志。当我们用了二十多年的心思来布置蒙族"轮养制"缘起的定点研究,就是要及时观察汉人社会轮养制大面积分布的边缘文化过程,促成"鼹鼠"在一个特定的区域文化边缘和"蝗虫"对话。当我们今天再次讨论文化涵化和文化采借的时候,我们把这种轮养制的文化传播看做是 diffusion,还是 communication 呢?这紧紧联系着"轮养制"的蒙汉地方变体的内外形态与影响对照研究,无疑,这将引起我们对昔日传播论和当代人类文化传播内涵的重新认识与评估。

五、只有单一"深描"的鼹鼠,虽好也"靠不住"

人类学的田野工作要做得扎实,大体有一个前提,倒不是硬性规则,仅仅是约定俗成罢了。其通常的特征是,学会当地的语言,不少于一个年度周期(如一个农业或牧业周期)的居住时间,采纳参与观察的方法。这是说人类学家不希望仅仅是旁观的记录者,而是长时间和地方人民生活在一起,参加田野点上的所有日常生活和社会活动。其目的是以人类学家头脑中的理论同他的田野工作现场呈现知识性贯通。人类学家长住田野地点,或者分阶段往来于田野点和书斋之间,以便更好地整理自己的思路,从而产生新鲜的文化观察与诠释。

一些人类学名著展现的人类学家的田野调查时间可不止一年,而是达数年之久。例如,早期人类学家马林诺斯基仅在西太平洋岛上就有两年多的田野经历,而拉德克利夫—布朗去安达曼群岛两次竟累计有五年的时间,可见他们理解在一个调研点上用足够时间调研和深挖功能要义的重要性。当参加一个葬礼的时候,马林诺斯基会引导我们关注仪式如何减轻死亡对个人带来的压力的需求;而拉德克利夫—布朗却提醒我们注意葬礼过程何以引出那里的地方组织、制度及促进团结的结构功能。以马氏这样的大家成果,日后在人类学业内也少不了批评,说他的个人需求论,以及在其社会整合和稳定的功能论上,都忽略了社会冲突。不仅如此,若拿到人类思想成就的尺度去衡量,其功能论则仅仅评价为"颇为实用却较为次要的成果之一"。[1]

---

[1] W. Y. Adams, *The Philosophical Roots of Anthropology*, CSLI. Publications, Leland Stanford Junior Univ., 1998, pp. 350—352.

著名人类学家格尔兹被认为是当代世界人文社会学科论文征引率最高的作者之一。在人类学圈内,关于他的著名的"深描"的征引更是不计其数。格尔兹1958年到达印度尼西亚东部巴厘人驻地,尽管早有人类学家研究过这里的神话、礼仪、艺术等问题,但这里的斗鸡习俗却很少得到注意。格尔兹成就的不同寻常之处在于,通过考察斗鸡过程的地方群体表现,他逐层解剖了巴厘人深度的心理认同、斗鸡赌博过程展示的地方文化构成、对斗鸡民俗沉醉的地位与身份之相关性;以及最终从群体心态、气质、本性上解开"斗鸡"(引出的符号系列)在巴厘人心中的"意义结构"。

格尔兹完成的"意义结构"的"深描"和阐释同前辈人类学的功能与行为文化观察不同,他的鸿鹄之志又和许多智者一样,是在寻求将社会科学和人文学科整合起来研究文化。他的成果的显著之处,在于他紧紧"抓住了可以捉摸的符号"①,使难以把握的文化研究落到"实处"而便于讨论,于是,"体现在象征符号中的意义结构"便呈现了,即针对一个具体文化现象进行"在解释之上的理解"和"对理解的理解"。② 格尔兹实际上是在关于文化的心物整合性分析中大胆尝试"第三范畴"——"意义"的地位与作用,实为难能可贵。因此,当我们总结格尔兹的成就的时候,主要在于他使用意义—符号系统来解读文化,具有重要的方法意义。

然而,格尔兹的"意义"所附着的各种"符号"是如何在社会组织中生产出来并得到维持的,并没有得到说明。换句话说,他回避了文化的生产与再生产这个要害问题,这对于他是一个中肯的批评。③

让我们再回到他的"深描"的层级诠释方法。眼下,在田野调研过程中,人人都可以说获得了如同格尔兹大师般的层层挖掘的本事,然而真的人人如此吗?其鼹鼠"深描"的内容和质地何以保证呢?有可控制的标准吗?笔者认为需要从如下方面加以评估:

肯定学术信度之前提。这是说肯定参与观察者的学术造诣和田野悟性,无疑是研究自信力的保证,应该说所有学科都需要有这样的前提才可以工作。一如我们对格尔兹教授的无比信赖,以及对所有人类学专家那样,都需要肯定其对层化"深描"的能力和专业创造力。

---

① Clifford Geertz, *The Interpretation of Cultures*, New York: Basic Books, 1973, p.19.
② 庄孔韶主编:《人类学概论》,第75页;Clifford Geertz, *The Interpretation of Cultures*, p.5.
③ 林同奇:《人文寻求录——当代中美著名学者思想辨析》,北京:新星出版社,2006年,第224页。

然而即使在这一前提下,鼹鼠"深描"的过程仍有难以把握之处,问题出在诠释理论本身。其理由也很充足,即格尔兹的符号是物化的,还是心性的? 不甚清晰。就是说他的符号的涵盖面过大,无固定规则可寻,容易使实行者无所适从。① 因此,这是一个大的问题。世界上无数归类于诠释人类学的论文(或生吞活剥的套用性论文)势必有可能出现揣摩、附会、琐碎、玄空等无可把握的情形,这也算人类认识论过程中的代价吧? 就是说,鼹鼠深挖的方法有缺陷的情况下,导致了对田野点成果的质疑。

就是说,单一"深描"功夫"靠不住"是由符号阐释理论的缺陷决定的。然而即便如此,格尔兹的理论仍然是今日最好的人类学理论建树之一,仍是人类自身认识论中的新论。试对比一下早年功能主义理论发展至今,我们才明白新旧理论常常不过是因视角和方法不同所下的结论。在学习使用各种理论过程中,其实理论使用之本身也具有选择和交叉整合的状况。

于是我们可以判定,鼹鼠精深劳作的单一理论论文成果的价值不能代替田野调研的原始资料(未经文饰的)储备,并不能说普查记录的民族志或民俗志是肤浅的。要知道,参与普查的人不同,那些理论与经验融会贯通的人所把握的记录框架和不加文饰的事象记录也会是把握最好的。既然单一理论的"鼹鼠"法是"靠不住"的,那么,就不能不思考如何更新现有的理论,因为一代代人都是这样做的;而更好透视地方文化现象要旨的另一途,则来自"蝗虫"法的更大区域民族志的长久积淀。如果你打算回访格尔兹的巴厘人住地的话,你仍要重新阅读那里更大范围的地方民族志或民俗志,以及亲自住到那里去。因为这已经是一次新的研究。显然,鼹鼠的深掘需要关心那些"琐碎"的记录民族志和民俗志作品,甲县认定的象征符号或重要事象,在乙县也许无足挂齿,可问题和场景一变,乙县的所谓象征符号或重要事象也会黯淡无光。因此,我再一次提醒每一个时代找"重点"的可疑性。

就像给柳田国男先生讲故事的远野乡人佐佐木喜善氏的作品,如《听耳草纸》那般"脱去文饰"(柳田语)的描述②,因为"脱去文饰"的民族志和第一手参与观察同理论处理过的论文是不可比拟的,论文具有帮助读

---

① 林同奇:《人文寻求录》,第 221 页。
② 周作人:《知堂书话》(上),长沙:岳麓书社,1986 年,第 180—183 页。周作人的《听耳草纸》最早发表于 1933 年 12 月 23 日,刊《大公报》,署名"岂明"。

者认知世界的先导作用,但不能成为比较研究的基本素材;由于理论一定有缺陷,而那些不可胜数的"脱去文饰"的地方民族志和民俗志,才是"鼹鼠"们获得理论提升和进一步比较研究获得新知的最基本的素材。

六、"蝗虫"式专题普查记录的变迁意义

上世纪 70 年代末,笔者导师开列的书单有摩尔根关于北美印第安人"长屋"住房的调查著作,相关的区域民族志《东南亚大陆族群》,以及国内前辈实地调查撰写的云南山地民族族别志书和论文等,再加上阅读费孝通、林耀华在大瑶山和大凉山的惊险传奇经历,曾鼓舞我们几个同学的田野热情,特别是只身旅行的勇气和兴趣。记得上个世纪七八十年代相交时已经开始背着两架老相机走云南,现在看来大体上也用了属于专题普查的"蝗虫式"民族志方法。

中国古籍中对"干栏"建筑早有记载,特别是长江以南(不是绝对的)。而世界民族志上的干栏"长屋"建筑,从新几内亚到东南亚和南亚地区也都有分布记录,其北端到达了喜马拉雅中印边界一带。[①] 而干栏"长屋"及其平面配置和地方大家族、世系群的关联,尤以交通不便的云南山地游耕地区的调研不足。一些关于游耕的游移状态难于有长屋和大家族结构的结论是否合宜,是当时普查的问题重点。

笔者追随导师之后,分三年五次(三次独行)分别走滇南一线两次(昆明—思茅—景洪—基诺洛克;澜沧—勐满—勐海—景洪—勐仑和勐腊)、滇西北一线一次(保山—六库—泸水—碧江—福贡—贡山),滇西南一线一次(保山—潞西—三台山—瑞丽—陇川—盈江—铜壁关)和滇中一线一次(元江—墨江—绿春—江城)。我当时确信,除了一些不易到达的边境线,以及人类学前辈同行到过的地方,大多数可能的游耕山区都走到了。然而世界变化太快了。那时的云南边疆山地交通不便,我却一再体验了如今研究生已难于经历的田野生活。在省城昆明的防疫站,我们一定要注射预防中华疟原虫的针剂才能进入西双版纳腹地;在一次雨季的怒江峡谷林带遭遇过蚂蟥袭击;也在悠乐山和山民一同吃蚂蚁卵、蝌

---

① 关于专题普查记录不由得想到地理学家陈正祥教授的《中国文化地理》(北京:三联书店,1983 年)中之第二篇,作者使用三千多种方志中的八蜡庙、虫王庙的记录绘制了和中国蝗灾分布密切相关的"蝗神庙之分布图",为动物种群、生计与信仰直接相关的文化地理观察,他的工作直接整合了昆虫学、地理学和人类学的交叉知识,对跨学科知识连接与研究协作意义深远。

蚪,喝熏鼠汤;出山后在林地边缘,烧火水煮布满臭虫跳蚤的衣物;以及行程中经历大暴雨和躲避壮观而危险的泥石流等,都是寻找和考察干栏"长屋"途中的传奇体验,不过这里没有机会详细描述这段经历。我只是想说,有在和华北农村社会极不相同的云南游耕山地的多次长时间体验是作出学术普查与重要判断的必要经历。

在书本描述的知识上,城里的学生容易理解这样的道理,即由于不停地砍山前进的山民的干栏住房一定较为简单,当然,不会形成庞大"长屋"干栏建筑也是有道理的。然而,笔者的普查结果却得出了"长屋"大家族干栏建筑在云南山地有广泛分布的结论。

原来在田野考察中发现中国云南山地的游耕方式并不是一类,而是两类。一类是顺山脊走向不停迁徙的前进游耕类型,然而,云南更多的是属于笔者观察到的螺旋游耕类型。① 所谓螺旋游耕类型是由相对限定的林地领域之内(平地和山地多种族群各有其领域)实行数年到十数年的游耕周期,如悠乐山的曼雅寨周期为 13 年,龙帕寨为 6—7 年,循螺旋状游耕。为此,云南考察地的山民多有相对定居的可能性,这就构成了民间架设大型干栏建筑的可能性。基诺族住地就有这类以若干大家族长屋构成的世系群村寨,父子联名制构成了这里村寨系统的内在关系。不仅如此,笔者的长屋观察抵达滇中边缘地带的半干栏/土坯、土基混生大的长屋建筑发现地。笔者的五次长途跋涉证明了长屋建筑在云南及其边境地区有广泛的分布,长屋平面配置和大家族、小家庭的关系总是和生计系统、信仰系统的整合相关。笔者的绘图、照片和民族志见证了 25 年前急剧消失的最后的干栏长屋的生活方式,以及在中国螺旋游耕区存在大家族和庞大的世系群的事实。我们也深刻了解了游耕作业过程和住房、世系群、仪式、祭祀和生存心理调适等的紧密关系。

然而后来,当我们知道公路修到西双版纳山区腹地,游耕区被切割为地方人民不得进入的国有林,以及传统游耕作业与家族生活方式快速改观之后,云南的心理学家也随之进入了。那里的心理病症已经多有发生,虽不至于达到额尔古纳河山林人的心理与社会问题那般严重,但都属于传统生活方式突变而手足无措的结局。这在人类学上叫做严重的"文化中断",在社会学上叫做"社会失序"而造成的心理障碍、疾病与社会问

---

① 庄孔韶:《基诺族"大房子"诸类型剖析》,《中央民族学院学报》1981 年第 2 期;林耀华、庄孔韶:《父系家族公社形态研究》,西宁:青海人民出版社,1984 年,第 182—214 页。

题。如今,要寻求社会剧变过程中的文化适应,就要了解晚近以来的生计方式、家庭居址、社区运转系统和人民信仰等的第一手民族志素材,这些文化素材看起来在当今已是"无用"的,然而,它的内涵和价值的重新调用将唤起从文化中断到一个新的适应的生活设计理念,而以往出现的错误的地方发展政策之反省,也正是由于采纳了对传统民间文化的轻视和虚无主义态度。

当笔者几年前重返这类游耕社区推广实用沼气系统的时候,发现传统游耕作业转型与适应家族—世系群—村寨文化引出的推广计划最能得到地方人民的认可,其原因便在于传统物质文化和无形的文化心理并没有泯灭,这就是民间文化研究的活生生的学理意义与应用意义之统一,这也是四分之一世纪以前调研时想不到的社区干栏住房系统和单一事象调研的日后的重要意义。

几年以后,当我辗转到闽东闽北一带做田野工作的时候,也考察过陈靖姑女神传奇故事的分布、信仰圈层、唱本、仪式与信众等的问题,这大概和民俗学的西部和西北部史诗研究不分彼此,也许汉人社会的文字唱本的统一传布作用有自己的特色;其特色还来自陈靖姑故事传布在先、造神在后和塑造神明在先、推进女神传奇分布在后两类;不仅如此,未能料到的还有陈靖姑的生卒忌日,竟然影响了福州方言区的婚期选择乃至地方人口的出生率①,这使得问题研究的取向转而连接了其他学科枝杈,至今饶有兴味。好似蝗虫的普查过程总是遇到相邻学科"跨越"地盘深掘的不同鼹鼠。

每当我在云南山地和陈靖姑信仰分布区就一些细部问题求教于乡土文人智者的时候,我总是会设问,城里的和大学的人类学家或民俗学家应该和他们(例如县籍文人)有什么区别呢?现在我倾向于认为,更大的理论与时空涵摄力是应该有的,他们或先或后总是应该成为具备区域时空把握能力和理论素养的民俗"博学之智者"(或专题事象类的"博学之智者")和"穷理之大家"。

我们在日本柳田国男"一国民俗学"时代已经看到有了许多智者精细的地方民俗之作,从大规模同一与普同的民俗事象中(从面的通则中)求异,才能摆脱因单纯点的问题取向做比而失去涵摄力和丢失潜藏的共性。因此,传统上精细的田野记录决不是肤浅,掌握现代理论的学人所做

---

① 庄孔韶:《银翅》,第365、367、364页。

的民族志和民俗志更不会肤浅。正因为如此,日本在一个多世纪沐浴欧风美雨之中保持了自身的民俗研究主旨(日本民俗研究的族群认同意义尤为凸现),以至今日顺利地走向跨国和跨族的比较民俗学时代,内中可见几代日本学人"努力主义"和才智的成果结晶。柳田在《远野物语》的序中正是夸奖了远野乡人佐佐木君的民俗精神,"为了那绝无仅有的将来少数的研究者留下这样客观的记录,那决不是自然的倾向,而是非常努力的结果。"①而周作人也感慨作评:"民俗学原是田间的学问,想靠官学来支持是不成的,过去便是证明,希望他在中国能够发展须得卷土重来,以田间学者为主干,如佐佐木氏的人便是一个模范值得我们景仰的了。"②

推而论之,如果我们已经编纂出大量如同旧日出版的细致严谨的俄文《苏联人民》民族志、德文的《德意志民俗词典》,或柳田的《产育习俗语汇》等知名作品,我们的民俗研究的学理意义及对当世的文化生存价值就会逢时凸现出来。如同我们起初不知道云南干栏长屋的后续意义,也不知道陈靖姑女神传奇对今人的整体论(生物—文化性)的意义,以及我们起初并不知道通晓中国和海外端午节和龙舟赛的广泛而精细知识的文化认同特性的意义,或家族主义亲族关系在现代社会过程中的传承与影响的意义,那么,我们的人民就容易在前进的过程中失去主动文化选择的基础。这就需要我们世世代代不断积累的民族志和民俗志总是注意带有详尽的时代、地点和事象出处,这些默默的基础性的工作,对于日后民俗传承与社会文化研究的指南意义便很容易展现了,这种指南的意义特别包括了预见和有把掘地设计民俗民生的变迁和文流的基础。

人类学重视故去的人和现今的人之间的文化传承关系决定了特定群体的民间创造与表达、智慧和价值、情感与认同的长久意义。因此,我们对区域人民的物质文化、制度文化和精神文化分类普查和记录并不表明文化事象之间是相互割裂的,而是寻求同与异之间的辨析;人类学的物质文化研究还旨在弄清关于物质客体的文化表述,涉及人类行为背后的文化认知与实践;而非物质文化或无形文化是相对于物化的文化表现形式,通过世代耳濡目染而传递(如语言和文字形态的叙事诗和口传文学、风习与礼仪、巫医乐师百工之术等)。他们虽无形却总是携带着往昔历史的情感和国家、地域或族群之象征,平常所谓的文化认同正是来源于它们能被

---

① 引自柳田国男:《远野物语》序,周作人译,载周作人:《知堂书话》(上),第182页。
② 周作人:《知堂书话》(上),第183页。

感知而共享。因此,重视民俗文化的一切蝗虫式和鼹鼠式的研究均代表了现生人类对已经建立起来的文化资产大厦所抱有的珍重与谦逊态度。

得悉刘铁良教授关于中国大规模的民俗志计划已经在精细记录与理论提携上加以全面考虑①,剩下的则是如何落实持久的田野功夫和第一手文献重整的问题。相信近年来学科之间学术互为开放的结果,将导致本世纪各自学科点面良好整合的可期待的民俗志和民族志新成果。这是两项均不可忽视的工作,"蝗虫"法和"鼹鼠"法将各得其所,特别在一个人身上兼顾最为难得。一个区域民俗博学之智者兼深邃之理论诠释大家显然是我们期待的。因此,民俗学和人类学的民间文化研究根本不只是被动保护的问题,广博而深邃的学理认知携带着无数的线索通向现代人的文化生存世界。

七、"蝗虫"和"鼹鼠"怎样合作
——重提小社会与大社会问题

虽说人类学家可以在世界上任何有人群的地方做田野工作,然而,在人类学的理论指导下,如何选择调查地点和确定调查范围是非常重要的准备工作。传统上,人类学者主要关注非工业化的小规模社会(small-scale society),这种社会往往社会同质性高,有简单的技术与经济,社会关系比较简单,与外界联系较少。在人类学学科发端期,受那时科学的控制、有机的方式和功能主义概念的影响,以及人类学关于文化整体性运作的构想,相对隔离的小规模社会,像实验室一样容易得到控制性观察。人类学者一旦进入,便颇为方便和所有研究的对象互动,开始一轮鼹鼠式的工作。小规模社会研究一直是人类学田野地点之首选。

从部落到农业社会的转型之后,我们看到乡村社会同城市的联系较多,于是人类学的小型社会研究常常需要新思考。杨懋春在20世纪40年代已经考虑到了这样的问题,他的关于小农经济的小规模社会研究实践,强调了观察"家庭关系"和"村落关系"的双重重要性;因为"每一个村庄又不是孤立的,所以还要分析村际关系以及市镇对村庄的影响。"可以

---

① 刘铁良:《文化巨变时代的新式民俗志——〈中国民俗文化志〉总序》,《北京师范大学学报》2006年第6期。

说抓住了变迁中的中国乡村社会研究的关键。①

可是如今世界经济、交通、通讯飞速发展,绝大多数部落与农耕区都更多地卷入了国家掌控、税收和市场经济的联系之中。传统的乡村可能仅仅是一个巨大的城乡连续体的一个部分,这就促进人类学的田野工作范围扩大为大规模社会(large-scale society)的研究。这种大规模社会也是较为复杂的社会(complex societies)。和小规模社会相比,它们所处的地理范围较大,文化的同质性减弱,出现职业多元、社会分层与人口流动,内外关系联系增加。由于现代交通、通讯、文献获得之便捷,明显促进了人类学家扩展时间与空间上的调研工作与分析效能。这时的人类学家或者独自,或者组织团队做超越村镇县乃至更大的区域研究,也包括跨学科的合作研究,经常成为一个点面结合的大型研究项目的一部分。

以阔塔克(C. P. Kottak)在巴西的人类学研究为例。② 在一个已经处于相当都市化进程中的复杂社会,他研究巴西的一个特定的乡村社区。显然,这个小型社区无论如何也不能代表作为一个整体的巴西。因此,在若干分开的、并不一定相同的巴西的社区调查工作中,阔塔克只是其中的一个民族志作者,他的工作在于提供一份帮助展示多样性巴西文化的一个部分。即鼹鼠式的一个个点状研究已经带有多样化的平面设计考量,然而,即使这样,计划设计之初就必须首要了解民族志的概况,这是多样性文化调查计划的必要前提。在现代国家中,以民族志的方式做社区研究(community studies)的意义在于提供一个在当代世界与历史向度中的经济文化适应性和参与程度的样本,这一样本对于比较都市生活和多样性区域文化显然是必要的。

另一项大型研究反映在萧凤霞和科大卫合编的《植根乡土:华南社会的地域联系》③一书中。这本论文集汇集了历史学家和人类学家多年的研究成果,涉及他们共同关心的宗族、国家权力、地方文化策略、结构过程、妇女地位、边缘群体等事项。他们"各自立足于一个点上(一镇、一乡、一岛),阅读地方文献,进行实地调查,和官方文献互相比较,辨别各种

---

① M. C. Yang, *A Chinese Village*: *Taitou*, *Shantung Province*, New York: Columbia University Press, 1945;庄孔韶等:《时空穿行——中国乡村人类学世纪回访》,第 117—119、463—466 页。

② C. P. Kottak, *Anthropology*: *The Exploration of Human Diversity*, Sixth Edition, McGraw-Hill, Inc., 1994, pp. 31—33; C. P. Kottak: *Assault of Paradise*: *Social Change in a Brazilian Village*, 2nd ed. New York: McGraw-Hill, 1992.

③ Faure and Siu, *Down to Earth*: *The Territorial Bond in South China*, Stanford: Stanford University Press, 1995.

叙述的弦外之音,各自写出了主题不同却又关怀类近的文章"①,建立了华南区域研究和跨学科研究的分析框架。内中可见在较大地理区域及历史时空脉络中,人类学小规模社区研究在大型专题中的独立的学科意义,为跨学科的"蝗虫"法和"鼹鼠"法合流的明显成果。

八、"蝗虫"和"鼹鼠"怎样合作
——问题(取向)研究与过程研究

参加田野工作的人类学家不外乎两类田野研究选择。一类是问题研究(problem-Oriented research)。由于研究意图不同,有时只是参与观察其中某些特定问题。这些问题可以是人类学传统论题,如宗族、仪式和生计方式,也可以是吸毒、艾滋病这类社会问题。人类学者带着某一特定的问题做田野工作,在调查中主要收集被认为与这些问题相关的民族志资料。这类问题研究可以通过区域的田野调查寻找人类学的理论切入点,从而以一个独立学科的视角讨论问题,获取结论。例如华琛(James L. Watson)的《族人与外人:一个中国宗族的收养》一文②,选择中国香港新界一个最大的单姓村做田野工作,从宗族生活中抽出一个收养问题专题论述。他从中国的收养哲学、田野点的宗族特征、收养原则、近亲收养与收养外人、族规与现实的连续分析,得出了宗族内部分支的争斗是导致收养外人这一异常形式存在的根本原因。这样一个具有问题取向的田野观察与课题设计,最终将转换成一篇人类学专题论文或应用性的建议,大多属于问题研究。

然而,单纯与简单问题的考察机会并不多。例如,寻求某一社会群体吸毒的原因和提供解决方法的问题考察,其田野调查资料就不仅包括当地人对于这些社会问题的径直的回答和解释,还包括诸如人口密度、环境、就业等影响因素,甚至地方经济、社会史,以及民俗生活特点等也都在考察之列。我们从人类学史上相当多的问题取向的论文考察,其优点常常是文字陈述与分析环环相扣,使人容易领会其要点,而且结论清晰,但

---

① 萧凤霞:《二十载华南研究之旅》,载华南研究会(编):《学步与超越》(华南研究会论文集),香港:文化创造出版社,2004年,第37页。
② 华琛:《族人与外人:一个中国宗族的收养》,《广西民族学院学报》2004年第1期,第100—107页。

是,有些情形需要加以避免。例如,只关心和问题直接相关的要素,忽略对间接相关问题的注意,如是,被删节要素对主题的影响与干预就会被忽视。还有,单一理论的套用,会使问题之解答过程丢失其他的理论视角和观察视角,从而使结论孱弱与不够全面。因此,问题研究并不是就事论事,鼹鼠挖掘不能只注意一个方向。人类学的问题研究在开题和整装出发之前就要有尽可能周到的估计与设计,以减少围绕中心问题的相关因素之缺失。

另一类是过程研究(Process research),是指从人类学研究方法上思考和把握社会文化变迁的过程研究;或对一个或一组田野调查点及其周边地区的长时段研究(longitudinal research)。

阿伦斯博格(C. M. Arensberg)[①]于爱尔兰乡民的田野研究专著就是非单一问题取向的过程研究,因为他的关于城乡社区社会文化网络的研究涉及多种相互关联的不同事项。首先,"婚姻是农村生活的依附运行的关键,它是结构的中心"。[②] 由于一个家族的农地狭小,当一个将要得到农地的儿子结婚后,新娘将带进来大约等于农地的价值的嫁妆。由于农地并不是分给所有的子女,其他人就必须到城镇谋生,这样才能在农地上维系家庭、血缘与土地持续的密切结合。于是作者指出了婚姻、继承、社会控制、迁移和移民等问题如何成了小农式社会体系中的一部分。

不仅如此,在地方市镇,农人的小儿子只能到市镇当学徒,女儿嫁到市镇为人妻,而商人则依赖乡村的顾客(亲戚)为生。因此市镇老板或店员的儿子接手酒店或商店,娶乡村女孩为妻,后者不仅带来嫁妆,且带来她出身之乡村的顾客。因此,是经济和亲属关系一同把市镇与乡村结合起来。再进一步说,债务也是城镇人和乡村的亲戚们联系的办法。债务关系如同嫁妆一样,父子传代,成了城乡社会关系的一个组成部分。它变成了支持社会关系网的能力与希望的一个标志。这样,债务的新的意义在于成为维系社会体系的一种机制。即是说,仅从经济的和法律的角度考虑爱尔兰乡民社会是不够的,人类学关心亲族关系、债务和社会结构的过程分析,扩大了人类学关心问题的种类与多样性。所以,我们从上述研究中得到社区平面结构多种关系与问题相结合的社区过程,不是一般问

---

① C. M. Arensberg, *The Irish Countryman: An Anthropo-logical Study*, New York: The Macmillan Company, 1937.

② Ibid., p. 93.

题取向的研究所能达成的,何况这仅仅是阿伦斯博格田野专著的部分论题。

《金翼》及其续本《银翅》亦都是明显属于过程研究的著作,它们涵盖了几乎整个20世纪的历史与社会文化变迁。其纵向地连接社会史与人类学民族志的时间导向和社区各个历史片断的社会文化平面配置的关系过程,提供了讨论多元问题——从社区的结构过程到社会文化的多元问题,涉及了农业制度、基层政权组成、宗族与家族、社会变迁的动力、信仰与科学、民俗礼制与文化思维等。从以时间顺序讨论社会史诸问题(社会文化的时间变迁)到在平面配置上的不同取向的多类问题的民族志及其阐述(社会文化的空间关联分析),提供了人类学过程研究的田野著作蓝本及其撰写的意义所在。

过程研究的常见类型还有重访和回访研究,属于人类学长时段的过程研究选择之一。所谓长时段过程研究的间隔并非是固定的,而是指在时间上和空间上经历过某些变故的社区的再研究,刚好切中人类学的社会文化变迁的主题。这种跨越时空的同一地点的鼹鼠式的过程研究在上一个世纪很为流行。至少是上个世纪中叶以前,受地理、交通、通信等条件的限制,人类学者历经一年或多年艰苦的部落社会调查过后,很少能够重访原初的田野调查点。这是全世界所有人类学家都清楚的事情。例如奎因(Buell Quain)1938年独自去当时无人知晓的巴西上欣古河地,坐牛车和独木舟整整花了一个多月去研究那里的特鲁迈人①,可见当时的人类学田野工作之艰辛。但事实上还是有一些著名的人类学家不畏艰苦重访自己的调查点。例如费思(R. Firth)、米德(M. Mead)、雷德菲尔德(R. Redfield)等,而韦娜(A. B. Weiner)五次回访了马林诺斯基去过的特罗布里恩德岛,刘易斯(O. Lewis)则回访了雷德菲尔德在墨西哥的研究故地,而弗里曼(D. Freeman)则回访了米德的"萨摩亚人社会"。② 中国人类学家也有重访自身田野点的记录,如费孝通、林耀华和杨庆堃等。从上世纪80年代起,中国新一代人类学者有针对性地对20世纪初叶至中叶8个著名人类学田野调查点(主要是汉人社会)作了回访研究。③ 如今,其他同

---

① 罗伯特·F.墨菲:《文化与社会人类学引论》,王卓君、吕酒基译,北京:商务出版社,2004年,第292—293页。
② Derek Freeman, *Margaret Mead and Samoa: The Making and Unmaking of an Anthropological Myth*, Cambridge, Mass: Harvard University Press, 1983.
③ 庄孔韶等:《时空穿行——中国乡村人类学世纪回访》。

行在另外地点的回访观察也已完成或继续进行着。

　　回访的意义在于得以更新找到审视同一调查点的机会,延伸了先驱者作品的学术生命与意义。比较国内外田野再研究的个案成果,完成前者学术失误的订正是可能的,但验证的动机不是唯一的。因为再研究不能只限于以新的理论优势批评昨日的理论欠缺,而是在新知识的基础上提供再诠释。即不同时空的(鼹鼠)同点回防工作同样加强了社区的过程研究,这一不同寻常的深掘与诠释,因两代人的比较观察和比较理论得到新的综合,从而意义深远。

　　当代人类学的过程研究的类型还有,预先设定的反复性定点或多点(one field site or multisites)的长时段田野研究(longitudinal research)。现代大型研究项目(project)的重复性访问设计一般出于集体项目之主旨,涉及人类学家的自身人员分工合作或跨学科人员(含人类学家)的分工合作,是以"鼹鼠"法和"蝗虫"法点面结合的群体项目为多。

　　例如,1956 年,Elizabeth Colson 和 Thayer Scudder 对于赞比亚 Gwembe 区田野研究被设计成长时段的过程研究,同时也是一个田野多点研究。他们对位于不同地区的四个村庄进行了长达 40 年的追踪研究。①他们通过定期的村落普查获得关于人口、经济、亲属和宗教行为等方面的基本资料。那些搬出村子的村民也被跟踪调查,以便与村内的情况进行比较。研究小组详细地记录了当地所发生的事件和村民每日的食谱。那些由村民提供的购买食物的单据记载了村民对某些产品的喜好变化过程。田野笔记描述了当地法庭活动、会议情形、教堂服务、葬礼和仪式等内容。他们还通过对政府官员、商人、技术工人、外国传教士以及从事非政府组织活动的外国人访谈来补充上述信息。同时,他们查阅政府文件和其他文献资料,听取在当地社区工作的赞比亚学者就社区变迁的问题提供见解。

　　在收集社区和个人基本资料的过程中,显现出一系列的焦点问题。他们的研究起初关注大型水力发电站对当地居民的影响。大坝的修建一方面迫使地方居民背井离乡,同时因修电站而兴起的修路等事件也使他们与其他地方的联系更加紧密。然而 20 世纪 60 年代后期,教育变成了当地影响变迁的主要问题。Elizabeth Colson 和 Thayer Scudder 考察了教

---

① Conrad Phillip Kottak, *Anthropology: the Exploration of Human Diversityh*, Ninth edition, McGraw-Hill, 2002, pp. 27—28.

育如何给当地人提供新的机会的同时,也加大了地区与国家中的社会差别。另外,他们发现那里的酒类需求量增加,出现了一个新的社会问题。于是研究小组调查当地变迁中的市场、交通的角色,城镇的价值增加,家庭酿酒业改变,以及当地饮酒模式的改变,表现了现代社会时空变迁中随时出现的、难以预料的新问题需要加以解决。这样,问题的取向在社区过程中时有变化,体现在时间的维度上;而在调研的空间与平面配置上,社会文化制度的不断调适,也引出了不同的主题。

这种兼顾"鼹鼠"法与"蝗虫"法的人类学长时段过程研究常常设计在先,其预见性则是由人类学跨越时空的理论和田野经验所把握的。

九、"蝗虫"和"鼹鼠"怎样合作
——通向跨文化比较

人类学的早期理想之一就是实现跨文化的比较,民俗学、社会学等也无一没有这样的愿望。所以,长久以来,人类学的民族志成果一直处在比较社会与文化的不断积累的位置上,直到默多克建立庞大的跨文化"人类关系区域档案"(Human Relations Area Files, HRAF)也都是建立在世界各地理区域的或个案的民族志的基础上,带有人类学始终如一的比较的和不断认识人类自身的理念。起初的民族志大都是记录民族志,而增加理论论述的民族志是后来才提到的。或许也有人认为记录民族志(或说记录民俗志亦如是)的"蝗虫"法太不够水平了吧。可实际上某一个田野点上的理论研究,反而是首先阅读那里的记录民族志,而不是什么学者写的被他的思想过滤过的理论分析文章(例如功能主义、象征主义的文章),因为某个时代流行理论的"指导"和"套用"(或曰好用)过程必然存在片面性,将导致比较的失当,因此,各个区域细腻的记录民族志民俗志一直是人类学家田野工作之前阅读工作的首选,然后才是对先行者的理论作品评估。

依据现存跨文化比较法的不同思考与实践类型,人类学可以从以下四个角度加以区分[①]:按地理区域进行的比较,按样本大小进行的比较,按数据搜集人不同进行的比较,按共时性和历时性进行的比较。而这四

---

① Carol R. Ember and Melvin Ember, *Cross-Cultural Research Methods*, 2001, Alta Mira Press.

个角度都涉及记录民族志之积累,如米德观察萨摩亚的青春期少女的经历时,她对照的是美国少女青春期经历与表现上的差异,于是推导出不同族群文化在性质方面的理论构建。实际上是独立的深掘"鼹鼠"法的进一步延伸,跨入了地理区域对应和共时性对应的比较研究之路。

根据黄树民的归类,人类学比较法主要有三,即隐含的比较法、两元文化比较法和多元文化比较法。① 人类学家在田野工作中,当他们看到目标文化的某种实践活动时,总会不时地反思自身文化的相似实践。

两元比较法需要对两种不同文化的相似实践加以系统的对照,以识别出相似性和差异性。这种比较的目的是识别出作为两种文化共同基础的恒定要素,并离析出导致两者间差别的可能因素。这种因果环节一旦建立,研究者就能提出解释这些差别的各种理论。伊文斯-普里查德发现东非阿赞德人和特罗布里恩德岛人在面对日常生活中的不确定性时,都运用巫技填补知识上的空白。然而,他们不同的亲属原则和居住原则却使得两个社会在实践、传播和保存巫术与巫技的知识方面采用了截然不同的方式。于是伊文斯—普里查德证明,巫术上的形态差别"可以通过指出两个社会在结构上的区别而得到解释。"② 刘易斯提出他的贫困文化理论,是从墨西哥和美国一共四个不同的文化场景加以对比和归纳;而怀廷对童年期文化实践可能投射于他的成年生活的田野研究,则派了6个研究小组分赴世界各个不同的地区。③ 这就是多元文化比较法。这里,预先设定的、散布各地的"鼹鼠"法作业实际上紧紧依赖了先前"蝗虫"法的背景资料,同时也获得了点面结合的良好效果。

跨文化比较是人类学家在对从世界上不同民族获得的经验材料进行比较的基础上,验证理论假设,发现人类行为的共性与差异,以实现理论概括或发现某种通则的研究方法。尽管各地区的社会与文化存在差别,然而他们总会有共同的可供分析的单元与要素。擅长田野工作与民族志撰写的人类学家,秉承人类文化普同性、相对性、适应性和整体性的认识,

---

① 黄树民:《比较方法的运用与滥用:学科史述评》,张海洋译,《广西民族学院学报》2003年第3期,第32—38页。

② E. E. Evans-Pritchard, Witchcraft, *Oracles and Magic Among the Azande*, Oxford: Clarendon Press, 1937;"Morphology and Function of Magic: A Comparative Study of Trobriand and Zande Ritual and Spells", In John Middleton, ed. *Magic, Witchcraft, and Curing*, Garden City, New York: The Natural History Press, 1967, p.22.

③ J. W. Whiting, I. L. Child and W. W. Lambert, *Field Guide for a Study of Socialization*, New York, London, and Sydney: John Wiley and Sons, 1966.

不断思考与规划，从一个个独立的田野个案调查点逐渐走向扩大的比较研究之路。

总之，人类学的"蝗虫"法和"鼹鼠"法可以按照上述的若干种方法合作，这些合作的继续将导致点和面的视角相对地加以融合，不仅如此，人类学及其相关学科的跨学科合作也是在上述若干种方法过程中实现的。然而，人类学和相关学科之间的整合研究并不是一开始就能形成，而是渐进的过程。

8年前我们开始进入公共卫生的陌生领域的时候，是怯生生的。随后的学科交流证明我们的人本、民俗、社会与文化的研究和卫生、医学科学是分不开的。比如对商业性服务者的疾病控制问题，民俗研究的出发点之一是关注行业特征，公共卫生与医学是思考针对行为的干预，社会学也许会考察一个特定的社会压迫问题，而人类学是寻找她们行为背后的文化特征——即作为一个文化的组织的研究。这样，人类学看到了一些汉族、傣族和越南（凭祥一带）的妓女有不同的自组织方式，于是通过揭示妓女的组织与流动特征找问题。在合作研究中，几个学科的专家都一致认同这一概说，即控制了流动就控制了疾病。因此，这里人类学和民俗学合流，即行业和自组织的观察均和生活方式与文化结合起来。然而，一旦让我们加以点面整合地考虑这个问题，以及思考中国大面积治理这类问题和制定应对政策的时候，我们的区域（族别、信仰等）民俗志和民族志的特定事象的价值就显现出来了，于是科学的行为干预之出发点就和特定的文化连接起来。① 这样，巨大时空下的不同学理之沟通已经不仅仅具有诠释的意义，而且和应用也融为一体，导致了卓有成效的政策评估与应对效果，这无疑使人文社会诸学科的理论诠释朝着增进人类自身整合性认知的大道上前进。

人类学比较调研之前总是喜欢阅读记录民族志和民俗志，还有那些田野点上结识的无数可敬的地方文人，他们是地方文化的主位诠释者和民俗事项专家，几乎没有哪一位人类学或民俗学者不认识几位地方文人而且受益于他们。那么，未来谁应该仅仅成为区域、族别或方言等的记录民族志、民俗志专家，而谁又应成为具有理论诠释涵摄力和能写论文的大

---

① 庄孔韶研究小组：中国内陆型和跨境型低龄女性性工作者艾滋病易感因素分析及对策研究，（作为文化的组织之理论实践之一），中国人民大学人类学研究所和 CHARTS Office/SCAWCO。

学教授呢？很遗憾,我们的确看到了双方连接性之缺乏。中国上个世纪历经战乱和社会变故,以及学术章法不明和落实不力,造成学术事业之惨淡经营。中国学术时运不济,人也不踏实,坐而论道的多,深入下去的少,造成学术考察记录松懈而不精细,理论文章无主见而生搬硬套。即蝗虫也没有布好点,鼹鼠在一个地方也待不住。由于笔者这篇文章的主题是强调多学科学者点面整合性调研之意义,因此,特别主张城市学府的专家和县镇乡的"文化中人"①、民俗里手的联手合作,这对于城乡之间(在中国的多数情况下)的双向互补性学习有何等重要。如果在每个县,每个方言区,每个民族及其支系等,都能有远见地世代选拔培养人才,让他(她)们成为区域、民族或事象专题的"蝗虫"法与"鼹鼠"法之兼修者,不亦乐乎！那时,教授们的深掘水准才会推进和提升到具有大面积理论涵摄力和多样性文化比较的才能,这决不是个人意义上的,而是中国人学术群体的。

（原载于《开放时代》,2007年3月。）

---

① 庄孔韶：《银翅》,第485页。

现代人类学的理论寻觅

——由明代"公安派"的文论引起

一、引子(北京)

庄孔韶(以下简称庄):谁都知道,人文社会学科中,大大小小的理论进步都有一个学人集体智慧积累的过程,当旧的理论模式不敷使用,不能适应新情境或不能进入深层的诠释时,一些人寻找新的模式、新的诠释的探索便开始了。这是一个发现与寻觅的过程。在法国和在中国同样可以发现和采纳新的概念并成为理论批评的工具。从中国的角度而言,过去,人类学的理论总是来自遥远的北美洲和欧洲。不过当今世界的理论则经常来自美国,有时甚至连法国都被忽视了,更不用说后来才接受人类学的亚洲诸国了。

1960年让·鲁什(Jean Rouch)拍摄了《夏日纪事》(Chronicle of a Summer),他使用了同期音,以及摄制者走到摄影机前,提问和参加别人的讨论,以新技术新方法尝试发现法国人在阿尔及利亚战争期间的生活与思想状态。《夏日纪事》不但使巴黎人在那个不寻常夏天的生活表现得淋漓尽致,而且告诉人们民族志电影是怎样拍摄、反馈、讨论和评价的。然而由于缺少交流,当时对北美的影视制作圈影响不大。我们所看到的鲁什作品显然是既顺应了人类学理论的进程,同时也运用了影视手段的不可替代的特性。因为这的确是和文字撰写非常不同的表现方式。让·鲁什跨越了单纯科学地制片的思想藩篱,容纳了人的主观思维。影片相关者的互动过程和艺术表现。他的作品以其"分享的人类学"(Shared Anthropology)的思想对法国电影和纪录片制作产生了很大影响。

在人类学界,起初人们谈论书写与拍照文化的"客观"与"真实",但后来发现简单地断定局外者的拍摄不会影响被拍摄者的实证观是有问题的,因此,镜头前后的"分享的"尝试是对上述"客观"与"真实"实证观的质疑,也可以认为是改进文化展示的创新的实践。让·鲁什把摄制的本质的表现放入他的"分享的"思想之中并引进影视界。这种反馈式的人类学电影寻求被研究者的积极参与,其重要意义在于他超越了认定"真实"的单向把握和超越了认定主位—客位的简单沟通思想:肯定了人类学家以影视手段对文化建构的作用以及表现了人类学家、摄影师共同对人性、伦理、价值、政治、权力的关注。

在八九十年代的人类学界,上述"分享的"思想从人类学者在田野工作中的表现,从言语转述、文字撰写到影视记录,以及价值与权力的分配等都得到进一步的讨论。那么,要探究这些分享的、流动的程序,其理论的提升需要借助对空间、时间和情境的良好把握,也需要借助对哲学、人观与情感等的恰当把握,这就说到了在运用人类学的"分享"原则时,例如在拍摄过程中如何寻求达到神入的境界和使多元互动的场景信息流畅,无疑是一个需要在细部发展的理论问题。当我们寻觅新的理论胚芽时,源自中国本土的古代思想可以移入到人类学中去吗?

我想我们现在已经可以点题了。就是今日的人类学调研和中国古代文论之间存在某些联系吗?

二、对话(北京—巴黎)

庄:中国明代"公安派"的文论要义可以在人类学思想里实现,猛然一听就像侯宝林的相声《关公战(会)秦琼》那样,然而,似乎不相关的事物有时却带着重要的连接线索。人类学摄影可以悟到袁氏三兄弟的"性灵"、"真"和"趣"的意涵吗?范华先生阅读中国古典文论有何见教吗?

范华(以下简称范):寻求一种新的境界之前首先要在沉闷的学界输入一股清新的气息。就像明万历年间"公安派"的文学运动那样,他们抨击了"文必秦汉,诗必盛唐"的"复古"运动的正统思想。(庄:抨击正统的和权威的保守思想是学界开一新生面的通途。)他们与古典派的支持者们相左,斥责各种模仿论者、台阁体诗人等,宣扬个人表现、自发性、感情冲动论;这种藐视传统观念的形象,使他们的大部分作品在以后的三个世纪里被列入禁书。袁氏三兄弟的文学理论确实是现代派的。他们和柳宗元、范仲淹、欧阳修、苏轼等人对"胜地远游"的迷恋,使他们成为世界上的首批带着冒险情趣的"旅游文学家",而西方的旅游文学则直至20世纪80年代才被正式列为独立的文学流派。

庄：袁宏道认为，各朝代有各朝代的文学，"各极其变，各穷其趣"①，其本质可谓社会变迁中的创新精神。因此，今人不可以或难以以优劣论之。若要不拟古，那么如何下笔呢？于是他展示了一个鲜明的尺度："独抒性灵，不拘格套。"②他还进一步说："非从自己胸臆中流出，不肯下笔。"③

范："性灵"是一种多面体的概念，在西方语言中似乎没有对应词。译成 sentiment, émotion 和 âme 等，只相当于中文的"感情"一词，都不能反映"性灵"的感受所代表的精神和灵感的广度。"性灵"诞生于一种具体的主观性与一种特有的现实之间的相会和相互作用。"性灵"就是"自我"与"外界"之间的一种瞬时触发。"性灵"也好像是诗诞生时的感受状态——灵感。袁的朋友江盈科引述袁宏道的话中也进一步说："天性灵巧于心，寓于境。境所偶触，心能摄之。"④就是这个意思。

庄：中国哲人和大众的"直觉"思维当然是包括在瞬间或持续的"性灵"之中的。我想"直觉"是一个不错的主题，（范：从王阳明谈起……）以后我们当然要好好谈谈。我想，说诗人（自我）与对象之间的无数的、丰富的蕴涵，不如说他们之间"浑然一体"更好。即主客位整体性贯通的意识、体悟、灵感、直觉等均会即时油然而生。你说下笔时的内心感应和情感一体化之共鸣等，都可以作为人们对难以言说的"性灵"的理解。

范：所以"性灵"也是一种蕴涵，在音乐领域中可与爵士乐大师们的即兴演唱相媲美，特别是可以与"激情爵士乐"（Soul music）的黑人演唱家们具有可比性。soul（激情）可能正是"性灵"的最理想译法之一。

庄：我想，"激情"的音乐场景是那种所谓"神入"的一种可见的状态，而那些不可见的主—客会意的沟通使只能从腕中流出时给以文化的觉解，正如江盈科所说："以心摄境，以腕运心，则性灵无不毕答。"⑤

范：让我们回到让·鲁什的电影。他的电影就已经带有了这种"性灵"的韵味，但并不是说像科特迪瓦的"疯师"（les maîtres fous）、马里班迪牙加拉（Bandiagara）悬崖区中的多贡人（Dogons），只有萨满社会的性质才能构成电影，而是得益于他的超现实主义的视觉。让·鲁什一开始就把

---

① 《袁中郎全集》一，《叙小修诗》。
② 同上。
③ 同上。
④ 《敝箧集（序）》。
⑤ 同上。

奇里科(de Chirico)的绘画作品与人类学家玛塞尔·格默勒(Marcel Griaule)所带回的多贡人的面具联系起来了。否则,他就不会有这种"性灵"。

庄:"性灵"说的本质是"真"。袁氏兄弟抨击并有违儒家诗教的关键词就是这个"真"。"真诗"才有"真性灵"。

范:李贽也曾以"真"的名义捍卫白话新文学,用真的语言和出于自然反对矫揉造作和一切虚假的做法。袁宏道本人也接受过李贽的"童心说",认为世间唯一堪称文学作品的是那些仅存童心者。

庄:李贽说,"失却童心便失却真心,失却真心,便失却真人",所以真诗是在乡里的歌谣和竹枝词中。有时被约束和压抑的文人却不行,他们的撰述由于各种原因的左右,例如政治的、保守理论的、经济的原因等,用现在的话说叫做不得不删节那些不可或缺的信息和要素,于是开始撰写那些应景的、形式化的、程式化的、族群中心主义的、违心的和残缺不全的作品。如是,"真"从哪里来呢!

范:10世纪写《笔记法》的荆浩认为,"真"还与"似"与"华"相对立。达到"真",这就是击中了事物的要害,从而从中传递灵与情,最终揭示事物隐蔽部分的本质。只是由于一幅绘画成功地捕捉到了"气"与"韵",它才能成为"真"。许多人类学家、摄影师都在以他们的方式求"真",以理解人类是怎样想象世界之秩序的。

庄:你怎样看待拍电影时的"真"呢?

范:"真"不仅要对拍电影的社会有一种真正的了解,而且还要具备一种心态,其第一条原则就是"相信其他人的信仰"。无论是文学、绘画,还是电影,"真"都需要有属于"性灵"范畴的某种类型的参与。

庄:拍片前的知识准备和充分调研是必要的求"真"的前提。有一次一位电视制作者拍了一部少数民族宗教仪式的气氛热烈的纪录片,但后期制作写不出解说词。大概是过于仓促上阵吧?但我们观看素材片时,却发现仪式中处在隐蔽处的、最重要的仪式象征物遗漏了。

范:这是不能击中要害的基础性原因。我所看到的一些影片,如关于云南摩梭人、贵州的傩戏的电影,就未能击中要害,其原因还伴随有民族中心论、浅薄的异国情调,或者是对一个民族传统真谛的一窍不通。

庄:常见的还有古今延续下来的各种"理"的局限。不剔除"理"的局限,影片便无"真"、无"趣"。

范:你从"真"说到"趣"。几乎没有人很恰当地翻译过"趣"字,事实上在法文中有一个几乎是完美无缺的对应词 ravissement（抢走、取走）：其主动词是 ravir（抢走），其被动式是 ravi（被抢走）。从词源上看，"趣"同样也相当于"抢走"的概念，因为它包括"取"和"走"的偏旁。

庄：因此袁氏三兄弟的三点论，"性灵"、"真"，以及现在谈的"趣"字扩展了今日人类学"分享"/"共享"的朴素含义。你所说的从"抢走"引申到"互趣"的含义已经超过了以往的"分享"/"共享"的内涵。袁氏三点论显然使"分享"的内涵更为细腻，或至少对分享/共享的（share）反馈过程肯定了"互趣"的新鲜诠释。

范：陶渊明写道："但得琴中趣，何劳弦上声。"这不只是情趣的一般含义了。这诗意的确是在表现人与乐器之间的那种"互趣"的状态。尽心弹奏而掌握了琴之奥秘的人，最终会与乐器之音融为一体，忘我便会进入一种通向新的未来之路。

庄：袁宏道不是说"独抒己见，信心而言，寄口于腕"[①]吗？可惜他不能跨越时间讨论今日人类学家扛起摄像机和古人握笔有什么不同！

范："趣"的概念适用于今日人类学家与其所处的社会之间，为电影拍摄人与他拍摄的人之间奠定了关系。荆浩认为，在"无形病"和"有形病"之间，确有一种关键性的差异。他也在"有笔而无墨"的著作或"有墨而无笔"的著作之间，做出一种得体的区别。摄像机这支大笔也应该理想地拥有"笔"和"墨"的功能，我们可以把它们理解为图像调整（镜头变换）和动作（反映生命和节奏）。这种互补性乃至互趣性对绘画和电影两类表现形式都一样。

庄：袁宏道总是一语道破："夫趣得之自然者深，得之学问者浅。当其为童子也，不知有趣，然无往而非趣也。"[②]又是说的克服文化理念的束缚，而去追求自然、无忧无虑、神入与"童趣"。但对这里"趣"和"互趣"的本质的理解要宽阔得多。

范：一部作品的评判标准却主要是"趣"，作品的文风、品位和力度都取决于其"趣"。"趣"和"性灵"、"真"的三角关系成了能够连接整体的环节，并探索出整体内相互作用的真正的范畴。我们挖掘中国美学和文学理论重新思考电影，可以使新方式涌现出来，于是可以用新的方式领会现实。

---

① 《袁中郎全集》一，《叙梅子马王程稿》。
② 《叙陈正甫会心集》。

庄：从古至今中国文人被湮灭的智慧有推陈出新的价值，将其转换到现代人类学的田野工作、文化撰写和影视摄制过程中去开创新诠释，抽绎新理念，将给中国、法国以及全球的人类学与电影摄制带来新的活力。

三、补遗（巴黎—北京）

范：让·鲁什曾安排过许多讨论会，题名"观摩比较"，专门放映有不同文化背景的导演所拍摄的同一主题的影片。这样就可以发现，导演们用各自国家的文化和意识形态去反映同一社会。我希望同你做这样的尝试。比如关于爱斯基摩人、纳西摩梭人、藏族等。除此之外，拍纪录片的方法发展很快，让·鲁什发明了长镜头和同期音。长镜头，并不是在一个角度拍很长时间的一个镜头，而是跟着一个动作或仪式移动，拍摄最重要的部分，真正进入到这个场景之中。让·鲁什曾拍过长达10分钟的镜头。每个导演都有自己的风格，不过，现在拍摄和以前已大不相同。每个时代都有各自的特点。现代纪录片与故事片很接近，需要讲述一个故事。70年代，在美国，拍纪录片需要一个主持人，站在镜头前介绍。现在，大部分的"创造纪录片"不用旁白，不用解释，全部用片中人物的对话，没有话外音。在西方，纪录片拍摄总的趋势是相同的。拍电影一定要了解拍电影的历史，这一点非常重要。

庄：在中国也有类同的理解和趋势。应强调的是，田野工作是人类学拍摄的重要前提，无论是用于研究还是用于展示，录像带的动态图像理应展现对地方人民人性与文化的深度理解。

范：我拍了两部电影，展示的就是中国游记文学的特点。一部叫《寻风问俗记》，一部就是《闽西客家游记》。摄影机就像作家手中的笔，这是一种主观的拍摄。中国的游记就是人对风景和大自然的反映和感受。我进入闽西，用我的摄影机去描写我所看到的土楼、环境和客家人的传统文化。我的拍摄与游记的区别在于我是用人类学家的视野选取镜头。在我的电影里，从来没有采用过采访对话形式，我自己不用这样的调查方法。我尝试去了解他们的文化，然后用我的摄影机去介绍。但考虑到中国的仪式与西方文化的差异，还须用旁白解释。实际上我不喜欢这种教育方法。我在拍摄了这样的游记片以后，重读袁宏道的诗歌散文，发现可以用他的几个重要概念做新的电影拍摄理论。其实，这种理论在我的潜意识中已经在用。

庄：当我们从影视的体验再连接文字的撰写，从而反省人类自身展示的手段与方法时，我觉得至今一百多年的人类学方法论探索过程中尤为需要和值得借鉴几十代中国古代本土文人积累的对人性和文化展示的细腻的理论提炼，特别是当你做中国文化研究时。在这里，从古代文论中抽绎出一些可以用于今日中国人类学的重要的表达汉字及其意涵时，其着眼点并不在于"真"、"性灵"和"趣"字义理解之深浅及其分享的向度问题，而是为了说明我们在古代文论的价值推动下开始进入下一个理解人性与文化的新的局面。无疑，这需要得自今日文学家的帮助，并使其转入人类学。

我们把一种体悟的功夫引入笔端和胶片，前者缘自古代，后者始于当今。显然，两相妙处不可替代，却各得其所。如是，明代"公安派"的文论要义在当今文化撰写和人类学影视制作中得到了贯彻和新生。

（此文由笔者与法国著名影视人类学家范华（Patrice Fava）合著，原载于《民族艺术》，2000年第4期。）

今日人类学的思路与表现实践*

一

想起完成这本书的初稿,转瞬就是九年。定稿前略有些补充,做了关于中国社会研讨必要的背景性知识铺垫,显然,当时这本书顾及海外读者对学术与乡土情感的同样细腻的需求。数十年来中国发生了多次巨大的社会变故,我的导师描写过的黄村山谷内外的人民是怎样生活过来的呢?《金翼》①中的东林家后裔和他们所在的乡镇邻人有怎样的命运呢?历史的、哲学的、政治的、经济的,乃至处世方式的古今文化关联性是怎样呈现和转换的呢?这次《银翅》简体字版大体依繁体字版②照排首次刊行,或许可以对中国新一代青年提供一些解说。借这部书的阅读契机,让我们来共同观察20世纪中国社会与文化的演化旅程,以及讨论中国人类学调研的思路与表现实践问题。

二

20世纪的人类学逐渐发展了一系列理论,从早期的功能论到今日的族群理论,例如说文化是为了满足社会生存或个体之需,说文化是某族群的特殊行为趋向,说文化是人类适应环境的手段,说族群是社会文化建构的一种事实,这里文化成了族群认同的感受、族群象征和族群之间关系等观念的复合体,等等。然而,上述几乎每一个理论产生过程都是在尝试酝酿出一个个关于文化的新的概念,其孰先孰后大多代表了一个个认识的不同视角,并且常常是不可比的。这里,数辈学人田野耕耘与智慧之积累是理论不断进步的基础,至今,人们还在试图发展新的更完善的理论,以求达到尽可能圆满的(也许永远也达不到)人类自身认识之综观,过去

---

* 1992年影视人类学片《端午节》的英文版 The Dragon Boat Festival 在美国华盛顿大学出版社(University of Washington Press)已先行出版。
① 林耀华:《金翼——中国家族主义的社会学研究》,1989年。
② 庄孔韶:《银翅——〈金翅〉的本土研究续篇》,1996年。

的、今日的和未来理论的积淀、修正与创新就是构成这一伟大综观的组成部分。

从福建地方文化的调研谈到文化中国与中国文化,其本质究竟如何表述呢?如上所说,当我们设定一个古今关联的知识视角之时,我们可以看到一个崇化导民、以国统族①的持续性过程,因此,今日人类学推崇反观的与关联的方法做研究。如果说文化变迁过程的一端是停滞,而另一端是面目全非的话,那么,文化中国与中国文化之"分享的意义"(shared-meaning)与"文化实践"(cultural practices)②的过程不可能是上述两端,而是展示了一个文化的历史旅程,尽管它始终带着变化的某种尺度、角度与速率。本书涉及的福建地方文化研究便是这类例证。

从中心到地方的文化濡化与涵化过程观察,以往的人类学偏重文化的同质性,现在看起来:一、即使对同质性的内涵,也缺少对深层"文化的逻辑"③的体认,其难处还在于文字表现的缺陷,即困于对不可言说之事理的书写与诠释;二、缺少对文化变异细部的田野关注。反之,若从边缘看所谓文化中心,显然是族群理论的长处。的确,该理论提供了反省文化中心主义的机会。然而动态的边缘族群的集体记忆、地方观念及其"历史建构",虽然可以成为族群认同的依据,但也可能仅仅是中心与边缘文化互动的一种反映而已。一个边缘与地方社会的田野调研有益于显示各类族群关系及其认同的某些个性(如福建人重礼俗亦重商),但不构成解构中国文化的根据。需要关注的是中国文化的历史性多重关联细部,特别那些被包裹在"现代时装外衣"下的意义、目标与事件等的关联性。这是因为"过去的社会关系及其残余,不管是物质的、意识形态的或其他,都会对先前社会关系产生约束,而先前社会关系的残余也一样会影响到下一个时期。"④同样需要明了的是,"人类不可能在他们自己选择的条件下创造历史和地点,人类只能在既有的脉络中,直接面对社会与空间的结构。"⑤这就是在中国古典文本和田野工作中实践文化关联性的人类学价值。

---

① 纳日碧力戈:《种族与民族观念的互渗与演进》,《中国社会科学季刊》1996年秋季卷。
② Hall, Stuart, 1997 *Representation*, *Cultural Representations and Signifying Practices*, Introduction, SAGE Publications, London, Introduction pp. 2—3.
③ 庄孔韶:《银翅——〈金翅〉的本土研究续篇》,作者导言,第7页。
④ Tilly, Charles, 1990 "Future History", in *Interpreting the Past*, *Understanding the Present*, edited by S. Kendrick, P. Straw and D. McCrone, The British Sociological Association, p.16.
⑤ 庄孔韶:《银翅——〈金翅〉的本土研究续篇》,作者导言,第7页。

于是,我们在大文化与地方文化的研讨中,还是可以看到中国古今文化关联的旅程图景:1. 一个崇化导民、以国统族的历史—地理的时空范畴(关联的,印象派画似的);2. 精英哲学与大众思维的贯通性,以及行为方式的传承(如直觉思维、风水实践等);3. 统一文字的文化认同意义(方言和汉字的文化意义不在一个水平上,前者被后者所涵摄);4. 家族主义与人伦关系的持续性;儒学要义与道佛、民间信仰的必然互补性。5. 地方性与小传统的民俗认同、个性及自主性之相对存在。显然,眼下这幅文化图景仍处在一个不能脱离过去的、正在描绘(imagining)和把握的文化旅程(The circuit of culture)①之中。

三

人类认识所走的弯路之一是对知识制造过程一致性的迷恋,这首先是针对所谓"统一科学"的理论。这是说自然科学的认知系统以其历史而今获得的优势地位,压抑和排斥了伦理、宗教、文学、艺术和不同思维系统的知识,或说科学理性的"认知—工具性"模式对"道德—实践性"、"审美—表现性"②知识的竞对强势。作为科学理性主义观念在人文学和所谓社会科学、行为科学的有力影响,实证主义是最明显的例子之一。然而有人发现,像社会学的发展"始终是在科学定向(倾向于自然科学)和阐释学态度(将其引向文学领域)之间摇摆不定。"③而近邻学科人类学的田野参与观察本应带着更细腻的感悟,但撰写文化论文程式的规定仍然有利于科学与实证的"发现"。所谓"客观性叙述"的古老说法早已在学术界受到挑战,但"量化"的本质及其运作空间仍处在不同的理解之中。人文学科包括人类学研究中对科学理性原则普遍性的怀疑是多方面的。例如在现代世界,许多人把科学与宗教对立,或以前者批判后者。但是,科学涉及的是经验因果关系的问题,而宗教涉及的是意义问题,"宗教的主要方面是不受科学证明或反驳的各种非经验命题。科学对于这些非经验

---

① Hall, Stuart, *Representation*, *Cultural Representations and Signifying Practices*, SAGE Publications, London, Introduction, 1997.

② Weiler. Hans N., "Knowledge, Politics and the Future of Higher Education: Elements of A Worldwide Transformation". in *Knowledge Across Cultures: Universities East and West*. edited by Ruth Hayhoe, Hubei Education Press and OISE Press, 1933, p.10.

③ Ibid., pp.12—13; Wolf Lepenies, *Between Literature and Science: The Rise of Sociology*, Cambridge: Cambridge University Press, 1988, p.1.

命题既不能予以证实,又不能予以驳斥"。① 显然,自然科学范式的优越性及其对社会研究的适宜性在许多方面受到动摇。人们能看到的将是传统的单一的科学标准被更特殊和更多样化的标准所取代。

文人写作的另一个约束性问题在于知识生产体系与权力结构有密切关系,表现在出版利益、研究经费和撰写系统等多方面,也表现政治权威使知识审查合法化,包括行政控制。例如建立录用人员的选择条件,学术评估附加政治标准,学人事项和官本位挂靠,学者"才能"靠权势包装和展现,以及把学术研究项目作为先在决策的注脚等。与知识生成和政治权力相关的还有现代知识制造的商业化过程,可以说事例不胜枚举。众所周知,经济利益和政治利益经常是不可分割的。

学者的学术生涯是在受到文化、政治、世界观与知识结构诸因素的影响而著述(文字是主要形式),然而,其撰写过程中选择论据和因素分析时,或因未能发现,或因政治意识形态和行政压制,或因文化与族群中心主义,或因科学认知的职业性套用,或因学术圈环境与人际依附关系,或因人性之怯懦与偏激等,人们表现主动或被动删除一些撰述根据和扭曲知识的生产过程。由此,我们反省:人们是在制造不完全的知识吗?韦勒指出一些"知识分子期望得到比他们已经得到的更多的尊重与名望,但他们求助于现存权势对他们的评价却导致了对其保守价值的承认"②,就是明显的事例。

然而,批评使人进步的教育原则同样适用于对待社会,上述约束性导致知识分子通常是社会和文化进程的主张者和批评家,而现在他们却环顾左右而言其他了,并造成他们在既得利益和理想之间总是倾向于前者。尤其警惕那些在体制转型和改革过程中的保守者与从中渔利者。事实上,在当代世界的普遍性改革浪潮中,"对于权威和传统应该存疑"③,而积极地提出问题和质疑正是摈弃保守价值标准的前提,也是社会改革得

---

① Yinger J. Milton, *The Scientific Study of Religion*, London: The Macmillan Company, 1970, p.62.

② Agassi, Joseph, "Financing public Knowledge", in *Knowledge Across Cultures: Universities East and West*, edited by Ruth Hayhoe, Hubei Education Press and OISE Press, 1993, p. 88; Weiler. Hans N., "Knowledge, Politics and the Future of Higher Education: Elements of A Worldwide Transformation". in *Knowledge Across Cultures: Universities East and West*. edited by Ruth Hayhoe, Hubei Education Press and OISE Press, 1993, pp.26—27.

③ Said, Fdward W., *Representations of the Intellectual: The 1993 Reith Lectures*, New York: Pantheon Books, 1993, Chapter 5.

以进行下去的必备条件。人类学研究的根本也是提出问题,是质疑,是不断创新和提出主张,而不是迷信和遵命。今日人类学从纯学理的论辩到社会文化运作的质疑,都会展现当代文人的角色分配。人类学家兼收并蓄不同文化的胸怀和涵养,决定了他们无论在哪里都应始终携带着批判性的卓然特立的风骨。

四

今日人类学研究的文化表现手段是多种多样的。笔者从1988年时诸实施,到1995年6月在北京大学人类学高级研讨会上提倡的"不浪费的人类学",实际是人类学文化表现的新方法实践。所谓"不浪费"的人类学,是指人类学家个人或群体在同一个调查点上将其学习、调研和理解的知识、经验、体悟以及情感用多种手段表现出来。著书立说以外,尚借助多种文学形式,如小说、随笔、散文、诗、现代影视、影像作品,以从该地族群文化获得某种综观。人类学者对文化和衬在文化底色上的人性之发掘充满热忱,我们似乎有点不满足本学科写论文的单项收获,好比农田上功能欠缺的收割机过后,还需要男女老幼打捆、脱粒、扬场,乃至用各种家什跟在后面拣麦穗一样,尽使颗粒归仓。人类学欣赏对文学形式的利用,文学和人类学交流的"美人其美"和"各美其美"观是一个不错的主意。①

从1986到1989年期间,我在福建黄村山谷内外做了累计一年多的田野工作,每次往返于城乡之间,那累积的文本和川野知识得以互渗并酿出学术新知,这惬意好像是喝了福建红曲老酒之后的悠然感觉。记得有两个春节我都是在那山谷内外度过的。除夕,每家的年轻母亲都在为长者、丈夫和守岁困倦的孩子们准备新衣服。那放在枕边一叠叠衣服是准备大年初一清晨穿上迎新的,男女老幼不同年龄组的人站在山谷的阳光下,使新衣新人新气象得以展现。中国人不就是这样从古代走到今天追求新的生活吗!几年间,笔者拍摄了山谷人家的大量照片和反转片,随时随地做笔记。当有一天我得知水口电站工程将把和我的研究联系密切的古老小镇淹没时,我萌生了拍摄那里最后一次端午节的心思。我知道金翼山谷唯一受淹的乃是芬洲遗弃的大房子时,我想我需要保存这里人和

---

① 彭兆荣:《"美人之美"与"各美其美"——文学与人类学交流》,《中外文化与文论》,1998年,第五期,第94—98页。

物的文化遗产。尽管是影像保存,但已不至于将来用巨大的花费去做水下考古。在地方人民积极支持下,笔者摄制了这部片子。此后,每逢观看这部片子时,我深知哪一幕场景现在已沉入水下,那是我看见过的、触摸过的、欣赏过的和永存记忆中的。

今年初,是我九年后第一次回金翼山谷看朋友,发现芬洲家的大房子真的消失了,我在记忆中山谷的同一个位置拍照,那里只剩下一小片平地被一层浅水浸泡着。我总是记得风水先生十年前的断语:"谷口春风花落去,荷洋秋水浪滔天。"我们今天能用影视的手段记录他言中了的人事过程,真是值得,那是文字撰写不可替代的呀!后来笔者还发表了摄影随笔多篇,多是关于山谷里的民俗故事,是在《银翅》这本书里没有写过的。我还把山谷里的民俗生活照片在美国的摄影展展出。那是十年前,一位老奶奶拿出50年前的嫁衣穿上让我拍照,那黑洞洞的农舍房间是唯一的背景,谁知在西雅图人们偏偏喜欢这幅带着新古典主义油画效果的东方农妇身影。在同一地点制作的影视片也在海外的中国文化课堂上放映了,八家专业杂志做了热情的评论。这部片荣幸地入选法国今年的人类学电影节,当我把这消息告诉福建的朋友们时,也带去了巴黎参展的邀请信。可以反观农人自己民俗生活的影视片是地方人民的一大乐趣,尤其是他们不知道若干年前自己已经进入镜头时。当然,这也是影视人类学作品回馈的愿望。人类究竟是怎样相互理解的呢?从影像和文字作品中可以各得其所,也会得到一些不可比拟的答案。

从1995年起,笔者把"不浪费"的人类学转向长江三峡文化遗产保护与研究的工作实践中去,因为我们(同行和相邻学科的几位身体力行者)的信心在于:在人人努力参与的同一个田野调查点上,尝试记录学者和他人的理念与思想流程,尝试使用不同的文字写作形式,尝试影视的与影像的语言表现,尝试和相邻学科学者的"跨界"讨论,一旦多元化的作品完成并集合在一起,很明显,它们对该地方文化本质之综观将会大大优于单一论文形式。现在,几位志同道合的朋友更扩大了作品的选择形式,从吸纳古今地方文人笔记,到居住空间的数字机全息摄影,总共不下十种。在同一个地点,把文字与影视制作的多种形式以及永恒的文化和人性的主题最终归结到人类学的视角中去,这便容易把人类学者和地方人民的全部理解与智慧尽可能地焕发出来。这就是"不浪费"的人类学的宗旨,这也是一个总是充满求知欲的、朝向综观的文化实践旅程。

中国文人的创见如何最终体现呢?笔者一直是想把那些在田野中没

有见诸文本的新鲜知识带进文字系统与影像的世界中去,同时携带着文化的历史关联与意义关联。承蒙三联书店叶彤先生及诸位编辑的创新努力,他们在学术作品的出版工作中率先推出笔者的影视光盘,使文字和影像两大不可替代的文化表现形式得以兼顾,在此谨致谢忱。在这里还要特别感谢台湾桂冠图书公司赖阿胜先生在《银翅》版权上的慷慨支持。目下,专著《金翼》、《银翅》以及影视光盘《端午节》已经构成同一地点百年社会文化变迁的文本与图像系列面世,相信能对中国人类学的发展提供一个学术构想与付诸实施的路径,并诚挚地希望听到广大读者的宝贵意见。

(原载于庄孔韶:《银翅——中国的地方社会与文化变迁》,北京:三联书店,2000年,此为简体字版序。)

影视人类学的理念与实践

一、人类学的影视表现

即使在人类学诞生的早期阶段,人类学家就已经开始使用文字和照相两种手段做记录和研究工作。文字与书写符号为早期人类所创造,照片的出现则晚到1839年发明可制作静态影像的光学仪器——照相机之后,而活动影像——电影的制作更迟至19世纪末。除利用文字与书写符号撰写民族志和专论以外,人类学的影视表现与文化研究一直随科学技术的进步而得到发展。迄今为止,人类学的文字作品仍是学术成果展示的主流,尽管影视作品尚不是人类学家必需的作品形式,但影视和影像手段在人类学田野调查与后期分析工作中使用得越来越普遍。这固然是由于今日影视工具非常普及,然而其本质更在于文字撰写与影视表现之不可替代性,人们注意到人类学的这两种表现方法的独立性、互补性,以及由此建构对不同的文化理解的价值。

影视人类学是以影像与影视手段表现人类学原理,记录、展示和诠释一个族群的文化或尝试建立比较文化的学问。最常见的影像与影视作品载体是黑白或彩色照片、电影胶片、录像磁带,以及新一代数字照相(录像)机——电脑构成的多媒体表现系统。在人类学的教学与研究领域,以照片摄制、分析和民族志电影(录像)制作最为常见。

人类学家一般的田野工作程序是,来到某一个地区的族群居住地住下来,差不多需要一年的时间卷入当地人的生活。社区与家庭、衣食住行、仪式与节日都是人类学家所关切的。他们提问、做笔记,辅以摄影(现在也有摄像),通过使用自己熟悉的人类学理论和分析方法,把参与观察和调研过程转换成自圆其说的文字的文化理解形式,论文和论著就是这样产生的。我们看到在以文字作品为主流的学术界,影像影视制作大多还是研究者的辅助手段。

在电影和录像制作十分普及的今天,影视人类学的作品仍毫无疑问地以专业田野调研为基础,这和走马观花式的族群地区观光拍摄完全不同。有别于文字撰写,影视方法是旨在透过镜头所建构的图像寻求对文化的另一种理解形式。文字与影像作品的最大区别之一是,文字对场景的陈述是对其进行抽象与概括,而图像记录则是场景直接和具体的表现。然而,文字撰写以及照片与电影,其真实性均不是绝对的,它们仅仅是一种真实状态的陈述。何况,人们总是发现,一张胶片上的影像一千一万句话也解说不尽,同样,一段文字的寓意可能超过一千一万幅画面,亦即文字和影像是以不同的符号系统传达与交换信息,其内涵、主客体交流,以及表达手法都是我们比较研究的兴趣所在。

二、照片的利用

在影视人类学关心的范围,以静态照片的利用为最早。起初,摄影术只是欧洲工业革命进程中光学技术的一项副产品。人们惊讶地看到显影后的纸基照片能重现生活的影像,特别是新闻业的兴起,由照片传达的政治、经济、社会与文化的信息可以使各地的人们受益;而且作为工业化过程的组成部分,照片也被用作分类和解释的工具,显然也被用于控制和歧视少数族群的殖民努力上。19世纪晚期,摄影以其为人类学家提供直观场景和族群文化的资料而进入学术研究之中。

从20世纪30年代起,贝特森(Gregory Bateson)和米德(Margaret Mead)在巴厘的田野工作中把照相机当做民族志的重要工具使用,他们在对儿童发展及与其他文化的关系的调查中,总共拍摄了25000张照片,并合作发表了《巴厘人的性格:一个照片的分析》[①]。不仅如此,他们还拍摄了22000英尺的16毫米电影胶片,集中表现小孩之间的互动行为,以及小孩和成年人之间的互动行为。贝特森和米德做人类学研究的特点是,专业田野调研始终是学术工作的基础,在这一基础上,准备了翔实的文字资料和分析性作品,并最终进入人类比较文化的重要主旨之中。然而,与其他人类学家不同的是,她在比较文化的深入研讨中,还有计划地进行现场拍摄与制作电影。贝特森和米德较早运用了文字撰写和照片相结合的方法出版人类学作品,将可视性图像和她关于人格的抽象化文字分析互为补充,使文化的表现两相得益。

---

① Bateson, Gregory & Margaret Mead, "Balinese Character, A Photographic Analysis", In *Special Publication of the New York Academy of Sciences*, Vol. 2, New York Academy of Science, 1942.

照片的民族志用途何在呢？张展鸿①强调了考利的观点②，并概括为：1. 根据人们的部落、身份、亲属和社会关系，提供他们的图例；2. 关于政治的、民族的和部落的疆界的影像证明；3. 可记录的工艺与礼仪；4. 识别历史事件中的人们。这表明人们重视摄影民族志的用途，但人类发明这一文化的表现技术亦有欠缺之处。中国有一句古老的成语"百闻不如一见"，这是说亲临现场眼见为实的重要性，然而在现场拍摄的照片是完全真实的吗？一些人把照片看成纯主观的事物，认为对不同的观察者有不同的意义，因此，他们否认照片中赋予的意义。而比较中肯的看法是，照片的确可以传达意义，但照片只能提供不完全的信息，而信息中的意义有赖于场景。因此，由这一欠缺性导致对民族志照片的理解尚需依赖于对其族群习俗、文字志以及对拍摄现场的调研。单张照片或许只引起某些片断的解释，但相关的和场景化的众多照片仍有可能被重新构建为一个对文化进行理解的有意义的整体。场景化的照片本身成为可进行研究和分析的证据，以表明生活方式，提供文化资料。在这个意义上说，我们可以把拍照过程看做是人们相互影响的影像流通与影像象征的符号。

人类学家已明确认识到他人可以对一位观察者所拍的照片进行持续的再分析，进一步说"我们在一静态摄影中，信息存在于多种层次，然而，经练习和拥有对照片信息进行系统相关的一套认真的分析技能可使各层次分离，使信息得到利用"③。就人类学家的需求而言，他们一定希望从所收集到的照片中识别出社会历史的背景，以及照片中所展示的文化的诸种象征符号，为其学术所用。依人类学家的一般经验，如果本人并未到过照片现场，那么很难利用这些照片。然而，当今世界各地档案馆、图书馆和个人储存的大量照片藏品，无论是否为人类学家所摄，保护、解释和评价这些照片，特别是对一个多世纪以来收集的民族志照片的研究，已显得十分重要。即使对那些一生只能有有限调研经历的人类学家来说，获得不同时期与不同地点相关的民族志照片，亦会有重要的对比意义。因

---

① Sidney Cheung, "Change of Ainu Images in Japan: A Reflexive Study of Prewar and Post-war Photo-images of Ainu", In *Visual Anthropology*, Vol. 9, 1996, p. 4.

② John C. Collier Jr., *Visual Anthropology: Photography as a Research Method*, New York: Holt, Rinehart and Winston, 1967.

③ Paul Byers, "Still Photographs in the Systematic Recording and Analysis of Behavioral Data", In *Human Organization* 23 (1), 1964, pp. 78—84.

此,必须寻找相应的方法来有效地利用人类日益积累的大量照片,特别是那些历史性与区域性的民族志照片。

照片收集是十分重要的。照片研究首先考虑的是人类学家的收藏。因为人类学家一生研究领域有变换,常常有旧日未来得及利用的照片、田野日记和各种民族志素材,这些材料未能发挥作用十分可惜。因此,将这些资料优先开放给后来的兴趣者和自己的学生,可能事半功倍。重新对照片编目,很容易获得现场摄制者的追述性解说,新的研究者会得益匪浅。此外,到历史、民族、民俗类博物馆、图书馆查阅摄影档案,也是人类学调查前或研究过程中的必要工作,以比较一个族群的时空差别时,这种照片的收集方式常常可以奏效。然而由于图书馆、博物馆的收藏主题类型有很大差别,人类学者需要了解和估价照片藏品对自身研究的意义与局限性。

在获得了照片资料以后,最重要的是了解族群环境及其年代;同时拍摄对象是谁?拍摄者是谁?拍摄的目的是什么?场景的空间关系如何?以及现场的物质文化与工艺水准均需考虑。此外,摄影师、被摄者和旁观者的关系是怎样的,以及谁控制着拍摄的过程,都要了解清楚。例如在照片的场景中,主体——被摄者有时喜欢选择服装、姿势和时间地点而影响拍摄结构;旁观者因进行现场评论而经常影响照片的拍摄进程。实际上,人类学家——摄影者除了拍照田野工作的自然与人文环境以外,体现当时研究主题的选择性影像最为重要。照片分析有利于评价研究者的学术思路及影像取舍的根据,配合阅读作者的笔记和著述,查阅当时的相关报刊、地方文献和同类学术刊物,以评论其人类学影像表现的风格与水平。

"照片可以作为第一手资料或人类学文献使用,但不是作为现实本身的复制品,而是作为需要批判地理解和阐释的艺术作品使用。"[1]作为人造物的照片本身,观者对照片主题的解释,以及对摄影师意向的认识,这三者单独都不能给以整体的意义。只有把三者都作为整体或相关影像完整过程的组成部分看,我们才能从有关的历史照片中获得准确的社会文化内涵。因此,一旦掌握了摄影师、主体和观者这三个方面组成的统一体的相互关系时,最终一个整体系列的照片就成为可以进行分析和诠释的

---

[1] Mick Gidley, "North American Indian Photographs/Images: Review Essay", In *American Indian Culture and Research Journal* 9(3), 1985, p.39.

可靠证据。① 例如19世纪后期,西方专业人员、业余爱好者、旅游探险家和传教士在世界各地拍摄的土著村落和人体照片已被利用为人类学研究,从这种意义上说,构成人类学分析性照片的东西,起初不一定完全带有现代人类学家拍摄的眼光与目的,其今日影像分析的工作不过是人们如何从这些照片中提取民族志的信息。例如我们从近年来《老照片》杂志(山东画报社编)和其他杂志的怀旧照片中就可以找寻各种人类学的信息。而对于同样早年的民族志照片我们又如何"阅读"和理解呢?伊丽莎白·爱德华②编辑了1860—1920年拍摄的大量这类照片并分别由专家作了人类学诠释,使读者从中知道这些照片的历史、人类学的历史、殖民支配的历史以及西方人如何看待那些部落文化的历史。

张展鸿以考察历史文献与有关阿依努人的照片影像差别来认识日本社会。住在日本边远地区的阿依努人一直被看做在文化、语言、体质上都有别于主体日本人的少数族群。明治政府的同化政策曾使阿依努人丧失了基于渔猎的生计方式、语言和风俗。作者根据战前和战后制成照片明信片的阿依努人熊仪式影像变化的分析,表明这种分析不只涉及被看体的重要性,也告诉我们来自其他文化的看体的重要性。关于日本人在不同时期如何看待他族——阿依努人的照片展现了一种复杂性,这种复杂性既不表示同化的重要性,也不表示多样化,而是对于文化内涵概念化的程度不同的认识,尽管同化不再是对阿依努人的主要影响。张展鸿认为,照片的人类学分析可透视日本民族特性的建构是如何在对阿依努人特性的建构中反映出来。③

张展鸿研究的提示是,照片影像中自——他关系的复杂性应给予足够的认识。同样的研究如索·沃斯通过用教美国学生的方法教纳瓦荷印第安人如何拍片,拓宽了影视交流的范围,并在研究中展示了主位和客位观察的差异。因此,人类学不仅只在历史照片的分析上下工夫,他们实际上同样关注今日田野拍摄的不断反思。在世界上绝大多数族群都接受和乐于被拍照的情况下,人类摄影的机械发明并没有能够吞没诸种文化的

---

① Joanna Cohan Scherer, "Historical Photographs as Anthropological Documents: A Retrospect", In *Visual Anthropology*, Vol. 3, 1990, p. 143.
② Elizabeth Edwards, *Anthropology & Photography(1860—1920)*, Yale University Press, New Haven and London, 1997.
③ Sidney Cheung, "Change of Ainu Images in Japan: A Reflexive Study of Prewar and Post-war Photo-images of Ainu", In *Visual Anthropology*, Vol. 9, 1996, pp. 1—24.

个性,反而为人类学提供了一个自省与反省文化的场景。"反省并非仅仅是自我意识到的,而是充分地自我意识自己的哪些方面有必要展示给观众,使他们了解摄制过程和最终作品,要懂得展示本身是有目的、有意识的,而不只是自我陶醉或偶然地展示"[1]。因此,照片摄制、利用和分析中的自省与反省法显然会打破对传统文献唯一诠释的权威性的神话。通过对摄者和被摄者之间复杂关系之探索,族群文化、人性的特征与象征意义将凸显出来,从对社会结构的认识到发现影像传播意图的隐含性,将很好地揭示族群文化变迁的过程,显然这将扩大现代摄影研究的前景。

对上述照片的历史/人类学分析和今日人类学家本人摄制照片的分析在本质上是一致的,其主要区别在于对他人的历史——民族志照片做背景考证比作人类学的学术把握更为困难,而当下人类学家本人在田野工作中则是有充分准备的。这种准备包括不少学者已经认识到照片和文字撰写的不可替代性与互补性,于是在访谈、做文字笔记的同时把摄影也纳入了文化诠释的表现手段之中。现在几乎人人都会拍照片,照片实际上也反映了拍照片人的文化;而人类学家拍的是带有人类学视角的照片,实际上最终我们是想把照相本身变成照片的人类学和影像的人类学。照片的人类学本质上是以拍照展示心理的、社会的、意识形态的和文化的意义,而照片本身则是对人类沟通过程的理解与关注。既然拍照可以和访谈结合起来,文章便可以和照片并行刊载。照片可以为弱势群体说话,在博物馆中扮演教育的角色,也可以在不同文化中作比较的展示。从而照片再造与影像解读都携带着文化理解的基础。

这种同步存在的摄影手段还有民族志电影或录像,影像(照片)的静态片断和电影、录像的动态过程,同是被人类学家控制的不同的图像组合与思维组合,而后者的摄制过程和作品形式,更容易让人理解主客位的互动,以及影视语言的寓意和文化变迁的本质。

三、民族志电影

民族志电影摄制是影视人类学的主要实践活动与兴趣所在。在从静态的照片胶片发展到动态的民族志电影(ethnographic film)形式,要追溯

---

[1] Jay Ruby, "Exposing Yourself: Reflexivity, Anthropology and Film", In *Semiotica* 30(1/2), 1980, p.156.

到19世纪末和20世纪初。早期的盘装胶片所记录和储藏人类行为的一些无声的片断,尚难以进行编排。1895年,雷格纳特(Felix-Louis Regnault)和他的同事合作拍摄了塞内加尔妇女手工制陶的"慢镜头",关注身体动作的特征。他的拍摄已带有早期电影理论宗旨,即研究各民族的行为差异与个体生理学。① 1900年以后,他多次建议博物馆应收集人类活动方式资料,用电影和照片告诉观众每件展品的整个制作程序,并作专业影片存档,成为以电影提供研究与布展之需的最早的非专业人类学家。② 当时的探险家、殖民地行政官员和学者以不同的思想拍片、存档和办展览会,可以见到一些影片的主旨强调那个时代欧洲文明同殖民地"简单"与"野蛮"状态的巨大反差,一些影片立意不明,一些则表现了当时摄影技法的陈旧。

然而早期拍摄观念已包含了记录正在消亡的人类活动的模式,认识到影视资料可以提供未知信息的伟大意义。而且,在今日世界同一性增强而文化大量消失的情况下,影视作品的意义还在于可以纠正人类对自身文化遗产的漫不经心与短视行为。

早期人类学家的影片虽以素材片为主,但已作为影视人类学发展孕育阶段而载入史册。③ 如1898年,哈登(Alfred Cort Haddon)在托雷斯海峡拍摄了当地土著社会生活;1901年斯宾塞(Baldwin Spencer)在澳大利亚记录了袋鼠舞和祭雨仪式;汉堡南海考察队于1908—1910年在密克罗尼西亚和美拉尼西亚拍摄了土风舞等多方面的内容;伯奇(Rudolf Poch)在1904年和1907年在新几内亚和西南非制片;1912年格斯顿·梅里斯(Gaston Melies)在塔西提和新西兰纳、1918年马丁和奥萨·詹森(Martin and Osa Johnson)在西太平洋所罗门岛和新赫布里群岛上完成了影视短片。

1922年6月1日,弗来贺提(Robert Flaherty)关于爱斯基摩人的《北方的那努克》(Nanook of the North)在纽约首映,获得成功。他从起初对自然的勘察兴趣转向了当地居民,并在爱斯基摩人区域住了11年之久。

---

① 保罗·霍金斯:《影视人类学今昔》,载杜荣坤、肖锋主编:《影视人类学国际学术讨论会论文集》,四川民族出版社,1998年,第59页。
② 保罗·基奥齐:《民族志电影的起源》,载中国社会科学院民族研究所影视人类学研究室编:《影视人类学论文译文和资料选编》,1995年,第225页,原载 *Visual Anthropology*, Vol. 2, No. 1. 1989。
③ Karl G. Heider, *Ethnographic Film*, University of Texas Press, Austin & London, Chapter 2, 1976;海德:《影视民族学》,田广、王红译,中央民族学院出版社,1989年,第2章。

可惜他在1914年拍摄的第一批素材毁于一场大火,后来他重返哈得逊湾,并于1921—1922年拍摄了《北方的那努克》。随后他制作了关于萨摩亚群岛的《莫亚那——黄金时代的浪漫曲》(Moana-A Romance of the Golden Age)(1926年)和爱尔兰西海岸线外阿兰群岛的《阿兰的男子汉》(Man of Aran)(1934)等。他的作品《北方的那努克》后来一直被奉为民族志电影的早期经典。他在长期的田野拍摄中,擅长以叙述地方族群人们的行为与情感,人与险恶自然的抗争以及文化冲突为特征。《北方的那努克》以最早的影视民族志作品形式出现,成为文字作品外的另一种文化表述的杰作。弗来贺提及时冲洗胶片,尽快放给被摄居民观看,从而得到他们的看法和建议,他和被摄对象沟通的初期实践,后来成了民族志电影的理论精髓之一。①

以田野调查为基本方式的人类学研究到20世纪20年代才真正得到普及。1922年拉德克利夫—布朗(A. R. Radcliffe-Brown)的《安德曼岛人》(Andaman Islanders)和马林诺斯基(Bronislaw Malinowsky)的《西太平洋的探险者》(Argonauts of the Western Pacific)相继发表,这些作品提供了民族学调查与撰述的一种常规模式,他们两人实际上在30、40年代一直支配着英国的学术界。而且,他们的思想更广泛流传于人类学界之外,包括刚刚兴起的影视制作。

20世纪30年代,贝特森(Gregory Bateson)和米德(Margaret Mead)为民族志电影开了新路。② 他们两人先前在新几内亚和萨摩亚等地有过田野工作经验,米德在专著之外还曾以发表人类学通俗读物而大有名气。1936—1939年他们联手在巴厘岛做文化与性格的研究。他们同时使用照相机和摄影机,一方面发表文字与照片相结合的学术作品;一方面把两万多英尺胶片编成了六部片子。米德和贝特森试图肯定这样的事实,即电影可以实现文字调查报告不能表现的东西,从而电影的运用成了人类学的一个组成部分。他们拍摄的《三种文化的育儿方式》(1941年),是为其他学者利用他们的成果而设计,显然,发展了格雷纳特的早期思想。米德精于观察土著儿童与儿童、儿童与成人之间的互动细部,从而展示其族群性格发生的缘由。他们还注意在几年内纵向观察儿童的成长,并作族群对比研究。他们说:"在做田野工作时,我们只是将摄影机作为纪实的

---

① Heider, Karl G., *Seeing Anthropology*, Boston, 1997, Chapter 2.
② Ibid.

一种工具,而不只是用以图解我们的主题"①,肯定了民族志电影拥有不可替代的文化表现地位。

20世纪60年代人们开始使用便携式16毫米电影摄影机和同期音设备,新的技术有力地融入了学者的社会文化表现思路之中。1960年,法国民族志电影作者让·鲁什(Jean Rouch)和一位社会学家埃德加·莫林(Edgar Morin)拍摄了《夏日纪事》(Chronicle of a Summer)(1961),着力发现法国人在阿尔及利亚战争期间的生活与思想状态。同期音的使用和摄制者走到摄影机前,提问或参加别人的讨论。在素材片初步剪接后,便放映给参与拍摄者看,他们自己及其参加拍摄者看完素材片的反应与评估过程,也被拍摄下来,剪成全部影片的第二部分。最后部分是表现两位摄制者在人类博物馆大厅来回走动面向观众评价自己的影片。《夏日纪事》不仅使巴黎人在那个不寻常夏天的生活表现得淋漓尽致,而且告诉人们民族志电影是怎样拍摄、反馈、讨论和评价的。② 以往,民族志电影制作的科学及实证主义同审美需求的矛盾,大大影响了拍摄方法之导向。让·鲁什跨越了单纯科学地制片的思想藩篱,容纳了人的主观思维、影片相关者的互动过程、艺术表现。上述作品以其分享的人类学思想对法国电影和纪录片制作产生了很大影响,然而由于缺少交流,当时对北美的影视制作圈影响不大。

20世纪五六十年代,美国许多研究机构组织和制作民族志电影,主要面向大学生和作为资料片存储与展播。马歇尔(John Marshall)的《猎人》(The Hunters,1958),是关于卡拉哈里沙漠采集狩猎者的故事,它继续了《北方的那努克》中人与大自然的生存斗争的主题,他关于狩猎本身的描述是无可置疑的,并且努力深入反映布须曼人的思想。这是一部有影响的民族志片,尽管它没有从根本上超过弗来贺提或者米德和贝特森。1968年他拍摄的《死鸟》(Dead Birds)反映了西伊里安达尼人的社会变迁。该片以一位成年人和一位少年的故事为线索,提供了大河谷发生的战争与宗教仪式场面。影片中的宗教仪式是达尼人的象征性活动,他们把人当做鸟来隐喻其死去。该片在拍摄之前即有美国自然史博物馆考察团报告过,而此次拍摄实际上是包括三位人类学家与自然史学家、植物学

---

① Gregory Bateson & Margaret Mead, "Balinese Character, A Photographic Analysis", In *Special Publication of the New York Academy of Sciences*, Vol.2, New York Academy of Sciences, 1942, p.49.
② Heider, Karl G., *Seeing Anthropology*, Boston, 1997, Chapter 2.

家、心理学家和摄影师的一个多学科小组。他们在制片以外,还编辑了详细的人类学调查报告,以及和影片相关的学术论题、分镜头解说与述评。显然,这一次影视人类学考察带有多元成果,其重要性在于摄制者继续了贝特森和米德关于影片必须与人类学研究紧密结合的思想,因此在该调查点上的人类学工作产生了长久之影响。《死鸟》还是在电影同期音技术运用前最后一部重要民族志影片,显然在影视人类学发展史上这部影片代表着一个阶段的结束。①

希拉里·哈里斯(Hilary Harris)等非人类学家用同期拍摄的《努尔人》(The Nuer)有相当多的美学考虑,削弱了影片的连贯性,而且也不符合人类学的要求。他们甚至起初没有参考伊文斯—普里查德(Evans-Pritchard)关于努尔人社会组织的出名著作,但该片毕竟直观地向学生提供了关于努尔人的畜群、游牧营帐和居住环境的总体感受,也有了努尔人的同期音效果,因此在人类学教学上仍被广泛采用。加德纳(Robert Gardner)的《沙的河流》(Rivers of Sand)(1974)的同期音技术又进了一步。它试图反映埃塞俄比亚哈马尔人的非形象化的主题,如妇女的社会地位、人们的文化规范、情绪与态度。这显然比以往一些偏重于物质生活和直接行为描述的影片深入了一步。

人类的沟通方式中最重要的是语言,萨丕尔—沃尔夫(Sapir-Wharf)假说强调语言结构能够影响讲这种语言的人的世界观。对体态及人际互动空间关系的"身体语言"的研究也说明各族群有并不一致的内涵。根据已有的理论,沃斯和阿代尔(Sol Worth and John Adair)相信如果让纳瓦荷印第安人自行拍摄自己族群的电影,一定包含他们自己的意识,影视作为一种思想表达也会在某些方面与语言有类似的功能。② 在已完成的系列影片中,沃斯和阿代尔认为可以从神话中的行走主题和身体习惯中解释"纳瓦荷"影片中的行走特点与眼神交流。无论这两位教授是否真的发现了代表纳瓦荷人文化沟通的影视现象,这种拍摄构想的价值在于提出了影片特定的自然本质的问题,以及尝试运用影视手段发现不同族群的文化沟通意识与行为异同。③

影视人类学秉承人类学的基本原则,不仅关心人类多样性及其适应

---

① Heider, Karl G., *Seeing Anthropology*, Boston, 1997, Chapter 2.
② Karl G. Heider, *Ethnographic Film*, University of Texas Press, Austin & London, Chapter 2, 1976, p.43.
③ Sol Worth & John Adair, *Navajos Film Themselves* (Series) 1966.

性历程,还关注知识的社会应用,特别是以他们对地方人民与文化的细致理解,以其整体观与整合观之见长,协助地方发展计划与提出有利变革的主张。例如罗宾森(Scott S. Robinson)教授和学生用人类学影片记录墨西哥城南部一个大型水利枢纽建造的过程,并结合分组田野调查撰写民族志,了解政府和工程部门的计划与实施,对没有当地居民参与的搬迁计划之合法性质疑,以及做人类学整合性区域发展的道德监督,从而影视工具和人类学调查结合的行动本身成为工程计划者与移民的协商过程,旨在使决策部门在计划实施之前必须对地方性的来龙去脉有深入的认识,以及提出合理的主张。他们在墨西哥的影视人类学研究中发现,"在没有任何当地人参与、缺乏舆论共识、没有人负责的情形下,任何安置计划都将招致反弹,并且对任何一个负责的政党而言都会增加其政治成本"①。毫无疑问,现代社区发展的焦点应放在整个社会与文化认可的前提之上,这是不可或缺的。他们的田野工作以参与观察结合影视记录并最终达成社区与人事权益之主张,同是应用人类学的原则。

四、中国民族志电影

20世纪50年代,中国境内进行了大规模的少数民族社会历史调查,尝试为马克思主义社会发展阶段论从中国各民族历史与现状中找到例证,并进一步为地方少数民族分别过渡到社会主义提供不同的发展途径。当时在云南做田野工作的学者,看到"独龙族、怒族、佤族、景颇族、傈僳族、拉祜族等民族中保留和遗存的种种原始社会文化现象",于是呼吁用影视的手段及时记录,遂得到文化部批准以及政府在财力、设备和人员上的支持。② 到1965年以前,仅以云南民族为题,共拍摄专题纪录片二十余部。当时并无国外民族志电影理论的信息,然而我国学者和电影工作者进行良好的合作摸索,确定了"如实记录"的基本拍摄原则,并将这类影片称作"少数民族社会历史科学纪录片"③。实际上,由于有民族学家参与,其学术上的基本要点仍能反映在这些影片的编辑之中,一些民族志

---

① Michael C. Howard:《文化人类学》,李茂兴、蓝美华译,台北:弘智文化事业有限公司,1997年,第663页。
② 李德君:《中国影视人类学的发展历程及前景展望》,载《影视人类学论文译文和资料选编》,中国社会科学院民族研究所影视人类学研究室编,1995年,第91页。
③ 同上。

片断中反映的民族生活方式因现已经消失而弥足珍贵。

例如《苦聪人》(黄苦聪支系)是我国学者用三个多月时间参与其间边体验边拍摄的。影片记录了苦聪人的搬迁、擦竹取火、无言交换等游耕生活。并在听取著名人类学家林耀华教授关于强调学术性,以及弄清和补充苦聪人的社会组织镜头的重要意见后再次返回苦聪人中进行补拍。[①] 增加了节日与欢宴过程以表现社会与人际关系,补拍了恋爱与婚仪的结婚过程以表现族外婚的内涵,补拍了集体协作与饮食风俗以表现家族公社的生计方式,终使民族志不可或缺的主要内容都得到展示。《佤族》中详述拉木鼓、祭祀和"砍牛尾巴"的盛大活动,这是50年代制片工作中所见不多的宗教信仰生活细节。尤其难得的是,整个宗教活动能以场地平行拍摄和高点俯拍的双机变换进行,在技术上实属难能可贵。《佤族》记录了地方人民的生存环境、社会状况,表现了山地游耕生计的时空变化,以及在闭塞条件下对仪式、民俗活动与信仰的依托和族群认同。而且在摄制前后,学者、摄制人员和佤族人有融洽的沟通,使"砍牛尾巴"火烈场面的抓拍得以自然而然地显现。在拍摄期间,编辑与制片人员经常促膝讨论,使整个影片的脉络亦较清楚。

中国学者在四十多年前的社会政治与学术环境条件下,撰写了大量少数民族社会历史调查报告,同时配合纪录影片,十分重要。就总体情况而言,其作品共同的不足之处是,详生计方式、社会组织,略精神文化。那时因一致的阶段论理论构架、宣传工作色彩,以及集体定稿方式使文字作品和影视作品多缺少个性。然而这毕竟是我国民族志电影发展的重要开端。现在应做的一项工作是,通过国际学术合作对上世纪五六十年代拍摄的上述大量影片做人类学的影视理论再研究。这涉及保存历史影视资料、分析影片的内容、方法及历史起源,并对纪录电影工作和摄制理论进行分析。[②] 这种学术工作的意义在于适应现代人类学影视理论进展的重新观察。对旧有影片的研究与重新诠释等同于上述对老照片的分析工作,这类工作同是影视人类学学术实践的重要组成部分。

围绕中国少数民族各类主题的纪录片和民族志影片制作以及各种组合形式延续至今,其相关作品累积应不少于500部。它们分别由大学、研

---

① 杨光海:《〈苦聪人〉影片摄制回顾与思考》,载《影视人类学论文译文和资料选编》,1995年,第186—188页。

② 克吕格尔:《中国的历史民族志影片系列:一项尚在进行的工作》,《影视人类学国际学术讨论会(北京)论文集》,成都:四川民族出版社,1998年,第99—104页。

究所和电视台摄制,近年来也有不少民间的影视公司和独立制片人参与其间。由于专业摄影机使用胶片拍摄昂贵,相当多的民族志片已由高质量的摄像机完成。大型专业机方便的租赁方式和小型专业机的商业开发促进了纪录片事业的新发展。但由于摄制原则不一,学术性的、宣传性的、商业性的、文学性的目的混合在一起。近年来民族志式的拍摄常为影视圈所接受,一些纪录片明显带着人类学知识的影响。而由大学、研究所潜心制作的民族志影片由于经费短缺而数量不多。多年来由于扩大了国际学术交流,视听与摄制技术不断改进,影片质量有了提高,而且考虑了配合人类学理论诠释与展示的国内与国际性教学活动。1995年4月在北京召开的影视人类学国际学术讨论会是我国人类学影视摄制实践的一个新的里程碑。

如今民族志电影已从拍摄遥远的部落社会与少数民族的单一性民族志影片,扩展到社会文化的每一个角落。和上述影片相关的做法,是以民族志电影方式保存那些正在消失的人类文化遗产,然而已摈弃了早期"文化动物园哲学"或保存"活化石"式的拍摄动机,而是带着"为了明天而记录今天"的新思维。今天,民族志电影还是人类促进文化理解的重要手段,它提醒人类学家避免文字撰写或影像记录的偏向,而二者结合显然带着有益的信息互补性质。此外,民族志电影摄制的人类学原则不仅只在教学与科研中体现,而是应当作为一种教育的形式进入现代媒体之中,以促进文化理解与世界的和谐。

五、人类学原则与摄制

那些短小的叙述式的纪录片,诸如政论的、宣传的、新闻的、游记的、史诗的、传记的,以及文学的纪录片是我们所见的最经常的类型,它们有时也涉及人性与文化的事项,但不是由人类学的人性与文化的理论所限定的。本书诸章节提供的关于文化的概念、田野参与方式、分享的与主—客交流的本质等多种理论,都作为人类学的重要原则起着学术规定性的作用。以人类学的原则拍片意味着接受这种学术的规则(尽管影视人类学的理论仍然在发展之中),特别是民族志一词就是人类学家发明的,其形式从文字的到影视的都遵循这种原则,民族志电影也不例外。

人类学者推崇的拍摄构想、行动及其成果紧紧联系下面一些重要因素,它包括:一、用于学术研究的目的是首要的;二、影片由人类学者拍摄或由人类学者主持的摄制组拍摄,其摄制思想不受制片人的非学术的条件,如商业的或娱乐的条件等所限;三、遵循人类学的原则;四、在参与观察与深入研究的基础上再拍摄;五、文字作品与影视作品并重,二者成为互补与相辅相成的关系,从而提供对文化理解的两种不同的表现形式。依照这一模式,第一部真正的人类学影片范例应首推前述贝特森和米德关于巴厘人的文字/照片/电影系列作品,他们第一次把电影的作品作为人类学研究报告的一个有机的组成部分。

在人类学论文中,"用文字来描述紧要关头和关键性活动是比较容易的,因为我们早已习惯于这样做。同样,用文字来叙述一个小孩的成长过程,(贝特森和米德曾研究了一名叫卡贝的小男孩,关注了他从7个月到3岁的成长过程——著者)将某一特定文化行为纳入交叉文化的内容中去叙述,也都是不难做到的。贝特森和米德在其文字性研究成果中即是这样做的。他们也用电影来实现这一目的,当然不是重复同一内容。他们有意识地用电影来表现形象化的运动,并从整体上表现复杂的场景间的各种相互关系,这种运动和关系在电影中比在纯文字中要好表现得多。这样,他们对电影的运用就成了人类学的组成部分,并弥补了文字材料的不足"①。

因此,文字与影像的双向作品的理想过程是:由一位(或几位)受过正规人类学训练的学者先行完成田野工作,待分析整理出文字材料和选题后,再和摄影师重返调查点进行拍摄。影视人类学作品是建立在对族群文化理解的基础之上,能表现出潜藏在文献性资料中的一些人类学的知识与意义。电影图像虽然拥有文化展示的独有优点,但尚不能代替人类学的全部研究要求。一个中肯的说法是,拍摄的题材一定是在人类学家例行田野工作与深思熟虑之后诞生的,民族志电影的摄制无疑是传统人类学研究的一个不可替代的新生面。

遵循和实践这一工作过程的片子除了贝特森和米德的系列作品外,还有海德和加德纳关于新几内亚达尼人的《死鸟》影片与文字系列。它首先是以由三名人类学家为主的一个多学科调查组开展田野工作,在编写了一本较厚的人类学参考资料后,完成了83分钟的重要民族志影片;法国艾利亚·德·拉杜尔(Eliane de Latour)出版了关于尼日利亚的人类

---

① Karl G. Heider: *Ethnographic Film*, University of Texas Press, Austin & London, Chapter 2, 1976;海德:《影视民族学》,田广、王红译,北京:中央民族学院出版社,1989年,第2章。

学著作和影视系列;在林耀华的研究著作《金翼》英文版出版半个世纪后,庄孔韶进行追踪性调研,出版了《银翅,1920—1990年的中国地方社会与文化变迁》专著和在同一地点拍摄的《端午节》(1989年)人类学影视片。

民族志电影的摄制具有紧紧围绕着人类学的理论进程及依赖于影视展示的独有特点。起初人们谈论书写与拍照文化的"客观"与"真实",但后来发现简单地断定局外者的拍摄不会影响被拍摄者的实证观是有问题的。法国影视人类学者让·鲁什(Jean Rouch)把摄制的本质表现放入他的"分享的人类学"的思想(shared anthrpology)之中并引进影视界。这种反馈式的人类学电影寻求被研究者的积极参与,其重要意义在于:一、排除了认定"真实"的单向把握和认定主—客位的简单沟通思想;二、承认人类学家通过影视手段在文化建构中的作用;三、表现了人类学家、摄影师共同对人性、伦理、价值、政治、权力的关注。

在80—90年代对文化展示的讨论中,上述"分享的"思想从人类学家田野工作的表现,到言语转述与文字撰述,以及视觉、价值与权力的分配过程中都得到进一步的讨论。那么,要讨论这些分享的、流动的程序,单纯人类学田野个案的经验是不够的,其理论的提升需要借助哲学、主观与情感等的良好把握,这就是运用人类学原则在拍摄过程中寻求达到神人的和互动的"性灵"、"真"和"趣"的境界的努力。① "性灵"产生于某种主观性同视觉中的现实间的互动,就是自我与外界之间的类似瞬间灵感之类的东西,是直觉与神人的特质与结果之一。"真"则不是"客观"和"真实","真"实际上是一种心态,其第一条原则就是"相信其他人的信仰";而捕捉到了"性灵"才有"真"。而"趣"则不只是情趣,而是如同演奏者在乐器演奏过程中表现的尽心、忘我和融会贯通,或如同影片摄制者与摄影机运作之间的上述类同状态。其作品最终所携带的风格、理解与感知力、品位与力度的差别都取决于"趣"。所以从本质上说,趣是人文作品的一个重要标准。这也许是目前国际人类学界涉及"分享的人类学"思想的最深入和最有吸引力的阐述之一,而且其思想来自中国本土的著名古代文论。显然,"性灵"、"真"和"趣"的重新诠释深化了分享的人类学的思

---

① 章培恒、骆玉明主编:《中国文学史》,复旦大学出版社1996年版,第281—287页;庄孔韶、范华(Patrice Fave,法国):《现代人类学的理论寻觅:由明代"公安派"的文论引起》,《民族艺术》,2000年第4期。

想内涵。

在文化人类学发展百年后的今天,多数人类学家仍良好地恪守在田野工作中记笔记转述,然后经过分析转换成人类学著作的规则。然而,这种传统的文化理解方式仍有缺陷,即人们一直过分依赖文字而导致怀疑和低估自身的形象地传达抽象观念的能力;而实际上,人类学还有其他的转化方式来理解文化,这就是影视人类学家通过镜头和显影(或磁带录像等)来建构展示和深化对文化的另一种理解。

六、应用的影视人类学

一些学者将人类学分为学术人类学(academic anthropology)和应用人类学(applied anthropology)两大类别。① 除了早期人类学家卷入了社会应用的项目以外,长期以来,主流人类学的旨趣都是做文化的诠释的纯学术的研究,而不是应用的目的。如今,应用人类学家走出了学院的"象牙塔",越来越多地关注对社会文化事务、跨学科的问题,以及干预性的应用研究,这也包括利用影视手段的人类学实践,被称为"应用的影视人类学"(applied visual anthropology)。②

应用的影视人类学运用影视人类学理论、方法与实践,以达到应用的非学术目的,也就是说,学术的影视人类学不存在解决问题的内容,而应用的影视人类学因需要解决的具体问题而推动影视摄制。应用影视人类学常采用合作项目的方法。

例如,John Collier Jnr 讨论了应用人类学著名的柯维斯(Vicos)项目。③ 此项目的目标是"让印第安的苦工接管殖民者建立的庄园,成为秘鲁一样的自由人民"。Collier 的拍摄目的是通过随意拍摄大家庭中的"每面墙、每个房间、每个家园"来"系统地考量项目对印第安家庭的影响"。他拍摄了 2000 张底片,携带有高质量的数据信息④。

在应用性教育研究中,John Collier 和阿拉斯加当地人合作的作品反

---

① A. M. Ervin, *Applied Anthropology: Tools and Perspectives for Contemporary Practice*. Pearson Education Inc., 2005, p.2.
② Sarah Pink, *The future of Visual Anthropology: Engaging the Senses*. New York: Routledge. 2006, p.81.
③ 庄孔韶主编:《人类学概论》,第 414—415 页。
④ Collier, J. and M. Collier, *Visual Anthropology: Photography as a Research Method*, Albuquerque: University of New Mexico Press, 1986.

映了北美教育体制与阿拉斯加当地社区的关联性。① 他将"有效的教育"看做"学生之间的和谐程度",取得的文化和环境信息、学习机会和智力发展过程以及学校的目标。当学校与爱斯基摩文化过程发生冲突时,教育就有可能失败。Collier 还发现,美国白人的课程和教学实践在文化上并不适合阿拉斯加的爱斯基摩人。Collier 进一步用相似的应用影视人类学方法来理解在其他语境下的美国本土教育,这引出了他的观点。

影视媒体是社会干预的一种形式,这种观点由来已久。John Collier 指出,摄影能如何彻底地改变"社会意识"。他指出 Jacob Reis 所拍摄的纽约市贫民窟状况的照片是如何"帮助建立第一套住房法规和公寓规章制度"的,Lewis Hine 的关于未成年劳动力的照片对"通过第一部未成年劳动法很有影响"。于是 Collier 提出"观察、组织和付诸行动"——这样一种方法的过程就是"应用人类学的本质"②。影视媒体项目使当地社区居民或个人把他们"隐藏性"身份或者问题拿到桌面上来,并支持他们自己的说法。社会变迁作为一个语境,能帮助我们理解在社会发展过程中影像媒介是如何牵涉其中的。

Chalfen 把影视人类学应用于健康问题。以人类学研究原则为指导,Chalfen 和 Rich 将视频介入评估方法与影视人类学、应用人类学、媒体人类学和医疗人类学等应用目标相结合,形成混合方法论。此外,他们坚持上述方法与"重新被激活的影视人类学"相关联。③ 中国人类学家在最近十年,积极卷入公共卫生和医疗,以及文化遗产保护等的应用研究项目中,其中,影视人类学摄制已经频繁地使用在戒毒、性病艾滋病防治、流动人口(含性服务者)、物质与非物质文化遗产保护、教育改革与乡村发展等方面,已经积累了一批直接参与的应用的影视人类学作品。

例如,关于小凉山彝族"虎日"戒毒盟誓仪式的考察与研究④运用了人类学的人类研究的整体论原则,在寻找地方族群毒品依赖行为的社会文化原因的同时,考虑建立不同于科学的方法论的另一种方法论——即

---

① Collier, J., *Alaskan Eskimo Education*, New York: Holt Rinehart, Winston. 1973.
② Collier, J., *Visual Anthropology: Photography as a Research Method*, Albuquerque: University of New Mexico Press, 1967.
③ Chalfen, R. and M. Rich, "Applying Visual Research: Patients Teaching Physicians about Asthma Through Video Diaries" in S. Pink (ed.), *Applied Visual Anthropology*, a guest edited issue of Visual Anthropology Review 20(1): 17—30, 2004.
④ 庄孔韶:《"虎日"的人类学发现与实践——兼论影视人类片的应用新方向》,《广西民族研究》,2005 年第 2 期。

以文化的力量战胜人类生物性的成瘾性。彝族人民运用强大的习惯法与仪式、家支组织、信仰与尊严、民俗道德、亲情教化等集合的文化的力量,实现了世界上最高的戒毒成功率(64%—87%),目前正在进一步推广。庄孔韶还运用"作为文化的组织"的组织人类学理论考察流动人口,如性服务者的流动中的组织特点,发现不同族群的组织流动差异,以寻求不同的健康教育与防治疾病干预方法,直接向公共卫生专家建议。影视人类学片《虎日》等,一改传统单纯描述与诠释的特点,卷入了探索影片的直接应用目的并付诸实施,从而为影视人类学开辟了应用的新方向。

应用的影视人类学需要在实践中关注应用影视项目与学术研究的关系,相信人类学理论指导下的应用性影视项目能获得更为积极的效果:培训与实践专家的关系的积极效应,大多表现在跨学科专家在培训中的重要作用,特别是科学家和人文社会学者取长补短的有益合作。应用的影视人类学尤其需要关注:一个项目中所要服务的客户或群体与制度背景,包括企业、受众、社区、族群与文化特点等;求解问题的性质、结果形式、问题与过程的本质;干预的范畴和类型,以及使用的方法论。一般来说,应用影视人类学与学术影视人类学不同,因为它必须考虑应当解决的问题,以及应用性项目的"客户"和"使用者"的需求,这是不可无视的。①

在新兴的设计人类学方面,"民族志在特定的设计领域有着悠久的历史,如斯堪的纳维亚在主流设计领域获得一定人气"②,越来越多的人类学家正在从事此类活动,也越来越多地使用影视手段。设计人类学有时与应用人类学有相似之处——设计人类学在丹麦网站 Centre for Pervasive Computing 上的"独家摘要"表明,"要更为充分地意识到将(影视)人类学和设计人类学相结合的需要,要更为充分地意识到两者在使用环境中的相互影响",表达了影视人类学正在进入更多的应用性领域,方兴未艾。

(此文原载庄孔韶主编:《人类学通论》,太原:山西教育出版社,2002年,第 557—577 页,第二十二章"影视人类学",在收入此文集时,增加了"应用的影视人类学"一节。)

---

① Green, M., "Social Development, Institutional Analysis and Anthropology", in S. Pink (ed.) *Applications of Anthropology*, Oxford: Berghahn, 2005.

② Drazin A., "The Need for Applied Anthropologists to Engage with Non-ethnographic Research Method: A Personal View", in S. Pink (ed.), *Application of Anthropology*, Oxford: Berghahn, 2005.

第四编

学术笔汇

第四卷

工程水学

文化自主性的含义

文化自主性的含义涉及多学科的理解,让我们尝试一下它是怎样引起的。有时好像是不相关的事情,其实不然。

由生态系统失序引申出的文化自主性问题

生物多样性和文化多样性的有机整合是地球上人类幸福存在的根基。如今现代人类的科学(快速向大自然进军和索取)与商业霸权结盟已经摧残了生物多样性,最集中体现的是全球性的植物种群减少、重要作物和食品(如水果、蔬菜等)向有限的少数品种集中。例如,和世界上许多国家一样,中国也在走如同美国超级市场的垄断性的品种减少/集中的过程,生物—食品品种多样性的商业限制已经在中国的超级市场里呈现。

在人类受益又受害于化肥和农药的同时,人类工程大面积触动地球表面,例如水泥沟渠的普及摧毁了古老田埂栖息的无数动植物和昆虫,由此消失了人类自身生活陶冶的天然对象,以及同时消失了无数传说、崇拜(如水神崇拜)和诗歌;在农作品种减少和产量受益的同时,也无形中铲除了许多节气和民俗节日。但科学和人文、文化之需求实际上是难以互为替代的。所以今日中国民间信仰和神明"复兴"则是在提醒区域文化存在的文化整体性意义,因为现代物质社会的功利需求不是唯一的,而心理与精神需求将在急剧的社会变迁过程中经过整合而重新显现。

中国城市被动性搬迁和楼群人际的疏离感加剧动摇了家族伦理与道德传统,农村家族制度和村落之间的关系因所有制长期变动不已,以及市场经济快速冲击,而尚未找到良好的协调运作机制。

现在西化的物质、精神文化在中国的进程从20世纪初的浮在表层,到今日西方经济、市场、城市诸系统普遍搬用至深层,从而引发两种文化的激烈角力之时,尚未看到本国良好调动自身文化精粹的深思熟虑的设计与规划。这种文化中断的主要原因之一就是民众所栖息的传统生态系统被外力打乱,本土文化退缩而人类学意义上的生态文化适应尚未呈现,中国城乡社会文化的整合的确任重而道远。

更为严重的是,上述生态系统失调地区的问题还包括文化生存的问题,这是说,那些植被破坏、动物种群减少等情形,总是和那里人民的生计重组、心理病症、文化认同迷失,以及各种社会问题相伴随。所谓文化生存(Cultural Survival)是地球上一个族群在现代化的过程中,因其生计与文化前程受到损害,故必须想方设法保持其文化传统的权益。经常的情况是,一个文化在外部环境的干预下,人们起来维护自己的文化特征和文化认同,从而保持作为一个文化的自主性。从这个意义上说,它比"文化保护"(Cultural Preservation)更为积极,是一个文化挽回生计与社会颓势的自救行动,其本质就是文化的主体性的保持和发展。[1]

因此,以人类学的观察,可以说,只有在原有的地方文化根基上的发展才是良性的、适应性的。显然,保护地方人民的生物多样性和文化多样性就是保护文化的主体性,就是保护中国丰富文化的主体性。

人类经验的前车之鉴是,文化替代和文化适应的前程并存,因此,那些冠以"发展"的举动将导致他文化的替代,抑或地方文化基础上的适应性发展,均取决于是否保持了文化的主体性,故须三思而后行。

中国学术的文化自主性缺失讨论

中国学术的文化自主性由若干牵涉性因素,即全球化/美国化、科学主义、政治化和商业化、教育制度的后遗症与个人选择等构成。

全球化/美国化。完全不用绕弯子,所谓今日世界的全球化基本上就是美国化的意思。这一强势中心以其杰出的科学(包括军事科学)、经济和文化成果前所未有地逸出和输出状态,深刻地影响了世界各地人民的生活。然而,越战和伊拉克现状都证明军事打击的有限性,因为它不能征服文化、信仰与族性(显然美国的人类学家也不会同意族群意志是可以压服的)。正因为如此,一个显赫的科学、经济与文化的国度,不一定能享有世界公认的文明地位。牛津大学后殖民理论专家 Robert Young 说:"让我们看看美国文化是否能像柏拉图那样经得住检验吧,4000 年后自会见分晓",表现了一种拭目以待的深刻的怀疑态度。

---

[1] Stan Stevens ed., *Conservation Through Cultural Survival: Indigenous Peoples and Protected Areas.* Washington DC: Island Press, 1997; Reyhner, Jon. 2001, "Cultural Survival Vs. Forced Assimilation: The Renewed War on Diversity". *Cultural Survival Quarterly*, 25.2.

在这一背景下,来自世界强势中心美国的学术同样深入地影响了中国,其中携带着一个难以挥去的重要指标,即美国中心观,或美国中心取向,尽管美国历史学家柯文(Paul A. Cohen)早就批评这一点。

科学主义。仍然是自然科学的认知系统以其历史惯性获得的优势地位,至今压抑和排斥了伦理、宗教、文学、艺术和不同思维系统的知识。如人文社会学科的论文写作要求基本上来自科学论文的思维与框架。今日科学理性主义对人文社会诸学科的强有力的影响,实证主义是一个最明显的例子。你看现代社会学、人类学和心理学等总是在定量和定性之间摇摆不定,正是导源于科学对人性与文化理解的单一尺度所致,人文社会诸学科的主体性在展示形态上就受到了压挤。

因此,人文社会学科对科学理性原则普遍性的怀疑是多方面的。如许多人至今把科学与宗教对立起来,或者以前者批判后者。但是,科学涉及的是经验的因果关系问题,而宗教涉及的是意义问题。显然,自然科学范式的优越性及其对人文社会研究的适宜性在许多方面遭受动摇。我们在未来看到的将是什么呢?可以肯定地说,单一的科学标准将被更为多样性的标准所取代,而取代的意义就在于更好地保持文化的主体性。

政治化和商业化。中国的学术和政治紧密相关,常年的社会政治变故导致学人撰写中呈现某种约束性,即以政治意识形态掌控学术和撰述。同样,中国的学术现在也更多地显现受商业制约的现象。如是,文人写作遇到知识生产体系和权力结构的关系问题,表现在出版利益、研究经费和撰写系统等多方面。在国家和地区内部,也表现为政治权威使知识审查合法化,包括行政控制。例如建立录用人员的社会歧视条件,学术评估附加政治标准,以及把学术研究项目作为先在决策的注脚等。与知识生成和政治权力相关的还有现代知识制造的商业化过程。众所周知,经济利益和政治利益经常是不可分割的。例如,某些对不适宜开设旅游点的违心的学术论证,表现了御用文人在地方政治与商业利益面前失却主体性的猥琐样态。

文人的学术生涯受到国际霸权、族群中心主义、科学标准、政治与行政压抑,以及自身世界观与知识结构诸因素的影响,在其著述过程丢掉和削弱了文化的主体性。他们在选择论据和因素分析时,或以搬用为荣,或因科学认知的职业性套用,或因学术圈环境与人际依附关系,或因人性之怯懦与偏激等,经常表现为主动或被动删除一些撰述根据和扭曲知识的生产过程。显然,这已经和保持学术的文化自主性相去甚远。由此,我们反省：人们是在制造不完全的知识吗？Joseph Agassi 指出，一些"知识分子期望得到比他们已经得到的更多的尊重和名望，但他们求助于现存权势对他们的评价却导致了对其保守价值的承认"①，就是学术不能独立的明显的事例。

教育体制的后遗症显现。以人类学的分析，从中国小学开始的应考"战车"教育体制，其本质是肯定重复性的和仿效性的教育实践，然而这都是不能增加新质的教育实践；而唯一可以产出新质的教育实践是创造性的教育实践。由于在应考战车上没有时间脱离教育部钦定的考试框架，于是教师和学生的任何创造性的改革构想都难以在课堂内外实现。由于长此以往持续了数十年的（几代人）的应考制度和死板教学状态，其教育体制弊病的后遗症已经显现。

例如，中国学术界作品中利用英文文献翻译成中文的时间差，不注出处地编译，挪用外国重要学术评论人的总结，使人难以分清精辟结论的作者是谁；对国外和国内的重要学术理论的套用成风，反映在研究生和学者的论文中。这就是中国中学以前教育弊病——重复性和仿效性——在大学和毕业之后的具体反映。对权威人物（不只是学术人物，还有权力人物）话语的征引不是出于必要的行文考量，而是出于学界的趋炎附势表现，这从一些文科论文篇后的征引书目之侧重与频率的恰当性分析即可得出结论。显然，上述所举是远离学人独立性和自主性的极端例子。

如果就人文社会学科的一般学术研究风气而言，照搬和套用西洋理论的做法常常忽视区域社会文化特点。一些充满学究气的论题如是，连那些需要价值介入的论题也分不清为何者之中心取向。然而，我们在对比印度（应该还有伊朗人）人文社会学科的研究状况就发现，印度人的一个显著特征就是其社会科学所要建立的社会反思模式并不是简单的复制外来学术。而且，印度的学者们充分认识到了西方的问题对他们的学术努力甚至他们的争论的控制和影响。

教育人类学的另一个著名理论是"学校复制社会"，是说学校教育和社会风气不会割裂开来，如社会上的形式主义和官本位同样出自学校"隐蔽的课程"中，学校正是引导学生在离开学校步入社会之后的适应性。看一看中国的知识文人，他们通常本应是社会文化进程的积极主张者和批

---

① Agassi, Joseph, "Financing Public Knowledge", In Ruth Hayhoe (ed.)*Knowledge Across Cultures: Universities East and West*, Hubei Education Press and OISE Press, 1993, p. 88.

评家,而上述学校教育的约束性导致一些人唯唯诺诺、八面玲珑、环顾左右而言他,而且他们在既得利益和理想之间总是倾向于前者。学校终于复制和造就了挪用学术和遵命学术的保守梯队,学术研究的文化依附性就是这样呈现的,文化的自主性受到压抑也就不足为奇了。

教育体制的后遗症维护了保守价值,减少了学术设问、质疑、主张、批判和创新的机会,减少了国际"中心"和"边缘"的反思意识,也减少了国内社会实践的应用意识,这就是中国学术文化自主性缺失的主要表现。

为了应对上述诸种牵涉性的力量影响,中国文人不得不做出自己的选择,他们常常思前想后,写在他们的文章里,白纸黑字而永存。事实上,由文人作品显示的自主性或身不由己,均来自世界的与区域的、有人参与的生态系统的制约、全球化/美国化的制约、科学主义的制约、政治化和商业化的制约、教育体制的制约,以及最终由一个文化中的个人做出自己的判断,这就是中国学术实现文化自主性的艰难条件,然而不是没有逾越的可能。

(2005年11月30日在"第二届开放时代论坛"的发言,题为《中国学术的文化自主性》,载于《开放时代》2006年第1期。)

试试阅读弗里曼

在人类学界,关于弗里曼质疑米德的学术论争尽人皆知。其缘起是说米德在她的老师、知名人类学家博厄斯的指导和授意下,于1925年到萨摩亚从事田野工作。她发现,萨摩亚人的生活是从容而无忧无虑的,青春期是其一生中最轻松而快乐的时光;而反观美国和欧洲人的青春期则情绪紧张且带着矛盾心理。这意味着米德带回了来自其他族群的一个鲜明的民族志"反例",其反例的重要意义存在于一个显而易见的对比性解释结论:青春期躁动现象是出于文化上的而非生物上的原因。这一惊人结论在1920年代热火朝天的生物决定论和文化决定论的对垒中,有力地支持了强调人类生活中的文化主宰作用的一方。

的确,1928年米德的《萨摩亚人的成年》出版之后,该书一直处于人类学教科书及其知识体系的重要位置上,这本书是人类学史上最畅销的田野作品之一,影响了世界上众多读者的思想,在中国也如是。

《萨摩亚人的成年》的主要发难人、澳大利亚学者弗里曼曾是米德作品深信不疑的追随者。但他在自己1940—1943年间的萨摩亚调研中发现,米德"关于东萨摩亚的马努阿居民的大部分描述,愈来愈明显地不适用于西萨摩亚"。这些同源的萨摩亚人怎么可能有如此大的差异?于是弗里曼萌生了追踪和检视米德在萨摩亚期间的田野工作质量及其结论之间的相关性问题。当弗里曼1943年第一次离开萨摩亚的时候,他已经确立了自己"迟早有一天会直面反驳米德关于萨摩亚的结论的责任感"。

弗里曼在田野工作的质量问题上,批评米德对萨摩亚语的学习时间太短,怀疑她和研究对象之间的沟通能力,而且米德最终选择了同美属萨摩亚海军政府的地方代表同住的办法(在萨摩亚人居住地之外),因此,她显然失去了与当地土著发展亲密接触的可能。又,米德在马努阿的调查的时间仅仅5个多月,最后几周还大都用来为毕肖普博物馆完成民族学研究,因此,米德计划要进行的关于青春期女孩性行为的"特殊调查",实际上根本从未进行过。她没有参加村庄的任何政治活动,也没有机会参加地方的社会仪式。

按常理来说,外来人在短期交往中就向当地人发问有关性行为的敏感问题,的确会出现"非常尴尬"的景况,于是酿成了米德当年的土著信息提供者在60年后手按《圣经》宣誓她们确实曾经面对米德使用了萨摩亚人历史悠久的"塔乌法阿塞"的愚弄伎俩——土著信息提供者的证言在1989年载入《美国人类学家》——米德当年对此信以为真。她被故意地误导了,把信息提供人的不实之词带进了她的《萨摩亚人的成年》之中。

不仅如此,弗里曼还质疑了米德的一些重要解释和论断。例如,他认为米德描绘的萨摩亚人显然是擅于合作的,在他们的社会中,竞争被弱化了并且得到了控制,而弗里曼则认为,在以统治和等级为基础的社会习俗下,萨摩亚人是一个具有高度竞争性的民族。在萨摩亚人的基督教信仰背后,仍然存在着这种原始的等级制度及其所导致的对立冲突和紧张关系。对于那些违反基本社会要求的人,不管年龄大小都会受到惩罚。

米德提及萨摩亚青少年都期待自由的性爱,通奸并不被视为"非常严重的事情"①,而弗里曼则认为"通奸"在萨摩亚人中仍是很严重的犯罪行为。他还以数据清楚地表明,萨摩亚人的青春期远不像米德所断言的那样"没有烦恼"、"没有压力",是"最轻松安逸的时期",而是事实上与美国、英格兰和澳大利亚的情况相同,是一个青少年犯罪发生率比人生其他任何阶段都更为频繁的时期。所以,米德在《萨摩亚人的成年》一书中依据这些错误描述而提出的"文化因素相对于生物因素所占据的决定地位"的论断显然是无效的。同样,米德关于生物因素对萨摩亚青少年的行为并无多大影响的陈述,被证明是完全错误的。因此,米德的萨摩亚"反例"也根本不成其为反例。

弗里曼还批评米德的导师博厄斯没有很好地指导米德阅读那些很容易得到的关于萨摩亚的多种民族志文献,因为里面早已写到萨摩亚人的行为方式,当然也包括性行为——它们和米德对马努阿人生活的描写大相径庭。因此,弗里曼针对米德知识结构及思想渊源的追索研究,论证了她为了维护博厄斯学派的学说,驳倒人类行为的生物学解释,而对萨摩亚那些与其信念相反的证据视而不见。为此,弗里曼是将米德的萨摩亚研究当做一个富有教育意义的例子,指出其教训在于"当为一个珍爱的学说

---

① Margaret Mead. *Coming of Age in Samoa: A Psychological Study of Primitive Youth for Western Civilization*, New York: William Morrow and Company, Inc., 1973, p.90.

寻找证据时,那些相关人物所深深持有的信念将会不知不觉地把他们送进错误的牢笼"。弗里曼还以他自己的学术生涯体会到,文化人类学家不可能忽视人类心理状态中"属于基本遗传的那一部分"。而恰当的理解应是:我们可以据此将生物决定论看做是初始理论,而将文化决定论看做是反理论。那么,将它们进行一个学术性综合,对人类学和生物学二者来说,现在都是一个非常合适的时机。

现在,摆在读者面前的这本《玛格丽特·米德与萨摩亚——一个人类学神话的形成与破灭》是弗里曼这一著作(1983年首版)的重版译本,增加了新版的序言。在这篇新的1996年的作者序中,我们看到弗里曼在初版著作发表四年以后,是怎样找到了米德在1926年结识的萨摩亚信息提供者及其作证使用"塔乌法阿塞"的愚弄伎俩的情节,这当然对米德来讲是很不幸的背景陈述。我们看到弗里曼对米德田野工作点的追踪和多次回访研究,几乎花费了他的大半生的经历。首次是从1940年到1943年(对伊班人的研究一度耽搁了弗里曼的萨摩亚追访),几乎20年后,1965年他再次返回萨摩亚,做了两年的田野研究,随后是1981年,他带着评价自己作品草稿的目的三访萨摩亚。他在澳、新、英格兰和美国的图书馆的研究时间更为漫长,以致我们看到弗里曼大约有四十多年的断断续续的调研,始终围绕着萨摩亚人和米德,其学术追求可谓执著、持久与认真,其所涉猎的视角远远超出萨摩亚人青春期的主题范围。因为我们很清楚,关于一个问题的驳论的研究基础远远超出一个问题本身。因此,人们总是提醒,当过于片面地强调"问题意识"的时候,谨防忽略那些有着各种影响力的、围绕该问题的多元视角及其过程。显然,为了保持田野研究的学术质量,研究者基础的语言条件、背景资料研读及理论掌握均十分重要。说到理论,当然需要谨防那些理念先在的印证性实践活动,这种实践活动所得出来的结论可能并不错误,然而往往是无效的。

对弗里曼—米德之争加以评估的困难也是存在的。因为这一争论本身涉及的问题相当复杂。人们首先注意到第二次世界大战后的萨摩亚人的居住地变化很大,偏重过去的论题又不得不跨越时空加以审视。然而,并不完全如此。在这场人类学史上著名的学术争论(越出学术界而见诸美国各大报章)中,影响性因素显然并不单纯。[①] 就算是一些较为中庸和

---

① 庄孔韶等著:《时空穿行——中国乡村人类学世纪回访》,第458—460页。

缓的评论也带有影响性的烙印。例如,在美国出版的《文化人类学百科全书》中写道:"从比较的方法看,萨摩亚人的性行为并非如米德或弗里曼描绘得那样偏激,在世界上众多文明中,萨摩亚人并不像米德所认为的那样性放纵,也不像弗里曼所认为的那样受限制。当然,萨摩亚人对性行为所持的态度是处于性自由和性压抑的中间状态。弗里曼关于萨摩亚人比其他文化中的人更具保持童贞态度的偏激说法未能得到跨文化研究的支持。"①然而,"弗里曼的贡献在于他对这种公共道德制约的描述以及因羞涩和与性行为相联系的危险而导致了秘密性行为"的解释。弗里曼指责"米德忽视生物性而强调文化的观点是一种误导",而实际上"弗里曼关于生物性与文化相互作用的假设,米德本人也接受"。②

围绕弗里曼和米德争论及其评论涉及的问题和因素极为复杂,如田野工作的质量、立论的根据和结论过程、可验证的和不可验证的、撰写的可信度、时空关系、社会变迁的速率与向度、大学者的声誉、学术霸权与回应、对初访与回访动机的理解等;此外,还关涉人类学者及其评论者的国别、族群、文化、区域学术圈层认同,以及历史渊源等。弗里曼和米德的学术争论并没有唯一的结论,然而我们从中引申出的问题不在于个人的意图或用心之臆测,而是人类学者在思考上述多元干涉性因素之时如何把握学术评估的尺度,不断改善人类学从参与观察到撰写的整个进程,实在是最为重要的事情。当我们分别阅读米德和弗里曼的代表作品之时,我们每个人都会有一个自己的结论,这是一个人人学习、人人评价的过程。我们或许已经能够说出他们谁在何种问题上正误的断言,或许有时又难以说出,然而我们必须鼓励学术质疑的思想与行动,因为这是学术良性发展的有效的调节剂。

我们一直关心"螳螂在前,黄雀在后"的不同代际学者之间的回访研究的关系,这既包括一些特定问题受到质疑的学术联系问题,也涉及学者私人之间的关系,因为世界学术史上的论题之争能够同私人关系和谐共存,实在是可见而并不一定多见的情形。幸好 1964 年弗里曼在米德访问澳大利亚的时候得以促成一次难得的会晤,当时弗里曼表达了他对米德在萨摩亚研究中得出的普遍性结论的反对立场,并且表示"不会引起他们

---

① Paul Shankman, "Mead-Freeman Controversy", *Encyclopedia of Culture Anthropology*, edited David Levinson and Melvin Ember. A Henry Holt Reference Book, Henry Holt and Company, New York,1996, Vol.3,pp.757—759.

② Ibid.

之间任何不好的感情"。弗里曼在 1964—1978 年一直保持和米德的通信,尽管弗里曼和米德的往返私人信函没有被和盘托出,但从有限的信函字句中仍可发现二人的严谨风格。他们或者激烈捍卫自身观点,或者不为求体面而对真理进行折中,然而二人在激烈的交手之中,似乎均赞同是为了一门"由众多心智而积累起来的科学"而努力,因此,极为难能可贵。

百余年来,学术界已经积累了不少的经验,国内外人类学的回访研究也渐渐多起来,相信今后这类回访研究会更多,因为数代人类学家走过的田野工作点不计其数。在时间上和空间上经历过一个和多个巨大社会变故地点的回访工作,似乎更具有一些特定的意义。① 首先,回访重新找到审视同一调查点的机会,延伸了先驱者作品的学术生命与意义。对于回访,哪怕是带有索隐钩沉的兴趣也不足以指责,因为只要是一份学术的事业,兴趣、情感依托和获得学术成就感并不相互抵牾。的确,回访可以在一些可能的问题上完成前者学术失误的订正,但验证的动机不应是唯一的。因此,回访不能只限于以今日之知识批评昨日之知识,而是在新知的基础上提供再诠释。

在同一调查点上开展跨越时空的考察,有助于更好地理解一个社区过程的诸多意义。回访的工作加强了社区的过程研究,其间多种被抽绎出的重要学术问题的解答获得了综合的机会,因为触类旁通的观察恰恰产生于社区过程之中。

然而,回访的作品面临文字的选择与回应,其中,学术中心圈与学术边缘人的立场选择将影响跨时空的观察及其表达,这是学人难以逃脱的立场,这显然也包括米德与弗里曼,以及包括世界各地评论人对弗里曼—米德之争的态度与观点选择上面。

谨祝贺《玛格丽特·米德与萨摩亚》中文新译本面世,它为我们进一步了解弗里曼—米德学术之争过程中的一些重要的学术成果提供了方便,帮助人类学家和有兴趣的读者深入研读,以充分理解关于萨摩亚人的两位人类学研究者的田野工作及结论过程。

(德里克·弗里曼著:《玛格丽特·米德与萨摩亚——一个人类学神话的形成与破灭》中文新译本,夏循祥、徐豪译,商务印书馆 2008 年版,序,文中未标注引文均出自上书)

---

① 庄孔韶等著:《时空穿行——中国乡村人类学世纪回访》,第 490—493 页。

作为学术视角的传统

一个文化传统的时空持续状态,依人类学的见解,叫做延续性的文化适应,而常常是相对持久和相对稳定的文化适应,这是长久濡化的结果。

人类学的濡化概念,一是指观察一种文化传承的适应性状态,即个体和整个群体的文化内化过程,其中教育和教化是这种内化过程的主要活动。濡化是在特定文化中个人或群体继承和延续传统的过程,人们通过世代继承的语言说教、服饰、饮食、人格、思维方式、信仰、共同祖先和社会经历,从而认同于某一特定族群和某一文化。人们总是通过与他人展开的共同活动,依照经验和体验形成的共同的思维与行为方式,使之所在的整个社会的文化按照一定的轨迹延续下去。文化延续在其社会过程中的表现既是潜移默化的,又是显而易见的。长久濡化的结果还造成针对某一特定族群与文化的认同与情感,从而和其他族群与文化区隔开来。

二是制度的遵从。无论是作为正式制度的宪法、法律、规章、政策条例等,还是作为非正式制度的惯习、民俗、道德观念等,都具有建立社会规范,表达价值观,指导群体行为的功能,从而提供了人类地方与族群文化多样性的各自传统。因此制度的文化意义就包含在传统的延续过程中。

然而,在当代世界,交叉文化状态或多或少地影响了各地的族群与文化,造成了不同规模的涵化状态。涵化是指两个或两个以上不同文化体系之间由于持续接触和影响而造成的一方和双方发生的文化变迁。其间,同时发生文化传统的变异,它包含文化的中断、误读、期待、抵触、混合、整合、替代等现象。当代影响文化传统延续性的因素中,最常见的涵化还和强势文化的主动切入与第三世界地方弱势文化的被动应对相关,以及同地方政治意识形态重构,制度与政策选择,对经济模式转型的判断与实施,以及文化传统习俗在何种程度上得以保存密切相关。

应该说,长久铸造的文化传统总会渗透在被认为是新制度、新政治、新经济、新文化、新道德的社会生活中,因此,传统之"新"与"旧"实无严格之界限,即所谓传统在有限的社会变迁中如影随形,在这一变迁过程中固有文化仅仅是换了新装而已。例如,中国在几十年间造就的国有企业文化特色中,标举道德情操的"德治"根源体现在精神培育总是先于管理;企业注重政治本位,受制于上级政府和行政主管部门,而政治本位和行政干预有悖于经济规律;注重人事关系总是凌驾于经营之上,而关系网络又和优化管理相抵牾。显然,上述郎咸平提炼出的国有企业的三大文化特色均属古代文化传统在今日的延续性表现,所谓新颜旧貌之谓。那么,今日国企改制的当下,其旧有文化体制下形成的企业文化和企业传统对于如今企业市场化和效益化的目标有着怎样的调动或阻碍作用?尚不能一概而论。各地企业的目标明显联系着效益,而效益则联系着地方文化观念,所以世界上卓有成效的企业不一定具有同样的制度。如是说,调动地方知识与文化传统和现代商业规则相整合是可能的。这将是新旧传统能否恰当整合以推进改革的重要观察点。

同缓慢的内在变迁状态不同,当代出现了全球垄断性的市场经济与强大的外来制度、政治、文化之入侵,较之历史上任何时期都更具针对地方文化的消解性。因此,第三世界的经济全球化进程中,诸多文化传统,即从语言到民俗的文化传承均岌岌可危。这就是说,国家经济的改革选择方向不只是关系到经济的前程问题,也关系到传统文化的存留问题,甚至涉及未来会不会出现文化替代的危机问题。当前,中国社会正是处于在外来文化强大影响的态势下如何在内部评价和选择文化传统的不同成分的时代;也正是处于许多不同的文化特质进入一个开放大国的现存制度的时代。因此,此时的文化适应实际上是如何造就一种新的经济社会文化体系。该体系不仅是对风俗、信仰、制度等的再解释,也包含着目标与价值、行为与规范的再取向。世界上诸多濒临灭绝的无数小民族消亡与文化替代的民族志记录早已表明,文化替代不仅是先在传统文化的全部消亡,而且意味着以一个文化的族群认同感意义上的生命损伤为代价,这是不足取的。日本等国则不然,我们可以很容易看到日本在语言、传媒、技术、工艺、经济等方面对其他文化的广泛借鉴,又不失其基本的文化传统。

显然,最好的经济不是替代性的经济,世界民族志还记录了经济替代意味着接续的文化替代,以及先在传统文化的全部消亡。最好的经济应是文化适应的经济,这就意味着世界经济"工具箱"和地方文化"工具箱"都不是可以简单肯定或否定的,关键在于我们今日如何挑拣外来的经济工具成分,以及本土文化工具成分,并加以整合,新传统才可以在挑拣过程中树立起来。

然而,中国树立新传统的选择过程一直在考验当政者及其智囊团的科学评估与文化理解的水准。他们在何种程度上重蹈或抑制单纯的科学标准,以及他们应如何加大对文化传统与文化资本的珍惜,二者能否良好地整合,无疑是新传统确立的重要基石,缺一不可。

（2006年11月4日至5日在"第三届开放时代论坛"上的发言,题为《作为学术视角的传统》,载于《开放时代》2007年第1期。）

文化生存、文化保护及其运用

在当今全球化市场经济的强力推进过程中,辅以交通与通信的快速发展,那些过去属于鲜为人知的、处于第三世界偏僻与边缘地区的少数族群的传统文化均受到巨大的冲击,他们的文化传承后继无人,或在外来政治、经济以及权力的压力下手足无所措;然而,即使在本应具有先导性的学术研究成果中,也因快速的社会文化变迁而使文化延续性的评估原则缺少前瞻性的标尺。几乎只有文化传承中涉及商业与旅游经济的精明的投资人实践中,才能总是看到他们以法律"先知"(相对于地方少数族群人对合同签订的相对"无知"与"不知"而言)的优势地位不断赢得地方文化支配的优先权,例如地方文化商业化的优先权,这一优先权无论是以地方文化遗产的"保护"为出发点,还是使用所谓"开发"的观点,这些都已证明区域小族群在文化传承过程中的被动性与无奈,而且总是容易使他们的自身利益失去保护。即使是那些没有实施文化商业化的地方族群中,而且是以外来者标榜实施所谓文化遗产"保护"为良好出发点,我们也时常会发现在他们所拥有的外来价值观标尺下,对其文化"保护"的明显包办代替和"乱点鸳鸯谱"所酿成的各式文化展示之乱相。

既然多元文化延续的选择可以是多样性的,就说明任何地方与族群文化传承的方式与方法也可能是多样性的。可见,关于文化传承的产业化思维与实践只不过是可供选择的多种途径之一,并且尤须谨慎。如是,仅就我们对已经开始文化产业化行动的地区过程与结局加以研究与评估,已经看到了一些项目指导者的先见之明,即他们在试图发现文化遗产保护与应用的各种可能性,以及文化遗产保护和应用之间具有转向的契机,那么,文化遗产可以运用、使用和应用的标尺是什么?以及少数族群何以自身维权和成为这一文化实践行动的公平受益人?的确需要及时作出回答。

为此,我们能够提供人类业已积累的何种有益的知识理念呢?

从欧洲200年来的文化遗产保护实践,以及从上个世纪相关的文化遗产保护公约陆续出笼看来,笔者已经注意到当今世界业已实施的文化保护原则与细则。我们所说的文物,除了作为文化遗产的"物质遗存",

到具有广泛涵摄力的"有形文物"到"无形文物"术语的设定即是。在中国文物管理系统中关于"民俗文物"的归属一直是一个悬而未决的问题,而在中国这一多民族国家目前的"非物质文化遗产"保护的热潮中,我们早就看到了被忽略的民俗文化失于保护的窘迫状态,例如长江三峡淹没区的民族民俗文物保护规划就曾以流产而告终。

民族民俗文化遗产同考古类的文物保护理念相同,其价值在于它们同样包含着历史往昔的确切信息,而其情感的价值表现是:国家与民族的认同和象征、历史的传承感,以及宗教信仰。民族民俗文化遗产的价值是也多方面的,包括生态学的、历史的、科学的、人文与艺术的。此外,特定的民族民俗文物确有使用和利用的价值,因此成为今日风靡中国的文化产业的理念基础之一,如果这种文化产业不以牺牲地方人民文化主体性为代价的话。

从20世纪联合国关于文化遗产保护的一系列公约内容而言,时至今日已经从确立文化遗产本身保护的一般性原则,逐渐提升到"保护一个环境"①和保护说明文物所携带的"社会与民族特性"②。正是从20世纪70年代起,人们注意到现代化在地球上的波及范围已经包括村镇级的文化与自然环境,并最终在1987年通过了《保护城镇历史地段的法规》,及《华盛顿宪章》。其中的原则和目标旨在"确保历史和现代化的适应性存在。例如宪章为了最大限度地有效,规定文化遗产保护"应成为社会经济发展的整体性政策的组成部分,并在各级城市规划和管理计划中考虑进去"。因此,有必要使地方居民参加进来和实施教育,例如保护原则中的一些基本教育要点,如对文化遗产内容的"完全记录"、"历史的见证不可失真"、"不失去妨碍后人观察的见证",以及"任何干预都应该是最低限度的和必要的"原则。③ 国际社会数百年积累的文化遗产保护原则与经验,深深联系着民族文化认同,也因此成为正式说服公众舆论和政治家在实施保护计划时能够对人类社会的经验、学理和实践采取谦虚的态度,而不是想当然和漫不经心。

一旦确立了这些保护原则,文化遗产保存、传承和应用的设计才有标尺可用。通过对世界文化遗产多项公约的研读,可以体会到对文化遗产

---

① 《威尼斯宪章》第六项,1964。
② 《马丘比丘宪章》,第八项,1977。
③ 《世界文化遗产公约》,1987。

的使用和应用之实践首先不是商业开发的规则,也就是说,即使有形与无形文化的利用具有可能性,那么应是在特定的地方文化事项的保护原则确定之后,考虑形成产业与市场配合的可能性,以及在地方人民主体性参与和对地方文化遗产"最低限度的干预"的情况下,再行文化的利用与应用之考量。不过,我们总是会看到文化真谛之保持和商业赢利的原则之间不甚协调,因此,一个特定的地方文化的进程始终需要给予极大的关注。

还有,应该由谁来实施文化保护与利用的计划呢？和世界上其他地方一样,关于文物保护和利用的问题,从来都是由国家来承担,无论是那些行市场经济抑或行计划经济的国家。文化保护与利用这样的大问题包含一个多学科的知识系统,只有国家拥有权威来吸纳多学科的学问,协调知识互补与实施规划。由于民族民俗文化遗产同样有环境地段的不可分割性,对城乡文化遗产的保护的行动范围也必然扩大。因此,只有政府可以统筹考虑社会的各种文化传统、各种牵涉性事务与利益,于是文化保护与利用的大事应始终是处在市政建设与区域规划当中,众所周知,这里没有儿戏,这里的文化事务理应不能像一般建筑工程项目那样随意找人承包。

那么,全社会人民参与文化遗产传承的角色到底是什么？首先,文化遗产保护的规划与行动不仅具有多重文化价值,而且需要国家和政府的责任性指导和组织。不但不排除全社会人民参与,而且从儿童时期就需设计文化保护的教育。全民性的、系统的保护文化遗产教育,将有助于各辈人对文化遗产保护与利用的认识,减少行政官员因缺少专业知识以及地方文化事务人员不注意文化事项存档而造成的文化遗产的损害和破坏。因此,所谓国家对文化遗产的全权责任主要在于建立一个权威的、由多学科专家组成的文化遗产保护、规划与利用的专业委员会,没有该委员会做地方文物与民族民俗文化遗产的审查与签字批准的工程计划,任何人都不得实施。这样做的意义在于使每一项文化保护与利用的事项都必须容纳历史与未来衔接的学术合理性,减少用行政命令取代人文与科学认知,或者滥用所谓"市场经济"的机制干扰国家文化保护事务的不正常现象,亦即阻止今后国家文化遗产保护、传承和利用的紊乱现象发生。

其次,具体到每个不同的文化保护事项而言,就需要从上述基本原则与合理化建议为出发点,转入具体化的讨论以便寻求文化保护作为的基本进路与实践经验。当今世界,是一个由不同国情、行政系统、公民教育与文化多样性编织起来的行动平台,由此而生成各不相同的国别与区域经验。然而,在现代社会急剧变迁的过程中,这无疑是一个长期和复杂的问题,在中国也如是。人们关心的是:少数民族的弱势群体如何参与到文化保护与应用实践中,他们的知情权、参与权、决策权、受益权又在哪里,他们能否从中获得生计的改善,不同利益相关群体何以公平受益,其间能否找到合理的分配与因应策略,等等。这些复杂问题的区域性解答应该说十分重要,因为他们已经从文化保护的前提原则进而转入到具体的应用实践。他们的工作无疑推动了地方少数民族传统文化知识的传承与创新,并在公平受益和争取少数族群权益的问题上,为地方政府实施少数民族文化保护与应用的政策方面提供了重要的参考作用。

一些国际国内组织积极参与中国文化遗产保护工作,他们的项目实施进程与成果,类似于一个文化保护与应用的实验性平台展示,我们所有的读者都将从中发现许多难得的地方经验,那是一些确保少数族群文化生存与传承的有价值的思想与智慧。在未来的文化保护行动中,我们记得这本书所推崇的少数族群的主体性、协商与对话、参与与公平受益等重要原则,这些原则之落实,必将导致文化传承与推陈出新的良性的适应性进程,这是我们始终所希望看到的。许多人都在探讨文化保护与应用的学理与实践问题,我只是想把学院的研究同项目实践连接起来,以合成一些中国式的理论与行动框架,并将这一理论与行动框架介绍到学校课堂和那些准备实施文化保护的地方人民中间,以便一方面不失时机地推进持久的国民文化保护教育,一方面在地方文化传承与应用的实践过程中,保护好那里主人们的文化栖居地。

(应国际行动援助中国办公室之邀,为其主编《文化产业化过程中弱势群体公平受益问题研究报告》一书所作之序,2008年)。

重建族群生态系统

多年来，笔者一方面关注中国西南地区山地民族生态系统的研究，侧重于游耕文化实况以及因外力切入、传统生态系统失序的原因；一方面考虑传统生态系统破损而造成的山地民族生存危机的改善之道。从人类学的研究出发，其方法主要是寻找实施文化整合的可能性，以及卷入适应性的技术支持并重建文化生态系统。

中国媒体对中国西南山地民族的游耕业的理解一直存在问题，这是因为一些人类学的新的成果很少被介绍和引用。游耕业是自新石器时代人类就发明的最简便的、投入少产出多，以及对林木植被更新颇具适应性的一种耕作方法。这和平常人们泛称的无序的"刀耕火种"不可同日而语。由于人类除自身繁衍外，还需要将同自然植被和动物种群相关的物质文化与精神文化累世传递下去。因此，拉帕珀特（Roy. A. Rappaport）在新几内亚的游耕研究更侧重文化信仰、人类行为和生态系统之间具有复杂关联网络的理论。生态人类学正是关注生物性因素和文化性因素内在关系的研究。笔者在20世纪80年代在云南省的5次田野考察，也证明有序的游耕业是那里最经济和具适应性的产食方式。同样，在20世纪90年代在云南和广西的调查也证明了传统的生态系统被硬性干预后所发生的生存困境，因为被干扰后的生态系统常常难以复原，故有人参与的新的生态系统的最终稳定运作仍需要一个较长的过程，新的技术性的支持在适应当地文化的情形下，可以调适那些不稳定的因素，它包括生计的、文化的、社会的、价值观的多元影响。

笔者多年以前在云南发现，那里的山地民族存在两种游耕类型。即频繁迁徙的前进游耕型和螺旋游耕型。[①] 前者是在人口稀少、地域广袤的环境下，人们顺山脊从北到南寻找新的处女林（不走回头路）实施砍烧农业，有时获取1—2年的最佳作物产量，不等地力耗竭，随即迁移。如50年代的苦聪人（拉祜西）即是。后者为多数交叉居住的山地民族，他们已

---

① 庄孔韶：《中国西南山地民族人类生态学研究》，《人类学研究》，北京：中国社会科学出版社，1986年。

经难觅到广袤无主的林地,而是在一个个被限定的族群居住地中由集体智慧创造出的、有序的循环烧荒法,常常成螺旋状或相似的、逐一排定的砍烧顺序作业。这种方法保证了不会毁林,林木亦可轮流复生。例如笔者考察的西双版纳山地基诺族曼雅寨的游耕周期为13年,龙帕寨为6—7年,并由习惯法与族规认可,以及他们的万物有灵信仰保证了基诺族居住地的生物多样性和文化信仰原则相互整合起来,构成那里人民传承已久的生活方式。而毁林烧荒式的"刀耕火种"则发生在20世纪50年代以后,由于在不和少数民族协商的前提下硬性划分国有林范围,其保护了部分林木,却切碎了山地民族的螺旋游耕序列(见下述广西那坡县和靖西县个案),结果林木难以复生。其后内地的重农主义政策之推行,加之人口递增而导致无奈的地方族群开始无序地毁林烧荒,终使从古而今的传统游耕生态系统失序,酿成生计与生活之苦果。例如逐渐积存了水土流失之隐患(包括由此引起的背井离乡的"生态难民"现象),以及因出现生活急剧变动导致族群心理障碍与各种文化挫折问题。

因此,如何重整已经破损的文化生态系统呢?笔者提供的由新技术支持的修补性生态系统重构,只要因地制宜(广西个案),便能使地方人民顺利度过文化与生计的适应期,新的生活方式的推广是可以奏效的。

2001年9月底,笔者主持调查(程炜、王克力、黄爱莉三同学随行)广西壮族自治区的那坡县和靖西县。① 在调查的过程中,我们注意到百省乡的弄苗、弄平的苗、彝村寨还保留有少量的游耕的生态文化特点;而旧州及其周边,作为稻作兼山田农业村寨,在其生计手段,生活习俗等方面体现出与环境的相互影响,形成独特的生物能量流动循环。近年来,沼气作为生态能源优先进入旧州人的生活,改变了他们旧有的能量流动方式,从而影响到旧州乡民文化生活的各个方面。前后三者构成了广西西部生态文化模式的三种类型。

在那坡县,弄苗和弄平寨尚有少许游耕业。他们分别居住在山地式干栏建筑中。在离村不远向阳的山坡上,种着大片旱谷。在旱谷地周围还清晰可见烧黑的痕迹。弄苗村的乡民虽已停止迁徙,但仍少量保留了刀耕火种的生产方式。他们将向阳的山坡分成几份,依次放火烧尽土地

---

① 以下参见和参考庄孔韶:《中越边境经济文化发展项目报告》,福特基金会项目,中央民族大学多元文化研究所,2002年,以及程炜:《旧州生态文化变迁的人类学研究》,中央民族大学硕士论文,2003年。

上的草木,从播种到收获,他们既不耕耘,也不施肥管理。他们种植两三年,待地力耗尽,便任其抛荒。

弄苗苗寨的生产方式在形式上属于螺旋式游耕。在螺旋式游耕中,尽管在土地压力较大的情况下,游耕族群利用集体智慧和习惯法严格控制刀耕火种的范围和循环周期,以期在自然规律面前得以持续利用自然能量。但弄苗苗寨的山林被划为国有林,那些符合自然生息规律的游耕线路被切断和打碎。如是,只能在极为有限的范围内随意乱烧,(像弄苗苗寨三四年一个循环)其直接后果就是土地完全没有时间恢复地力,导致植被破坏,农产品产量越来越低,致使弄苗苗寨每年几乎有三个月需要政府救济口粮。显然,不符合游耕规律的刀耕火种导致地力退化,环境恶变。

弄平寨的彝族(红彝)村寨规模较弄苗大,已经属于从游耕转向农耕的过程中,近年来已极少从事刀耕火种。居住为典型的干栏式住宅,但木料使用比例增加,毛竹使用量减少,村寨布局开始规划,显然是从游耕走向定居农耕生活的开端的村落文化特征。

和那坡县毗邻的旧州,其地形为众山之中的小块平原。旧州人种植水稻和玉米,在文化分类上属于定居农耕文化类型。旧州农人的耕作极为规律,适应气候种植相宜的农产品,以保证其收成。旧州各户除平均分配的责任田外,还有少量旱地及自留地,一般分布在山边。那里村民种植黄豆、红薯和玉米全部只用来制成猪饲料,谁人食用会被乡邻耻笑。

从生态学的角度看,旧州农人庄稼种植的能量链中,除满足人类食用的大米(水稻)之外,相当大的劳力财力直接为猪群输送,因此猪成了农业生态链条上极其重要的一环。养猪是每家每户除种植外最重要的日常劳动,每家养猪3—6头不等,猪肉主要是用作自家食用,不为出卖。旧州人正是从猪肉中获取人体生长需用的动物蛋白质和能量。在这里,人类、水稻和猪构成了一个相对简单的食物链。

在20世纪50—70年代,旧州人口迅速增长,对天然林木资源的需求加大;加之社会运动频繁(如1958年"大炼钢铁"运动),附近山林大树小树被悉数砍倒。20年以后,在包产到户初期阶段,分得山林的农家担心政策有变,更是只图眼前利益,变本加厉地开采承包之山林。那时,后山已成秃山,草木稀疏,鸟兽尽绝迹。80年代,政府开始封山育林政策,但农民以生计必需品匮乏挑战地方政府封山育林的努力,偷砍林木屡禁不止。

根据笔者在1984年考察北部中国沼气推广的实践中,最重要的困难是漫长冬季里沼气池结冰和管道冻裂问题难以解决,以至北京大兴县留民营等地的试验失利;又,西南部中国一些地区常年阴雨绵绵、日照不够等原因,也造成沼气试验与太阳能试验的技术性支持不合地方的天时地利人和。而广西的亚热带地区日照条件好,沼气制作系统设计优良。本人和研究生亲历了当地人民踊跃登记引进设备(政府设立样板农家供参观,并补贴申请沼气设备的农家),发展新生态系统的积极性。从2001年起,当地八个县将以沼气为纽带,把以养猪为主的养殖业和以水果、蔬菜为重点的种植业结合在一起,人畜粪便入沼气池,通过微生物厌氧活动转化为价值很高的能源;沼气入室照明煮饭,而且沼池灭菌,净化环境,村镇农家卫生条件大大改观;沼渣入田入地可以肥田,提高农业产出。通过开展沼气综合利用,形成养殖—沼气—种植三位一体生态农业新格局。他们依靠科技进步,加大发展以沼气为纽带的生态农业,保护森林资源,促进农村经济持续发展和社会全面进步。①

现在,靖西县在旧州推广沼气工程后,利用农作物的秸秆、人畜粪便等能量副产品经过人工控制的模拟自然发酵过程,产生出可供燃烧的沼气,用作烧火做饭并兼用于照明,这样减小了山林树木快速消耗的压力,其沼气渣可还田作肥料,在新的技术基础上保持了人猪粪便还田这一能量有利流动的循环。

沼气的使用对旧州人的生计与民俗生活也产生了影响。旧州过去砍柴烧火做饭是生活必须,这样繁重的砍柴工作严重禁锢了劳动力,大量的有效劳动浪费在获取基本燃料上。使用沼气之后,人们摆脱了繁重的砍柴工作,除从事农活外,更多地时间可以用来从事副业(米线加工等)、手工业,商业(绣球缝制外卖,含卷入民俗文化旅游项目),提高生活水平,旧州及其毗邻的村寨的主要劳力——参加季节性外出打工者,从沼气推广前的5%增加到现在的25%,有的地方甚至高达44%。外出打工者在商品经济较为发达的地区获取工作经验和资金,再回村来,往往不再从事农业生产,而是经营商业活动。

如上所述可知:

1. 有序的游耕方式是人类集体智慧在生态适应性上的良好选择。硬性而无根据地打乱原有运转系统的政策是错误和不足取的。

---

① 资料来源:《靖西县沼气生态家园示范工程建设实施方案》,靖西县民委提供,2002年。

2. 在已经打乱了原生的人类生态系统的情况下,如何重新安排国家政策(国有林的林权和地方族群的主体性和选择权),或者,倘若不当政策贯彻多年后,生活方式已经不可逆的情形下如何重整文化生态构架,这是一个在中国许多地方面临的同类问题。其实质是属于前后两个硬性接续的文化不适应状态下,哪些是可持续的(如恪守神山崇拜观念、游耕小循环设计等),哪些是需要重新适应或应对的(如新生计方式与民俗文化、文化心理适应性准备,以及市场经济规则大量进入等)。①

3. 未给文化变迁适应的试验期会造成了日后文化生存窘迫状态,如何让新的知识(科学的和文化的)进入新生态社区也是人类学和多学科合作的研究文化适应的基本出发点。

4. 合理运用沼气和太阳能系统,大概是目前中国南部和西南部气候较热和日照充足地区转换新生计和新生态系统的最有希望的办法。因此可以说,一种新技术的合理选择、及其巧妙地纳入传统游耕与农耕社区的新的生态系统中,其成功的标志之一就是该系统的新的良性循环,以及同地方文化的合理整合。(根据笔者在华北和新疆的调查,1980年代的华北农村太阳能系统试验,有时拆掉了农人世代喜爱的热炕系统,受到北方民俗文化(以老年人为代表)的抵制;在同一年代,新疆地区的一种"节柴炉"忽略了维族人民祖辈习惯的烤馕功能,也遭遇了实实在在的技术推广的"文化挫折")。现在,广西上述山区的沼气系统推广成功则不仅没有阻碍,而且获得了新生计系统中容纳的新文化的要素。这是一个对有破损的族群文化生态系统做"填充"式的、成功的技术系统支持设计。但不要忘记,其设计的思路已经考虑到地方人民的民俗生活特点,所节约的单位时间又为新的生计、新的文化赢得了机会。一般说来,现代人类环保的努力常常和商业市场的原则相抵牾,但沼气技术—文化系统之成功建立则获得了一个新的文化的良性整合。

5. 对于仍保留刀耕火种的少数村寨,在尊重其民族传统生计方式的同时,建议地方政府充分估计当地游耕族群不得不趋向定居的未来,务必在帮助其发展新生计的同时,让他们在生产生活方式和文化心理上有一个足够缓冲的转换时空。相信进一步的沼气推广过程中,地方人民能够

---

① 马建忠:《梅里雪山地区的自然"圣境"和生态保护》(论文),Conference on Tibetan Culture and Biodiversity Conservation, 2004,迪庆藏族自治州政府和美国大自然保护协会。

获得这个适应时期,并积极主动地参与进去。

(2004年7月中日"生态移民:实践与经验"会议专题发言,题为《重建族群生态系统:技术支持与文化自救——广西、云南的两个应用人类学个案》(节录),载于《甘肃理论学刊》,2007年第4期。)

杨柳青乡治与商镇之复合研究

在中国北方汉人社会研究的作品中,周泓对津门杨柳青乡治及商镇的研究独树一帜,这主要是指她的研究成果不是得自传统上的农业村落调查,而是选择商农合一的村落—市镇型田野调查点。因此,其问题之观察与研讨显然在传统乡村主题以外扩大了学术线索,其诸多新意,一是来自从村落到市镇扩大的新的社区线索导致重新评估先前单纯村落研究的一些认知与见解;一是商业性显著的市镇—村落组合导致了对中国基层社会运作与特征的重新理解。限于篇幅,笔者仅择其一二。

作者观析,地处津门之杨柳青是一个二重的分布区位:以河岸南的村落和河岸北的市镇合璧构成。在中国南方水乡,交换体系得水之便使得那些聚落式的村落农人远较华北平原村民涉足更多的市场生活,城乡联系也更为密切。在杨柳青,那里较大的村落都建在几条河的岔口,住房也盖在河道附近,正如作者言,杨柳青好似"北地江南"。

如果把杨柳青的御河南看成是内向型的农业社会(例如生计与村落组织、传统社学、信仰组织等),御河北为外向型的商业社会(例如多行会、商镇组织与活动)的话,那么仔细观之,民国前后御河南北社会之转换与递进,以及内外连通不断,因与近代商业需求一致,使得整个乡、镇构成了农商互补与结合的一体形态。这里的传统农业社会也在变化,如民国时期杨柳青的土地交易立契现象频繁,土地交易圈远远大于传统村庄土地交易范围。人们熟知的汉人社会乡村宗族先买权的习惯法,也在一定程度上被城乡密切的经济联系所突破。反过来,杨柳青商人积累了一定资本,大都用于置产经营土地,也有将资本投入建祠堂、办义塾、置族田之事,使之成为宗族资产,传统的宗祧理念仍有支配作用而不是"纯粹的商业资本",即"市镇经济与地主经济作为互为相属的组成部分而存在"。因此,杨柳青成了北方中国近现代特定的农商文化之路的重要的和难得的案例。

扩展经商活动的确对旧日士大夫构成威胁,因为它建构了晋升的另一个台阶和获得高位的另一种合法资本。沿海城市中传统的士大夫的权威被分解,新的混合型社会出现。如果地主的田地在市郊、县镇,他们只需将田地向佃户出租;同样,富裕的城镇居民可以较容易地获利于土地投资。这一过程意味着在城市附近离土不离乡和不在乡地主人数增加。

作者也看到,土地依然蕴含着对家族亲缘的归属认同意识,它使得承继父业、亲族互助的乡土渊源与地缘意识存留在绅商的家族商业经营中。亲缘关系为家族经营的纽带,高级职务由本家任,重要职员由本族出,分家析产后仍有合作。尽管如此,家族经营并不抵触现代经营方式,如筹资、管理、运销、技术引进、培训等,携带着很强的内聚力。显然,"绅商延续了家族合作传统",民国基层社会网络仍以亲缘、地缘为基础关系,并不妨碍其与近现代业界及社会相衔接。

杨柳青"八大家"商号以财富实力显示着其商性,而家族传承之地位显示其绅性,是农商兼连的、绅商性的杨柳青市镇文化的象征。作者认为,这一市镇文化以商会为中心,但并不像西方市民社会必经自由结社而与国家处于相对视的紧张状态,而旨在调谐民间与官府的关系,以民治辅助官治。又进一步认为,由于市镇之绅商性或商绅性,成为国家与社会的介体。绅商基于"言商仍向儒"和非暴力理念,其出发点在于调节官商关系,赢得商人权利之商政。杜赞奇的华北农村研究注意到乡村领袖在文化网络中权力支配的特征,而忽略了绅商的多重性。

在杨柳青,当绅商地位凸显时,说明官府与民间相合;当绅商地位隐逝时,表明官方与民间的紧张或分野。当作者这一悉心的社会文化观察转向当今的杨柳青田野调查,发现这里原有商会自组织等市民社会成分,以及现今作为官—民中介绅商之断缺,使得今日杨柳青的御河南(农区和乡民)与御河北(区府、镇里、市民)呈现着农商分立的情态。

作者在书中特别观察杨柳青社会存在的特征。认为二元对立的分析框架往往把中国宗族制度作为社会对应于国家的存在方式,而忽略家—国一体的体制。在这种分析框架下,很容易认为,中国北方因近居国家政治中心,政权强而社会弱;而南方社会力量强而国家力量弱,从而突出了这种分离状态。作者认为,即使民国时代帝制解体,作为宗族制度的物质形态仍凸显于南方,而北方(如杨柳青)也可在实际存在与运作的大宗祠、作为民事(例如立嗣)法源的习惯法中发现。不仅如此,在宗法与亲缘组织以外,作为地缘组织的会馆、会所以及业缘组织的行会和商会,仍可见宗族制度的转换形态。笔者也赞同存在同一宗祧理念下中国汉人社会的地方性实践形态。正如作者所言"杨柳青所在的北方与南方的宗族制度的表现形态虽然有方式和程度的差异,但其基础结构和体系的本质是同一的"。因此作者细致划分的绅阶群团的类型(如士绅、仕绅、商绅/绅商、地绅/乡绅和官绅等)转换、延续存在其本质意义是相同的。

不过,杨柳青在改革开放前的社会变故中,阶级政策实施后淡化了传统的血缘、地缘和业缘联系,代替原业界分层系统(士农工商),其实质是以行政的纵向体系取代自然的纵向依赖(宗族及其扩展的地缘、业缘);而问题出在以新的一元极体制替代汉文化的代际人伦之自治基础。从而作者认为,"体制与文化错位",传统组织机制中断,社会运转遂机械迟缓。因此在某种意义上,改革开放实质上也是在恢复社会基础、自治组织和文化传统。例如,今日的商品经济在中国传统经济中既有;杨柳青绅型商业(农—商经济、手工年画、饮食服务等)回归本位,传统商镇属性在新的年月得到延续。因此我们看不到二元对立分析框架的解释效能,倒是以群团与圈层的社会解说框架,即商团与乡农的社会,或者说是"绅阶统领商民与农人的社会"更为有效。实际上,"商业与土地关系并非如以往的研究那样分化对立"。

清代以前的杨柳青以农业为主轴而农、商并行;清代及民国杨柳青的镇民,尤其是绅商、商绅皆以本守末,农户、商户则以末兴本;时至今日,具有农商传统的杨柳青人依然是商为助保,农为基保,工为劳保。从历史上的农商并行对照今日的工农商三元错落,后者文化的缘由一直没有得到关注。今日以工商联替代历史上的商会有其形而无其实,原因在于工商联是行政单位,而附属于其内的商会则没有独立和具体的业界宗旨与章程,于是自治机构化的结果造成中层行政体系和基层市民(商民)等脱节与中断。如作者敏锐地指出,"似乎只要政策允许,没有中层管理机构同样可以生计"。这实质上是在说,当前的中层行政组织不能履行传统商会的文化的职责,其商业的、事务的、认同的、协助的、救援的、抵御的、权益的职责缺失,即行政与管理体制是造成基层社会文化的中断的根本原因,急需改观。

作者对杨柳青商农合一的村落—市镇调查中没有忽视关于社群观念之建构的研究,指出了在御河北石家大院和御河南于伍爷墓——杨柳青地方社群所依据的两个中心象征标记。前者之绅商主体曾与旧官府相连,然保地济民,政府因顺应民意而建构其为特定的文化资源,由该绅商大院替代社区之神的角色;而后者则是杨柳青乡民选择的以历史真人于伍爷化作神灵,成为社区信仰之神主,亦终为官府认可。面对民间信仰,官民之间大有分疏,作者敏锐地看到"官府多有形而无力,民间多有力而无形",我们在书中丰富的民族志描述中,看到了在杨柳青祭祀和庙会场所,一面是官商绅和老百姓同享一种文化,一面是政治终于向文化的力量妥协。

这部书的最后,我们不寻常地获悉,清季杨柳青人随军"赶大营"远赴新疆定居,再造了一个融入新疆民族社会的新的杨柳青汉人社会。这大概是读者意想不到的新的一起波澜。他们因家族与地缘力量推动的成功的新疆立足实践,以及伴随的杨柳青人绅性向西延伸——借助于官僚政治的保护,延续了汉人社会组合的亲属、地缘与业缘依据,以及共同的民风、艺术、花会、民间信仰和善举等;亦因新的杂处之地获得的汉帮(超越津帮)协作与跨族诚信经营,扩充了汉人原初的地缘和业缘之内涵。显然是"劳力与资本合一同向流动",经过有效的文化重组而获得文化再生。

周泓本书之作,文献梳理和田野考察均以细致深入为其显著特征,在北方汉人社会的个案研究中尤为突出。该论著与人类学的传统研究范式有别,两地和多点研究特色之外,尝试了由村庄模式理解中国转向由市镇研究重新认识中国的途径。笔者认同该研究之群团与圈层关系刻画了汉人社会的结构格局,绅商类型引导市镇运作之传统绅治之于乡治的文化延续;而且,由传统宗族研究引出的汉人社会的血缘、地缘和业缘组合之扩展——市镇与商业领域呈现的文化共享与现代意义上杨柳青人主动的文化变迁,其重要意义显然会影响未来,因为津门历史片断所显示的地方系统层位中断和文化中断已经表明,及时调整地方发展方针的要义之一即是政策和政治与文化协适。内中原委等待读者悉心阅读,为作序者之主要期盼。

(2008年10月为周泓著《群团与圈层——杨柳青:绅商与绅神的社会》所作之序,上海:上海人民出版社,2008年)

作为文化的组织

人类学怎样研究变动中的各类现代组织呢？显然，人类学发现组织在多重线索上同文化结缘，在传统乡土社会的大的文化环境下，社会的组织（无论是正式的还是非正式的组织）深深地打着文化的烙印。20世纪中叶前后，科技和市场的力量开始越来越大地影响社会组织，亦包括霍桑实验时代的工厂组织。我们从霍桑实验到曼彻斯特工厂研究已经看到了从内到外观察的意义，这不仅是人类学组织理论变化本身，而是世界快速变迁的结局。而当今世界急剧变迁的情形下，组织内外之科技、信息和不同意义的文化交互影响，先前传统社会组织"以不变应万变"的模式已不敷使用，在必须快速应变的时代，组织也必然做出制度上的和文化的适应性变迁，而这种变迁既是被迫的，亦是主动的。

组织过程研究里的大部分模型，将组织分割为三个成分：正式系统、非正式系统和环境。正式系统是组织文化、工作描述、决策等级、目标和政策的规划；非正式系统是组织里个人和群体相互关联的方式，可能影响正式系统和组织目标之达成。正式系统与韦伯准则（Weberian criteria）相关联（通过详细的等级系统获取效率、具体角色的清晰分工、官员的工作和个人生活的离析、技术资格指定和基于评价的规范化系统），它可以被考虑为受非正式系统的影响。而非正式系统都是与成员组织以外的生活相关联并受到"环境"影响。因此，文化被看成存在于非正式系统和环境里，但不处在假定为中性的正式系统里。

Morgan认为，组织的正式系统并非与文化绝缘。正式系统建立于组织的三个模式之上，每个模式都依赖一种"根隐喻"（root metaphor）[①]：即作为机器的组织，作为生物体的组织和作为文化的组织，都能使人们以独特的然而是部分的方式去理解组织，屏蔽其他的观察方式。

"作为机器的组织"是建立并处于等级的或科学管理之下的组织方式。在这种意义上，组织被看做是封闭的有拆分功能的系统，在等级体系下，组织的整体目标被分割成越来越小的任务。这些体系全都被界定成

---

① Morgan, G. *Images of Organization*, London: Sage, 1986.

清晰的关系,每个部分的功能都与整体运行相协调。经理们对工人的中心控制就是让他们像机器的一部分或附件。例如,一家快餐公司的计划行为流程包括"问候顾客"的三个步骤:微笑,诚挚问候,眼神交流。这个流程就是管理者对员工的表现甚至人际互动的评估。他们的行为需要机械性的重复与准确。然而,在不同的文化情境和不同的经营情境里,大文化的影响(如东方汉文化的环境影响)、科技与竞争状态的影响(如信息时代快节奏的大城市生活方式)共同促进了这种组织文化的交流与变迁(或者进一步说促进了这种组织文化内外同时发生的变迁),尽管这种交流与变迁或许是缓慢的,或许是急剧的。

"作为生物体的组织"由人际关系研究、随后的系统理论,以及从生物学和生态学演绎和借用而来,表示组织和管理的正式系统的有机特性。霍桑实验认识到为了达成管理效果,不得不满足工人们的基本需要。逐渐地,需求的观点延伸为组织是一个开放的系统,该系统依赖于与它周围生存环境关系的协调,能满足系统的需要和发展。作为生物体的组织被分割为诸多子系统(策略的、技术的、管理的、人力资源的),每个都可能与它的环境有着不一样的关系,但是所有部分都需要相互关联。一个成功的组织仍旧被认为是"健康"的平衡状态(在人类学里)或是动态的平衡(在组织研究里);这样做的方法不只是通过严格的等级制度,还有跨部门团队的矩阵管理去整合子系统,尤其是当它们的环境处于不安定的时候。人类学的系统观察面对的不仅是一些组织内部的子系统关联,还在现代社会面对新的跨国跨文化的系统关联,因此一个快速开放的组织系统,需要迎接多样文化的调适以及科技与竞争导致的新的关系调适。

在汉人社会的家族企业成功的实例中,家文化传统促使家族企业系统中适应性地因时因地内外结缘,依靠人际关系的社会资本整合来实现资本和人力的配置,从而获得成功。因此,中国家族企业的成功与失败完全不是"传统"制约的缘故,而是根据何者"面对环境和技术、思想意识(潮流)等变化的快速性、不确定性和多样性"[①]而做出的新的选择与内外系统整合之结果而定。

"作为文化的组织"具有内外影响和多种形态。"当文化是一个根隐喻时,研究者的注意力从对组织实现了什么和它们怎样才能更有效地实

---

① 张华志:《西镇人的家族企业》,载庄孔韶:《时空穿行——中国乡村人类学世纪回访》,第316页。

现的关注,转向组织如何被实现以及被组织意味着什么。"①这的确表现了一个最为充满研究与应用魅力的框架。当带有工厂生产的跨国公司全球分布运营过程中,无论是日本在美国的工厂运作,抑或是美国在中国的合资企业经历,都会遇到的不同族群文化冲突的问题,主要表现在管理方面,以及雇主和雇员之间的关系上面。上述人类学家克勒博格(Jill Kleinberg)的研究旨在解决六家在美国的日本公司的紧张状态是属于组织内部的不同族群文化整合性应用研究,以理解大的文化(族群文化)对工作场所组织文化的影响。

至于论到中国家族企业组织过程的研究方面,适应外在情境变化的特点是主要关注。例如,中国云南西镇的家族企业(根据张华志的研究)中,传统的中国家族主义(如亲缘至上、家族中的女性特定角色和姻亲拓展方式等)特征以外,为改变社会歧视和因政策变化引发不安的心理,导致了以上联"挂户经营"换取地方政府保护的经营地位,这种企业组织组合方式之选择表现了中国传统家族企业在现代中国政治与政策转型体制状态下(地方商业政策尚不完善的时期)的不得已的、然而是成功的变通做法。另一些华人企业组织(根据林舟的研究)则立足于拓展海外,环境大为变化,然而他们依然巧妙地利用传统的亲缘、地缘和业缘等关系,包括小亲缘网络和大地缘网络,为自身提供成功的生存、社会适应和事业支持的力量。他们总是因地制宜地在国内或外国栖居住地趋利避害,同时敏锐地发现新型产品和上游产品,以迅速投入生产和销售。华人企业特别得益于他们在亲属同乡内外建立的亲缘和地缘网络,又努力寻求市场优先效益,同时保持企业的良好运作。可以说,由文化传统中的意义体系之导向作用,促进了中国家族企业在不同情境下的适应性选择,正是人类学对组织内外关系研究的擅长,由此可见一斑。然而人类学对其反例的研究也有恰当的学术评估。例如,人类学在武汉某建工安装工程公司国企改造的过程(根据章文的研究)中,发现由于当事人过于相信经济自由化的作用,以致当产权变更后并没有发现能够解决企业的效率提升问题;而且还不止于此,那些原初企业业已存在的"大家族"归属意识和有效的权威性指导特征等文化遗产均没有得到适应性存留和做出良性的转换性设计,可以说十分可惜。人类学评估这种反例的时候,告诉人们,正是当

---

① Smircich, L. "Concepts of Culture and Organizational Analysis", *Administrative Science Quarterly* 28(3): 353, 1983.

事人对"作为文化的组织"的认知缺失,以及无视组织成员态度与价值观配合制度的适应性传递之重要性,导致了企业组织转型过程的失败结局。

实际上,将组织的框架(结构的和制度的)、人际关联(生产的和非生产的)与意识形态(组织精神和价值取向)作为一个整体来考虑,是最为符合人类学的整体论的观点的。"作为文化的组织"这一观念提醒研究者将组织的各个层面看成一个整合的系统,这个系统的每一个方面都是相互关联的。在组织发生变迁的时候,这种曾经稳定的相互关系变动就表现得更加明显。因此,作为推论,在组织变迁的过程中,仅仅改革"作为机器的组织"的"制度"方面是远远不够的。在具体的改革进程中,实际上也不是表现在单一方面的变化,而是"作为文化的组织"的各个方面不断的互相影响和相互促进。现代组织的研究也将组织文化作为过程和意识形态来研究,对于这些"意义"与"概念"的分析是非常重要的,因为它可以解释出它们在企业组织内外的变迁中是怎样起作用的。这个意义的生产被看做是持续的过程;它们试图去除掉组织是静态的、动态平衡或平衡的观点。思考人们经过组织化的行为如何与他们日常生活的意义以及生产符号的方式相联系,并且了解在特定的社会和经济条件下,某种话语形式怎样成为"权威"。

人类学家更多关注的是文化的烙印(例如特定的族群文化组织原则)以及文化的变迁动力何在。因此人类学的组织观察,从大文化(如族群文化)影响下的组织文化延续与变迁进程、速率及深刻程度以外,也存在因高科技、市场与信息推动的组织文化中的意识形态、消费者、性别、权力等的重新考量。这二者引导下的现代组织的急剧文化变迁,究竟是停留在"机器"与"生物体"系统层面,还是推进到组织文化参与者的思维、哲学、族群认同层面,或许是并存的,不能一而概之,因为要看当今全球化过程中文化多样性对特定组织的具体影响状况而论。因此,在管理学对组织文化的研究层位较为固定的情形下,人类学总是随时提醒文化传统和文化变迁的联动问题,以及达成快速联络的信息社会对组织文化的关系性影响,特别是权力的生成与组织变动的决断过程——一个现代意义上的主动的组织文化变迁线索。

(庄孔韶、李飞合著:《人类学对现代组织及其文化的研究》(节选),载《民族研究》,2008年第3期)

现代临终关怀的文化检视

在多年卷入艾滋病防治研究实践以来,我们的思考逐渐扩展,在跨学科交流的过程中,人类学的理论原则何以在更广泛的医学和公共卫生领域显现出它的公益性价值与社会意义呢?显然,这也是学院派人类学研究向应用性实践延伸和转换的众多方向之一。这次,借《社会科学》一隅刊出的大学《临终关怀》研究论坛就是旨在更新人类学专题与课业的一种努力。本文涉及的主题理论原则之一是关于人类学的整体论,特指人类的生物—文化整体论(bio-cultural holism)。以下各位作者已经在各自的研究视角开始了他们的初步的,然而是有意义的探索。这也是一次带有明显人类学理论导向的组合式研究,尽管只是初步的看法。我们诚挚地希望得到读者对作者用心的理解,以便更多的人关心临终关怀的问题。

人类学研究的生物性与文化的双重视角是早期人类学整体论建构的一个重要出发点。从那时起到最终构成人类学四大分支学科中的体质人类学和文化人类学,正是基于对人类存在的生物学基础以及族群与文化关系的系统性探讨;其中,体质人类学或生物人类学(physical anthropology/biological anthropology)探讨古今人类生存的生物性基础,研究人类如何获得现今的形态与行为问题。包括人的体质特征,特别是人类的进化和变异的过程和机制,以及人的体质与文化的关系。也就是说,既把人当做一个完整的生物系统加以研究,又要对不同人群的文化系统予以联系性的必要考察,即生物—文化整体论(bio-cultural holism)。这样我们才能既看到人们行为中的生物性根据,也看到其文化意图。亦如德兰(William H. Durham)所说,"人类的生物属性与文化属性是需要同时并举方可获得共同发展"。

到目前为止,我们已经将这一整体性理论原则跨越自然科学和社会学科各自的单向思考,尝试在人类戒毒成功的可能性和人类行为自律的可能性①上加以整体性考察,已经获得了初步的成果。此次专栏,则是继续尝试在临终关怀的问题上提出改善性解说和建议,而其可能的应用实践意义正是来自于同样的人类学的整体性理论原则。

在中国,传统上的疾病防治工作总是医生和公共卫生专家参与,然而20世纪末开始的关于戒毒、性病艾滋病的防治工作和临终关怀三项工作中,已经有社会学、人类学和心理学的专家参加进来。的确,多学科的知识卷入大大有利于认识疾病本身及其相关的社会文化成因与联系。人类学尤为擅长研究区域社会文化特征及其基底上的人性问题,为此,人的先天的生物性和后天的文化特性之交互影响总是处在我们的整合观察之中,这也就为人类学实践其相关理论并转而应用于大社会的公共卫生与疾病防治工作打下了基础。

我们首先要问,现代西医医院的ICU重症监护病房的工作和临终关怀的思想与精神究竟来源于何处呢?为什么在一些地区医院的重症病人在接受临终关怀工作之前,他(她)们会突然失踪呢?基督教的教义同现代医院和医生的职责、伦理、医道、誓言,以及相关的救治工作实践程序有何联系呢?而那些念佛的人如何看待人的肌体生命和历程呢?那么,其他的宗教信奉者呢?还有,我们有如此多的不同民族的同胞,他们处在不同的地域与文化之中,有不同的生死哲学、生命体验、民俗禁忌、救助理念和诀别仪式,他们除了依照自己的生活方式经历生死以外,他们有时也不得不进入医院ICU病房接受救治和临终关怀,然而,这些不同的民族和信仰者究竟如何看待现代的医院实践呢?我们的研究团队认为,人类共同的生命肌体之中有不同的信仰与文化分疏,在看待临终关怀的问题上,医疗救助中的科学主义的思想与行动不是唯一可行的标准与原则。然而,科学和文化之间不是矛盾对立的,而是可以相辅相成的,其前提是保持和认可人类尊严的生命实践才是可取的。科学的精神需要和世界各地人民的文化(信仰、民俗和哲学等)整合才能更好地减轻人类致死疾病的困扰,赢得健康美好的生活。

如果扩大讨论临终关怀的一面,即科学治疗和人性的关系问题。以中国为例,大中城市人口的大比例的并不是宗教信仰者。所谓无神论者一旦遇到不可知现象的时候,也会以各不相同的办法寻求寄托;但其人生

---

① 庄孔韶:《中国艾滋病防治研究和人类学整体论原则实践》,香港《二十一世纪》,2006年12月。

颇容易受到儒家入世和出人头地的生命追求,加之现代商业市场经济之左右,在竞争激烈的人生过程中,死亡往往被认为是失败的表现。因此,垂危者在心理上采纳不接受濒死的态度,临终与死亡成了社会忌讳的话题,对死亡充满恐惧和痛苦。随着现代生活水准提升和医疗体系改善,死亡也越来越多地发生在医院里,医生、家属和病人都不惜一切代价抗击死神,常常出现人为延长死亡过程的情形,致使患者临终时的急救带有极大的痛苦,甚至有的时候不当地(例如仓促地、替代性地决定与签字等)采纳如切割气管使用呼吸机延长生命状态的做法,实际上总是发生侵犯病人尊严和人格的情形。人们认为死亡是孤独的,因为一些城市医院的危重病人最终死在难于探视(被规定的、或不得已的、数天间隔的、很短的探视时间等)的监控室的陌生环境与人中间,难以得到亲人的安抚,带着"治疗"的痛苦遗憾地死去。在某种意义上说,所谓"安乐死"等多种见解之出发点之一就包含着探讨和解决人类死亡过程的品质问题。

我们看到,当代临终关怀的医学书籍比较过去已经越来越多地思考医学救治和仁爱精神相结合的具体办法,然而在医院临终的事实表明,医学救治和多元文化伦理之间的关系尚未得到很好的理解与实践。医学院毕业生的知识虽说已经注意到人类普遍伦理的重要性,但更多关注的和使其受益的是那些大中城市社会。在多民族的发展中国家的县镇基层,尚未能注意区域特性(如穆斯林地区、小乘佛教地区等)与特定族群(如彝族、傣族、哈萨克族等)的文化与民俗伦理,以致多样性文化族群的临终关怀工作难以仅凭医学科学程序落到实处。

"临终关怀"一词译自英文 Hospice,原是欧洲中世纪设立在修道院附近为朝圣者和旅行者提供休息和治疗照顾的地方。现代的临终关怀则是一种特殊的公共卫生保健服务,是由医生、护理人员等多学科的人员组成的团队,为没有治愈希望的临终病人及其家属提供全方位的舒缓治疗看护和心理关怀,使临终病人能够舒适平静地度过人生最后阶段。病人家属则可通过关怀得到情感支持,维持和提升身心健康。①

今日世界卫生组织(WHO)主张对人类临终采纳安宁和缓之医疗:"肯定生命的价值,而且将死亡视为一个自然的过程;它不刻意加速、也不延缓死亡的到来;它在控制疼痛以及身体的症状之外,对病人的心理及灵性层面亦提供整体的照顾;它同时强调来自周围的支持,不仅支持病人积

---

① 中英性病艾滋病防治项目办公室:《临终关怀手册》,2004年。

极地活着直到辞世,也协助家属,使他们在亲人患病期间以及丧亲之后的心理反应都能有所调适。"尽管上述意见已经涉及人类心理与灵性,但区域文化与族群风习仍没有被强调,以致全国各地医院的医生(医学院就少有区域文化课程)难得理解他们所在医院所服务的地区的文化哲学与习俗,人们总是忘记思考携带有不同信仰与文化的相同的人类肌体是否就可以同样看待。"以疾病为中心"、"以粗略的人类共性的患者个体为中心",还是"以携带不同文化与信仰的患者为中心"?

就中国的不同地域、族群、信仰的文化中,都有其固有的生死哲学与仪式习俗。例如从信仰上大略而言,我国西北的伊斯兰教,东北的萨满教,西南的小乘佛教和多神崇拜,南部的民间信仰,中原社会的佛教、道教等都有不同的临终关怀理念、仪式和程序。随之,问题在于当临终关怀的事实开始呈现的时候,急需考虑的问题是如何将地方文化的信仰、仪式、习惯同医院的医疗救治相结合,这是需要加以跨学科和跨行业整合解决的问题。我们注意到在中国广大的版图,儒家重生安死、道家生死达观、佛家往生极乐,诸种思想之文化逻辑如何从其意义层面转述为临终关怀的实践程序,仍须做颇多努力。

因此,医疗与公共卫生意义上的临终关怀研究应和哲学社会诸学科相结合,共同从哲学、医学、法律、伦理和宗教的角度认识临终关怀,以及各年龄段对临终与死亡的态度,临终病人的心理状态,对不同年龄临终病人及家属的辅导技巧,丧葬礼仪及习俗等。在 HIV/AIDS 病人生活的社区,要加强艾滋病的健康教育,提高社区人群的认知水平,减少和消除歧视,改善感染者和病人的生存环境。

从 2002 年起,笔者参与的中英性病艾滋病防治项目关于临终关怀手册的编纂项目就是以人类学家(带领其研究生)和医生、公共卫生专家携手调研,尝试以医学科学和文化双重视角看待临终关怀过程,旨在提供临终关怀过程中可以进一步改善的原则与方法,以帮助基层医护工作者、艾滋病和癌症以及其他临终病人及其家属、社会工作者和其他普通人,使其处变不惊,积极协作,为没有治愈希望的临终病人及其家属提供舒缓疗护和心理关怀。尤其强调的是,参与和卷入临终关怀事项过程的人员须不断了解和理解不同民族、不同文化、不同信仰的人们的生命哲学、风习、仪式、情感与心态特征,使每个临终病人都能舒适平静地度过人生这一重要阶段。通过这一研究工作,各界人士都进一步认识到把普遍的医学科学与区域的多样性文化联成一体看待人类的临终时刻,人本的和仁爱的精神才能落到实处,从而实现世界各地的人民都能获得人生平安幸福的旅程。

(《现代医院临终关怀实践过程的文化检视——专题导言》,载《社会科学》2007年第9期。)